一頁 folio

始于一页，抵达世界

分身

新日本论

李永晶——著

目录

引　子　认识日本，认识自我 001

绪　论　什么是日本　我们的方法和视角 013
　　　　一、日本：一种精神现象 015
　　　　二、国家的精神分析：方法与课题 027
　　　　三、分身：东亚世界体系的视角 036

第一章　尊王攘夷　中华世界的投影 055
　　　　一、东亚儒学："日本是中华！" 058
　　　　二、尊王攘夷：时代风云中的水户学 080
　　　　三、世界帝国：近代日本的国家目标 094

第二章　竞逐亚洲　面向世界大舞台 104
　　　　一、想象亚洲：日本帝国意识的成长 106
　　　　二、亚洲主义的三重精神结构 125

三、东亚内战：从亚洲主义到民族主义 139
　　四、文明使命：未完的亚洲主义叙事 147

　附论
　　甲午战争与近代日本世界认识的转变 151

第二章　超克西方　普遍世界的创造 179
　　一、近代超克：世界革命的理论 184
　　二、京都学派：世界史的预言者 192
　　三、天命流转：近代东亚的世界主义 202

　附论
　　全球化时代的世界秩序
　　民族与帝国的视角 215

第四章　世界革命　日本马克思主义的热情 226
　　一、从明治到昭和：日本马克思主义的历史 232
　　二、昭和维新：日本马克思主义的变异 240
　　三、民族与世界：东亚世界的新认识 255
　　四、东亚世界史中的日本马克思主义 272

附论

大正民主主义

人民觉醒的光与影.................................... 277

第五章 民主主义 旧邦新造的历史意识................................ 290

一、东亚的王权：为万世开太平........................ 293

二、永久革命：作为近代超克论的民主主义............... 317

三、战后民主主义与历史认识.......................... 330

四、战争与民主：东亚世界史的反思.................... 354

附论

军国暴力

近代日本精神史的污点................................ 361

第六章 日本宪法 从民族国家到世界主义.............................. 380

一、日本宪法的世界主义属性.......................... 383

二、隐匿的立法者：重新思考日本宪法的论争........... 391

三、日本宪法的真相：民族国家的世界化................ 396

四、世界主义：日本宪法的时代精神.................... 403

附论

鹤见俊辅的人生
作为战后日本精神史的个体史 409

第七章 明治维新 东亚世界史的精神秘密 422
　一、明治维新的真相与意义 425
　二、英雄、时势与历史的本质 430
　三、维新志士与东亚世界的古典传统 433
　四、作为古典精神事件的明治维新 440

附论

日本转向
东亚古典精神的相逢与终结 448

结　语　青春东亚 近代日本精神史的再省察 473
　一、重述近代日本精神史的意义 475
　二、方法论的省察：我们的困难与采用的方法 482
　三、新世界主义与世界史叙事 490

尾　声 为什么日本的故事说不完 501
参考文献 510
后　记 524

引子

认识日本，认识自我

一

这是一个需要新的日本论的时代。

本书即将展开的这一以"分身"命名的日本论，说的是关于现代东亚国家前生后世的故事；这个故事关乎"我们"的过去、现在和未来。为什么这么说呢？让我们先来看一些随处可见的现象。

近十数年来，中国社会出现了"日本热"，这从日本图书的翻译出版可窥见一斑，多种冠以"发现日本""阅读日本""日本历史"等名目的书籍陆续得以出版。这种可概括为"重新发现日本"的现象，内容可谓无所不包，涵括了花道、茶道、庭院、建筑、文学、艺能、汉字、政治、历史、心理、宗教等形形色色的主题。

这不禁让人思考：这种"日本热"出现的原因是什么？这个世界有这么多的国家，中国人为何独独对日本抱有如此浓厚的兴趣？有的读者可能会说，因为对我们来说，日本始终是一个"谜"。这个回答也不能说是错，但它还只是转换，并没有真正回答这个问题。我们还需要进一步追问，为什么对于我们而言，日本是一个"谜"？

我们还是先继续看一下关于日本图书出版的一些事实。

在大众文化领域，像东野圭吾、京极夏彦、村上春树这些热门的日本当代作家，每一部作品在中国的出版，几乎都会受到读者的热捧。在非虚构类作品中，评论家大前研一的作品是代表，影响甚至塑造了许多国人对日本的认知。国内出版社竞相出版日本的书籍，从一个侧面说明了"日本"已经变成了一个文化与商业现象，形成了一种基于"粉丝"的文化产业链。

但是，这里我们要问的是，这样一种"日本热"只是商业行为吗？最近几年，已故的日本民俗学家柳田国男（1875—1962）的著作，也几乎同时出现了不同的译本。与流行文化不同，民俗学是冷门领域，怎么也出现了热潮涌动的迹象？在学术研究领域，日本学者的日本研究、汉学研究著作一直备受关注。与此同时，欧美学术界关于日本研究的中文译本的出版也是方兴未艾。

如何理解我们这种堪称从"热门"领域到"冷门"领域的对日本的全方位兴趣？

我不再举例了，单从上面罗列的现象来看，我们就可以说，时下的中国出现了一股强劲的"日本热"。如果说出版的前提是有市场、有读者，那么中国读者"阅读日本"的兴趣，似乎显露了一个特殊的心理过程。打个比方，就好比一些读者热衷于推理小说，一方面，读者可以享受阅读的愉悦，这与阅读其他类型的小说并无不同，但另一方面，阅读推理小说又是一个解谜的过程，读者要在作者埋伏的蛛丝马迹中，时刻探索一种真实。

对于中国读者而言，日本可能就是一部复杂的推理小说！在欣赏它光怪陆离的奇异景象之余，我们还负有"侦探""索隐"的责任。我们要从经验的现象出发，经由基于知识的综合理性分析，有时甚至还要动用我们的直觉，最终上升到高级的认知。在这个过程中，我们获致的不仅仅是愉悦，更是关于自我与世界的深度洞察，而后者具有指引生活方向的力量。

二

要真正理解这种"日本热"，你需要一个将自身抽离出当下情境的视角，这就是历史的视角。历史是我们理解自身处境时最为便利的一面镜子。

其实，早在一百多年前，中国就出现了一次"日本热"。晚清著名外交家、诗人黄遵宪（1848—1905）所撰的《日本国志》大约在1895年底至次年初出版，旋即在士大夫中间广为流传，产生了巨大的影响。提到1895年，中国人多会想到甲午战争，它是构成近代中国屈辱史的一个标志性事件。当时人们对《日本国志》的关注，更多是因为受到了中国在这场战争中战败的刺激。在当时普通中国人的认知中，中国是"天朝上国"，而日本即便不再是"海外三神山"，也无非是"蕞尔小邦"，长期受惠于中华文明的学生。但 1895 年《马关条约》的签订以及割地赔款数额之巨，让当时的士大夫无比震惊。不仅如此，在当时人们的观念中，这更是学生打败老师的大事件。这种心理以及认知上的颠覆性，才是对当时"天朝上国"普遍自负的国民心态的致命打击。

在甲午王师败绩的当年，黄遵宪就拿出了这部皇皇巨著。这可绝不是蹭热度。自 1877 年 11 月赴日并出任中国驻日本公使馆参赞始，黄遵宪就广泛收集日本文史资料，"网罗旧闻，参考新政"，大约在 1882 年春完成了《日本国志》初稿的编纂工作。书稿内容涉及日本的天文地理、政治经济、风俗宗教、军事法律等方面，总计四十卷，可谓是一部关于日本的"百科全书"。1887 年夏，他最终完成了这部大书。书稿甫一完成，就受到当时著名外交家薛福成以及朝廷重臣李鸿章、张之洞等人的重视，但这部巨著却迟迟未能公开出版。

书稿未能及时出版，自然使得国人在开战前丧失了一次升级日本认知的绝佳机会。有人甚至感叹，如果国人早读到此书，或许会省去两亿两白银的战争赔款。书稿未能及时出版的缘由，暂略过不谈。这里我先为大家引述一段黄遵宪自己对撰写这部书的意图的说法：

> 昔契丹主有言："我于宋国有事，纤悉皆知；而宋人视我国事，如隔十重云雾。"以余观日本士夫，类能读中国之

书，考中国之事；而中国士夫，好谈古义，足己自封，于外事不屑措意。无论泰西，即日本与我，仅隔一衣带水，击柝相闻，朝发可以夕至，亦视之若海外三神山可望而不可即，若邹衍之谈九州，一似六合之外、荒诞不足议论也者，可不谓狭隘欤？[1]

黄遵宪引用中国历史上宋辽战争期间的旧事，显然是想唤醒读者的问题意识。从979年宋太宗攻辽开始，到1005年双方结成"澶渊之盟"，宋辽之间长达二十五年的战争，最终以宋王朝惨败并割地赔款告终。虽然有很多原因导致了这种结局，但"宋人"对辽国的认知"如隔十重云雾"，未做到"知己知彼"，可以说难逃其咎。1895年的黄遵宪重读这一段写于1887年的文字时，是否有一语成谶的感慨？但我们可以想象，当时的士大夫们读到这近千年前的往事会受到怎样的刺激！

在这种时代氛围中，《日本国志》的出版犹如及时雨，迅速催生了人们的日本意识，让国人重新打量起这个"陌生的邻人"来。由此，中国历史上的第一次"日本热"出现，并在1905年日本在日俄战争中取胜之后达到高潮。各路学子互相约集，"齐步辞别国内学堂，买舟东去，不远千里，北自天津，南自上海，如潮涌来"。[2]

---

[1] 黄遵宪：《日本国志》（上册），岳麓书社，2016年，第5页。
[2] [日] 实藤惠秀：《中国人留学日本史》，谭汝谦、林启彦译，北京大学出版社，2012年，第29页。

这是近代中国知识分子第一次大规模的"世界"体验，他们的视野、观念和格局顿时开阔起来。而打量对方的目光，自然也会转向自身，于是，自我和世界认知也就得到了改换和升级。

这是"认识日本，认识自己"的第一层意思。

三

南宋诗人陆游有言："纸上得来终觉浅，绝知此事要躬行。"对于熟知儒家"知行合一"的中国人而言，这句话不难理解。无论是"绝知"还是"躬行"，人们都需要强大的精神动力，才能走出心理舒适区。时代的大趋势往往为人们提供了这样的契机、能量和舞台。

甲午败绩和黄遵宪《日本国志》的出版，震撼了一部分士大夫的心理和认知结构。康有为、梁启超等人发起的"戊戌变法"，正是师法日本明治维新的顶层政治改革。1898年9月28日，以谭嗣同为首的"戊戌六君子"血洒菜市口，变法戛然而止。这虽然是近代中国史上最为悲壮的一页诗篇，但认知日本的时代潮流也由此打开了闸门。短短数年间，"科学""民主""民族""政治""经济"等日本创造的富有时代自我意识的"名词"，如汪洋一般冲决了传统中国士大夫的自我与世界认知的牢笼。中国知识分子已然完成了近代史上第一次重大的认知升级。

但这还只是认识日本、认识自我的开始。在《日本国志》出版三十余年后，1928年出版的戴季陶（1891—1949）的《日本论》，则代表了中国近代史上日本认识的第二座高峰[1]，今日读来仍不失启发意义。我接下来要引述的，同样是戴季陶对于撰写这部书的意图的自述。在他感慨当时除了《日本国志》外"没看见有什么专论日本的书籍"之后，他这样写道：

> 你们试跑到日本书店里去看，日本所作关于中国的书籍有多少？哲学、文学、艺术、政治、经济、社会、地理、历史各种方面，分门别类的，有几千种。每个月杂志上所登载讲"中国问题"的文章，有几百篇。参谋部、陆军省、海军军令部、海军省、农商务省、外务省、各团体、各公司，派来中国常驻调查或是旅行视察的人员，每年有几千个。单是近年出版的丛书，每册在五百页以上，每部在十册以上的，总有好几种，一千页以上的大著，也有百余卷。……我们中国人却只是一味的排斥反对，再不肯做研究工夫……我劝中国人，从今以后，要切切实实的下一个研究日本的工夫。[2]

---

[1] 当然，黄遵宪《日本国志》以来，并非没有其他中国学者撰写的各种日本著述和游记，但都未能造成可观察到的影响。其中值得一提的是，王先谦（1842—1917）在1902年出版了他编撰的《日本源流考》（二十二卷），这是中国首部编年体日本通史。不过，这部书大量引用了《日本国志》记载的史实，甚至包括黄遵宪本人的评论。另外，1927年5月，当时尚是青年历史学者的陈恭禄（1900—1966）撰写的《日本全史》出版。值得留意的是，作者序言中自述道："中日关系之重要，二国人民无不知之。日人考察吾国情形，刊行书籍，不知凡几。吾人求一较善之日本史，乃不可得。"这是中国学者叙述日本历史的一次新的努力。参见陈恭禄：《日本全史》，岳麓书社，2013年。

[2] 戴季陶：《日本论》，九州出版社，2005年，第2—3页。

戴季陶的这段话，我自己时常引用。虽时隔三十余年，戴季陶与黄遵宪的认知和感慨却出奇地一致。他们都在说，我们中国人的日本认识还远远不够，我们要重视起日本来。这当然不是危言耸听，而是他们看到和体验到的实际情况。实际上，从我自己的经验来说，戴季陶的这番话就算拿到今天来说，似亦不为过。[1]

我在这里引述这一段话，是要说另一件事。与中国的"日本热"相比，日本则一直有"中国热"。古代日本的"中国热"，比较容易理解，因为它要从中国学习和吸收先进文明。但到了近代，甚至在今天，它依然对中国保持着高度的关注，这又是为什么？除了各种实用的意图，诸如政治的、商业的利益外，是否还有不为我们所察觉的、隐匿的动机？

回答当然是，有。这是"认识日本，认识自己"这个说法的第二层含义：日本不单单是我们当下观念中的一个国家、一个民族，自古以来，它就是和"中国"在一起的；自古以来，日本就是东亚世界的成员，在东亚大陆各民族的共同演化进程中，逐渐形成了稳定的民族意识和我们今天所看到的国家形态。当然，日本和东亚大陆上的其他民族还不同，它很特殊。人们通常说它是

---

[1] 比如，"二战"后日本知识分子对于中国社会一直保持着高度的关注，参见［日］马场公彦：《战后日本人的中国观：从日本战败到中日复交》，苑崇利等译，社会科学文献出版社，2015年。要说明的是，日本社会对于中国虽然有高度的关心和细致研究，但并不意味着它能有效克服对中国的各种误认。关于这一点，请参见拙著：《友邦还是敌国：战后中日关系与世界秩序》，上海人民出版社，2018年。这里我要强调的是，我们总能从日本的"中国论"中读到让我们惊叹的认知和洞察，这意味着我们只有对日本社会进行同样细致的观察和研究，才能产生有效的日本认识。

中国的兄弟、中国的邻居、中国的镜像,但这些说法似乎还不够,还不足以表达中日之间的这种关系。

我们已经看到,所谓的"中国热"或"日本热"意味着双方正在互相打量,正在凝视对方。那么,彼此在对方的身上看到了什么?

——看到了自己的"分身",看到了另外一个自我!

今天,中日两国互相关注的热情愈发高涨,这是一种自我确证的欲望的结果。要寻找各自的前世今生,观察互为"分身"的对方不正是一个终南捷径吗?

四

当然,"分身"是一个比喻,它所要揭示的是中国和日本两个国家的深层关系。所谓"深层关系",和表面容易观察到的各种政治的、经济的、文化的互动正相反,我们只有通过努力阐释才能将它揭示出来。而这个深层关系,在更广阔、更深远的尺度上形塑着彼此以及彼此的关系。

"分身",最初源于佛教典籍,意思是佛为化导十方众生,以神通愿力化为各种佛身形态出现在人们的面前,又称为"分身度化"。比如,406年鸠摩罗什翻译的大乘佛教经典《法华经·见宝塔品第十一》中,就有"彼佛分身诸佛,在于十方世界说法""分身佛""又我分身,无量诸佛,如恒沙等,来欲听法"等说法,表达的就是这个意思。在现代汉语中,这两个字的用法变得通俗了,多见于"分身乏术""无法分身"等说法中，意指繁忙或无法兼顾。人们广泛使用的《古代汉语词典》（商务印书馆）就只收录了这个词的现代语义解释，这让我们不太容易理解它的本来含义。[1]

与此相对，在现代日语中，情形略微不同。日本最为常见的辞典《广辞苑》就单列了"分身"这一词条。除了保留佛教中的古典用法之外，这个词条还收录了由此衍生出来的意思："一个身体或组织分化为两种以上的个体或组织"，或者"一身化作二身或数身"。

这个词除了本土的古老根源外，还是一个"新语"。它还有一个外来的现代来源，那就是源于德语 Doppelgänger（或与其对应的英语 doppelganger）的翻译，意思大致是"二重身""另外一个自我"。因此，也有人直接用"分身"二字来表达这些含义。"分身"的这种生成路径，通过诸如《17个分身》等涉及临床心理学或精神病理学的小说，逐渐为中国读者所熟悉。[2] 在这些小说中，这个词用来指称"多重人格""人格分裂"等现象。

另外，东野圭吾有一部著名的小说，题名就是《分身》。[3] 这本书中的两个女主角本来没有交集，可以说生活在两个平行空间

---

[1] 现代汉语使用"化身"来表示"佛或菩萨暂时出现在人间的形体"。"化身"同样出自古典佛经，表示佛、菩萨为化度众生而随众生现出种种形体，意思近于"分身"。类似的说法还有"应身"，多和"真身"相对。另外，基督教核心教义中有"道成肉身"一说，表示"道"以肉身形式降临人间，成为神人中介，以救赎人类。在这里，我们看到了一种宗教共有的思维样式。

[2] [美]理查德·贝尔:《17个分身》，栖子译，上海译文出版社，2016年。

[3] [日]东野圭吾:《分身》，王维幸译，南海出版公司，2010年。

中，但她们的长相却一模一样。故事围绕二人相互纠缠的命运急速展开，而最终她们意识到了彼此互为"分身"。小说在最后告诉读者，她们其实互为"克隆人"，并且还有一个和她们一样的母体。虽然有些科幻，但小说的看点并不在这里，而在于它所展现的人们对自我、生死、家庭的伦理执念和纠结，在于它浓郁的心理色彩。东野圭吾及其作品在中国的人气，无疑助长了"分身"这一语词的流通性。

现在，你可能已经注意到了，这些文学作品实际上突出或者说充实了"分身"在当下的含义，它有着一种浓厚的精神分析和心理指涉。"分身"是另外一个自我，但"我"对这个"分身"又有着难以言说的异己感；它的存在让"我"感到好奇、困惑、厌恶甚至恐惧。我在本书中使用"分身"，正是要借助"分身"这个"新语"在身体（物理）上、心理（精神）上与"自我"的关联，提出一种新的观察和认识日本的视角。中日两国两千余年来有文献记录的互动表明，中日两国正是互为对方的"分身"！

关于中日两国国民性的异同，已经有很多出色的描述和论述，类似中国国民是个体主义的而日本国民是集体主义的说法就很流行。在这些描述中，一些宛如本质的、宿命的属性往往被赋予一方，而另外一方则有相反的属性。这些说法很让人着迷，它们似乎解答了我们很多的疑惑，但可惜的是，这种"解答"还只是流于表面，并未触及真正的问题。因为那些用以说明的"属性"，其实正是需要说明的对象。就人类事物而言，并不存在一个民族特有而不见于其他民族的属性。因此，"分身"视角不再专注于对二者异同的发现和比较，而是要激发互为"分身"的二者反观自身、重建协和的自我意识。

那么，究竟什么是日本？这里，我无意罗列关于"日本"的各种客观描述和大数据，也无意提供一种新的关于日本的百科全书，我要讲述的是一个近代以来日本的成长及其精神演进的故事。

这个故事或说叙事，在"分身"的意义上，关乎的是我们自己。我们无论如何都要面对这个存在。那么，这是我们现代中国人的宿命吗？如果是，我们未来的命运又将如何？这同样是这一叙事要尝试回答的。

这个叙事自身，就是我要与你分享的"日本"。现在，我们可以暂时得出这样一个结论了：阅读日本，就是寻找自我分身、探索自我命运的过程。

绪论

什么是日本

我们的方法和视角

我下面要讲述的是近代日本成长的故事。但和一般的日本历史叙述不同，我的最终目的是要提出一种新的日本论。

近代日本的故事，人们并不陌生，它说的是这样一件事。

随着19世纪中叶西方殖民势力的到来，在内忧外患之下，日本中下层武士阶级发动了一场革命，即"明治维新"，建立了全新的近代政治体制。此后，日本一路高歌猛进，在1895年和1905年分别打败了它眼中的"老大帝国"——清朝中国和沙皇俄国，先后侵占了中国的台湾岛和朝鲜半岛，并获得了在中国东北的特殊权益。

第一次世界大战后，日本成为战胜国，并在1920年成为新创立的"国际联盟"的常任理事国之一，成为名副其实的大国。1931年9月，日本挑起"九·一八事变"，侵占中国东北，并一手炮制了"伪满洲国"。1937年7月，卢沟桥事变爆发，日本发动全面侵华战争。1941年12月，日本向英国、美国以及荷兰开战。1945年8月，日本战败并宣布投降，以美国为主体的盟军最高司令部（GHQ）主政日本。1952年《旧金山和约》生效后，日本独立，旋即成为美国的盟国，开始进入"战后时代"。在这一时期，日本经济总量很快成长为世界第二，仅次于美国。这一纪录一直保持到2010年；这一年，中国在经济总量上首次超越日本。

这是一个极简版的日本近代史叙事。近代日本就像流星一样划过天空，虽耀眼、绚烂，但又短暂、虚幻，犹如昙花一现。那么，这颗流星何以突然出现？生活在欧亚大陆东边的日本列岛上的人们，为何在近代之后没有继续过自己田园牧歌式的生活？而且，它非但没有安分守己，竟还在近代爆发出如此巨大的能量，以至于改写了东亚乃至世界的历史格局，这又是为什么？这些问题绝非不重要，因为它所造成的历史结果，至今仍在多种意义上影响着我们对自身和世界的认知。

不过，我的问题还不仅仅是这些。迄今为止，诸多历史学家都会在他们的历史叙事中，从政治、经济、外交、文化、技术、心理等多种角度，或直接回答，或间接暗示了他们对这些问题的看法。与这些叙事不同，长久以来萦绕在我头脑中的问题是，近代日本这颗"流星"曾经照亮了怎样的历史天空？它是永远消失不见了，还是我们只是看不到它了，甚至仅仅是有意地视而不见？今天的日本文明，乃至历史上它曾经极力代言的东亚文明，又是一种怎样的存在？

法国历史学家费尔南·布罗代尔（1902—1985）有这样一个说法："过去和现在是互惠地照亮着对方。"[1]这句话点出了历史学的一种本质属性：面对当下的困惑，我们要求助于历史。但它不是我们可以坦然欣赏和感叹的结论，而应该是检验我们的历史叙事有效与否的一个标准；同时，这个说法还给我们提供了进入历史的方法，那就是照亮"现在"。

我的近代日本精神史叙事，正是从一个特殊的"现在"时刻开始。

一

日本：一种精神现象

新的时代通常会激发和赋予我们新的问题意识。我之所以要重新审视以及重构近代日本的历史，尤其是它的精神史变迁，正是对我们所面临的时代问题的回应。当然，每个人对他所处时代的根本问题的感受和把握并不一致，而我之所以使用"精神"这一语词，是因为我们这个民族共同体的精神现象，始终占据了我自己认知的核心位置，它源自历史和现实光线的照亮。

我将近代日本视为一种精神现象，目的在于用"精神"这个词语来把握近代日本的成长的如下特征——近代日本经历了一种爆发式的民族精神觉醒过程；正是在这种觉醒的自我意识导引下，日本迅速完成了由传统向现代的转化。非但如此，近代日本的崛起，

---

[1] ［法］布罗代尔：《论历史》，刘北成等译，北京大学出版社，2008年，第40页。

还对中国以及中国人的精神造成了难以磨灭的印记，我们可以从自身的精神世界中观察日本自近代以来对我们造成的影响。而"精神"，正是理解近代日本的一把钥匙。这是我们看到的日本的特殊性。

可悲的是，日本在近代崛起的过程中走上了军国主义道路，结果自身和世界都为此付出了极为惨重的代价。由此，摆在我们面前的探讨对象，似乎只能是近代日本军国主义与帝国主义覆灭后的灰烬，那么重新讨论它的精神，还有意义吗？意义依赖于我们的认知格局和视野，如果格局和视野不高，我们就不容易看到新的意义所在。

我们再一次回到那个根本的问题：对于我们而言，日本究竟意味着什么？它仅仅是中国的一个普通邻国吗？现在，我们已经找到了回答这个问题的初步方法，那就是我们不能仅仅停留在日本自身的层面上，要扩大视野，思考这样的问题：在近代以来的世界史中，东亚世界究竟发生了怎样的变迁？我们当下所知的世界史究竟是怎样形成的？

这些问题之所以重要，源于我们自身的当下处境，源于历史对我们现在的照亮。我们要从当下意识中的一个核心问题出发，那就是何谓中国，何谓世界。

在20世纪80年代末、90年代初，我们经历了世界冷战体制的终结，见证了中国自70年代末逐步融入世界贸易体系后，中国的迅速成长已经对人类的全球化进程和世界秩序的演变产生了空前的影响。世界秩序正在发生巨变，"何谓中国，何谓世界"已不再是高远的理论问题，因为中国已经成长为这个世界的一个显著自变量。

这是一个全新的事实，为了理解这一点，我们先简单回顾一下历史。

自从19世纪中期西方势力到来以后，中国逐步和世界发生了纠缠。而发生在1840年到1842年间的中英鸦片战争，是最具代表性的事件。如何认识中国与世界以及二者的关系，从此以后一直是中国思想界的主题。但在汹涌而至的历史波涛中，这个问题随着时局起伏不定，一再以不同的形式呈现出来。我们很容易举出"华夷秩序""中学为体西学为用""民族主义""世界主义""阶级斗争""世界革命""民族复兴"等一系列试图把握问题的观念与理论。而每一个观念与理论的提出，实际上都是对自己和对世界的一次定义。

那么，我们现在该如何接过这个持续了一个半世纪以上的问题？我们需要把视线投向近代以来东亚世界的变迁中，以探寻一种新的进入问题的路径。当然，这并不意味我们可以一劳永逸地解决问题，相反，我们必须放弃这种想法。事实上，我们每一次对上述问题的建构与阐述，都构成一次基于历史情景的回答，而它的有效性和意义则指向未来。我们正是以这种方式参与历史；我们自身的性格，包括我们的理想、欲望和意志等，都会进一步融入现实的历史进程中。这个过程，也正是思想、理论、话语与观念发挥历史作用的过程。

因此，我们首先需要的是一种新的眼光，不能再单独地、孤立地去讨论什么是中国、什么是世界以及什么是日本。近代以来东亚世界秩序与人类文明变迁的关系，深刻影响着我们当下的生存状况，是我们思考过去、现在以及未来的认知枢纽。近代日本的崛起强力地改变了东亚及世界秩序，但这并不是已然翻篇的历史。今天的东亚世界仍然呈现出一种强烈且旺盛的生长性力量。

这种力量究竟是哪里来的？这是我们要转换眼光和认知框架的根本原因。

"日本问题"&"日本情结"

上文提到，东亚世界的变迁是我们认知的枢纽，要在方法上设定一个认知的起点，那就是回望过去。回望、反思迄今为止的历史进程，这是我们在把握当下与预见未来时所依凭的相对可靠的手段，因为在我们的意识以及集体无意识的层面上，过去的经验与记忆层层累积、沉淀、叠加，不经意且深刻地影响着我们当下的思考与行为模式。

在中国人过去的经验与记忆中，近代以来的东亚世界秩序的巨大变迁占据了特殊位置。中国从传统的"华夷秩序""天下秩序""朝贡册封体制"，亦即"中华世界秩序"[1]的核心跌落下来，不再是"世界"的中心，正是这一变迁的核心事件。来自东亚世界内部的致命一击，发生于1894—1895年的中日甲午战争，正是这一事件的核心。

---

1 又称"华夏世界秩序"，英文是 the Chinese World Order。

日本所造成的变局，是中国近代史上除了与西方势力遭遇之外的另外一种"巨劫奇变"，是"三千年未有之变局"的最终落幕。

这种变局之所以非同小可，是因为传统东亚世界体系就是"中国"自身，中国就是东亚世界体系。美国著名的中国近代史学家费正清对此有准确的论述："（中华）帝国政府的对外关系只不过是中国内政的外延"，因为中国的外交关系背后有着这样一条根本原理，"天子全智全能的榜样和德行所具有的神秘主义影响力，不仅遍及中国本土，而且可以超越全人类，给予他们和平秩序"。[1]

正所谓"旁观者清"，观察者相对超然的立场使得他更能客观、中正地看问题。传统东亚世界体系并不是其批判者所说的那样，只是中华王朝自尊自大的体现。如果把清代中国的对外关系特征（比如它对藩属国的保护）仅仅当作它的自大和迂腐，相当于在历史事实面前给自己戴上了眼罩。传统东亚世界秩序在本质上决定着对"什么是中国"这一问题的回答。

我们这么定义"中国"，可以暂时超越人们对具体的历史事实（比如晚清以来国家走向现代进程中的得失）的纠结。因为，一个更大的问题出现在了我们的眼前：从东亚世界秩序的角度来看，"中国"从天下中心摔落下来所导致的心理创伤，显然不是已经翻过去的历史的一页，我们仍然生活在它的影响之下。如果从西汉时代算起，这个东亚世界秩序已经存在两千余年。与两千年的时光相比，

---

[1] ［美］费正清编：《中国的世界秩序：传统中国的对外关系》，杜继东译，中国社会科学出版社，2010年，第7—10页。

一个多世纪前发生的失落，难道不就如同发生在昨天一样吗？

由此，你可能还会继续联想到 20 世纪前半期中国的全民抗战。抗日战争事实上构成了现代中国生成的最为重要的历史条件（这一点我们后面再谈）。其实，日本发动全面侵华战争，也同样决定了它当下的国家形态，因为现代日本建国的起点，正是日本发动的世界大战的一个结果。不过，我这里要指出的并不是这两个国家之间彼此深度影响甚至是相互决定的关系[1]，而是，从 19 世纪中叶以来的世界秩序变迁来看，东亚世界对于未来的世界秩序与文明的走向，依然有着潜在的巨大影响力。传统东亚世界秩序的变局，从长时段来看，它只是发生在"昨天"，依然影响甚至左右着我们的历史意识。

事实上，在我们的意识深处，依然存在着这样的观念：中国曾经是一个世界体系，是一个文明。而日本，既是这个世界体系和传统文明的一员，又是它的挑战者。那么，日本的这种角色在今天是否发生了变化？两国当下的关系，有多少来自历史的投影？不管怎样，我们面临着一种特殊的困境：在中国成长的过程中，如果晚清以来的"日本问题"无法得到恰当的理解，那么这种成长自身将始终面临一种精神维度的问题，它关系到现代中国的自我与世界意识。

所以，"日本问题"并非如此简单，不是单纯的一个外部国家

---

[1] 参见拙著：《友邦还是敌国？——战后中日关系与世界秩序》，上海人民出版社，2018 年，第一章。

的问题，而是一种复合的问题机制，它只能在东亚世界秩序演化的层面上得到理解。具体而言，它是指在19世纪中后期的世界历史进程中，因日本急速的现代化进程而引发的东亚世界整体性的变迁问题，而非一般意义上日本对中国构成的挑战。再进一步说，对于中国而言，"日本问题"集"古今中西之变"于一身，是传统与现代、东方与西方相互冲突的一个象征。日本在我们中国人的眼中不正是这样吗？它既是传统的，又是现代的，既是东亚国家，又是最为西化的国家。自1870年9月30日日本政府派特使来到天津要求通商和订立条约始，日本似乎一直是一个难以琢磨的存在。

既然如此，我们的问题首先就是如何理解传统东亚世界秩序的解体。旧秩序的解体必然伴随着新秩序的生成。对于中国而言，这一过程被普遍表述为从"天下"到"国家"的转变，即中国从一个世界体系变成了一个具体的国家。这种判断与历史上某一时期的经验相对符合。但如果我们把眼光放得更长远，那么这种转变和重建又意味着什么？中国此前有过两千余年的"世界体系"的历史记忆，这种历史记忆和20世纪以来的目标——仅仅成为"万国"中的一员，即成为一个普通的现代"民族国家"（nation-state）——能够和谐共存吗？这一问题涉及传统与现代、东方与西方、民族与世界等深层的观念，是近代以来东亚世界自身的问题。

东亚世界史的这种特殊性，使得我们对自己、对世界的认知呈现一种精神的、心理的性格。我们对自己的存在方式乃至这个世界感到不满，一种淡淡的失落感始终笼罩着中国人的心灵。这种感受既来自以"天朝上国"自居的自大，又来自帝国衰落后受到的实际伤害。而日本，正是最为重要的一个参照。在今天，"日本问题"似乎更呈现一种"日本情结"的心理学面相，我们既渴望了解和认知这个国家，因为它在国家建设上优异的表现有目共睹，然而，又似乎在心理上抗拒着它的存在。

从心理学的角度来讲，这是一种现代中国的"创伤记忆"，源于近代以来日本对中国持续施加的极具破坏性的影响。这种近代以来的记忆，又和中国自古以来作为"天下"与文明中心的光荣记忆交织在了一起。

于是，无论在意识还是无意识的层面上，日本都在影响着现代中国的自我认识与世界认识。但由于各种原因，我们尚未充分重视这种"日本情结"在我们精神结构中的位置与作用。这种状况既源于历史认识，又反过来影响着我们的历史认识。这种认知上的连锁反应究竟意味着什么？如何打开我们的"日本情结"？

"日本问题"具有知识与心理两个层面的形成机制，我们有必要从这两个方面出发将其揭示出来。只有通过揭示未知的方式，我们才能获得认知与心理上的解放。在这个意义上，我们需要一种关于自我的精神分析。

世界及"新世界主义"

这种精神分析，要从现代中国的童年和青春记忆开始。我们时常听到这样的表述：经过艰苦卓绝的抗战（1931—1945年），"中华民族浴火重生"，国家和民族获得独立，建立了新中国。"中华民族浴火重生"并不是简单的口号，它包含着对历史和现代中国的诞生的深刻洞察。首先，它是一个广泛传播的具有民族主义意识形态功能的观念，表征着抗日战争最终带来了"中华民族"的重生；其次，这个重生的民族在全新的自我意识引导下，再次将一种新的生命力赋予了自身。这是"重生"一词无可替代的作用。

我们还时常会听到"抗战建国"这样的说法。与"中华民族浴火重生"相比，虽然不一定会给人以强烈的精神提振，但它却多了一分历史的厚重。"抗战建国"是一个凝缩了具体历史进程的说法，它宣称的"建国"，最初在孙中山的《建国方略》这一重要历史文献中得到了阐述。作为政治话语，"建国"首先是指国内的革命与建设，那么，经由"抗战"的"建国"意味着什么？我们要建设怎样的国家？这个重生的国家与这个民族的自我意识，或者说这个重生国家的肉身与灵魂的关系是否和谐一致？

提出这些问题，并不是要求我们一定要找出各自的正确答案，而且这些问题也无法用三言两语来回答。我这里要说的是，我们的探索路径，其实就存在于这些相互交错的问题中。我们要在民族、国家与历史观念之间复杂的相互作用中，找到内心深处的热情和欲望。换言之，我们只有反复回到现代中国起源的历史过程中，在东亚世界史乃至"世界"史的变迁层面上，才能有效地思考当下的状况。因为只有世界这个范畴，才能与我们对"中华民族"进行精神分析的意图相匹配。

其实，无论是"浴火重生"还是"抗战建国"，都意味着从1931年"九·一八事变"开始的长达十四年之久的斗争和奋战历程，是现代中华民族诞生的史诗。它不仅在理性的层面上，而且还在感性的层面上决定着我们当下的存在状态。从我们对世界、对自我的感知到我们的历史认识，从我们的物质生产方式到我们的精神秩序，从个体生活方式到民族的存在状态，都处于这一历史事件的进程与延续中。我们现在感受到的紧迫问题，不正是我们和"世界"的问题吗？今天，我们正是以一个"世界"的身份，参与到这个世界的文明进程中。

这就意味着，我们正在以"世界"的视角观察"世界"，重新思考这一经验事实具有怎样的思想和理论意义，并要求获得精神上的自觉。

上述对中华民族精神史的极简分析，出发点和目标均在于当下。今日的中国与世界正处在巨大的历史转换期，中国的超大规模性格及其最近数十年间的高速成长，正在为其行动赋予特殊的意义——它关系到文明的进程。虽然很多学者注意到了这一点，但要深刻认知它，相当不容易。为此，我们有必要反观现代中国的精神特征，以及它的传统文化和民族心理结构。

这是一种全新的认知图景，核心是重新认识"世界"，包括作为"世界"的中国。我们如何认识置身其中的这个世界，兹事体大，但不得不承认，在我们当下的认知体系中，尚缺乏认知并思考这种历史境遇的恰如其分的范畴。或者说，我们缺乏把握现状的概念工具。陈旧的、过时的观念，禁锢的不仅是我们自己的头脑，还会妨碍世界自身的文明化进程。

中国的成长及其引发的世界社会的变动，要求我们建立一种新的世界观与世界史观，以便准确把握这一现象的具体历史条件、进程与意义。因此，我们要再次向文明与世界敞开自身，并以世界观世界，以世界主义的视角引导我们对自己和世界的认知。这是一种基于中国成长而生成的"新世界主义"，其出发点是从普遍世界史的角度重述近代东亚世界史的变迁，克服基于民族国家的历史叙事所必然带来的世界社会自身的分裂与敌对。

这种新的世界主义不是单纯的理论构想，它首先源于我们对自我意识、欲望和精神的省察："新世界主义"（而非其他）才是我们的世界观与价值观恰如其分的表达。[1]在现代东亚世界，尽管基于民族国家的历史叙事仍是主流，但在世界的新格局面前，却逐渐丧失其功用。我在这里说的世界主义，不是源于近代欧洲的启蒙理念，而是我们传统文化和心理结构的一个原型。在时代的挑战面前，这种古老的观念作为一种"新世界主义"精神再次呈现了出来。

如果说新世界主义就是我们自身的历史意识，是我们对置身其中的精神气候以及历史空间特征的理论概括，那么，它和我们要重新认知的近代日本又有着怎样的关系？

作为"新世界主义"认识论的实践，本书从近代日本错综复杂的思想、观念与话语体系中，努力探寻一种东亚世界普遍的世界主义精神，并分析这种精神的成长、挫折、新生以及未来的可能。[2]

---

[1] 我对"新世界主义"的具体论述，请参见拙文：《新世界主义：破解民族精神的时代困境》，载《探索与争鸣》，2016年第2期。

[2] 出于上述考虑，本书讨论的材料将不限于或者说不着眼于因宗教信仰而被视为"世界主义者"的冈仓天心、内村鉴三、铃木大拙等人的思想；关于这些思想家的介绍，可参见［日］芳賀徹等编：《西洋の衝擊と日本》，東京大学出版会，1973年，第三部分。

以世界观世界，将中国及日本纳入到东亚世界秩序的变迁中去观察，尝试对前面提出的问题给出既符合时代要求又持之久远的解释。当然，这种"世界"的视角并不是我自己当下的发现或单纯的主观设定，而是内在于日本精神史自身的演进中；"世界"同样是把握近代日本精神演化的关键所在。

美国汉学家保罗·柯文（Paul A. Cohen）在他著名的《在中国发现历史》中曾这样写道，历史学家"选择什么事实，赋予这些事实以什么意义，在很大程度上取决于我们提出的是什么问题和我们进行研究的前提假设是什么，而这些问题与假设则又反映了在某一特定时期我们心中最关切的事物是什么。随着时代的演变人们关切的事物不同，反映这些关切的问题和前提假设也随之发生变化"。[1] 历史并不是对过去朴素的客观的再现，这是历史学家的常识。借用英国历史学家卡尔（E.H. Carr）的说法，历史就是"现在与过去之间无休止的对话"。[2] 因此，我之所以重写东亚世界史，其根本动机其实是源于我们自身的时代境况。

当然，这种面对历史书写的坦然态度，并不是要求我们容忍某种程度的历史相对主义与修正主义，而是因为这是一切思考的前提。我之所以在此强调这种"坦然态度"，意在提醒我们，在进行历史书写时，要对自身的时代状况和问题有充分的意识，并在可能的范围内将这种问题意识产生的机制明示给读者。只有将自

---

[1] [美] 柯文：《在中国发现历史——中国中心观在美国的兴起》，林同奇译，中华书局，2002年，前言第41页。

[2] [英] E.H. 卡尔：《历史是什么？》，陈恒译，商务印书馆，2017年，第115页。

身的问题意识完全呈现出来，我们的历史书写才具有马克斯·韦伯（Max Weber）所言的社会科学研究必不可少的"客观性"，从而将其与政治意识形态区分开来。[1]

二
国家的精神分析：方法与课题

在上一节，我们提出了一个问题：一个半世纪以来中国持续面对的"日本问题"究竟为何物？我把这个问题描述为一种"日本情结"，就是要突出它所造成的特殊的心理效果。正因如此，我们要从这个高度心理化的"日本情结"中解放出来，以一种全新的视角审视过去，正视当下，并面向未来。而新世界主义的视角正是为我们解析自我与世界的目的而服务。重新叙述近代日本国家的精神历程，是我们进行这种认识更新时，有效且无可替代的手段。

那么，什么是精神？首先要指出的是，精神并不是一种与物质对立的存在，仅仅存在于人们的头脑当中。相反，我们只能在我们周遭的事物及其秩序自身上，也就是在物质的世界中，才能发现其背后的作为主体的人的精神。我们常说特定的建筑、诗歌或音乐的风格、样式反映了它们各自的时代精神，正是这个意思。德国哲学家黑格尔有一句广为传颂的哲学比喻："密涅瓦的猫头鹰在黄昏起飞。"这个说法的大意是，人们只有在一个时代终结与消

---

[1] 关于韦伯社会科学研究方法论的讨论，可参见拙著：《马克斯·韦伯与中国社会科学》，华东师范大学出版社，2015年。

逝之后，才能把握那个时代的观念性事物。同样的，人们也只能在置身其中的事物中，探寻已消逝时代的精神洪流，或蛛丝马迹。

而从人们当下所感知的事物的存在方式中去把握精神，正是我在本书中讨论近代日本精神的起点和方法：在近代日本历史终结的时刻，描绘它在历史的具体进程中的精神轨迹。我在这里所说的近代日本的"历史终结"，不单是指作为时代区分和时间意义上的"近代历史"的结束；日本的"历史终结"，首先是一种特殊的精神现象。

历史的终结？

事实上，第二次世界大战后，日本迅速出现了一种"历史终结"的具体现象，不仅是"近代"日本历史的终结，而且是日本历史自身"黄昏"的降临。它赋予了我们研究日本精神史的特殊意义，由此，我们可以开启探索日本自身的观念的旅程了。不过，我这里要指出的还不止于此；如同我在前面指出的，如果我们将日本置于东亚世界内部去观察，东亚世界的"黄昏"非但尚未降临，可能还正处于它的黎明时刻。那么，作为东亚世界史的推动者，日本"历史终结"这一说法意味着什么？

这一说法，最初源于俄裔法国思想家亚历山大·科耶夫（Alexandre Kojève，1902—1968）在1959年访问日本后的"发现"。作为黑格尔主义"历史终结"哲学观念的现实例证，科耶夫认为自己在日本看到了历史终结的真实情境：在人们基于自我意识的奋斗的历史终结后，人可以不退化为动物性的存在。值得注意的是，科耶夫论述的"历史终结",是人类发生学——从"动物"经"智人"到"人"的演化进程——视角下的"历史终结"。[1]

科耶夫写道,他在日本看到了一种"非动物"的形式:"在欲望的动物性满足"和"无限享乐的诱惑"之外,还"存在着一种对动物性予以否定的欲望的满足",人们通过对高度形式化、舞台化的艺术表现(诸如茶道、歌舞伎、花道等)的追求,"历史终结"之后的人依然可以作为人而存在。[2] 换言之,科耶夫注意到现代日本国民生活中弥漫着艺术与审美的气息,他将这种境况视为"历史终结"后人类的生活方式。

审美是一个民族对自身生活最为敏锐的感知,因超越了功利、计算、合理的目的,而成为人类特有的心灵状态。就此而言,以审美的生活样式描述"历史终结"后的人类存在状况,这并不难被理解。让人惊奇的是,科耶夫在20世纪50年代末的日本,就看到了这样一种非凡的、真实的画面。而现代日本所呈现的这种艺术的与审美的而非政治的生活意识与形态,正是我要说的"历史终结"的首要含义。

---

[1] 参见[法]科耶夫:《法权现象学纲要》,邱立波译,华东师范大学出版社,2011年。另外,黑格尔自身的"历史终结"论内涵复杂,人们多注意到他在《历史哲学》中提出的说法,即"绝对精神的自我回归","终结"是西方的本质规定,而东方则是开始。这当然是哲学层面的一种描述,而不是对经验事实的描述。在经验层面上,日裔美国思想家弗朗西斯·福山的"历史终结",则以西方具体的自由民主主义制度作为人类政治意识、政治制度以及普遍历史的终点。这种说法和20世纪80年代末与90年代初世界冷战格局的解体相辅相成,促进了"历史终结"论的普及。

[2] [法]奥弗莱:《亚历山大·科耶夫:哲学、国家与历史的终结》,张尧均译,商务印书馆,2013年,第357页。

这个含义首先来源于一种强烈的对比,一种让人由衷感到惊异的巨变。稍微回顾一下近代日本的历史,我们就会发现,从19世纪60年代的明治维新开始,日本就积极投身到了与中国和欧美列强进行激烈竞争的历史巨流当中。而仅仅过了一个世纪,却画风突变,开始过上了审美、静观、内省、悠然的生活。因此,所谓日本的"历史终结",首先意味着日本近代以来所孕育的那种强烈的指向世界的自我意识和政治意志的终结。日本在第二次世界大战中的彻底失败,使得它的自我意识从世界政治层面回落为一个地方性层面。

这是我们进行思考的出发点;正是这种对地方性的回归与固守,使得日本再次走到了世界的前列。科耶夫甚至从中看到了"历史的终结"。国民主权的落实,对自由、平等、人权的充分享受,生活的日趋艺术化,难道不意味着我们所知的人类历史的终结吗?至少,今天的人们不容易想象,将来还会有怎样更好的属于人类的生活在等待着他们。

那么,这一进程中,日本国民经历了怎样的精神、心理以及认识上的变化?从第二次大战期间穷凶极恶的表现,到战后不过数十年即呈现的文雅精致的生活,这种从野蛮到文明的巨变,日本究竟如何得以顺利完成?这仅仅是后人所"讴歌"的由美国主导的"民主主义"的功劳吗?日本历史的终结,对于世界而言,意义何在?

为什么是"精神"而不是"思想"?

刚刚提到的回归,并不只是对日本自身的回归,也是对日本东亚属性的回归,它最终演化为一种精神现象。日本近代以来所呈现的这种精神现象,要求我们对内在于"日本"自身的思想、欲望、观念与行动相互交错的历史,亦即"精神史"进行解读。这种"精神史"是一种复合结构,它将为我们理解、分析、把握迄今为止的日本历史事件,以及主体在历史进程中的角色,提供更深一层的意义体系。

这种"精神史"的描述,同样不是我主观的设定,而是有着固有的日本渊源。

在一般的用法上,"精神史"这个说法最初源于19世纪德国的文化史研究,强调对文学、造型艺术、戏剧等的观念研究。日本著名的哲学家和辻哲郎在1926年出版的文集就题名为《日本精神史研究》,其后,随着"东洋精神史""日本精神史"这种固定用法的流行,"精神史"逐渐成为日本语境中相对常见的说法。当然,这个说法的成立与"日本精神"这个观念在同一时期的成立密不可分。[1]

在狭义的用法上,"精神史"一般用来指称"知识分子的思想史"(intellectual history),或者说就是"思想史";而它的广义的用法通常是指"包括从哲学、政治理论、经营或劳动思想,到文学或艺术、大众文化在内的广泛领域的精神活动全体的历史"。[2] "精神史"通

---

[1] 比如,纪平正美的《日本精神》(1930年)、鹿子木员信的《日本精神的哲学》(1931年),杂志特辑《走向日本精神》(1933年)、《日本精神》(1934年)等,都出现在这一时期。参见 [日] 藤田正胜:《日本文化关键词》,李濯凡译,新星出版社,2019年,第149页。

[2] [日] テツオ・ナジタ等编:《戦後日本の精神史——その再検討》,岩波书店,1988年,前言第8页。

常被视为广义的思想史的一部分。

日本政治思想史学者丸山真男（1914—1996）对思想史与精神史进行了区分。他认为，思想史可以分为三种类型：第一种类型是"教义史"（History of Doctrine；Dogmengeschichte），诸如基督教教义史、日本儒教史以及学科区分中的学说史等；第二种类型是"观念史"（History of Ideas），以某个文化圈、某个时代或某几个时代特定的观念（诸如"进步"）等为对象；第三种类型为"范畴史"，它的主要特征是以"时代精神或时代思潮"整体为探讨对象，"综合性地把握时代精神的整体结构，从而解明其历史的发展状况"，因而又称为"时代精神史"。[1]丸山在自己的著述中，很多时候并未对二者进行严格区分，而是使用"思想史或精神史"这样的说法来表述自己的研究对象。

我们已经看到，日本学者对"精神史"的使用有一种偏好，而这种状况其实正是近代日本精神性格的一种呈现。在精神与物质的对比中，近代日本知识分子倾向于对"精神"的强调。社会心理学家南博曾使用"精神主义"这个术语来分析近代日本国民的心理和自我意识的特征。他解释说，精神主义的主要特征就是强调精神的超凡能力，即"精神力"，以及宣扬一种物质含有精神的"物神性"观念。在"二战"前的日本军人教育当中，这种精神主义尤其盛行。[2]在明治维新以后的思想与观念领域中，作为"物

---

1 参见［日］丸山真男：《关于思想史的思考方法——类型、范围、对象》，载《日本近代思想家福泽谕吉》，区建英译，世界知识出版社，1997年，第186—189页。
2 参见［日］南博：《日本人的心理 日本的自我》，刘延州译，社会科学文献出版社，2014，第130—138页。

质的西洋"的对立面,"精神的东洋"或"精神的日本"得到了刻意的突出与颂扬。在这种对比当中,"精神"被置于优越性的地位。

当然,"精神"对于物质、对于世俗生活的批判性格本来就内在于"精神"之中,但在近代日本的观念空间中,这种性格得到了非同寻常的突显。一些日本知识分子甚至更进一步,使用"精神"来指涉一切对既成权力体制表达反抗的思想、文化与艺术形态。可以说,他们使用"精神"这个词语,目的正是要唤起读者的某种批判的意图、欲望乃至行动。我们很容易找到这方面的例子。比如,战后日本著名启蒙思想家鹤见俊辅以及藤田省三均使用"精神史"一词来命名自己的著作,其意图显然都在凸显个体与权力的紧张关系。[1]

现在,我概括一下本书中"精神史"这个说法的主旨,它包括两个方面:一方面,它旨在呈现一个民族整体在特定时空当中的知性活动的整体特征,这种知性活动主要围绕对世界以及自我的认知与建构展开;另一方面,它还要揭示这种知性活动背后的精神与心理能量,探寻理解一个特定民族真实的历史处境的途径。这种揭示与探寻的目的,最终是为了获得对一般的人类事务与文明进程更加深入的理解。

我之所以放弃使用更为常见的"思想"而选择使用"精神"一语,是因为我要对"国家"进行一种精神分析——分析近代日本作为国家的深层欲望,进而考察这种欲望和国家自我意识的关系,以

---

[1] [日]鹤见俊辅:《战争时期日本精神史(1931—1945)》,邱振瑞译,四川教育出版社,2013年;[日]藤田省三:《精神史的考察》,庄娜译,四川教育出版社,2015年。

及近代日本自我意识的觉醒和它与近代日本国家存在样式的关联。这种欲望是一种国民个体生命形态的原生性力量,是一种感性与理性的未分化的整全状态。因此,本书不使用"思想史"这个用法,还因为"思想"更多用来指涉人们理性世界的产品,是个体自我意识相对成熟的、具有体系性的呈现。或者说,"思想"只有在"精神"这一关联自我与世界的结构中才能发挥作用。在这个意义上,"精神动力"这个说法可谓浑然天成。

事实上,对于个体而言,我们常用"精神"而非"思想"来表达一种生命的整全现象。这种整全的生命现象的特征表现在每个生命个体特有的精神气质上。弗洛伊德学派的心理分析或精神分析的最大贡献,就在于指出了个体的精神分析必须下降到无意识的层面,而非停留在外在的客观呈现的分析上。[1] 与思想相比,"精神"呈现为一种更为稳定的结构,甚至是一个民族的文化与历史意识的"原型",一种理性和非理性事物相互交织而成的复合结构。[2] 这种精神的隐蔽内核是欲望和信仰,因而是人们行动力的根本来源。

---

1 [美]扎列茨基:《灵魂的秘密:精神分析的社会史和文化史》,季广茂译,金城出版社,2013年。
2 此处"原型"的说法,来自丸山真男论述的启发,但和他颇为特殊的用法不同。在探索日本历史意识的特殊性格时,丸山提出了日本历史意识背后的"原型""古层"与"执拗低音"的问题。他的意思是说,日本文化虽然经历了几次大规模吸收外来文明——来自亚洲大陆的佛教文明、儒教文明以及来自欧美的近代西方文明——的"开国"过程,但这些文明都经过了一种日本固有的思维样式的修正,从而成就了日本的民族特征。在《历史意识的"古层"》一文中,为探索这种固有的思维方式,丸山将它的研究对象推进到了《古事记》《日本书纪》所记载的神话时代,揭示了一种线性的、变动不居的时间意识模型。参见[日]丸山真男:《丸山真男集》(第十卷),岩波书店,1996年。

因此，在探索与个体成长类似的群体尤其是民族的行为史时，"精神"会让我们豁然开朗。虽然我们可以从诸如政治、经济、文化等角度去分析一个群体尤其是一个民族的特征，但在精神史的视野中，我们需要分析的是关于政治、经济与文化等理论表述的背后，在特定民族的心理深处，他们对安全、荣誉与利益有着怎样的欲望、意识和动机。因此，精神史首先要叙述主体（包括个体与群体）的心理结构变迁的历史。在《新教伦理与资本主义精神》中，马克斯·韦伯对基督教新教徒的心理动机与他们的经济行为关系进行了极为出色的揭示。其实，韦伯的这部作品，乃至他全部的宗教社会学作品，都可视为一种群体精神分析的代表作。

基于上面对日本精神现象的讨论，我在本书中要论述的问题可以最终表述为，在一种新的世界主义的视野下，对于我们思考当下时代而言，近代日本精神史上的各种问题依然具有不可替代的思想激发与热情唤起的能力。

这里要补充说明的是，在迄今为止的政治思想史或社会思想史研究中，由于"国家"或"民族国家"被视为不证自明的解释框架，人为区隔的民族的历史取代了事实上普遍联系的人类的历史，既有的研究尚未将日本精神史历程可能具有的普遍人类史的经验与教训充分揭示。就这种潜在的意义而言，探讨日本的相关问题，就是探讨"我们"自己的问题。由此，我们找到了一种新的认知路径，而在"新世界主义"的映照下，特定民族国家的精神史将呈现其潜在的意义。

三

分身：东亚世界体系的视角

在前面两节中，我们数次提及"东亚世界秩序"这一说法，它构成了我们重新观察和解释近代以来日本历史，尤其是精神史变迁的新框架与新视角。那么，这个框架与视角"新"在何处？实际上，我在本书引言部分提到的"分身"——中日两国互为分身，正是对这个问题的回答。下面，我将结合近代日本重要的历史瞬间，来专门讨论一下这个主题。

精神帝国的诞生

在通常的历史叙述中，中日甲午战争是一场围绕朝鲜宗主权而发生的战争，也被认为是日本军国主义向外发动扩张的关键一步。我在这里不打算讨论对这场战争性质的各种看法，而是要集中观察这样一个侧面：日本发动的这场战争，究竟展现了它怎样的自我意识和欲望？

我们先看一则说法。战争结束不久，日本思想家竹越与三郎（1865—1950）在由他创刊（1896年）的杂志《世界之日本》中这样论述道："我们有必要从东洋的日本更进一步，形成世界的日本的自觉，登上世界舞台；我们必须从世界的角度进行思考、制定经纶，以世界的胸怀周旋于列国之间……若有称雄之日，当不在东洋，而当在世界大国之中。"[1] 我们从中可以看到，日本一举击

---

[1] [日]竹越三叉：《民友社思想文学丛书 第4卷 竹越三叉集》，三一书房，1985年，第340页。

败了作为"东洋的老大帝国"的中国后,国际地位显著上升,但它并未固步自封,而是欲进一步称雄于世界。竹越的说法表明了当时日本昂扬的国家意志,说它是当时日本国家精神的自我展现,也恰如其分。

那么,这种对国家意志的表白,是不是战胜时刻激情的偶然爆发,因而不具有持久的精神性力量?

其实,早在19世纪60年代的明治维新时期,日本就爆发式地出现了精神觉醒。正是在这种一以贯之的进取精神的鼓动之下,日本马不停蹄地发动了近代史上的第二场大规模对外战争——对沙皇俄国的战争。如果说甲午战争还是一场东亚区域性战争,那么这场日俄战争(1904—1905)就是一场具有世界史意义的战争了。它被广泛视为黄种人打败白种人的战争,日本一举站到了世界大舞台上。

日本取得日俄战争的胜利后,当时活跃的思想家三宅雪岭(1860—1945)用几乎与竹越同样的笔触写道:"通过战争,日本的国威得到发扬,进入了强国的队伍,国家获得了非常值得骄傲的位置。同时,日本出现了新的思考倾向,那就是不以一国为标准,而是以世界为标准,去思考世界上的人类如何才能变得最为幸福。"[1] 这一说法再次显示了当时日本的精神状态,那就是要站在世界的前沿思考世界问题。

我在这里引用上述材料,并非仅仅因为它们揭示了对外战争

---

[1] [日]三宅雪嶺:《近代日本思想大系5 三宅雪嶺集》,筑摩書房,1975年,第228页。

与当时日本世界意识形成的关系。我们要进一步去追问的问题毋宁说是,为何明治政府甫一成立就展开了强劲的对外策略?为何这种对外政策首先指向了当时的大清王朝?为何两场对外战争会在日本这个岛国造就一种面向世界的眼界与精神格局?这个历史上长期被中国士大夫所忽视的"蕞尔小国",如何获得了一种似乎与其体量完全不相称的世界意识?或者说,"世界"自身是如何得到意识、发现以及基于主体意志的追求的?

这些问题可以用一个问题来概括:日本怎么会突然显现出如此高远的志向与精神气质?

这里我只能先给出结论,即在孕育日本国家特殊的文明格局和地理格局当中,明治日本最初就被构想为一种世界帝国;近代日本的国家战略,有着它独特的政治史与精神史的生成路径。进一步说,与近代以来出现的其他帝国——比如基于贸易与殖民地经营活动的大英帝国和基于历史记忆与征服的德意志第三帝国——相比,近代日本帝国更以它独特的观念性著称,我们可以称之为"精神帝国"。这种帝国的精神秩序的形成过程及其问题,构成了我们直接探讨的对象。

"日出处天子致书日没处天子"

从东亚世界体系的角度来说,由于"中国"在近代日本精神属性的形成过程中居于独特地位,这将为我们观察当下问题提供一种有益的新眼光。对东亚大陆上的各个民族在历史上相互交流、斗争和融合,以及逐鹿中原、争夺天下的历史,我们并不陌生。其实,日本同样是这样一个在历史上与中华王朝有着各种互动的民族。那么，和历史上出现的诸如"匈奴""鲜卑""柔然""契丹""回鹘""女真"等族群相比，日本到底有怎样的不同？

我们需要一个新的关键词来对这种不同加以把握，这个关键词就是"分身"。在东亚世界诸民族的演化进程中，由于孤悬海外的岛国特征，"日本"最终演化为"中国"的一个分身。它没有被大陆上先后出现的统一性力量所并吞，保持了对大陆文明的高效吸收，最终获得了与大陆王朝同型的自我意识。

概括而言，明治维新以后形成的世界帝国意识，正源于传统中华帝国所主导的东亚世界秩序，也即"华夷秩序"或"朝贡册封体制"。我们之所以有必要将当下的两国关系纳入传统的东亚世界秩序的演变中予以思考，是因为从东亚世界的角度看，日本自身就是这一世界体系的产物，是东亚世界体系的另外一个"分身"。

值得注意的是，日本学者对这一点有着比外部学者更为敏锐的感受。日本著名东洋史学者西嶋定生（1919—1988）在其题为《日本历史的国际环境》的著作中，详细叙述了东亚世界体系在古代日本的形成过程中的生成性作用。这种叙述，也可以看作对日本——这个中华王朝的"分身"——成立过程的叙述。

我在上一节中谈到，东亚的中华世界秩序在19世纪末期的解体，对现代中国的国家认同产生了巨大的影响。在西嶋看来，古代日本（当时称为"倭国"）同样是这个体系的产物。公元1世纪下半叶形成的《汉书》"地理志·燕地条"中关于倭国朝贡的记载，是日本进入东亚世界体系的开始。其后，公元3世纪的《魏志》和5世纪的《宋书》中关于"倭国"或"倭人"的记载，都是源于这种世界体系的存在。西嶋指出："倭国在日本列岛的形成过程，并非是与大陆绝缘状态下的独自演化，而是最初就在与大陆的历史，尤其是与以中国王朝为中心的东亚历史关联中得以展开。"[1] 这种看法，可以说抓住了日本历史演化的枢纽。

事实上，正是在册封朝贡体制下，日本开始大量吸收中华文明，开启了快速文明化的进程。由于册封是中华王朝（汉王朝）的国内政治行为——天子为贵族和功臣分封爵位与采邑——的延长，朝贡国或藩国事实上成为中华王朝天子的外臣，双方由此结成了君臣关系。这正是"汉倭奴国王""亲魏倭王"等中华王朝所赐予的印绶称号的政治含义。

而接受朝贡国的地位，意味着同时接受了"中华思想"或"华夷思想"背后的理念。大概在5世纪末至6世纪初，日本完成了这种思想的内化，国内出现了"治天下大王""治天下天皇"的说法。这一时期正是双方外交关系中断的时期，日本开始走上了相对自立的演化道路。

随着589年隋王朝的统一，东亚世界秩序发生了急剧的变动。隋王朝与高句丽发生了大规模战争，位于朝鲜半岛的百济和新罗两个王国则向隋王朝纳表进贡称臣。日本试图在朝鲜半岛建立小册封体制的努力以失败告终。出于对自身安全的考虑，时隔一个

---

[1] [日]西嶋定生：《日本歷史の国際環境》，東京大学出版会，1985年，第3页。

多世纪,日本再次向中华王朝派遣使者,此时正值日本圣德太子(574—622)摄政时期。

607年,日本特使小野妹子第二次入隋。值得注意的是,他携带的国书是这样开头的:"日出处天子致书日没处天子,敬问无恙。"后世学者多注意到这个表述的独特性,因为它将两种"天子"并称,实现了日本要确立与中华王朝完全对等的政治意志,这一点最终表现在"日本"这一文雅的自我命名上。[1] 日本国号大概确立于674年之后;确立的主要动机,无论是出于古代日本人自认为"倭"字不雅,还是出于对"日"(太阳以及太阳神)的崇拜,都是在与中国交往过程中逐步得到确立的,有着明显的"中国意识"。[2] 正因为这一意识的存在,"日本"已经不再是那个中华王朝眼中的"倭国"。

当然,这种自尊意识并非仅仅源于对"中华思想"的逆反,还有着成为"中华",也即成为文明国家的欲望的激励。史称"大化改新"的改革,便是日本在唐王朝的高度文明的冲击下进行的自我变革,由此,日本从古代国家转换为"律令国家",即中央集权制的官僚制国家。这种文明的冲击所带来的心理感受和欲望,同样沉淀在日本国家精神的底层中,构成了日本历史意识的一种

---

[1] [日] 西嶋定生:《日本歷史の國際環境》,(東京大學出版會,1985年)第66—80页;另外参见郝祥满:《朝贡体系的建构与解构:另眼相看中日关系史》,湖北人民出版社,2007年,第41—46页。

[2] [日] 吉田孝:《日本的诞生》,周萍萍译,新星出版社,2019年,第115—121页。

"原型"。[1]

我们特别要留意的是，如同后世学者指出的，日本在这一时期形成的对自己治下的国土"毫无顾忌地称为天下，其中包含着极为大胆的政治意图"，即日本要成为"天下型国家"。[2]此时的日本已经显现了成为中国所代表的东亚世界帝国的欲望，而这种欲望并非凭空而来，因为日本形成的"天下"观念，正是东亚王权观念自身。

日本的这种自尊意识与王权观念，构成了它在东亚世界体系演变中一个极其重要的变量。公元7世纪，日本成为中央集权的律令制国家后，对册封体制一直持抗拒姿态。唯一的例外是，在15世纪初，室町时代第三代将军足利义满（1358—1408）出于经济压力而向明王朝称"日本国王臣"，奉中华王朝为正朔。

非但如此，日本还意欲更进一步。中国史书上记载的万历朝鲜战争（1592—1598），即丰臣秀吉为征服明王朝而率先发动的侵略朝鲜的战争，正是日本在这一欲望驱使下的政治行为。丰臣秀吉意图经由朝鲜半岛攻取中国和印度，最终定都北京。这一构想并不能简单用"妄想"一语来评价，因为日本渴望成为名副其实

---

[1] 我在上一节提到，这里的"原型"说法，来自丸山真男的日本政治思想史研究，但和丸山真男略微不同。丸山的"原型"，是指一种相对恒定的日本的思考样式，参见［日］丸山真男：《原型・古層・執拗低音》，载《丸山真男集》（第十二卷），岩波书店，1996年。与此相对，日本思想史学者水林彪尤其强调了律令制国家成立对随后日本历史意识的影响，参见［日］水林彪：《原型（古層）論と古代政治思想論》，载大隅和雄、平石直昭编《思想史家 丸山真男論》，ぺりかん社，2002年。

[2] ［日］渡边信一郎：《中国古代的王权与天下秩序：从日中比较史的视角出发》，徐冲译，中华书局，2008年，第34页。

的"天下型"国家。[1] 这次战争最终以日本的失败告终,但在三个世纪后,日本在甲午战争(1894—1895)中取得了成功,最终瓦解了这种朝贡册封体制。

上述历史叙述,强调的是一种从东亚世界秩序来理解日本的视线。而如果我们将这一视线反转,反观自身,也许会对今日的东亚世界有新的认知。事实上,迄今为止,人们的注意力多被近代西方的冲击所吸引,而忽视了近代日本对东亚世界的影响。近代以来,对于中国而言,日本一直就是一个巨大的问题,双方在认知与情绪上形成了非常复杂的关系。倘要理解这种现实,我们需要多一个东亚世界体系内部的视角。

那么,东亚世界演化的动力机制又是什么呢?

分身

一般的看法是,东亚世界在近代世界体系中的变迁,是一种复合机制的结果,而这种机制可以从诸如自然风土、文化与思想、安全与繁荣、政治意志与行动等异同的角度予以解析。不过,由于这一问题背后的特殊精神结构尚未被触及,这些解释依然无法让人满足,人们依然不理解对方的行为。

这种"不理解"的原因首先在于,日本被置于一个完全外在于中国的他者的角度而被审视,而事实却是,双方在历史上共享了同一个东亚世界秩序,有着近乎相同的欲望和自我意识。这就是

---

[1] [美]贝里:《丰臣秀吉:为现代日本奠定政治基础的人》,赵坚、张珠江译,江苏人民出版社,2017年,第298—311页。

我所说的"分身"的含义。正是对这种相似性或者说"分身"的忽视,造成了中国对日本的误解。19世纪中后期,一个急速西化的日本,作为一个既熟悉又陌生的国家,非常突兀地呈现在中国士大夫眼前。而从日本的角度看,中国却一直存在于日本的国家想象与构想的框架之内。甚至可以说,日本有着更为强烈的"分身"意识。

日本在东亚世界秩序中形成的这种"欲望",在政治进程中的作用非同小可,它构成了我们观察近代东亚世界国际关系的特殊路径。这个作用发生的精神途径,在于黑格尔历史哲学中的"承认"一词。

我在前面引述过科耶夫的"历史终结"论,在依据黑格尔的观念解释人类起源时,他对"欲望"的本质属性做了解释。他写道:"所有欲望都倾向于通过一个将被欲望的对象加以同化的行为得到满足。满足欲望,就是将对象作为他者扬弃,将对象变为自己的东西。"将对象据为己有,满足自己的欲望,这并不难理解,但这些还只是一般动物性的欲望,就仿佛饥渴引发对食物的欲望。那么,什么是人特有的欲望?对于人格而言,欲望意味着"被承认",即被对象所承认。而这种对"承认"的欲望,是一种对对方"欲望的欲望","只能在一场为了'承认'展开的殊死战斗中并通过这样一场战斗,才能实现。"[1]

对方同样有获得"承认"的欲望,这样,欲望的满足就必然

---

[1] [法] 科耶夫:《法权现象学纲要》,邱立波译,华东师范大学出版社,2011年,第260—261页。

变成人格间的斗争。科耶夫的这种解释,给我们带来了富有洞察性的启发。

事实上,如果我们不惮于进行类比,就会发现,在国家的起源上,欲望扮演着同样的角色;也就是说,国家有获得"承认"的欲望。这种欲望的强度,与这个国家自我意识的强度直接相关。由于日本长久置身于东亚世界体系,它形成了与这个体系的核心国家(中国)同型的欲望,以及基于这种欲望的自我意识和精神。由于双方欲望的同型性,双方为了"承认"而展开的斗争,将对方"变为自己的东西"的特性,也就愈发显得激烈。在条件成熟时,这种"欲望"就转化为"殊死战斗"。国际公法被制定并生效后,国家行为开始受到法律制约,这种"承认"的斗争就转化为政治的法律的行为。[1]这种国家间的精神现象,不幸为近代东亚世界的演化史所证实。

近代东亚世界的演化史,是争取西方列强"承认"的历史,是期望列强"平等待我"的斗争史。这个过程既表现为国家间的暴力战争,也表现为西方国家推行国际法新秩序的过程。[2]而在东

---

[1] 一般的国际法并不涉及这种起源意义上的"承认",只是当作国家成立要件(土地、人民与有效政府)的法律确认部分,讨论"承认"的角色。关于国家间"承认"的法律问题,可参见[美]亨金:《国际法:政治与价值》,张乃根译,中国政法大学,2005年。

[2] 这方面已经有了大量的外交史、国际法史方面的著作出版;可参见[美]徐中约:《中国进入国际大家庭:1858—1880年的中国外交》,屈文生译,商务印书馆,2018年;林学钟:《从万国公法到公法外交:晚清国际法的传入、诠释与应用》,上海古籍出版社,2009年。

亚世界内部，近代以来中日关系的历史，就是日本为实现自身欲望而斗争的历史。明白这一点，我们也就明白为何1870年明治日本与清朝中国建立外交关系的谈判以及随后它与朝鲜的外交交涉，都涉及确立日本自身与中国平等（或"平行""对等"）关系的核心问题。¹

当然，故事还有另外一面，也是我们迄今为止未充分注意的一面，那就是近代中国从日本获得"承认"的欲望。具体来说，近代日本之所以成为晚清以来中国改革（比如"戊戌变法"）的一种蓝图或是革命（比如"辛亥革命"）的策源地，同样与留日知识分子的"欲望"有关，因为他们在明治日本的身上看到了中国的影子。²这可以说是近代中国精神史的重要特征。

我无意对此做进一步的哲学讨论和历史叙述。这里仅仅要指出，"中国"一直是日本欲望的对象。近代日本的"国家理性"或者说国家目的，就在于对"中国"（或曰"中华世界"）的吸收与克服。这是国家承认的原初动机。这种状况，源于日本处于中华文明的周边，既长期接受中华文明的影响，又长期游离于中华世界体系所造成的结果。这种与中国若即若离的关系，造成了日本自我意识的特殊性。中国对日本而言构成了特殊的他者；日本思考中国，即是思考自身，因为中国内在于日本自身。正是在这个

---

1 参见［日］西里喜行：《清末中琉日关系史研究》，胡连成等译，社会科学文献出版社，2010年。
2 比如，参与辛亥革命的干部中有留日经历的人数比例非常高；参见［日］实藤惠秀：《中国人留学日本史》，谭汝谦、林启彦译，北京大学出版社，2012年，第295—297页。

意义上,我们说日本是传统中国的一个分身。

日本所处的地理与文明的边缘位置,造就了它成为中华世界分身的条件。与日本相反,历代中华王朝因为处于东亚世界体系的中心位置,事实上无法认识到日本的自我意识与心理结构的这种特殊属性,因而它并未意识到,自己已经造就了另外一个"自我"。

日本的存在无法得到传统中华王朝的有效认知,原因不难理解。从东亚世界秩序与文明中心来看,日本并不是中华王朝认知秩序上具有优先地位的特殊对象。一方面,在传统中国的世界认识中,原本就不存在儒学普遍话语与世界秩序所无法容纳,因而需要特别加以把握的对象;另一方面,传统中国优先处理的国家安全问题,一再表现为中原农耕定居民族与北方草原游牧民族的冲突问题。[1] 日本孤悬海外,自然无法进入传统中国士大夫的认知当中。

但中国很快为此付出了代价。1870 年 9 月 30 日,明治日本特使柳原前光抵达天津,以非常凌厉的外交姿态出现在中华帝国的面前,要求同中国签订与欧洲列强同样的通商条约。当时,中国的士大夫对此完全不理解,也因而过度轻视了这个陌生的邻人具有怎样发达的自我意识与世界认识。在当时主政者的眼中,"今之日本即明之倭寇"竟成为主流认识,把日本当作明朝时期扰乱

---

1 对于这一点的详细的阐述,参见施展:《枢纽:3000 年的中国》,广西师范大学出版社,2018 年。

东南沿海的海盗。[1] 他们未意识到，无论就智识与文明的发展程度还是国家力量而言，日本都正在成为它自身所追求的目标，成为"中华"世界的核心国家。

我在这里指出传统中国对日本认识的欠缺，目的当然并不是要再一次指出中华王朝的傲慢和自负。事实上，这种批评很多时候并不得要领。传统中华王朝作为东亚世界秩序与安全的提供者，作为一种普遍文明的中心，作为一个幅员辽阔的帝国，它固有的世界认识方式必然与其体制相辅相成。

我要指出的是，因近代日本的异军突起所形成的对中华世界的挑战，从普遍人类史的角度看，毋宁说是一种文明新生的机遇。在日本这个"分身"，这一有着同型的精神和欲望的"另外一个自我"的激发下，近代以来的中国开始了重新认识与发现自我以及重建自我与世界关系的进程。这一进程迄今尚未完成，但无疑已然构成了中国乃至世界文明自我更新的关键一环。因此，重新认识日本实则是一种重新认识自我的方法与途径，因为这个特殊的对象同时是中国自身的镜像。从东亚世界秩序的角度看，中日两国互为镜像，互为分身。[2]

简单地说，"分身"这个说法是用来表明如下关系：当下人们

---

[1] 参见［日］西里喜行：《清末中琉日关系史研究》（上册），胡连成等译，社会科学文献出版社，2010年，第267—273页。

[2] 近年出版的有关中日关系的著作当中，日本学者与那霸润着眼于日本"中国化"的历史，提供了一种新视角。参见［日］与那霸润：《中国化的日本》，何晓毅译，广西师范大学出版社，2013年。

观念中的"中国"与"日本",有着共同的东亚古典世界秩序与古典文明的根源,双方在意识的深处有着近似的结构,因而不同于一般意义上彼此不同的"他者"。中国与日本的关系,并不能简单等同于与其他国家的关系。

如果我们将当下彼此区隔、彼此边界泾渭分明的"民族国家"观念暂时悬置起来,我们就会看到二者作为政治共同体的精神和欲望的相似性,它们都呈现为对普遍文明和世界秩序的欲望。儒学作为传统东亚世界的文明与意识形态的载体,是这种共同性的基础。而这种共同性,就是世界主义,它根源于普遍适用的儒家哲学观念。

这种对东亚世界国家间关系的简要描述,要求我们从一个整体结构的角度重新探讨东亚世界的演化进程。这个整体结构,首先是指一种被共享的心理—认知结构,它产生于存续长达两千余年的东亚世界秩序内部。目前,我们还未触及这个结构的起源机制,但正如前文所述,这种结构的某种精神呈现已然在历史进程中显示了独特的力量。所以,描述、刻画并分析这种结构,就构成我们探讨日本国家特质、解析中日关系的必然对象与有效路径。

在这种视角下,我们重构并分析近代日本精神史的目的,在一定程度上就是对中国的另外一个"自我"予以精神分析。我们要解析这个"自我"曾经拥有的世界史眼光和欲望,它的自我意识的萌芽、成长、毁灭,以及最终自我新生的历史道路。在这种对外在的"自我"的关注中,近现代日本的国家特质、国家思考与政治行动的逻辑与心理基础,才能被我们认知与理解。

当然，我们还可以做进一步的引申。当下中日关系与中日彼此审视对方视角的巨大差异，正是源于现代国家构成原理，尤其是精神秩序的对立与冲突，但这并不意味着双方有根本的异质属性。毋宁说，这种对立与冲突可以概括为特殊的"民族国家"与普遍的"世界主义"在历史演进过程中呈现出的相反的相位。从传统东亚世界秩序到近代帝国，到近代民族国家，再到当下的后民族国家时代，中日两国在这个演变序列中的位置差异，强化了彼此认知上的错位。

而中日关系问题的复杂性就在于，国家存在样式的错位造成了心理认知的错位，换言之，两国对国家与世界认知上的错位，造成了彼此的不安、蔑视以及相反的惊奇与敬意，这种状况延续至今。

如同"日本"对于中国而言是一个情结，对于日本而言，"中国"同样是一个情结。这是一种古老的心理创伤。弗洛伊德精神分析学派曾经指出，我们只有了解了这种创伤的形成历史，并对这种创伤进行精神分析，才有可能获得克服的办法。相反，任何以现实主义的权力政治观念来强化自身安全感的做法，都会产生背道而驰的效果。因为这种做法会强化双方共有的心理结构，对方每一次的实力增强，都会在同等程度上增加自己的不安。20世纪90年代以后中日关系面临的困境，根本症结正在于此。

对于当下中国而言，"日本问题"远远超过了一般国际关系领域中的诸如经济合作、安全保障等具体问题。如何认识"日本"，同时也是如何认识自我的问题，比如，中华文明到底具有怎样的特性？在历史进程中扮演了怎样的角色？在当下中国—世界的结构中，正发挥怎样的作用？在思考这些问题时，日本近代以来的国家演化历程，给我们提供了不可替代的历史经验。

当然，进行这样的认识和思考，我们必然要面对各种困难。其中一个障碍是，我们现在用于认识自我和世界的各种概念，都有着清晰的明治日本的属性。种族主义、民族主义与帝国主义这些主要从近代日本输入的概念与观念，或风靡一时，或影响久远，但都强烈地影响了近代以来中国人认知世界的方式。[1] 这种共享的语言结构，意味着双方对近代世界的认识具有某种同型性以及某种同型主体的出现。由于这些词汇包含着日本特定的世界认识，我们今日重新审视并分析这种世界认识，成为我们反观自身的世界认识必不可少的一步。

这就是"分身"视角下新日本论的出发点。

最后，我概括提示一下本书的构成与论述方法。在本书中，我将选择日本近现代史上的若干个精神主题予以刻画和重述，诸如水户学、亚洲主义、近代超克、日本马克思主义、战后民主主义以及战后日本宪法的问题，从而揭示日本经验在思想史、政治史与文明史上的意义。对这些主题的讨论，不仅有利于我们重新认识近代日本的变迁，更是重新认识东亚世界史变迁和探寻更为公正的世界秩序不可欠缺的视角。

---

[1] 关于晚清以来新概念、新名词的产生的研究，参见金观涛、刘青峰：《观念史研究：中国现代重要政治术语的形成》，法律出版社，2009年。

需要说明的是，我对上述精神事件的叙述服务于新认识的提出与论证，而不是面面俱到地重现具体历史事件以及特定人物的理论得以形成的具体历史过程。当然，这绝不意味着我不重视历史事件、政治过程的作用，因为这些具体的历史事件，既是精神形成的外部条件，又是精神和外部世界相互作用的结果。这里不存在谁决定谁的关系。一位严肃的学者所能做到的，只能是勾画历史事件与人们精神之间的一种有意义的关联。当然，这种勾画成功与否，取决于它是否提供了一种有意义且让人信服的说明。

因此，尽管原始资料的挖掘、收集与解读对于历史学研究而言必不可少，但我在本书中并不拘泥于这样的立场和工作，而是在更广阔的历史事件、思想和话语空间中，重新勾勒近代日本精神史的主题；更进一步说，我要在展现前人留下的话语资料（包括各种形式的发言、文书、论述等）以及标示政治进程的特殊事件的同时，从这些作为客观事实的话语和事件中，对"精神"予以读取。这是我对近代日本进行精神分析的方法，因而这种精神分析是一种客观的历史分析，它将引导我们去重新认识近代以来东亚世界的精神秩序与现实政治秩序之间的关联。因此，在行文中，我会提供必要的政治史与思想史的叙述，但这些叙述服务于精神史分析。这种新的历史叙述的主旨，在于探索近代日本历史中所蕴藏的热情激发与思想唤起的潜在能力，以及这种主体的激情、思想与特定政治结构之间的关联。

这种精神史的探讨还旨在揭示思想、观念与历史语境的深层关联，而这将有效防止理念自身的暴走。这里所说的"理念的暴走"，是指某种理念的持有者以理念自身的原则来裁剪真实的历史世界。因为真实的历史世界一定是理念与现实相互作用的结果，对主体深层欲望与意识的揭示，将防止历史被坚硬的现实主义者与无原则的机会主义者所支配。在他们的眼中，世界只是被感知的事实与利益所支配，这种支配不仅意味着历史虚无主义，更是一种现实虚无主义。而二者共同作用的结果，一定是人类生活意义的消解和文明生成能力与生命力的枯竭。

无须说，本书设定的读者首先是中国读者，但对日本读者，我同样希望本书有助于他们转换自身的历史认识。因为我采用的是一个普遍主义和普遍适用的视角，我们所有人都要在普遍文明的视野中重新审视自己的道路，并在文明史中对自身重新定位。

在当下的自我历史认知中，日本深受"民族国家"框架的束缚，不仅无法实现与自身的和解，更无法实现与遭其侵略的亚洲各国的和解。日本只有将自身过往的行为置于人类文明史中，重新反省自己的历史，才能从民族国家的历史重负中解脱出来。归根结底，近代日本自身的抗争与失败可视为人类文明成长过程中付出的惨痛代价，但日本如果不能重新思考自己的历史与道路，坦然面对自己的荣光、屈辱与罪行，它将永远无法获得它所一直期求的意义与承认。

这就是所谓的"新世界主义"的世界观与方法论。唯此，对近代日本精神史的重新叙述，将会把我们带入文明发展的真实历史情境中。回到历史语境，努力理解历史主体的精神与意义世界，是我们无可回避的责任，因为我们所知的历史正是这种主体活动的结果。从而，这种新的历史叙事，将为我们必然置身其中的历史建构一种不可或缺的意义世界。

这一意义世界，在最终的意义上决定了我们人类的尊严等级。

第一章

尊王攘夷

中华世界的投影

1868年1月明治新政府的成立，标志着日本告别了传统的幕府体制，开启了近代君主立宪制的道路。在政治变革上，日本率先走到了世界政治文明的前列。随后，日本通过两场对外战争——中日"甲午战争"与"日俄战争"，确立了它在殖民主义与帝国主义时代世界秩序中的地位。自此，日本自认为"文明国"的一员。在第一次世界大战后成立的"国际联盟"（1920年）中，日本与美、英、法、意四大列强并列，成为常任理事国。日本只用了大约半个世纪的时间，就从一个面临被殖民危机的东洋小国，一举成为可以左右世界事务的大国。近代日本这种"大国崛起"的速度与力度，常常为后世历史学家与政治学家所称颂。

因此，人们大都认为近代日本的起点是明治维新。但若要重新认识明治维新甚至日本，这个起点就无法胜任了。明治维新诚然是吹响新时代黎明的号角，但它冲决人间旧事物尤其是旧体制的伟力，只能孕育于已逝的时代。

我们的日本精神史叙事，要从孕育明治日本的江户时代（又称"德川时代"，1603—1867）开始。

我们的注意力不能只是集中在明治日本的文治武功上，否则就容易忽视一个基本的事实：明治日本的成功并非仅仅源于维新政府的富国强兵的政策，事实上，它更有着此前一个世纪以上的精神准备。到了江户时代的末期，日本已然为自己建构了一个蓄势待发的精神帝国，并有着指向世界的政治意识。明治日本的成功之处在于，它在恰当的历史节点引发了日本社会中孕育已久的精神能量，并将其悉数转化为实施其世界政策的驱动力。后者正是这一帝国的欲望自我实现的过程，它要成为一个政治帝国。

那么，在近代日本，这种巨大的精神能量何以形成，又是如何得到就其自身目的而言高效的释放？为此，我们要从历史的各种错综复杂的偶然因素中探寻一种有意义的解释。这种解释必须建立在对两种力量的重新评估之上：一种是外在的、客观的世界秩序的力量，另一种是主体的、内在的精神力量。

如同我在前文指出的，我们需要关注近代日本精神的历史演变及其精神结构的生灭。打个比方，精神结构的某种形变就宛如地壳运动，往往伴随着巨大能量的积蓄以及突然的喷发。近代日本精神的本质属性，从江户时期生成的高度发达的自我意识当中可窥见一斑。这种自我意识由日本儒学孕育，并因儒学的普遍主义属性，最初就指向了世界自身；而同属东亚世界的中国则首当其冲。

这种精神能量的爆发,当然是源于近代西洋势力的压迫。本章旨在论述,东亚传统文明与近代西方文明构成日本近代精神得以形成与爆发的两种"地壳"。如同地震与火山喷发源于板块运动一般,近代日本正是在这两种文明的撞击中,释放出了巨大的精神与物质能量,从而急剧改变了东亚世界史的进程。

而且,江户时期的日本曾经自认是"中华",所以这一进程就更加不可小觑。某种意义上,我们可将它视为"中华"(以儒学为核心的文明原理)的一种自我实现,从而,19世纪中后期以来的中日关系从属于这场东亚世界内部的儒学思想变革运动。这场运动的结果,便是东亚传统儒学思想最终孕育出了日本的精神帝国。

我在本章讨论的"日本儒学",与"中国儒学"以及本书未涉及的"朝鲜儒学",同属于东亚世界古典文明的儒学体系。俗语言:"橘生淮南则为橘,生于淮北则为枳。"它们虽都是"东亚儒学"的分支,但其"家族类似性"必然同时意味着差异。因此,我不会简单地从"中国儒学"的角度去评价"日本儒学"的得失。[1] 在下文中,我将聚焦于日本儒学自身,以便理解近代日本的精神品性。

---

[1] 当然,这绝不意味着从中国儒学的角度对日本儒学进行评价没有意义;这种视角下的相关论述,可参见吴震:《当中国儒学遭遇"日本"》,华东师范大学出版社,2015年。

一

东亚儒学："日本是中华！"

中华——夷狄：文明意识的觉醒

阅读各种有关明治维新的作品，我们经常会碰到一些特殊的说法。其中，从幕府末期开始，日本就出现了"海外经略""大陆雄飞"等口号。语言是精神的载体，是我们打开时代精神大门的把手。这些口号，实际上正是近代日本的世界意识与世界战略的凝缩。

为什么是这样？我们要从字面说起。

"经略"，源于儒家经典《左传·昭公七年》："天子经略，诸侯正封，古之制也。封略之内，何非君土？食草之毛，谁非君臣？"西晋著名学者杜预（222—285）注云："经营天下，略有四海，故曰经略。"另外，《汉书·叙传下》亦有"自昔黄唐，经略万国"的说法。

这些说法均来自中国的儒家典籍和史书，表示天子通过分封制对"天下"进行经营治理和攻略安抚。我们要特别注意的是，在其古雅外表下流淌着一种政治意识，它指向了我们今日所谓"万国"与"世界"这样无远弗届的政治与地理空间。

与"经略"相比，"雄飞"的语义看似浅近，实际上同样出自中国古典史书。《后汉书》（卷二十七）中有"大丈夫当雄飞，安能雌伏"一语，意思是，大丈夫当展翅高飞，奋力进取，不应该无所作为。"雄飞"和"大陆"相结合，其政治意识立刻变得具体起来。可以说，"海外经略"与"大陆雄飞"共同标示了幕府末期日本精英群体的精神样态和自我意识。而这种精神的本质特征，就是《易经》中"天行健，君子以自强不息"所表达的质朴、刚健、进取的精神。

江户后期"经略论"最为著名的代表人物，当首推经略家佐藤信渊（1769—1850）。他在《宇内混同秘策》（1823年）中有如下构想："日本宜先攻略南洋""征服支那"，然后"将全世界据为日本所有"。所谓"宇内混同"，就是"世界统一"之意，"全世界应悉为（我）郡县，万国之君应皆为（我）臣仆"。同样，幕府末期为"尊王攘夷"而奔走的"志士"吉田松阴（1830—1859）则论述道："（日本宜）进攻朝鲜，令其入质纳贡，恢复古时之盛况。北割满洲之地，南取台湾、吕宋诸岛，宜显示进取之势。"[1] 松阴被誉为明治维新的精神导师，其思想影响巨大。

佐藤和松阴的经略思想，在后世的批判者看来，正是第二次世界大战期间日本"八纮一宇"（相当于"四海一家"）这一"妄想"口号的渊薮，是日本进行海外扩张、殖民与侵略的理论先锋。

不过，我们在这里要注意的不是后世的评价，而是它反映的日本的自我意识。实际上，在明治元年（1868年）新政府发布的重要文件中，除了3月14日发布的著名的《五条誓文》外，还有同日发布但未被充分注意的《国威宣扬之宸翰》。这是一篇以天皇名义发布的国策。在这篇国策中有如下说法："近来宇内大开，各

---

[1] 这些说法很常见，我在这里的引述转引自［日］竹内好：《日本のアジア主義》，载《竹内好全集》（第8卷），筑摩书房，1980年，第108页；［日］增田涉：《西学东渐与中国事情》，由其民等译，江苏人民出版社，2010年，第60页。

国四方雄飞";"故朕兹与百官诸侯誓言,继述列祖伟业,不问一身之艰难辛苦,亲自经营四方,安抚汝等亿兆,最终开拓万里波涛,宣布国威于四方,安置天下若富士山之裕如。"[1]这表明,幕府末期日本思想家经略天下的欲望与志向,最终上升为国家意志。从明治时代开始,这一国家意志逐渐表达在日本的"大陆政策"和建构"大陆国家"的构想中。[2]

这是民族意识的觉醒,一种在东西各民族展开竞逐的大时代中努力进取的精神意志。

我们这里无暇举出更多的例证,重要的是思考几个迄今人们尚未留意的问题:作为一个较小的民族,为何日本的自我意识并未安于成为一个独立的、地方性的民族国家?在日本现实国力与军事力量尚处于未萌状态之时,在自身安危尚无着落之际,这种富有气魄与格局、指向世界自身的帝国思想与视野,究竟是如何孕育而成?此后的百余年间,日本政治家是如何忠实地执行这些对外策略的?这种对外策略及其实践过程中所显示的力量是否能纳入在今日看来依然有意义的历史解释中?

沿着这个路径,我们会发现,明治维新政府展开的纵横捭阖的内外政策背后,有着一种一以贯之的精神。

这种精神的起源,我在绪论当中已经有所论述。概括而言,近代日本经略家的思想与视野的形成,得益于日本所处的世界秩

---

[1] [日]芝原拓自等编:《近代日本思想大系12 对外观》,岩波書店,1988年,第4—5页。
[2] 参见[日]纐纈厚:《田中义一:日本总体战体制的始作俑者》,顾令仪译,社会科学文献出版社,2017年,第一章。

序即东亚的中华世界秩序自身。江户时期日本高度发达的儒学思想与研究，成为孕育近代日本自我意识与世界认识的第一要素。其中，幕府末期水户藩的儒学理论"水户学"，被很多学者视为明治维新的理论基础。考虑到明治日本所爆发的巨大精神与行动能量极大地推动了东亚世界史的转换，我们有必要重新审视儒学在传统东亚社会变迁中的作用。[1]

儒学在社会变迁中的作用，首先源于儒学话语的政治性格。其中，最为重要的是儒学的"文明论"，因为传统东亚文明与近代西方文明（日本称"西洋文明"）的遭遇，包括相互的冲突、竞争与调适，才是东亚世界史最具命运意义的事件。在源于西欧的"近代文明"成为价值尺度之前，"文明"就已经是东亚世界通行的核心观念，它表现在"中华—夷狄"的区分上。"中华"代表文明与进步，而"夷狄"则代表相反的自然状态。在江户时代儒学的文明论以及世界秩序论中，日本被建构为这种普遍主义文明的担纲者，在世界秩序中有着优越的地位。[2]

这样，通过东亚世界的儒学话语体系，日本形成了自己认知世界的框架。当日本开始与西方交涉时，一个具有主体意识的民

---

[1] 日本学术界对江户儒学在日本转型中的角色研究，有大量论著问世；其中，较早的是撰写于第二次世界大战期间的丸山真男的《日本政治思想史研究》（王中江译，生活·读书·新知三联书店，2000年）；比较新近的作品，则可参见佐久间正《德川日本の思想形成と儒教》（ぺりかん社，2007年）。有必要指出的是，这些研究的关注点多是日本思想史自身的问题，而很少将其纳入本书设定的东亚世界秩序变迁的框架内加以讨论。
[2] 我在下文会对此予以详细论述。

族已然出现。这种主体意识首先表现为对意义世界的敏感和对自身历史处境的特定认知的敏感。在近代全球化与普遍交流起步的早期阶段，这种敏感具有非凡的意义。其中，这种意识固有的"文明"要素与即将到来的西洋新文明之间的紧张，对日本的道路选择生死攸关。

"中国化"

这种文明意义上的日本自我意识的形成，可追溯至大陆文字体系与儒学的传入以及日本主动吸收大陆文明的过程。与明治维新之后的"西洋化"相比，此前的日本历史堪称"中国化"的过程。一般认为，285年，百济博士王仁携带《论语》与《千字文》赴日，是儒学传入日本的开始。在日本早期国家的形成过程中，圣德太子于推古天皇十二年（604）颁布的《十七条宪法》，为日本确立了与东亚世界同步的精神秩序。这部宪法性文件由纯汉文写成，除了第二条"笃敬三宝"和第十条"绝忿弃嗔"为佛教思想外，其他各条均依据《礼记》《左传》《论语》《孟子》《史记》等儒学经典写成，诸如第一条"以和为贵""上和下睦"，第三条"君则天之，臣则地之"和第四条"上不礼而下不齐"。事实上，日本历史上这一著名的"大化改新"的主导思想就是儒学。[1]

具有象征意味的是，三年后的推古天皇十五年，日本派小野妹子为遣隋使，在致隋炀帝的国书中的"日出处天子致日没

---

[1] 朱谦之：《日本的朱子学》，人民出版社，2000年，第5—6页。

处天子"字样，已呈现一种强烈的要求与中国对等的意识。这种政治行为正是早期日本对儒学文明论吸收与内化的结果。其后日本演化的历史，主要表现为试图实现与中华王朝对等这一欲望的历史。它对大陆文明的吸收，从属于这个精神自我实现的现实过程。

在这一历史进程中，有一个关键的节点，这就是江户时代儒学的发展。在16世纪末和17世纪初，日本在武将织田信长（1534—1582）和丰臣秀吉（1537—1598）的领导下完成统一，结束了此前长达一个多世纪的"战国时代"的混乱状况。1603年，最终夺取丰臣政权的德川家康（1542—1616），从天皇那里获得象征最高权力的"征夷大将军"封号。他旋即在江户开设幕府，拉开了江户时代的帷幕。在政治体制上，德川家康创建了以其家系（"亲藩"）为核心，以二百多个大名藩国（根据亲疏与臣服先后关系分为"谱代大名"和"外样大名"两类）为成员的国家。这是一种典型的封建体制。

人们通常认为，江户时代日本的这种权力结构与儒家视为理想的周代封建制在类型上是相似的，构成了儒学在日本迅速流行的客观条件。在这种权力结构的约束下，德川幕府在利用儒学思想教化民众的同时，建构了统治的正当性。儒学逐渐成为江户幕府的"官学"。[1] 儒学与国家权力的结合以及在国家意识形态建构中的位置，如同7世纪的"大化改新"一样，再次对日本的精神

---

[1] 参见朱谦之：《日本的朱子学》，人民出版社，2000年，第131—132页。

世界产生了深远影响,日本借此将自身"同化"为儒学论述中的"文明"之国。

在18世纪末西方势力到来时,与处于东亚世界秩序中心位置的中国相比,日本之所以更敏锐地感受到了"文明冲突"意义上的"西方的冲击",源于它此前对东亚大陆文明的吸收,这构成了理解"文明冲突"的心理与认知基础。无论是从文明还是地理的角度,日本都处于一种边缘的、不稳定的状态。在抵抗外来冲击时,日本自然会显现它的边缘特征。

历史上,日本对中华文明的吸收是一种主动性的学习行为,但由于其与东亚大陆的时空阻隔,这一学习过程以缓慢而和平的方式进行。与此相对,18世纪末的西方势力却是突如其来,呈现出完全不同的面貌。丸山真男用"洪水型"比喻这次外来文明对日本的冲击,可谓非常形象。[1] 这是一种颠覆式的文明接触。因此,对于我们而言,有效的历史重构的起点,应该是去探寻当时的人们是以何种方式感知他们的时代状况。

为此,我们需要保持足够的对过去时代的想象力。与我们当下全球化时代的时空感觉完全不同,对于生活在18世纪末19世纪初的人们而言,有着不同外貌、肤色(诸如"红毛碧眼")与语言的异邦人突然大量出现的事实,本身就是对秩序的巨大冲击与挑战:人们该如何在熟识的事物秩序中安放这些突然到来的外来

---

[1] 与此相对,丸山真男用"雨滴型"来指称古代日本对中华文明的吸收;不过,这个说法未能注意到日本吸收中华文明时的主体性格。参见[日]丸山真男:《開国》,载《丸山真男集》(第八卷),岩波书店,1996年,第48—49页。

因素？身体形态、语言习俗、信仰礼仪的不同，给秩序维护者带来的压力超乎今日一般的想象。

因此，从18世纪末到19世纪初，东亚世界与西方世界之间在精神秩序上的"相互不承认"，恰恰是一种自然状态。对这种状态的任何道德评价，诸如指责一方"自大""愚昧""保守"等，事实上并不公正，因为这仅仅是一种当下以及自我中心的观念向历史的投射。

这种精神上的"不承认"状态，在日本还有着另一种特定的事实支撑：日本与东亚大陆分离的地理特点，强化了它"光荣孤立"的心理状态，促使它针对来自新世界的扰乱性要素采取严厉的控制措施。其中，德川政权在17世纪对基督教传教士与本土基督教信徒的严厉镇压，对日本与外国贸易的严格控制，这些被后世冠以"锁国"的政策，是其自我与世界认知的结果。

1801年，日本的"兰学者"[1]志筑忠雄给我们留下了时代精神的痕迹。这一年，他将德国旅行家坎贝尔于17世纪末撰写的《日本志》附章翻译为《锁国论》，从正面论述了这一国策的合理性：日本自身就是一个"小地球"，具备了"足以令人赏心悦目的多样性和经济自足性"。[2]这位"兰学者"未意识到的是，日本这种自视优越于他人的观念，其实正是中华世界观的缩影。他可能不知道，1793年10月3日英国特使马戛尔尼从乾隆皇帝那里

---

[1] 指通过荷兰这个中介来研究近代西方的日本学者。
[2] [日] 三古博：《黑船来航：对长期危机的预测摸索与美国使节的到来》，张宪生、谢跃译，社会科学文献出版社，2013年，第15—16页。

观察到的,正是中华世界繁荣与自足的自我与世界认识。[1]在东亚世界内部长久的交流与互动中,江户日本在潜移默化中完成了"中国化"。

要注意的是,我在这里对"中国化"一语添加的引号并非可有可无,因为这个历史上日本试图吸收、追赶的"中国",并不是我们当下意识中的"中国"。

事实上,日本儒学的"中国"来源构成了中日两国极为特殊的关系。人们习惯于认为,儒学与"中国"具有内在的必然关联,但从东亚世界体系的角度看,准确的说法毋宁是,后世的"中国"与"日本"在各自的政治实践中都进入了儒学的普遍主义理论体系世界中,而儒学,尤其是宋代以后的新儒学的普遍主义世界观保证了这种理论的泛用性。因此,"日本儒学"就其自身而言与作为一个特殊的、具体国家的"中国"并无多少有意义的关联。如同前面指出的,日本儒学的首要性格是东亚世界体系的文明论与秩序论。

尽管如此,包括江户儒学家在内的人们,对"日本儒学"与作为国家的"中国"的关系的误解却产生了极为重要的政治后果:作为特定王朝国家的"中国"与作为普遍主义精神世界呈现的"中国"同时存在于日本的精神世界中。

因此,近代日本首先要面对的精神课题是如何理解普遍主义及其现实载体。

---

[1] [法]佩雷法特:《停滞的帝国:两个世界的撞击》,王国卿等译,生活·读书·新知三联书店,2008年,第248—251页。

克服中国："中华"与"神国"

现在，我们将目光转向江户时代的精神世界自身，看一下它的具体形态，以及江户儒学思想体系的巨大作用。

当然，人们对这一体系把握的视角和对它的意义赋予，因时代而异。比如，丸山真男在完成于1940年至1944年间的《日本政治思想史研究》中，向读者论述了如下命题：江户儒学的发展表现为朱子学思维方式的解体过程。在这种基于理性主义的包罗万象的世界观解体过程中，"安民""实证""幽情"三种特殊的价值标准成长起来，从而出现了典型的近代精神。[1] 简单地说，就是以儒学为对象的日本学者的知识活动以特定的方式孕育了近代精神，日本经由儒学而走向了近代。尽管"二战"后丸山对上述过于简约的观点有修正，但他坚持认为江户儒学在日本走向近代过程中发挥了独特的作用。[2]

我这里无意对丸山真男的上述命题展开讨论，因为我们的问题是认识江户儒学在近代日本精神演变中的作用。问题就出在我在前面论及的"中国化"上。对东亚世界体系及其原理的内化，使得日本出现了特殊的"中国情结"，也因此，在心理层面上，它始终面临着如何克服"中国"而获得承认的问题。这种潜在的焦虑构成日本近代自我意识的根本心理能量。

---

1 [日] 丸山真男：《日本政治思想史研究》，王中江译，生活·读书·新知三联书店，2000年，正文，第123页。
2 [日] 丸山真男：《日本政治思想史研究》，王中江译，生活·读书·新知三联书店，2000年，正文，第13页。

丸山真男撰写《日本政治思想史研究》的最初动机，根据他后来的说法，是为抵抗日本在战争期间广为流传的"近代超克"观念，试图找到日本独自的"近代"演化之路。[1]这种意图使得他面临着两面作战的任务，他必须首先将"中国"从他的认识论中分离出去。事实上，他在开篇处即引用了黑格尔有名的"中华帝国停滞论"，目的正是要凸显日本儒学与中国儒学的不同，并指出前者富于进化的特殊性。值得注意的是，丸山以日本儒学克服中国儒学进入论题的方式，正可视为"中国情结"的一个缩影。这是一种在精神上克服"中国"或者"去中国化"的过程。

近代日本这种无时不在的"中国"意识并不难理解。对处于中华世界秩序边缘的日本而言，它所面对并吸收的儒学话语的文明论体系与中华王朝文物制度的隆盛，使它感受到巨大的冲击。以"华夷"观念为核心的儒学文明论与秩序论，事实上构成了儒家文明自我实现的内在精神机制——"华"（"文明"）的自我意识与话语体系时刻制造着文明的主体。在江户日本看来，接受这种思想体系，意味着要对自身的历史处境予以理论化，在"华"与"夷"、"文明"与"野蛮"之间确定自身的位置。

在儒学的普遍主义文明论的影响下，日本对中华世界产生了一种特殊的集"归属感和劣等感"于一身的矛盾心理，进而转化为近代日本世界意识的一种重要模式。[2]事实上，作为文明

---

[1] 关于"近代超克"的具体讨论，请参照本书的第三章。
[2] [日]佐藤誠三郎:《「死の跳躍」を越えて：西洋の衝撃と日本》，千倉書房，2009年，第6页。

接受一端的近代日本，正是通过这种普遍主义的文明理论反观现实，才获得了将"文明"现实化的精神机制，进而依据文明的观念来改变自身的历史现实。明治维新的成功，正是其接受近代西方文明的成功。明治时代的启蒙思想家福泽谕吉（1834—1901）撰写的《文明论概略》之所以发挥了巨大的影响，其原因也在于此。

在儒学压倒性的文明叙述中，日本儒者开始反观日本在文明结构中的位置。如何摆脱自身的"夷狄"身份，接近"圣人之国"，成为江户儒者精神焦虑的根源。当时的儒者留下了如此记述："吾国儒书甚为流行，多少阅读儒书者，皆以唐为中国，以吾国为夷狄。更有甚者，以自己生为夷狄而悔恨痛哭。"[1]

这种对日本和中国的认知，可以说是"（去）中国化"最为激进的表达，但它显然包含着误认。不过，我在这里要说的并不是日本儒者如何认知"中国"，而是在现实的历史进程中，这种时代精神氛围是儒学普遍主义文明意识的必然结果。关键在于，这种源于儒学的自我意识的觉醒必然会首先指向个体，然后指向政治共同体，并最终指向世界。

事实上，在19世纪初近代西方思想与势力大举到达日本之前，这种焦虑就激发了多种克服的尝试。按照学者对江户儒学流派的分类，我们大致可以从三种类型——"朱子学派""古学派"以及"国学派"——来观察它的精神特征。儒学在江户时代已发展为复

---

[1] 转引自［日］松本三之介，《近代日本の中国認識》，以文社，2011年，第24—25页。

杂的思想与话语体系，文献浩如烟海，所以我在这里无法展示这个时代精神世界的细部。下面我仅从日本儒学与中华世界的关系的角度，对上述三种类型的学派重新进行勾勒，从而厘清江户日本的精神结构。

第一，朱子学派。这一学派被认为是儒学的正统学派。他们的意图很明确，试图在朱子学设定的话语体系内与朱子展开思想对话，从而达成对儒学思想与文明的共享。

不过，朱子学是一种无所不包的理论体系，有着从人生论到宇宙论的整全性，被誉为中世纪东亚大陆的"自然法"体系。所以，在这个体系内，日本儒者很难进行认识上的创造与突破。沿着这一路径所能抵达的最高目标，只是对这一体系的某种完善，但无法超越。日本朱子学的确立者藤原惺窝（1561—1619）及其门人林罗山（1583—1657）是这一路径的杰出典范。他们通过参与并分享中华世界文明的思想课题，在为现实政治秩序开出对应药方的同时，作为一种非意图的结果，展现了自己及所处群体的理论与道德水准。这是一种文明的自然传播。

日本朱子学集大成者山崎暗斋（1618—1682）留下的语录，代表了江户前期日本儒学的本质特征。有一次，他对门人这样宣称：

我学宗朱子，所以尊孔子也，尊孔子以其与天地准也，《中庸》云：仲尼祖述尧舜，宪章文武，吾于孔子、朱子亦窃比焉。而宗朱子，亦非苟尊信之，吾意朱子之学，居敬穷理，即祖述孔子而不差者，故学朱子而谬，与朱子共谬也，何遗憾之有？

是吾所以信朱子，亦述而不作也，汝辈坚守此意而勿失。[1]

如果不回到历史的情境中，后世的人们不容易理解山崎暗斋这种毅然的说法——不惜"与朱子共谬"。那么，这是否仅仅意味着朱子学的严格主义在日本思想史的体现？[2] 这种说法固然不错，但它将焦点仅仅集中在朱子学严格的律己主义上，历史眼光就显得过于有限了。我们之所以回到历史语境，目的是对历史进行更为有意义的解释，而不是局限在所谓"历史局限性"上。

事实上，作为一种无所不包的理论体系，朱子学的根本属性是一种基于自然主义的普遍主义。如同自然法被视为普遍适用的万民法与国际法的根本源泉，朱子学的自然法性格保证了它的普遍性及整个世界的开放性。[3] 从这个角度来说，山崎的说法所呈现的正是他对儒学普遍主义原理的认同与信仰。

通过参与儒学这一普遍主义原理所描画的精神世界，江户时代的儒者获得了普遍主义的精神世界属性，而这正是一种精神的觉醒，一种对普遍主义世界的追求和向往。因此，山崎暗斋"与朱子共谬"一说的本质，是与普遍主义文明观念的一致，而这也意味着日本朱子学的完成。

---

[1] 转引自朱谦之：《日本的朱子学》，人民出版社，2000年，第296页。
[2] 比如，丸山真男就从这个角度对山崎暗斋进行了解释，参见《日本政治思想史研究》，王中江译，北京·生活·新知三联书店，2000年，正文，第23—25页。
[3] 关于儒学的自然法的一种解释，可参见［日］五来欣造：《儒教政治哲学》，胡樸安等译，山西人民出版社，2015年，第四章。

这种精神秩序的建构也反映在政治现实上。林罗山就曾先后担任德川家康、秀忠、家光、家纲四代将军的侍讲，协助幕府制定了新的武家法令制度。这样，儒学的普遍主义精神获得了具体的政治与社会制度的支持。这时候，我们自然可以合理地推测，这种对儒学普遍主义的承认与接纳，在一定程度上使日本在精神上获得了与中华世界并立的满足感。而在事实上，日本的朱子学者往往走得更远，比如，林罗山就对中华王朝进行了极为苛刻的评价。[1]

第二，古学派。在朱子学获得正统地位的同时，竞争性的观念开始出现，其中，被命名为"古学派"的儒学话语体系成为最有力的挑战者。古学派研读朱子学的目的并非停留于朱子的儒学体系，而是要超越朱子学的儒学认识。他们的方法是批判朱子对孔孟之道的不理解乃至错误理解，主张越过朱子的儒学体系，进入周公、孔子、孟子的儒学古典作品，直接面对儒学的圣经。显然，这是一个富有批判性的学派。

从东亚世界秩序的变迁角度来看，这种认知转变，与德川幕府体制最终确立、社会走出战国时代的动荡的历史处境有关，同时也与他们对王阳明心学的吸收直接相关。[2] 不管怎样，到了德川时代的元禄时期（1688—1704），山鹿素行（1622—1685）、伊藤

---

[1] 比如，他曾模仿汉代贾谊的《过秦论》，撰写了一篇《过明论》，对明朝的德行政事、文治武功都大加讽刺。参见陈景彦、王宝强：《江户时代日本对中国儒学的吸收与改造》，社会科学文献出版社，2014年，第51页。

[2] 朱谦之编著：《日本的古学与阳明学》，人民出版社，2000年，第8—12页。

仁斋（1627—1705）和荻生徂徕（1666—1728）等儒者对居于正统地位的朱子学展开了各种批判，从而开创了江户儒学史上著名的古学派。

山鹿素行在1666年刊行了《圣教要录》，公开批判朱子学严格的合理主义思想，认为朱子不通人情。他很快遭到了朱子学派的强烈反对，并被贬谪。他在遗嘱中留下了如下说法："夫罪我者，罪周公、孔子之道也。我可罪而道不可罪，罪圣人之道者，时世之误也。"这是一种毅然的说法，富有儒学阳刚雄健的精神气质。

我们这里要留意的不是他对"真正的"儒学的辩护，而是这种辩护的方法。在批判朱子学的严格主义时，山鹿素行诉诸的是这种理论的现实政治效果——现实中宋王朝的积弱与偏安。他写道："宋之心学、道学流布，可谓盛也。然不达治平之效，礼乐不盛，更有夷狄之祸，及至南宋之偏安。"[1] 理论无法直接为现实负责，但理论若无法对现实进行有效解释，其有效性就会大打折扣。在山鹿素行看来，朱子新儒学的完备无法解释现实中华王朝的积弱。当然，中华王朝的政治现实并未动摇山鹿对儒学的信心，"圣人之教唯在礼乐"，他将儒学的焦点重新置于外在于人心的礼乐制度之上，从而在日本发现真正的"礼乐"。

山鹿素行的这种解释，标志着一种新型的主体意识的出现，我们称之为挑战现实"中华"的主体意识。在这个过程中，它所

---

[1] 以上两段引文转引自［日］丸山真男：《日本政治思想史研究》，王中江译，生活·读书·新知三联书店，2000年，正文，第25页、第31页。

挑战的既存意识愈坚固，所爆发或为爆发准备的能量也就愈强大。因此，这种儒学话语路径带来了一种全新的自我意识：与现实的中国一样，日本在"先王"创造的儒学世界中有着特定的属于自己的位置，而不必继续步现实中华王朝之后尘。这种看法为日本克服现实的"中国"进一步积蓄了必要的精神与智识。

事实上，在古学派看来，日本就是"中华"和"中华文明"。山鹿素行对后世日本影响最大的书，当首推《中朝事实》。在该书中，他径直宣称"以本朝为中华"。在自序中，他如是写道：

> 恒观沧海之无穷者，不知其大，常居原野之无畔者，不识其广，是久而狃也，岂唯海野乎？愚生中华文明之土，未知其美，专嗜外朝之经典，嘐嘐慕其人物，何其放心乎？何其丧志乎？抑好奇乎？尚异乎？夫中国之水土，卓尔于万邦，而人物精秀于八纮。[1]

山鹿素行的这种理论自信，源于他对现实政治与社会秩序的认知。他对儒学礼乐制度的关心，经伊藤仁斋进一步强化后，最终在荻生徂徕那里发展为蔚为壮观的"徂徕学"。在荻生徂徕看来，儒学的"道"就是先王制定的"礼乐刑政"，"离开礼乐刑政无所谓道"，"道"即统治之别名。对此他留有如下语录："心无形也，

---

[1] 转引自陈景彦、王宝强：《江户时代日本对中国儒学的吸收与改造》，社会科学文献出版社，2014年，第77页。

不可得而制之矣。故先王之道，以礼治心，外乎礼而语治心之道，皆私智妄作也。何也？治之者心也，所治者心也。以我心治我心，譬如狂者自治其狂焉，安能治之。"[1]这种对制度的强调，将日本儒学的关注点从个体内在的"心"转化为行为的外化与外在制度条件。

有意思的是，徂徕本人自称"东夷"，可以说完全接受了儒家华夷之分的文明论与世界认知的模式。但要注意的是，在徂徕看来，这种儒学的世界观与现实的中国并无关系。他认为自己在儒家经典中获得的"道"，超越了"中国"或"日本"这样具体王朝国家的个别标准，具有绝对的普遍性。

这种认识论，与朱子学强调个人道德、强调为政者通过"格物致知，诚意正心"等获得德性，从而获得统治正当性的原理完全相对。因此，丸山真男将其视为德川封建制度下的"政治的发现"：政治有着迥异于朱子学强调的个体内部修养的外在特征，从而为日本接受近代西方实证主义奠定了基础。在这种对理论的政治性的"发现"过程中，徂徕发展了基于实证主义方法论的"古文辞学"，即通过考证古代典章制度的方式发现真正的治道。这种实证精神与方法引发了儒学的对立面——强调日本独特性与优越性的"国学"——的产生。由此，这位被后世学者称为"热烈的中华主义者"的徂徕，在日本精神史上占据了独特的地位。

---

[1] ［日］丸山真男：《日本政治思想史研究》，王中江译，生活·读书·新知三联书店，2000年，正文，第56页。

第三，国学派。人们的精神一旦从抽象的普遍主义原理中独立出来，具体的历史情境必然会进入他们的头脑。在徂徕开创的意义空间中，一部分日本学者不满足于儒学话语对普遍性的垄断，开始主张日本独特的思想与思维方式，包括日本独特的宗教意识。他们通过"日本—中国""和心—汉意""本朝—汉国"等一系列方法上的二元对置，发展出了日本独自的自我意识与世界认识的论述。

从精神史的演进来说，这是日本儒学的一种归结，日本在形式上获得了一种完全的自我意识的表达方法。前面提到的朱子学的热烈归宗者山崎暗斋，晚年最终皈依于纯粹的日本神道，专注于阐述"神国思想"，成为这种精神发展路径的典范。[1] 其实，在早期的学者，诸如林罗山等朱子学者那里，"神儒合一""神儒一致"的观念与说法已经初露端倪，正在等待爆发时刻的到来。

在徂徕倡导的返回儒学古典以及回归日本古典的双重影响下，到了18世纪江户中期，贺茂真渊（1697—1769）、本居宣长（1730—1801）和平田笃胤（1776—1843）的"国学"研究得到了极大的推进。此时，学问世界的对象已经从儒学经书转换为《古事记》与《日本书纪》等记载有"神代的传说"的日本古典。这两本书编撰于8世纪早期，是日本现存最早的历史叙述。

在这些学者看来，不是中国儒家的先王建立的"礼乐刑政"，而是日本的"皇祖神"所创并传至后世的"神道"，才是真正的作

---

[1] 朱谦之：《日本的朱子学》，人民出版社，2000年，第307—310页。

为普遍原理的"道"的体现。当今学界一般认为，宣长的古道学、神道学与实证主义的文献学、诗歌学融合在一起，开创了论述皇国日本的优越性与独特性的思想与学术传统。如此一来，"国学"以儒学否定者的面目出现在了日本的精神世界中。

在国学派所建构的话语与意义世界中，一种强调日本优越的"皇国""神国"意识得以最终形成。与"皇国"相对，现实中的中国不再是文明标高的"中华"，而是被降格为"唐土""汉土""西土""西京""西夷"乃至"支那"这样的普通国家。而日本作为"皇国"，"是万国中的一等国"，其政治与社会民风"优于唐虞三代"，"优于夏周之体"，为"中华朝鲜所不及也"。与此相对，他们对现实中的中国进行了激烈批评，认为"唐国无治世"，是"人品极坏之国"与"人品不良之国"。[1]

这种对日本和中国的认知，被认作日本早期民族主义的代表，意味着此时的日本在观念上已经完成了对中国的吸收和克服，它已经自认为是"文明"的典范。

日本国学者的这些说法固然表现了日本自我意识的发展，但它们所呈现的强烈的日本中心主义特征，只能说是意识深处"中华情结"的现实反映；它们以一种妄自尊大的方式，将这种情结的精神效果表现了出来。如同后世学者指出的，只要是在儒学文明论的认识论框架内争论日本文明的优劣，这种"国学"的根本

---

[1] [日]渡边浩：《东亚的王权与思想》，区建英译，上海古籍出版社，2016年，第113—130页。

指向仍然是作为自我意识的"中华"。[1]保持作为"中华"并获得承认的欲望,创造了独特的日本主体意识。这是江户时期日本的精神现象学。

上述对日本儒学的概括介绍,目的是为我探索近代日本精神的生成提供一种真实的思想与历史情境。东亚古典思想的普遍主义特征与现实国家特殊性的关系,构成了一种独特的生长性力量。

随着日本儒学理论研究的深入发展,儒学普遍主义原理一方面孕育了促使其发展变化的内部精神张力,并逐步外化为政治现实;另一方面,这种普遍主义原理与"中国"经验现实的距离凸显了出来——中国的政治现实并未显现儒学文明应有的水准。山鹿素行等日本儒者在批判朱子学普遍主义时,之所以诉诸南宋政治偏安这一现实,正是为了将现实导入理论世界,从而对理论进行批判和挑战。对日本而言,19世纪西方文明的抵达,意味着一种全新事实的出现,在这种现实的刺激之下,日本的世界认知最终获得了突破性的契机。[2]

回到我们关心的问题。江户儒学的精神结构意味着一个突破中华世界认识的路径已经出现。事实上,1644年在东亚大陆上发生的明清王朝统治秩序的更迭,在日本儒学的文明论中就首先被理解为"华夷变态"。夷狄取代了中华,日本获得了进一步对"中国"

---

1 [日]桂岛宣弘:《自他認識の思想史:日本ナショナリズムの生成と東アジア》,有志舎,2008年,第4—5页。
2 参见[日]清水教好:《華夷思想と19世紀—「蘭学者」の儒学思想と世界認識の転回》,载《江戸の思想7 思想史の19世紀》,ぺりかん社,1997年。

进行相对化的经验事实。在日本看来，中国是"可取而代之"的。当然，现实中华王朝的强大，成功抑制了这一时期日本思想家对中国的觊觎。但在观念上，日本或是将自己设定为体现了儒家圣人之道的"中华"，或是将自己视为"皇国"，而将清王朝统治的"中国"置于"夷狄"，即文明落后的位置。在他们看来，日本，而非中国，成为古典儒学文明的典范。

这种设定必然会引发一种新的紧张，日本期求的"中华"地位与欲望，如何才能得到世界尤其中国的承认？日本等待着某个时机的到来。

这一时机就是19世纪西方势力的到来。德川日本通过对"中国"内化、否定而自我证成的方法，因新世界的到来而获得了新的精神激励，迅速把握了"西洋文明"的优劣。这其中，幕府末期水户藩孕育的集朱子学与国学为一体的"水户学"，在这一近代日本的创建过程中扮演着关键角色。在这个意义上，江户儒学成为儒学在人类文明史上发挥作用的典范，并即将迎来它的巅峰。

在具体讨论这一巅峰时刻之前，我们还要强调一下儒学话语体系中的文明论性格在不同历史空间中的作用。对于德川日本而言，儒学体系与德川封建制度及其精神的契合，构成了儒家学说强调的秩序以及秩序中的自由在文明体系中发挥功用的具体条件。我们只能在精神世界与历史世界的相互作用中，讨论精神所扮演的角色。换言之，在不同的政治与社会结构中，儒学所扮演的角色可能大相径庭。推而广之，某种文明理论在不同的历史情境中会产生截然不同的功用。我们即将看到，在近代中国呈现为保守主义色彩的儒家思想,在近代日本却引发了激进的政治行动。这也进一步说明,特定的思想传统或理论体系与现实历史境况的遭遇,对于文明演进具有根本的意义。儒学与17至19世纪日本的相遇,在创造了自身文明价值典范的同时,也同时将文明演化的真正机制呈现在后世人们的面前。

二

尊王攘夷:时代风云中的水户学

为什么是"水户学"

现在,让我们进入江户儒学的巅峰"水户学"创造的精神世界。翻开有关幕末时期的历史著作,我们会很容易看到对"水户学"及其代表人物思想的介绍。对于"水户学",很多读者可能会感到高深难测,这其实源于对精神事物的疏离。[1]

"水户学"又称"水户儒学",具体指德川幕府治下水户藩独自发展出来的儒学学派及其观念。"水户学"能在幕末走上历史的大舞台,与水户藩的特殊政治地位有关。江户幕府的权力核心是德川家系,由三个拥有领地的直系"御三家"和居住在江户城中不拥有领地但有特权的三个支系"御三卿"组成。我们要说的水户藩,就是德川"御三家"之一,但它在规模上不及尾张的德川家与纪伊的德川家。

---

[1] 比如,很多学者注意到了水户学提出的权力分配问题,但未能解释这种权力分配的理论根据与现实效用问题。参见[美]纳吉塔:《当代日本政治的思想基础》,贺雷译,江苏人民出版社,2013年,第41—46页。

水户藩虽然是一个小藩,但在近代日本精神史的演变路径上,它却处于枢纽的位置。除了因前面提到的它与权力核心的血缘关系外,还有着独立的精神史上的背景。这种精神的起源,得益于第二代藩主德川光国(1628—1701)的修史事业。1657年,他开始组织学者编纂《大日本史》,到1906年完成为止,《大日本史》共编纂了397卷,用时近二百五十年。在这一修史事业中,水户藩逐渐形成了自己的学派和政治意识。

不过,我们不能脱离时代去谈论精神的作用。如同我一再强调的,不存在独立于时代的精神。水户藩在幕末一跃而走上日本政治变革的舞台中心,与西洋势力的到来有直接的关系。自沙皇俄国的使节拉克斯曼于1792年首次访问日本,俄国在其后十余年间先后派使节要求通商,并对桦太[1]、择捉、虾夷等日本列岛及其周边多次武装攻击。1808年,英国军舰进入长崎湾,掠夺燃料和食物。这些突如其来的事件虽然震撼了幕府,但强烈的危机意识却首先形成于水户藩。[2]虽然有学者认为这与水户藩紧邻江户、海岸狭长的地理位置有关,但其更深层的原因只能从江户时代主流的观念体系,即儒学中去寻找。

---

1 要说明的是,这里的"桦太",就是清朝的库页岛的日本说法;日本自认为库页岛是它的领地。1860年,在沙皇俄国强迫中国签订的《中俄北京条约》中,库页岛被迫割让给俄国。1905年,日俄战争后签订的《朴茨茅斯条约》,规定俄国割让库页岛北纬50°线以南的部分给日本。1945年日本战败后,苏联"收回"整个岛屿。
2 [日]星山京子:《德川後期の攘夷思想と「西洋」》,風間書房,2003年,第69—98页。

"尊王攘夷"的重新发现

从根本上说,"危机"有着强烈的主观认知的一面,而儒学特有的家国天下的政治观念与文明意识,则是这种危机意识的放大器。

水户藩的儒学传统与发达的儒学教育,为新时代提供了"内忧"(藩内的经济萧条)与"外患"(西方的冲击)的危机话语体系。西洋势力被表述为"外患",正是以和平主义著称的儒学的危机意识对现实的投射。而水户藩的《大日本史》编纂事业,为这种自我意识的发生与成长提供了持续的精神土壤与现实的生产机制。在这个过程中,源于儒家经典《春秋》的"尊王攘夷"思想的重新发现与论述是一个至关重要的环节。

"尊王攘夷"中的"王"是指日本天皇,而"夷"或"夷狄"则完全是儒学文明论的范畴。日本最早的史书之一,成书于720年的《日本书纪》中就有"天皇诏曰:远方夷狄,不奉正朔"的字样。不同于日本另一部史书《古事记》(712年成书)偏重于神话的叙述,这部史书模仿《史记》等中国史书编撰而成,有着特定的"中国意识"。更重要的是,这个"夷"的观念,还得到了政治制度上的支持:在794年征讨部落"虾夷"的战争中,当时的桓武天皇任命大伴弟麻吕为"征夷大将军"。[1] 从镰仓时代(1185—1333)天皇大权旁落、武将篡权开始,一直到江户时代结束,"征夷大将军"一直是将军所能获得的最高职称。它在政治哲学上的含义

---

[1] [日]吉田孝:《日本的诞生》,周萍萍译,新星出版社,2019年,第167页。

是，天皇是日本最高的权威，幕府体制的正当性最终源于天皇的授权。

我们前面之所以说"水户学"是江户儒学的"巅峰时刻"，正是因为它与"天皇"重新登上日本历史舞台有着直接关联。水户藩最终提炼出来的"尊王攘夷"观念，旋即激活了日本统治阶层的政治潜能，强力推动了日本历史的进程。

水户藩修史事业的主导原则，即儒学的"尊王"思想，首先体现在历史叙述方式上。《大日本史》采用了与司马迁《史记》一样的本纪、列传、志、表的结构，并用古典汉文撰写。在编纂过程中，因反清复明而流亡日本的明朝遗臣、著名学者朱舜水（1600—1682）发挥了巨大影响。司马迁在《太史公自序》中将自己的修史事业比作孔子作《春秋》，所以《史记》的精神就是儒家精神。水户藩通过修史事业，自然将儒家精神内化于它的自我意识中。

但在实际的历史叙述中，这种源于中国的儒学历史观很快遭遇到了一个棘手的现实问题，那就是理论与历史之间的矛盾。一方面，水户学的儒者们要具体面对中国的"易姓革命"与日本"万世一系"的天皇传统的内在紧张；另一方面，他们要面对儒学"尊王"思想与幕府将军实际统治的矛盾。虽然随着江户时代中后期"国学"研究与意识形态的发展，以天皇为主君的政治共同体的特殊性与意义得到重新发现与建构，但事实上，实际权力却掌握在幕府将军手中。水户藩修史事业的历史观与政治意识，与德川幕府的统治原理相悖。

"水户学"这种绵延不断的"尊王"思想脉络，在后期水户学的创始人物藤田幽谷（1774—1826）那里完成了理论上的关键一跃。藤田幽谷用古典汉文撰写了一部名作《正名论》。在这部作品中，幽谷对天皇进行了重新定位，自此天皇被正式置于儒家祭祀上天的郊祀之礼与祭祀祖先的宗庙之礼的位置上。这样，天皇获得了全新的政治地位。

在日本思想史与政治史上，这种"尊王"理论的确立意义非凡，因为自12世纪镰仓时代武士阶层兴起以来，天皇大权旁落，将军幕府才是政治权力所在。在《正名论》中，天皇在日本政治生活中的正统地位，首次得到了理论上的确认与建构：

> 赫赫日本，自皇祖开辟，父天母地，圣子神孙，世继明德，以照临四海。四海之内，尊之曰天皇；八洲之广，兆民之众，虽有绝伦之力，高世之智，自古至今，未尝一日有庶姓奸天位者也。君臣之名，上下之分，正且严，犹天地之不易也。是以皇统之悠远，国祚之长久，舟车所至，人力所通，殊庭绝域，未有若我邦也，岂不伟哉。[1]

在《正名论》的开端处，幽谷实际上为日本确立了全新的政治哲学。一方面，借助儒学有关政治秩序（君臣名分）的话语体系，他赋予了日本君主以统治的正当性与权威性。在幕府统治的末期，德川政权试图通过提倡尊崇皇室的方式，形成诸侯对幕府的尊崇，

---

[1] [日]今井宇三郎等校注：《日本思想大系53 水户学》，岩波书店，1973年，第370页。

以维持已经开始动荡的秩序意识。但在幽谷这里,君主却被赋予了至高无上的"天位",天皇亲政的观念已经呼之欲出。另一方面,幽谷将天皇统治的"天命"直接置于神话体系中,这种做法上接江户时代"国学"的观念传统,下开近代日本神学政治建构的帷幕。这种神学与儒学政治理论的结合,最终以天皇统治的"神国体制"形式进入近代日本的精神空间。

"水户学"的另外一位代表人物是藤田幽谷的门人会泽正志斋(1781—1863),1825年,他以汉文撰写政治策论《新论》一文,为"尊王"思想的确立贡献了巨大的精神能量,因为与"尊王"同时进入人们观念世界的,正是"攘夷"思想。

这部《新论》其实是一种革命纲领。在论述中,会泽强烈呼吁强化国家统治能力以应对西方势力带来的危机。这种论述的前提就是日本自"神代"以来延绵万世的"皇统"的优越性。该文在幕府末期广为流传,被誉为维新志士的"圣经"。借助维新志士这一主体,"攘夷"这一撼动德川幕府政治体制的意识形态登上了日本精神史的时代舞台。我们要注意的是会泽的文明意识,这是"攘夷"论得以正当化的前提。在他的笔下,"西方蛮夷—日本神国"的世界认知框架,得到了明确建构与呈现:

> 神州者太阳之所出,元气之所始,天日之嗣,世御宸极,终古不易,固大地之元首,而万国之纲纪也,诚宜照临宇内,皇化所既无有远弥矣。而今西荒蛮夷,以胫足之贱,奔走四海,蹂躏诸国,眇视跛履,敢欲凌驾上国,何其骄也……苟

自非有豪杰奋起以竟天功，则天地亦将为胡羯腥膻所诬悯然已矣。[1]

天保年间（1830—1843），水户藩第九代藩主德川齐昭因面临藩内的财政压力，开始进行藩政改革。思想与精神终于进入了自我实现的政治轨道。1841年，德川齐昭建立了藩校"弘道馆"，并撰写《弘道馆记》，将此前话语空间中流传的"尊王"与"攘夷"结合在了一起，正式提出"尊王攘夷"的政略与教育思想，一种新的政治哲学与历史观得以正式确立：

> 弘道者何？人能弘道也。道者何？天地之大经，而生民不可须臾离者也。弘道之馆，何为而设也？恭惟上古神圣，立极垂统，天地位焉，万物育焉。其所以照临六合，统御宇内者，未尝不由斯道也。宝祚以之无穷，国体以之尊严，苍生以之安宁，蛮夷戎狄以之率服。而圣子神孙尚不肯自足，乐取于人以为善。于是斯道愈大愈明而无复尚焉。中世以降，异端邪说，诬民惑世；俗儒曲学，舍此从彼。皇化陵夷，祸乱相踵，大道之不明于世也盖亦久矣。我东照官拨乱反正，尊王攘夷，允武允文以开太平之基……敬神崇儒，无有偏党。集众思，宣群力，以报国家无穷之恩……

---

[1] [日] 今井宇三郎等校注：《日本思想大系53 水戶学》，岩波書店，1973年，第381页。

藤田幽谷的儿子藤田东湖（1806—1855）进一步撰文阐述了弘道馆主旨，编纂成《弘道馆记述义》一书，得到了维新志士的广泛阅读，同样成为他们心目中的"圣经"。如下文所见，藤田再次对"尊王攘夷"这一政治口号做了详细的阐述：

> 神州，天日之嗣世奉神器，君临万方，上下内外之分，尤天地之不可易焉。然则尊王攘夷者，实志士仁人尽忠报国之大义也。臣尝读史……战国抢扰之间，外夷觊觎，乘我政教驰废，乃敢布其妖教。丰臣氏尝禁之，至于东照宫更大设宪令，搜索天下，悉毁其寺，戮其徒，后嗣继述不懈。于是外夷之防，妖教之禁，永为宪法第一义。其果决明断攘除夷狄者又盖如此。今恭观其遗训，于仁政武备之要，尤深垂戒，其所以虑内忧防外患者，不一而足。诗曰：戎狄是膺，荆舒是惩……[1]

这些论述所建构的"尊王攘夷"论，并不是简单的排外思想，因为它的主旨是要确立一种至高的权力，进而建立新的政治秩序。今天的学者往往只注意它的"排外主义"和"抵抗外部军事政治压力"等现象层面的含义，而忽视了现象背后的本质精神。[2] 其实，

---

[1] ［日］今井宇三郎等校注：《日本思想大系53 水戶学》，岩波書店，1973年，第434—435页。
[2] 一般而言，历史学家或政治学者往往对"尊王攘夷"的这些侧面感兴趣，参见［日］佐佐木克：《从幕末到明治：1853—1890》，孙晓宁译，北京联合出版公司，2017年，第107页。

在这一政治口号中，流淌着的正是时代的精神。它对"尊王"的论述就是对王权的呼唤，目的是回应时代对现代民族国家的召唤。现代民族国家的根本原理，要求对内实行中央集权制度，对外确立独立的、排他性的主权。

所以，"尊王攘夷"并不仅仅是武士阶层维新的口号，它所蕴含的政治意识，在指向幕府体制变革实践的同时，也是时代精神的集中呈现。从而，水户学确立的"尊王攘夷"的观念细流，最终汇聚成时代的精神洪流，决定了日本乃至东亚世界的历史走向。非但如此，由于这些论述皆由汉文（东亚世界的古典语言）撰写而成，它们所呈现的精神具有了普遍主义的维度。换言之，"尊王攘夷"所确立的王权根植于东亚的传统政治理论，进而指向了世界，是一种东亚的王权形式。[1]

这种"王权"很快就找到了自我实现的载体，那就是孝明天皇（1831—1867）。与之后大名鼎鼎的明治天皇（1852—1912）相比，一般人未曾注意到，正是这位孝明天皇在幕末政治中的活跃表现，幕末时期的政治才获得了独特的活力，最终形成了天皇、朝廷贵族与武家（德川将军与诸大名）之间复杂的互动。其中，我们看到了"尊王攘夷"观念自我实现的关键一幕。1863年3月7日，朝廷关白鹰司辅熙向上洛（进京）的将军德川家茂转达孝明天皇旨意，要求"尊奉天子圣虑，以正君臣名分，举国一致，取

---

[1] 关于尊王攘夷观念的形成及其历史功用，还可参见本书第七章中的讨论。

得攘夷之成功"。[1] 该敕谕的发布是日本近代政治史的一个转折点，它意味着王权的正式启动。

当然，这个过程非常复杂，包含着宫廷内部的权力斗争、宫廷与幕府的矛盾、孝明天皇自身的政治利益计算等因素，但"尊王攘夷"无疑为当事者提供了理论工具。在现实的历史进程中，正是在这一敕命的激励下，"尊王攘夷"很快转变为激烈的政治运动与军事行动，并在1868年成功实现了"王政复古"的革命。

天皇制的建立

由上所述，我们可以说，近代日本精神的底层机制就是"尊王攘夷"。当观察者为日本天皇制的高效而感叹时，我们看到的不是宗教的神秘力量，而是精神发生作用的历史事实。[2] 这一点，很多日本学者并未充分注意到。

在一篇讨论德川时代所孕育的近代思想的论文中，著名思想史学者源了圆对"儒教的历史意义"做了总结，其中着重阐述了"儒学（朱子学）的合理主义思想"对日本转向近代的功用。这里引述的是他关于"朱子学对尊王论影响"的说法，尽管只是一笔带过：

> 日本朱子学派中的崎门学派，特别强调了朱子学的名分

---

[1] [日]佐佐木克：《从幕末到明治：1853—1890》，孙晓宁译，北京联合出版公司，2017年，第75—76页。
[2] 对天皇制的赞叹，可参见[日]小泉八云：《神国日本》，曹晔译，吉林出版集团有限公司，2008年。

论的一面。根据此论,幕府的权力因天皇的裁可而得以正当化。在这种观念当中,依靠实力获得统治地位的幕府为了维持自身的地位,通过天皇的裁可将自身权威化,就是其政策的一部分。因此,这种观念并不必然会转化为讨幕论。正因为如此,御三家之一的水户藩接受了这种思想。然而到了幕末外交问题日益严重时,尊王论与攘夷论结合到了一起。当幕府未尽攘夷的政治责任时,尊王论就转化为了讨幕论。这是历史的反讽。[1]

上述说法扼要地总结了"尊王"论的历史作用。不过,从"尊王"到"讨幕",以及"尊王"与"攘夷"的结合,并非历史的反讽或偶然,而是江户儒学观念发展的必然结果。当然,只有在具体的历史条件下,这种观念上的必然才能转化为具体的政治行动。这个具体的历史条件就是西方势力对日本的压迫。在这个意义上,"尊王攘夷"可谓与时代精神同步。

在最新编制而成的"尊王攘夷"观念中,事关体制转变与主体动员的思想因素最终以高度凝练的方式展现了自身。从此后的历史发展来看,"尊王攘夷"所激发的政治行动的欲望贯穿近代日本的整个内外政策中;其中,以"国体"为核心建构的国民教化的政策,构成了明治天皇制国家对内统治的根本原理。

---

[1] [日]源了圓:《德川時代における近代思想の形成》,载《近代日本政治思想史大系第1》,有斐閣,1970年,第8页。

相关的历史过程，在后面的章节中还要论及，这里我要指出的是，在真实的历史过程中，政治观念与行动主体从来都是相互创成的。因此，"历史的反讽"这种说法只注意到了历史过程的矛盾一面，未能恰当地评价时代观念、历史主体所扮演的角色。事实上，幕府末期著名的倒藩志士，诸如真木和泉（1813—1864）、吉田松阴（1830—1859）、久坂玄瑞（1840—1864）、梅田云兵（1815—1859）等所谓的下级武士，都经历了某种"水户体验"。[1] 在这些革命势力的精神世界中，来自内外的忧患意识与主体在历史进程中的角色地位，形成了一体化的结构。换句话说，幕末以下层武士为核心的激进的改革派，正是以"水户学"世界观为认识与行动的依据，才走上了时代变革的历史舞台。这种独特的体验，事实上构成了整个明治时代的精神风土。

当然，作为统治集团的一部分，水户藩等下层武士的最初动机是以借助尊崇天皇的方式来强化幕府的政治力量，进而维护幕府体制。这是人们容易观察到的历史事实。但事情还有另外一面，在时代的危机中，他们的近代国家意识得到了激发，开始怀疑幕府领导国家的能力。于是，他们根据"尊王攘夷"的政治观念，建构了新的危机意识——神国日本及其体现者天皇正遭遇来自内外的两种威胁。在天皇这一最高与最终的忠诚对象面前，幕府体

---

[1] 参见［日］尾藤正英：《水户学の特質》，载《日本思想大系53 水户学》，岩波书店，1973年；［日］吉田俊純：《水户学と明治維新》，吉川弘文馆，2003年；［日］橋川文三：《ナショナリズム：その神話と論理》，紀伊国屋书店，2005年，第52—55页。

制与西方势力成为这两种威胁的化身。

这种认识与强调"知行合一"的儒学原理相结合,使得"尊王攘夷"的观念与理论迅速发展为革命与建国的政治行动。经历明治初年的动荡之后,这种观念并未消失,而是在帝国的建设中进一步演变为忠君爱国与军国主义的思想基础。

因此,在人们习惯使用的"天皇制"这一说法的背后,有着王权以及神话观念的作用。"尊王攘夷"并不是简单地要确立新的国家体制,实行排外政策,更重要的是,在政治哲学上,它激活了潜在于人们内心意识深处事关权力与权威、自我与他者、文明与秩序的观念。这种观念正是"天皇制"的精神背景与基础。对它的根源的揭示表明,"天皇制"所指向的王权,首先是一种东亚传统政治思想中的王权,而不是近代政治中的国家主权,也不是简单的政治上的"国家机关"。[1] 这种王权因其普遍主义精神(以"仁"与"德"为核心)和久远的历史,获得了巨大的正当性和权威性,甚至可以说"代表着一种超越人类意志的宿命性力量"。[2]

在明治中期颁布的《大日本帝国宪法》(1889 年)与《教育

---

[1] 20 世纪 30 年代,宪法学家美浓部达吉曾提出"天皇机关说",阐述天皇在宪法上的地位。这一说法遭到了皇道主义者代表上杉慎吾等人的猛烈批评,他们认为天皇代表了无上绝对的主权。这场争论随即演化为政治事件,美浓部达吉在 1935 年被迫辞去贵族院的职位,史称"国体明征运动"。我在这里无暇对这场涉及明治宪法体制的复杂性进行讨论,而是要指出"天皇"在日本精神史当中的特殊地位。相关叙述,可参见[日]坂野润治:《近代日本的国家构想:1871—1936》,崔世广等译,社会科学文献出版社,2014 年。

[2] [日]安丸良夫:《近代天皇观的形成》,刘金才等译,北京大学出版社,2010 年,第 29 页。

敕语》（1890年）中，这种东亚王权的思想得到了继承、展现与讴歌。大正时代（1912—1926）末期制定的《治安维持法》（1925年），更在法律上规定禁止对"国体"进行任何变更，并全面规定了日本国民的思考样式。《教育敕语》作为明治意识形态的完成，成为明治时代精神最为精致的表达：

> 朕惟我皇祖皇宗肇国宏远，树德深厚，我臣民克忠克孝亿兆一心，世济其美，此我国体之精华，而教育之渊源亦实存乎此。尔臣民孝于父母、友于兄弟、夫妇相和、朋友相信、恭俭持己、博爱及众、修学习业以启发智能、成就德器。进广公益、开世务、常重国宪、遵国法。一旦缓急则义勇奉公以扶翼天壤无穷之皇运，如是者不独为朕忠良臣民，又足以显彰尔祖先之遗风矣。斯道也，实为我皇祖皇宗之遗训，而子孙臣民之所当遵守。通诸古今而不谬，施诸中外而不悖。朕庶几与尔臣民俱拳拳服膺咸一其德。

这份具有宪法性格的教育思想文本，是近代日本所孕育并爆发的精神能量的结果。在这种直接以天皇名义创建的话语空间中，日本独自演进的观念得到了最终确立，江户儒学话语空间中天皇"万世一系"的"神国国体"观念，最终得到了宪法的支持与强化。在这一进程中，"水户学"通过将儒学的"尊王"思想与日本国学派视为神圣的《古事记》《日本书纪》中的神话相结合，完成了近代日本国家建设所必需的政治哲学。在1868年明治维新后日本逐步成长为世界性力量的过程中，江户儒学的这种作用逐步展现了出来。

三
世界帝国：近代日本的国家目标

水户学建构的"尊王攘夷"，借助古老的儒学理论和神话观念，以古典的形式为近代日本提供了与世界同步的政治秩序原理，从而使得日本获得了与其历史境况相匹配的主权与民族主义的原理和精神。但是，如果不是从东亚世界史的角度来看，我们不容易理解这种原理的政治性格；很多政治思想史学者也未充分注意到它的精神深度。比如，丸山真男曾说：

> 当时的紧迫问题，是把幕末思想中共通的华夷观念转化为国际社会中的国家观念。这是欧洲国家理性思想从未经历过的课题。日本（以及）中国是经过了此阶段，才产生出本来意义上的国家理性（国际社会中的国家行动准则）的。近代民族国家的指导原理——民族主义，特别是民族主义的本质动机——"主权"观念，尽管具有肯定国家奔放不羁的对外行动一面，但毕竟是把主权民族国家的并列共存作为根本前提的。这与那种不承认自己以外有世界中心的"中华—夷狄"观念水火不相容。[1]

---

[1] [日] 丸山真男：《日本近代思想家福泽谕吉》，区建英译，世界知识出版社，1997年，第148—149页。

显然，在这一表述中，丸山并未充分注意到"尊王攘夷"所预设的实质性的政治原理。当时东亚共通的"华夷"观念，在秩序和文明的意义上究竟意味着什么？近代日本的国家原理在什么意义上可简化为"民族主义"？如果不借助事后的民族国家观念，我们应该如何理解"尊王攘夷"背后的政治原理以及它所指向的国家形态？这些正是有待讨论的实质性问题。

从历史事实来看，当时的中国与日本都缺乏主权平等的思想。主权平等是近代欧洲国家间长期战争的结果，尤其是1648年威斯特伐利亚条约签订后形成的一种新型的欧洲内部的国家原理。这种主权观念在随后的历史进程中演变为民族国家的政治体系。与此相对，东亚的长期和平状态及其世界秩序导致了一种非民族主义的"国家理性"建构，保留了一种本质上不同于民族国家观念的普遍主义要素。但这种要素不是落伍的和有待克服的，因为它本身就是东亚文明在世界政治上的表达。我们已经看到，"水户学"将近代日本所爆发的能量导向了一种对普遍秩序的追求，且在具体的政治行动上，将日本建构为一个与当时世界同步的帝国，而不是一个有限的民族国家。

这里的关键问题，依然是如何认识东亚儒学的问题。就近代日本而言，儒学的普遍主义文明意识与文明自觉发挥了指南针的作用，为日本在与其他文明遭遇时提供了一种可信靠的方向感。这种方向感与日本在江户时期获得的作为"文明中心"的自我认识与定位以及危机感有着直接关联。

如前文所述，在复杂的观念与现实相互作用的历史现场，我们可以确认精神发生作用的轨迹。概括而言，基于传统儒学"华夷之辩"的认识论与文明论，西方势力最终被理解为"蛮夷"，而日本则是作为文明国家的"中华"。成为"文明国家"的欲望，成为国家之"中华"的欲望，驱动日本义无反顾地走向了开国进取、富国强兵的近代转型之路。明治政府在成立之初就显露了对清朝中国开战的意志，并非仅仅源于现实的国家利益与国内的党派斗争；这种意志的背后，流淌着汹涌的国家欲望。[1]

在这个意义上，"尊王攘夷"与当时支配世界的"文明—野蛮"的认知图式可谓异曲同工。日本的变革势力在古老的儒学文明观念的激励下，获得了与时代同步的使命感与道德力量。而在当时的历史世界中，现实中的幕府屈从于"蛮夷"的压力，在1858年7月29日与美国缔结《日美亲善条约》，随后又被迫与荷兰、俄国、英国与法国签订类似条约。在"水户学"的认知中，这些条约（统称"安政五国条约"）被视为"国耻"。于是，在革命势力看来，传统的幕府政治体制已然无法维护日本文明。从此，强烈的文明—野蛮观与"神国"意识，成为日本直到1945年战败时帝国精神秩序的主要支柱。

此外，中华王朝在第一次鸦片战争（1840—1842）中的失败，导致东亚世界体系开始走向衰落，处于体系边缘的日本开始直接面对来自西方的势力。事实上，幕府之所以于1858年率先与美

---

[1] ［日］坂野润治：《近代日本的国家构想：1871—1936》，崔世广等译，社会科学文献出版社，2014年，第8页。

国签订开国条约，正是英法联军在第二次鸦片战争中取得胜利后，日本面临的压力陡然增大的缘故。[1] 与此同时，在日本眼中，中国逐渐被视为文明落后的国家。1862年日本幕府派遣"千岁丸"号商船赴上海，随船考察的日本精英看到的尽是中华帝国"官吏的堕落"与城市的"混乱与肮脏"。[2] 这些当时人们留下的只言片语，构成了当时日本的中国认知的极为重要一面。

竹尾正胤在发表于1863年的一篇题名为《大帝国论》的策论中，充分利用当时日本关于世界与自身的知识，建构了作为"帝国之帝国""万国之祖国"的帝国观。作者宣称："我大皇国称天皇者，与戎国国长等僭称皇帝不同，实为地球中之总天皇。天孙琼琼杵命自太阳降临此土之时，对天照大神、高木神之神敕云：苇原水穗国者，吾子孙可王之地。皇孙就而治焉。宝祚之隆，当与天壤无穷矣。"[3] 在得出这一神学结论前，竹尾对当时的"六大帝国"，尤其是"支那"帝国进行了猛烈的批驳与否定：

> 亚细亚洲之帝国、汉土王统，自古未定。此为尧舜汤武受禅放阀、万世乱逆之根源，弑夺世世不绝。且唐尧以来迄至现今满清，王统变化二十五次。至今日清主，酋长世数

---

[1] 参见［美］詹森主编：《剑桥日本史（第5卷）：19世纪》，王翔译，浙江大学出版社，2014年，第258—270页。
[2] ［日］佐藤三郎：《近代日中交涉史研究》，徐静波等译，上海人民出版社，2013年。
[3] ［日］芳登贺、松本三之介：《日本思想大系51 国学運動の思想》，岩波书店，1971年，第512页。

二百四十四代。另，北朝酋长有二十六位，辽金十九主，清大祖大宗二祖，共有二百九十一主。此中因讨伐、弑杀而未得全终者七十有余。此为西方闻所未闻，堪称冠履颠倒之国。……此国虽常对他国自称中国、中华，其酋长自称天子、皇帝，实皆为僭称，王统不立。有智略奸勇者，每及王政衰弱或暴政，则伺机兴兵，夺取王位。昨日尚为贱民，今朝则僭称天子、皇帝。此等国风，不值尊奉。其所云圣教，更于事无补。其无法成为正统帝国之缘由，明显见于王统不立之上。[1]

显然，日本学者为建构新的国家原理，必须借助批判中华帝国的方式，而这其实是一种特别的"中国意识"。这种作为世界唯一的帝国的"国体"观念，逐渐演化为近代日本世界认识的重要部分。这种说法是江户中期"国学派"皇国优越论的重新表述，并且获得了新近的历史事实的支持。这些论述与"尊王攘夷"相辅相成，最终建立了一种总体性的帝国世界观。当然，借助儒学的普遍主义观念与话语，近代日本帝国成功地掩饰了其基于天皇"神国"的特殊主义性格。

正因如此，日本并未把握儒家文明的真正本质。如同日本学者注意到的，尽管"尊王攘夷"来自经典儒学思想，但无论是"尊王"还是"攘夷"，它们都不是天然正当的观念。比如，评论家三宅雪

---

[1] ［日］芳登贺、松本三之介：《日本思想大系51 国学運動の思想》，岩波書店，1971年，第508—509页。

岭在《同时代史》中就指出,"孔子不言攘夷,王道有怀柔而无攘夷"。朱子在《论语》的注释中虽然有"尊周室、攘夷狄"的说法,但无论是"尊王"还是"攘夷",二者在其思想体系中的比例都不高;更重要的是,二者都有更高的条件约束,即具体的政治行动是否符合"王道政治"的"德性"所代表的文明意识。水户学派之所以对"尊王攘夷"有过度的解读,与江户儒者的自我意识,尤其是对"华夷秩序"的强烈意识有关。[1] 在这个意义上,我们说"尊王攘夷"是近代日本固有的政治意识,其中"万世一系"的王权观念构成了这种政治意识绝对化的正当标准。

尽管如此,"尊王攘夷"在根本上仍然诞生于东亚世界秩序的内部,并在西方世界到来前,上升为"日本民族"的精神。在这一精神视野中,日本的"大和民族"被构想为一种世界史的主体民族,并在随后的世界政治进程中,试图自我实现。从中,我们看到了一条清晰的由精神到历史的演化脉络。

让我们对上述说法做进一步的解释。此处所谓"民族"及作为其意识形态的"民族主义",究竟具有怎样有别于后世的"民族"与"民族主义"的特征?在《日本政治思想史研究》中,丸山真男一方面反对将"尊王攘夷"与近代民族主义直接关联在一起,另一方面又视其为早期民族主义的一种形态。[2] 其实,这种矛盾的

---

[1] [日]尾藤正英:《日本の国家主義:「国体」思想の形成》,岩波書店,2014年,第12—18页。
[2] [日]丸山真男:《日本政治思想史研究》,王中江译,生活·读书·新知三联书店,2000年,正文,第228页。

看法源于后设的"民族主义"视角。如何理解近代日本民族主义是本书要处理的大问题，这里基于本章的讨论，先进行几点概括，在随后的章节中，我将从不同角度对这些特征展开进一步的论述与辨析。

第一，明治维新前后，日本的上述自我意识无法简化为近代"民族主义"，即强调一国政治独立的观念，尽管这一观念在当时广泛流行。这一点是当今多数论者的盲点。[1]

实际上，"水户学"所包含的普遍主义的文明观念，无法用民族国家的框架加以认定和解释。由于在认识论上受制于传统东亚世界秩序中的文明观，近代日本政治精英获得的首先是将自身视为文明与世界的自我意识。这种自我意识进一步与日本本土的王权传统与神话元素结合，生成一种特殊类型的帝国意识。它所指向的国家，并非近代主权型民族国家，而是具有天命意志的"神国"。与基于纯粹世俗主义的中华世界秩序不同，内在于"神国"观念的宗教要素有着将其内在的普遍主义予以实现的特殊精神动力。这一事实同样无法用民族主义来解释。

江户儒学所孕育的近代日本只能以普遍的世界帝国的形式建构自身，这一事实意味着，它在原理上必然与另外的世界帝国发生冲突。事实上，无论是中日甲午战争、日俄战争还是太平洋战争，

---

[1] 从民族主义视角的叙述，可参见［日］桂島宣弘：《自他認識の思想史　日本ナショナリズムの生成と東アジア》，有志舍，2008年，第4—5页；［日］山下範久：《近世地域システムから見た日本の自－他関係の言説の変容》，载《江戸の思想7　思想史の19世紀》，ぺりかん社，1997年。

均可还原为近代日本的帝国原理与具体的历史处境的冲突，因而远远超过了一般意义上民族国家之间的战争。民族国家的战争目标往往有限，而帝国的欲望却是无远弗届。

历史上的帝国多数情况下是文明的实质载体，对于帝国的欲望，同时也是对于文明的欲望。在这个意义上，近代日本的国家理性，可以说是一种特殊的世界主义，或者说是一种帝国民族主义，它与单纯谋求民族自立的民族主义显然不同。这种帝国的自我意识与精神，在非常宽泛的意义上也可用"天皇制民族主义"这一说法来概括。

第二，这种国家理性的特点在于，它与正在生成的世界秩序及战争模式有着高度一致的逻辑结构。日本作为一个后发的帝国，对安全、秩序与文明的追求，与内在于其精神空间中的焦虑、恐惧、欲望以及荣誉感混为一体，构成了一种异常强大而偏执的精神结构。这种结构尤其有利于军国主义的生成，或者说，它就是军国主义的意识形态自身。在此后的殖民史上，它所表现出的强烈的军事掠夺特征，正是这种帝国原理与精神外化的结果。

第三，近代日本的世界帝国构想，由于缺乏对普遍文明的真正理解与体验，它无法为当时的世界提供明晰的秩序原理。在这个意义上，它已与中国儒学以及中国的世界主义分道扬镳。事实上，如前所述，近代日本的自我意识包含着一种强烈的否定因素——对中华世界及其文明的否定。然而困难之处在于，其否定的逻辑前提恰恰是儒学世界观提供的文明意识，因而日本帝国民族主义自身就包含着自我解体的要素，这已经为其后的历史进程所证明。

历史上一直处于中华世界秩序边缘的日本,并未能充分认识到这种秩序所具有的文明实质。

中国的儒学在价值方面呈现出的高度的合理主义与彻底的世界主义性格,使得它在殖民与帝国时代的功能几乎付诸阙如。张之洞在《劝学篇》中提出的"保种""保教""保国"的意识形态论述,在道理上几乎无懈可击,但在主体热情的激发与创造上却乏善可陈。中国儒学彻底的合理主义精神,只有在一种新的世界秩序下才能发挥其思想与意识形态的功用。这种秩序见于东亚历史上被称为"朝贡册封体制"的"中华世界秩序",它与后民族国家时代的世界秩序有着契合的精神要素。[1] 在这个意义上,现代中国在世界观上并未偏离传统政治思想所描绘的历史轨道。

但日本与中国相比,显现了截然不同的特征。近代日本的帝国民族主义存在着一种内部紧张,即儒学的合理的普遍主义与神学的特殊主义之间的对立与冲突。这种对立和冲突埋下了必然导致帝国自我解体的种子。只是在特定的历史处境中,得益于天皇制意识形态对儒学合理主义的"缺陷"——儒学缺乏精神唤起的超越性的力量——的弥补,日本爆发了巨大的精神能量,一跃成为世界上屈指可数的强国。

在这个意义上,江户儒学在近代日本,尤其在动荡不安的19世纪,迎来了它在世界史上的黄金时代。直到第二次世界大战结束,

---

[1] 对中华世界原理的一种阐述,可参见[美]康灿雄:《西方之前的东亚:朝贡贸易五百年》,陈昌煦译,社会科学文献出版社,2016年。

日本都笼罩在这种精神氛围的遗绪中。在本书中，我将这种源于江户儒学的国家形态称为"精神帝国"。

这种在精神上基于否定他者，尤其是否定中华世界的帝国民族主义，最终否定的只能是文明自身。明治维新刚刚告一段落，日本就投身于对外扩张的事业。它首先挑战的，就是以中国为中心的东亚世界体系。然而，由于对文明本质的不理解，过多地诉诸阴谋、破坏与战争手段，日本虽然从内部成功地瓦解了东亚世界秩序，但最终也破坏了可以承载日本文明的世界体系自身。日本儒学在近代世界史上的黄金时代也随之迅速落幕。

可以说，"水户学"就是近代日本帝国的理念，是近代日本精神史的序章。这种理念与精神将文明的自觉与使命意志，将国家建构与具体民族、国民的创造结合到了一起。换言之，在历史进程中，它进一步召唤同型的主体，并取得了非凡的"成功"。在这个意义上，日本儒学最终达成的业绩是日本帝国的建立与现代化的迅速实现。但在人类文明史中，这种业绩究竟具有怎样的意义，其成功与失败之处究竟何在，仍然有待我们在新世界主义的视野下，沿着东亚世界史的演进之路进一步予以讨论。

第二章

竞逐亚洲

面向世界大舞台

如果说"尊王攘夷"是近代日本精神史诞生时的形态，那么从本章开始，我们的日本精神史叙事，就登上了它自我展现的第一个历史舞台。

早在江户幕府末期，"中国"就因广泛的政治腐败而遭到了日本政治家的侧目。随着1868年明治维新的成功以及近代西欧政治、法律与技术文明的大量输入，作为文明符号的"中国"从日本的世界认识中脱落了下去。不仅如此，现实中的"中国"被视为拒绝接受"文明开化"的反面教材，成为日本舆论批评和国民蔑视的对象。与这个过程相辅相成，近代日本的精神帝国迅速成长，开始寻找和创造自我实现的物质条件。这一欲望的自我实现过程与东亚世界秩序的巨变高度重合，最终释放出巨大的能量。近代日本的精神成长，由此进入了一个新的阶段。

从历史进程上看，明治政府刚一成立，征讨朝鲜半岛的对外策略就走上了历史舞台。1873年，与木户孝允（1833—1877）、大久保利通（1830—1878）并称"维新三杰"的西乡隆盛（1828—1877），正式提出了"征韩论"的扩张策略。最终内政优先派取得了主导权，征讨朝鲜半岛的计划暂时偃旗息鼓。但1874年5月2日，日本以"琉球民被害"为借口出兵中国台湾，同年10月，迫使清政府签订了《中日北京专条》（又称《日清两国间互换条约》），其中有"日本国属民等"字样，完成了指向琉球王国归属问题的战略任务。

1875年9月，日本炮击朝鲜，随后又迫使琉球王国解除与清朝的册封朝贡关系。1876年2月，日本迫使朝鲜签订《江华条约》。1879年，明治政府正式宣布"废琉置县"。在此期间，中日两国围绕琉球归属问题（"琉案"）进行了多次外交交涉。随后十余年间，日本与中国在朝鲜半岛展开激烈的外交与军事攻防。1894年7月25日，日本不宣而战，在朝鲜丰岛海面袭击中国运兵船，甲午战争爆发。翌年4月17日，双方签订《马关条约》，朝鲜获得了独立主权国家的地位，日本随即开始强化对朝鲜的控制。传统的东亚世界秩序至此土崩瓦解。

如上所述，明治政府甫一成立，就展开了凌厉的对外行动，不过十数年间，就通过一系列对清王朝的政治、军事与外交攻势，在传统的东亚世界体系中迅速脱颖而出，成为新晋的帝国角力者。正是在这种具体的历史进程中，"亚洲"（或称"亚细亚"）逐步取代"中国"，成为日本帝国精英自我与世界认识的新概念。"亚洲主义"，又称"亚细亚主义"，也由此成为日本帝国最新的对外政策。

近代日本帝国的"亚洲主义"或"亚细亚主义"包含了复杂的政治与文明意识,"亚洲"不是地理上无意义的虚构或单纯的空间单位,而是反映了日本逐渐定型的帝国欲望与国家理性。日本由此登上了世界大舞台。那么,如何理解这种帝国欲望以及它所宣示的文明意识?日本如何处理它精神深处的"中华"问题?这些追问将把我们带入近代日本精神分析的一个新领域。

一

想象亚洲:日本帝国意识的成长

亚洲主义

早在德川幕府统治末期,日本政治家就提出了"亚洲同盟"的观点,以对抗当时欧洲势力的压迫。这种观念不足为奇,它构成了整个幕府末期"海外经略""大陆雄飞"等同时代观念的具体表达。显然,这种"亚洲同盟"首先是指中日两国的同盟,在当时有"日清同盟""日清合纵"等说法。

伴随着明治日本国家建设的进行,这种"亚洲"论述逐渐成为日本帝国知识分子的世界意识的一般表达。这个过程大致开始于1880年成立的"兴亚会"。随后,在19世纪80年代,日本国内出现了多个冠以"亚洲"的组织与团体。明治时代的著名社会活动家与政治家,诸如以间谍著称的曾根俊虎(1846—1910),以右翼团体的精神领袖著称的头山满(1855—1944)和内田良平(1874—1937),先后出任日本首相的著名政治家伊藤博文(1841—1909)、犬养毅(1855—1932)、桂太郎(1848—1913),以及集政治家、实业家与明治元勋于一身的井上馨（1835—1915）等人，都曾参与其中，盛况由此可见一斑。在思想观念上，一种新的亚洲论述应运而生。一方面是传统的同盟论，强调振兴亚洲、亚洲联合或联盟的"亚洲主义"以及"大亚洲主义"；另一方面则是强调日本与欧美各国为伍，以欧美方式对待亚洲的"脱亚论"。[1]

值得注意的是，无论兴亚还是脱亚，只是具体策略上的不同，背后流淌的都是一种热烈地指向世界大舞台的精神。在这个意义上，亚洲主义就是日本最初的世界战略。

当然，这种世界战略不是思想家凭空的构想，而是内生于当时日本具体的历史进程。在日本出版的《亚洲历史事典》（1959—1962年刊行）中，历史学者野原四郎对"大亚洲主义"进行了解释。这里抄录一部分，我们从中可以看到这种战略的多重面相：

> 大亚洲主义是指为了抵抗欧美列强的亚洲侵略，号召亚洲各民族以日本为盟主团结起来的一种主张。亚洲联合论与日本独立的问题有关，最初产生于明治早年，尤其是在自由民权论者当中得到发展并呈现出多种不同的说法。比如说，植木枝盛将民权论的基础，即自由平等的原理扩大到国际关系上。他一方面对亚洲各民族的抵抗进行了正当化，另一方面主张说，为了进行抵抗，亚洲各民族必须在平等的基础上

---

[1] 这里的简要介绍，参见［日］狭间直树：《日本早期的亚洲主义》，张雯译，北京大学出版社，2017年；中国学者较早的关于亚洲主义的介绍，可参见王屏：《近代日本的亚细亚主义》，商务印书馆，2004年。

联合起来；而且他还更进一步，提出了一种具有乌托邦色彩的世界政府论。不过，樽井藤吉、大井盐太郎的主张更为有力。他们认为，为了对抗欧美列强，亚洲各国必须在推进民主化的同时，联合起来。由于日本在民主化方面领先一步，他们主张日本要支援其他亚洲国家的民主化，强调了一种民族的使命。

到了明治二十年代，民权论者放弃了亚洲联合论，收缩为自由民权论。随着天皇制国家机关的确立以及对清军备的扩张，日本出现了大亚洲主义。"为了与有色人种的欧洲对抗，有必要进行军国武装。尤其是我国作为东洋的新国家而日益勃兴，将来有望成为亚洲的盟主。怀揣着这种希望，现在正是我们提倡军国之时。"玄洋社抛弃民权论而转向国权主义，正是在1887年（明治二十年）。大亚洲主义主张日本也是被压迫民族，宣扬同文同种等说辞，认为东洋文明是精神的而西洋文明是物质的，主旨在于呼吁亚洲进行联合。实际上，大亚洲主义扮演了掩饰明治政府大陆侵略的角色。[1]

野原的这些说法非常客观，代表了人们的一般认知。在下文中，我将借助日本著名思想家竹内好（1908—1977）的分析，对这一亚洲主义的描述进行讨论。因为野原对"亚洲主义"的描述，并未触及我所关注的问题：为何"亚洲"成为日本表达自我意识

---

[1] 转引自［日］竹内好：《日本のアジア主義》，载《竹内好セレクションⅡ》，日本経済評論社，2006年，第256—257页。

的一个关键观念？明治日本的精英为何在"亚洲"观念上呈现一种精神分裂的状态？"亚洲"为何没有成为当时中国士大夫普遍关注的问题和对象？[1]

一般而言，19世纪中期东亚世界秩序开始松动、衰弱与解体，从而导致"亚洲"迅速成为人们认知世界的新概念。但由于中日两国在这个体系中的位置不同，"亚洲"在两国引发关注度的时间节点出现了相当大的差异。从总体上说，中国的"亚洲"意识以及相关论述的出现，大幅度滞后于日本。[2] 即便如此，亚洲意识或论述对于两个国家也有不同的意义。就日本而言，由于在它的自我意识形成过程中，"中华"要素发挥了独特作用，所以它对新出现的"亚洲"显示出了非同寻常的兴趣。事实上，"亚洲"是继"中华"之后，日本用于自我认识与世界认识的全新话语。

"中华"，在日本的自我意识中，有一种渊源久远、诞生于历史深处的性格；而"亚洲"最初就诞生于"西洋"的世界认知体系，是来自近代西欧世界的命名。"亚洲"的这种起源，造成了它在文明史上特定的涵义。

我们可以从两个方面确定这种涵义。一方面，当时主导西欧列强的世界认识，是著名的三分法，世界各国家与民族在文明进

---

[1] 中国学者对于日本思想史中"亚洲"问题进行的相关讨论，可参见孙歌：《主体弥散的空间：亚洲论述之两难》，江西教育出版社，2002年。
[2] 在19世纪80年代"亚洲主义"在日本开始兴盛时，当时的一些中国士大夫也对这一议题表达出一定的兴趣，参见［日］狭间直树：《日本早期的亚洲主义》，张雯译，北京大学出版社，2017年。不过，这种关注仅仅以零散的形式停留在民间层面上，未能上升为国家意志。

程上被划分为野蛮—半开化—文明三种状态。而亚洲属于"半开化",是有待进一步文明化的地区。对日本而言,这意味着一种屈辱。日本此前自认为文明的代表,如今它作为国家之"中华"的地位遭到了蔑视。但在西洋压倒性的力量面前,亚洲以及它自身的"半开化"状态,并非无中生有。

由此我们观察到"亚洲"在日本认知中的另外一种属性。如同"西力东渐"这一说法表明的,"西洋"最初就是以压迫性的面貌出现在日本面前,这与此前中华世界体系的和平主义性格迥然不同。结果,日本的自我意识出现了新的紧张,为了对抗现实中的"西洋"势力,需要赋予"亚洲"以及"东洋"更高的意义。因此在现实的世界政治当中,日本想要成为亚洲的盟主。20世纪40年代臭名昭著的"大东亚共荣圈",正是这种心理与逻辑展开的必然结果。

因为上述状况,对于明治时期的日本而言,如何认知亚洲成了一种精神上的困境。这种困境源于两种文明意识的冲突,因此"亚洲"必然成为这种冲突所爆发的能量的释放空间。日本的新旧两种文明意识都要求在"亚洲"自我实现;具体来说,日本既要成为亚洲旧秩序的克服者,还要成为亚洲新秩序的代言人,而这个新亚洲还要以亚洲的传统文明为基础。这种兼具建设与毁灭性格的能量,构成了东亚世界史中"日本问题"的独特面貌。

亚洲主义对于日本而言还意味着一种认知上的困境,但这种困境并不只是精神上的负担,毋宁说,它对这种困境的理解和突破,就是它的精神的具体展开。

第二次世界大战后，在日本的思想与学术领域，亚洲主义因被视为近代日本对外扩张与侵略的反动思想，从话语空间中迅速消失。上文引述的野原四郎的说法，是这种观念的代表。这种沉默状况直到20世纪60年代日本学者编辑出版《现代日本思想大系》时才有所改变。竹内好为其中的《亚洲主义》卷撰写了题为《日本的亚洲主义》的导读，亚洲主义再次成为人们讨论的对象。

竹内好不满足于亚洲主义在思想上被有意封存的状态，他认为，这是战后主导人们思想的善恶二元论的一个结果。为此，他有意打破这种局面，将亚洲主义思想的复杂性揭示出来。在竹内好的重述中，亚洲主义首次被表述为日本有关亚洲的独特的"思想史"。从明治前期民权运动中出现的"亚洲联合论"，到右翼团体玄洋社与黑龙会提倡的"大亚洲主义"，再到第二次世界大战期间日本学者与官方共同建构的"东亚协同体"和"大东亚共荣圈"，它们共同构成了"亚洲主义"的系谱。

在竹内好试图重建的历史叙事中，一大批思想家与社会活动家，包括樽井藤吉（1850—1922）、头山满、福泽谕吉、冈仓天心（1863—1913）、北一辉（1883—1937）、大川周明（1886—1957）、石原莞尔（1889—1949）等人，均在近代日本的思想史与精神史上占据了各自的地位。他们提出的诸如"大东合邦""日韩合邦""亚洲一体""脱亚入欧""东亚联盟"等理论，在历史上都曾引领了一时的国民认知。特别值得一提的是，这些亚洲主义者中的多数人有着另外一个更广为人知的身份标识——近代日本的

"右翼"或"右翼思想家"。[1]

尽管竹内好再次公开谈及这些亚洲主义者的思想和理论,但他对亚洲主义的评价并不高。在竹内好看来,"不同于其他公认的思想,亚洲主义自身没有内在的价值,因此它自身无法完全自立。它必须依赖其他的思想而存在"。他进一步评论说,亚洲主义没有独自的历史展开过程,只有一种共同的倾向,一种"指向亚洲各国联合"的"最小"共通属性。[2]在竹内好看来,除了作为思想史的遗迹,亚洲主义几乎无意义可言。

然而,从精神史与政治史的角度来看,竹内好的上述说法忽视了亚洲主义在日本帝国内外政策建构中的作用。竹内好虽然试图恢复亚洲主义的真正面貌,但他在这篇著名的导读文章中,对这种思想或话语的属性未有更深一步的认识,亚洲主义的"内在价值"尚未得到揭示。事实上,仅就他列举的亚洲主义的代表人物而言,他们真实的历史身份应该说是不折不扣的"帝国理论家"。尽管他们从未获得任何来自官方与民间的这种称号,但日本在此间执行的对外政策,事实上与这些理论家的亚洲论述高度重合。

那么,从精神史的视角看,亚洲主义在近代日本国家意识与意志的形成中究竟发挥了怎样的作用?

---

[1] [日]片山杜秀:《近代日本の右翼思想》,講談社,2007年。
[2] [日]竹内好:《日本のアジア主義》,载《竹内好セレクションⅡ》,日本経済評論社,2006年,第261—262页;近年日本学者对亚洲主义的叙述,参见[日]中島岳志:《アジア主義:その先の近代へ》,潮出版社,2014年。

如果说判断"价值"高低的其中一个标准在于它得到了怎样的实现，而非预设其他特定的评价标准，那么，我们就会发现这样一个事实：亚洲主义与日本帝国的成长具有高度的同步性，近代日本就是它在"亚洲"这一空间中自我实现的历史。这种同步性表明了亚洲主义的全部意义。

就此而言，竹内好于1961年发表的论文《作为方法的亚洲》其实更准确地揭示了近代日本亚洲主义的性格。[1] 日本近代史上的各种亚洲主义者，本质上是借助亚洲论述，以使日本获得对自身处境的真实把握。在这个意义上，"作为方法的亚洲"是亚洲主义的核心，它关系到近代日本的文明意识与帝国意识建构。当然，就此而言，也可以说亚洲是一种原理。

这种作为方法论的亚洲主义，首先指向了"中国"。借助儒学普遍主义的话语体系，江户时代的日本在成功地确立了国内统治秩序的同时，也建构了独特的以自身为"中华"与文明中心的自我意识。在19世纪中叶秩序转换之际，这种自我意识展现为对新文明和异种文明的高度敏感，其中还夹杂着自负和自卑的情绪。

显然，这是日本面对两种文明遭遇时的精神困境，它产生于东亚世界秩序的"中华—夷狄"文明论的世界认知框架内部。江

---

[1] [日] 竹内好：《方法としてのアジア》，载《竹内好セレクションⅡ》，日本経済評論社，2006年。另外，中国思想史学者沟口雄三（1932—2010）在讨论二战后日本的中国研究时，提出了有名的"作为方法的中国"一说，旨在重构日本的世界认识。参见 [日] 沟口雄三：《作为方法的中国》，孙军悦译，生活·读书·新知三联书店，2011年，第132页。

户时代的一些日本知识分子自认日本是"中华",但这种作为"中国"反题的日本,尚无法证明自己真正的独自性与相对于中国的优越性。换言之,日本尚未获得赖以自立的充足的精神条件与物质条件,日本还无法获得"承认"。17世纪以来出现在日本及其周边的西方基督教文明,之所以被自然地转换为"野蛮"的认知范畴,是因为对基督教的强力镇压,消除了对自身文明意识和自我意识可能造成的困惑与挑战。

尽管如此,由于对外来文明的高度敏感,日本为西方世界的知识体系留下了特殊的窗口与通道。18世纪早期以来,通过荷兰语进行的西欧医学、数学、天文学等("兰学")代表的西方文明的导入,正是这种文明在主体无意识层面的效用:文明的普遍性在于其普遍的实用性与可传播性,而不依赖于各种先验(诸如基于特定宗教)的文明观。换言之,"兰学"的文明属性因其实践有效性而得到了承认。

从现实和功利主义的角度来说,中英鸦片战争的爆发以及中国的战败所产生的影响,与其说在中国不如说在日本发挥到了极致。古贺侗庵(1788—1847)在1841年撰写的《鸦片酿变记》中,比较详细地介绍了"英国的侵略""中国的傲慢""西洋技术的接受"等内容。[1]对于中国而言,这是一场战争的失败。然而对于日本,则意味着东亚世界体系的衰落,因为中国的战败意味着"夷狄"

---

[1] 参见徐兴庆:《東アジアの覚醒:近代日中知識人の自他認識》,研文出版,2014年,第69页。

的胜利。日本对自己此前十数个世纪一直崇拜、吸收的文明产生了动摇,最终的结果是,"西洋"以及作为其对立面的"亚洲"由此取代"中国",成为日本文明论述的主要对象。由此,这个成长中的精神帝国,获得了新的自我表达的概念。

福泽谕吉:脱亚论及文明工具化

在当时日本的世界认识中,鸦片战争中中国的战败预示着文明已经发生了转换,近代欧洲开始被视为文明发展的最前端。这不仅仅是文明观念上的转换,还激发了日本国家意识深处与中华竞逐的欲望。进一步而言,作为东亚普遍主义载体与文明中心的中国的衰落,让日本看到了实现自身欲望的机会,同时,这也是一种基于华夷秩序的世界认识的转换与重建。在历史进程中,这种时代精神逐步落实为一种全新的东亚世界秩序。

幕府末期率先睁眼看世界的启蒙思想家福泽谕吉,在1875年出版了《文明论概略》。这本书之所以风靡一时,正因为它是这种世界秩序转换的先声与产物。如果用一句话概括其主旨,那就是"以西洋文明为目标,确保日本的独立"。针对当时的世界秩序,福泽以简洁明快的笔触写道:

> 现代世界的文明状况,土耳其、中国、日本等亚洲国家为半开化国家,而非洲和澳洲的国家算是野蛮国家。这种说法已经成为世界的通论,不仅西洋各国人民自诩为文明,就是那些半开化和野蛮的人民也不以这种说法为侮辱,并且也没有不接

受这个说法而强要夸耀本国的情况认为胜于西洋的。[1]

福泽谕吉在展开自己的文明论时，照搬了当时欧洲流行的"文明"史著作，如巴克尔的《英国文明史》、基佐的《欧洲文明史》等，这些著作通常描绘了人类社会从"野蛮"到"文明"的进程。因此，人们常常批评福泽谕吉套用了欧洲"野蛮—半开化—文明"的文明等级论。在今日批判者的眼中，19世纪开始流布全球的文明论，无非是"欧洲中心主义"的文明论，这种"文明=欧洲文明"的认识论与欧洲同时期展开的殖民主义相辅相成。可以说，今天每一次看到"文明国家"这样的说法，都会让他们联想起某种源于过去的创伤。[2]

那么，福泽谕吉为何坦然接受了这种文明等级论？其实，福泽谕吉并非没有意识到其中的"欧洲中心主义"。无论是他还是今天的学者，事实上都指出了非欧洲世界在全球秩序形成中的一种真实处境。在当时的文明论中，文明首先意味着"文明国"肩负的一种使命，一种使非文明地区"文明化"的自我意识，而这种使命观又随时可以将"文明国"的暴力使用正当化。

作为非西方世界的日本知识分子，福泽谕吉主动接受了"半开化"的地位，但是，这种主体性并非单纯的理论思考的结果。

---

1 [日]福泽谕吉：《文明论概略》，商务印书馆，2011，第9页。
2 这里所涉及的相关问题的一种讨论，可参见赵京华：《福泽谕吉"文明论"的等级结构及其源流》，载刘禾主编《世界秩序与文明等级：全球史研究的新路径》，生活·读书·新知三联书店，2016年。

从 1860 年到 1864 年，福泽谕吉有过三次游历欧美国家的经历，在他看来，承认日本处于"半开化"的地位是面对事实的诚实态度。正因这种对文明观念的普遍共有和坚定的信念，他才在文中迫使读者做出选择："在今天这个时代，是应该前进呢，还是应该后退？是进而追求文明呢，还是退而回到野蛮？问题只在'进退'二字。"[1]

福泽谕吉虽然在《文明论概略》中对欧洲文明的内涵做了比较全面的介绍，不过，他的落脚点却只有一个，那就是日本的独立："国家的独立就是目的，国民的文明就是达到这个目的的手段。"这个著名结论在实践中必然会造成两种效果：文明的手段化与国家主义价值的绝对化。今天看来，这正好颠倒了政治文明的本意；不过，这种误认并非凭空而来，它在当时有着经验基础。福泽在行文中特别展示了欧洲各国在价值上不文明亦即野蛮的一面：

> 外国人来到日本为期不久，并且到今天为止，还没有使我们受到重大损害，没有使我们太不体面的事，因此在人民的心里印象不深。但是真心爱国的人士，不可不把眼光放远一些，广泛考察世界上的古今事迹。试问，今天的美利坚原来是谁的国家？……再看东洋各国及澳洲诸岛的情形又是如何？凡是欧洲人所到之处，当地人民能否保全本国的权利和利益，并真正保持本国独立呢？……西洋人所到之处，仿佛要使土地丧失了生机，草木也不能生长，甚至连人种也有被

---

[1] [日]福泽谕吉：《文明论概略》，北京编社译，商务印书馆，2011 年，第 8 页。

消灭掉。看到了这些事实,并想想我们日本也是东洋的一个国家,尽管到今天为止在对外关系上还没有遭受到严重的危害,但对日后的祸患,却不可不令人忧虑。[1]

借助欧洲文明论,福泽谕吉将包括日本在内的"东洋"视为"半开化"之国,认为这些国家必然会遭受来自文明国的冲击与压迫。此外,通过极力宣传亡国灭种的危机意识,他成功确立了维护国家独立的最高目标,而文明就是达成这一目标的手段。在他看来,亚洲各国因其半开化状态,都面临着同样的文明启蒙问题。

文明观念的工具化,是福泽谕吉"文明论"的犀利之处,也是其致命缺陷。随着明治日本殖产兴业、富国强兵的全面展开,福泽谕吉的主张逐渐从维护日本独立过渡到如何参与欧美的世界竞争上来。在《文明论概略》发表四年后,他在1879年发表的题为《文明一新绪言》的文章中,开始对西洋文明进行批判,要求论者不要"盲信""钦慕""心醉"于西洋文明。在1883年的《开国论》中,福泽谕吉再进一步,成功地为日本确立了一种文明国家的崭新形象。他论述道:

> 当今日本若要在开国的道路上心无旁骛巩固文明富强的根基,就要在世界上传扬我国情的真实情况,使万国的人都知道如此事实:日本人也是文明世界中的人民,其智慧道德

---

[1] [日]福泽谕吉:《文明论概略》,北京编译社译,商务印书馆,2011年,第195—196页。

的实际水平与其他国家的人毫无差别,智慧足以利用近时文明的利器,道德与近时世界的人情不违背而根本主张相同,是正处于日新月异进步中的一个帝国,其国家古老,但文明新鲜,实在是可畏又可亲的存在。[1]

福泽谕吉的立论主旨自此发生了根本的变化,从此前对日本"半开化"位置的承认,转向宣传日本已然上升为"文明国"的一员。这其中的一个前提是,同样处于亚洲的中国依然停留在"半开化"的位置。与中国、朝鲜等东洋国家相比,日本因其文明进步而获得"东洋之冠的荣光",这样,在福泽谕吉的笔下,日本已经完成了从"野蛮"到"文明"的历史转换任务。

日本已经是文明国家这种定位在理论上有两种结果:其一,日本已经有资格取代中国成为东洋或亚洲的盟主,抵抗西洋对亚洲的殖民活动;其二,日本可以依据西洋"文明国"的逻辑,在与亚洲国家交往中复制"文明国"的逻辑,执行强权政策。前文提及的日本亚洲主义论述的两极——"兴亚论"与"脱亚论",正是日本的这种新晋文明地位的观念呈现。

值得注意的是,以福泽谕吉的"文明论"为代表的近代日本关于"亚洲"的一系列话语,正是日本重建自身与世界秩序关系的思想、欲望与行动的表征。这种亚洲论述与这一时期日本的"中

---

[1] 转引自郭丽:《近代日本的对外认识:以幕末遣欧美使节为中心》,北京大学出版社,2011年,第225页。

国观"有着广泛的重合。[1]在福泽谕吉的"文明论"中，日本已经后来居上，压倒了中国，成为亚洲唯一的文明国家。

明治日本的这种关于自我、中国与亚洲的观念结构，赋予了中日甲午战争一种特别的意义。无论在政治秩序上还是在人们的观念中，这场战争都成为东亚世界史的转换点。在当时的福泽谕吉等国民意见领袖看来，明治日本战胜清朝中国，正是"文明"战胜"野蛮"的样板。日本获得完胜的这种决定性的历史事实，为日本乃至当时世界流行的文明论提供了最坚实的论据。

从精神史的角度来说，日本的胜利意味着它第一次克服了"中国"或者"中华世界"在它内心留下的阴影。这在福泽谕吉的身上表现得极为明显。在1884年2月和7月发表在《时事新报》的两篇文章中，福泽谕吉表达了对中国人异常的"厌恶"和"侮蔑"。[2]他这样写道：

> 我听说支那上流社会文化发达，并且十分富有，可是下等社会却是另外一个人种。数百年来，他们随意远游迁居，但凡满足衣食需求之地，就是他们的故乡；他们离开国土，就仿佛弃如敝屣一般。……他们一旦听到（日本）内地可以

---

[1] 参见杨栋梁:《近代以来日本的中国观》（第一卷 总论），江苏人民出版社，2012年，第42—71页。

[2] 参见［日］山田賢:《"中国"という畏怖:近現代日本の中国認識をめぐって》，载《歴史と真実》，筑摩書房，1997年；以下引述的两段福泽谕吉的文章出自《内地杂居的喜忧》和《论西洋人和支那人图利的胜败》，转引自该书第137—140页。

居住，就会逐渐迁居过来，就宛如夏天傍晚的蚊子到来一样，可以说没有止境。……有人会说那不如雇佣他们，可他们将不厌污秽，不辞贱役，忍受劳役，不期待高报酬，仿佛他们天生就是苦力而被驱使一般……山岭水涯所到之处，将无处不见辫奴……

最终的胜败暂且不论，在目前的情势下，在唯利是图这一点上我相信西洋人远远不及支那人。……支那人的优点是他们的忍耐力，他国之人无法企及。对身体的苦痛、衣食的不清洁，他们根本就不关心。从旁观的角度来看，我甚至怀疑支那人不懂人生的苦乐。无论是怎样的贱业苦役，只要有钱他们就干。……本来支那人种就不求文明进步，蒙昧于日新月异的学术艺术的进步，为世界的人们所嗤笑。虽然为世人嗤笑，但却无关自己的痛痒，每个人都只满足于追求自己的金钱。

有日本学者指出，福泽谕吉这种对于中国和中国人近乎极端的"厌恶"，正是当时一部分日本精英内心深处对中国的"恐惧"或者称为"中国恐怖症"的表现。进一步说，福泽谕吉流露出的中国意识，其实是"去中国化"这种意图的结果。而在这种意图中，实则包含着"隐微的屈辱心理"。在这个意义上，明治时期的"欧化"才是真正的"国粹"。[1] 由此，我们看到了历史上的中华世

---

[1] [日] 山田賢：《"中国"という畏怖：近現代日本の中国認識をめぐって》，載《歷史と真実》，筑摩書房，1997年，第134—135页。

界在日本的另外一种投影。

历史世界的巨变，进一步激发了观念世界的转换。甲午战争表征着东亚传统的中华世界秩序的终结，而日本的"亚洲主义"由此承担起东亚新世界的秩序构想与意识形态功能。这种对新世界秩序的构想是与明治维新同步出现的。明治日本"亚洲主义"的一个重要文本，是福泽谕吉在1885年3月16日发表在《时事新报》上的《脱亚论》。这篇文章为后世所关注的根本原因，就在于它是这种新秩序的先声与宣言：

> 因世界交通之道便利之故，西洋文明之风东渐，所到之处，草木皆靡。……故为今日东洋之国谋略时，若下定决心防止此文明东渐强劲之势，自然亦可；但对于观察世界现状而认为事实上不可为者，就必须与时共进，共同沉浮于文明之海，扬波破浪，苦乐与共。……我日本虽地处亚细亚东边，但其国民精神已然脱离亚细亚之固陋而移向西洋。然不幸之处在于近邻有国，一曰支那，一曰朝鲜。……故为今日之谋，我国不可坐等邻国文明开化以共同振兴亚细亚，宜脱离其伍而与西洋文明国共进退。对待支那朝鲜之方法亦不必因邻国之故而特别顾虑，只需依据西洋人待其方式予以处理即可。与恶友结交者，不免共蒙恶名。吾辈须在内心深处谢绝亚细亚东方之恶友。[1]

---

[1] [日] 芝原拓自等编：《日本近代思想大系12 对外観》，岩波書店，1988年，第313—314页。

福泽谕吉在文中使用了诸如"恶友"等犀利的言辞，因此也被视为近代日本知识分子"蔑视中国""蔑视朝鲜"的代表。从当时主导日本的世界认识的文明论的角度，这种以否定中国而表达的"亚洲意识"必然会压倒其他诸如"亚洲同盟""日清合纵""东洋合一"等强调合作的论述。

这里再次引述福泽谕吉"脱亚论"的目的当然不是对其思想进行批判，而是在于获得历史认知。事实上，在整个19世纪西方思想界，从孔多塞、赫尔德到黑格尔、穆勒等，用"停滞不前"的中国代表亚洲，从而将中国纳入"文明"秩序的论述，可谓司空见惯。[1] 因此，福泽谕吉的说法并无新意。但从这种论述最终上升为国家理性的意义上，亚洲论述无论其主张如何，最终都表达为日本帝国自我意识的建构。借助"亚洲"以及"欧洲"这种新的政治与文明单位，日本成功地将"中国"置于他者的地位。1894年爆发的甲午战争，可视为日本帝国为实现自身欲望迈出的关键一步。

福泽谕吉的"脱亚论"并不能简单视为反亚洲的论述，因为他对亚洲现状的论述与兴亚论者的看法并无本质不同。更重要的是，如我们前面指出的，对日本而言，亚洲主义是一种方法；借助它，日本成功将自己置于一种新的世界认识中。日本要成为亚洲新时代文明秩序的象征与领路人，从而担当起新秩序的建构任务。

---

[1] 参见［美］柯文：《在中国发现历史：中国中心观在美国的兴起》，林同奇译，中华书局，2002年，第55—56页。

这是一种全新的帝国意识。但明治日本这种急切的亚洲论述并未能把握"文明"之所以成为"文明"的属性，尤其是文明对暴力的驯服。当文明被视为国家权力的工具时，福泽谕吉在国家论上的实用主义就为后世埋下了祸根。他对东洋，尤其是对中国的"蔑视"，遮蔽了他对东亚文明的本质属性的认知。

事实上，如同马克斯·韦伯曾经指出的，"儒教的'理性'是一种秩序的理性主义"，因而儒教具有"本质上的和平主义特征"。[1]当日本的亚洲主义者们歌颂"东洋的和平"时，他们看到的只是现象，选择性地忽略了传统东亚世界秩序的和平主义性格，忽视了东亚文明的本质特征。日本的政治精英则主动选择了非文明的暴力，从1874年出兵中国台湾到1945年战败为止，日本将灾难带给了世界。这一时期日本亚洲主义预设的文明观，继承了19世纪欧美世界文明观中最为暗淡的一面：基于文明的优越论，"文明"社会在与"半文明"和"野蛮"社会交往时，暴力是随时可动用的工具。

当中国的民族主义在第一次世界大战期间觉醒后，中国的思想精英立刻就洞察到了日本的国家欲望的实质：日本的亚洲主义尽管诉诸儒学的和平主义属性和王道的政治理念，但究其实质是一种侵略主义。[2]

---

1 [德]韦伯：《儒教与道教》，王容芬译，商务印书馆，1995年，第221页。
2 比如，李大钊在1919年的文章中，直接称大亚细亚主义是"并吞中国的隐语"，不再对亚细亚主义持有任何期待。参见《大亚细亚主义与新亚细亚主义》，载《李大钊全集》（第二卷），人民出版社，2006年。

我们要讨论的问题并未就此完结，它进一步转换为如何理解这种基于暴力的文明论。

二
亚洲主义的三重精神结构

亚洲主义是一种关于东亚世界秩序重建的话语体系，是近代日本精神自我实现的工具。凭借亚洲论述，日本建构了一种新的处理自身与世界关系的秩序原理。形形色色的亚洲主义论述在本质上是帝国的理性与欲望相互作用的产物。

"攘夷"与"新攘夷"

事实上，从精神史的角度看，"亚洲主义"与江户时代末期的"水户学"有着灵魂上的一致性。我们从亚洲主义中读取出的第一种精神，就是幕府末期以来的"尊王攘夷"。

首先，"水户学"的"尊王"是一种关于天皇"王权"的普遍主义意识形态，天皇的统治范围并不局限于日本列岛，"八纮一宇"，理论上是整个世界。因此，"亚洲"必然成为这种欲望自我实现的首当其冲的空间。其次，"水户学"的另一理论支柱"攘夷"，也不仅仅意味着日本要实现自我独立，其普遍主义文明论的视野，自然要求日本将"西夷"驱逐出日本所代表的"华"的空间。这个空间正是"亚洲"。

作为近代日本精神的原型，"尊王攘夷"的观念会有如此大的力量吗？1937年7月7日卢沟桥事变爆发，日本打着"暴支膺惩"

（"惩罚暴戾的中国"）的口号，发动全面侵华战争。此时，日本朝野上下谴责中国的理由，并不是一般意义上的国家利益，而是中国政府对日本"攘夷"志向的不理解；他们谴责中国政府通过煽动民族主义来对抗日本，无视日本对抗英美帝国主义的"大义"。日本后来对英美的开战是"尊王攘夷"精神的延续，太平洋战争则是"尊王攘夷的血战"。[1]

这种当时言论的奇异性与对自身帝国主义行为的不自觉，从精神史的角度来看昭然若揭。日本此时的行为和它近代以来的国家欲望与意志高度一致，其亚洲政策的精神内核正是"尊王攘夷"。在当时日本的认识中，解决所谓的"中国问题"是它重建亚洲秩序和维护东洋文明的关键一环。

1870年以后，日本出现了"对清开战"和"征韩"的战争意志。在当时明治维新的领袖西乡隆盛的认识中，对亚洲近邻开战，成为亚洲的盟主，正是"讨幕"维新运动的延续。日本学者坂野润治将这种观念称为"新攘夷论"，可以说触及了明治维新及之后日本亚洲政策的精神属性。[2]

"亚洲"是日本帝国普遍性原理的本能指向与建构目标，各

---

[1] 参见[日]冈义武：《国民の独立と国家理性》，载《近代日本思想史講座 8》，筑摩書房，1961年，第77—78页。

[2] 参见[日]坂野润治：《近代日本的国家构想：1871—1936》，崔世广等译，社会科学文献出版社，2014年，第4—22页。要指出的是，坂野只是在当时路线斗争的意义上，将西乡隆盛等主张对外出兵的一派称为"新攘夷派"，而未注意到"攘夷"是在当时人们观念底层发挥作用的一种欲望和认知。另外，此时日本的对华认知和开战准备，请参照本章附录。

种亚洲主义论述共享了一个深层逻辑——它要克服"中国"对"尊王攘夷"所预设的"日本型中华主义"观念产生的威胁。当明治日本迅速崛起之后，它不仅在原理上，还要在事实上彻底将"中国"内化于自身当中。

当然，这是底层欲望和逻辑的分析。在形式上，日本要以"亚洲"来克服其自身的"中国属性"与现实中的"中国"，为最终对抗西方并战而胜之做好准备。日本要借助"亚洲"这一新的政治空间，来充实其自身作为"中华"载体的内容，这正是亚洲主义强调日本与中国"同文同种"的原因。"西洋的光荣就是亚洲的耻辱"，冈仓天心在《东洋的理想》中的这一著名说法，实质上与"中华—夷狄"这一明治日本的世界认识与文明论并无不同。[1]

在上述历史与思想语境中，亚洲主义无法直接简化为战后日本一些学者所认定的侵略主义思想。亚洲主义论者将"攘夷"范围扩大至整个亚洲，与这种观念的有效性与经验正当性有着直接的关联，而这一点常常为后世论者所忽视，导致亚洲主义的正当性一面并未得到恰当的揭示。

从根本上说，这种正当性建立在对西方贸易帝国与殖民帝国在扩张中所使用的暴力的批判上。这种对暴力的批判与对文明的诉诸，构成了以"攘夷"为核心的各种亚洲主义的正当性基础。这也是为什么众多的亚洲论述共有了同一种论述模式，那就是以友爱、团结等东洋原理来克服西欧新世界的泛暴力倾向。

---

1 [日]冈仓天心：《理想之书》，刘仲敬译，四川文艺出版社，2017年。

这里兹举一例。近代日本政治家中野正刚（1886—1943）在其1915年的游记《亡国山河》中，曾写下这样一段话："在上海、香港、新加坡、马六甲、槟榔屿、科伦坡，我们看到了怎样的景象？曾经产生孔子之国家的末路如何？曾经在绿荫底下安然入睡的马来人的现状如何？曾经产生出释迦牟尼的民族的后裔如何？途中车轮声音碌碌，车上皆是白肤碧眼之人。车前执鞭者，车轮下灰尘涂面者，皆与吾民相似之有色民矣。"源于这些经验的观察，他接着写道，"今日之世界文明不承认奴隶"，但那些无力支持自己的国民却陷入比奴隶还悲惨的境地，他们的过错只是因为"国家弱小"。中野并未停留在表面的国家主义与民族主义上，他吐露了这样的心情和志向：

> 余如今不与往年之攘夷家为伍，意欲责难白人，唯说明弱者如斯之现状。如此，余不禁满腔愤懑，不禁心生无限同情。……大和国之男子，在新加坡之埠头仰视斯坦福·拉福莱铜像之际，绝非羡慕其盎格鲁—撒克逊人。在经济的新天地奋斗，在人道上排除人种压迫，使东西的各种族站在同一水平线上，这一使命正落在吾辈的肩上。[1]

这里要注意的是，中野的看法并非他所独有。这种对近代西

---

[1] 转引自［日］松本健一，《竹内好〈日本のアジア主義〉精読》，岩波書店，2000年，第100—105页。

欧文明与世界秩序的暴力性和虚伪性的揭露与愤慨，有着日本自身对正义秩序的理解。早在1885年中法战争之际，一位日本评论家在《东京横滨每日新闻》上发文说："泰西之政治家动辄曰万国公法、曰公道正理。然及至亚细亚诸国，彼等则全然不顾公法与道理。故彼辈所言之万国公法，实则欧美二洲之公法；彼辈所言之道理，仅为欧美二洲通行之道理。""不知欧美政治家是否知道世界有其普遍通行之道理。若知此道理之存在，彼等为何不在亚细亚东方讲此道理？"[1]

在当时西方主导的世界秩序中，国际公法的文明与政治强权的双重标准以及战争暴力的使用，可以说是三位一体，形影不离，是当时文明的基本形态。日本知识分子很快看到了西方列强对"文明""公法"这些普遍主义话语的僭称。日俄战争以后，获得胜利鼓舞的日本学者越发不能忍受这种非文明的状况。著名启蒙思想家吉野作造（1878—1933）在1904年10月发表的一篇文章中就写道："他们自居为世界的主人公，认为欧洲以外土地上的人民，仅仅为他们而存在。他们狂妄地将自己制定的规则称为万国公法，将自己的历史僭称为世界历史。他们将欧洲的利益视为世界的利益，妄称人道就是欧洲的同情心。"[2]

显然，这一时期日本知识精英对世界现实的认识可以说非常透彻。从根本上说，那是一个弱肉强食的丛林时代，幕末日本谋

---

1 [日]芝原拓自等编，《日本近代思想大系》，岩波書店，1988年，第229页。
2 转引自[日]松本三之介：《吉野作造》，東京大学出版会，2008年，第36页。

求国家自立的"攘夷",至此发展为维护日本文明的新的"攘夷"。对近代西欧文明双重标准的批判与对近代文明孪生的野蛮的批判,可称为日本知识精英在精神层面的"攘夷"。由于这种批判同时预设了更为完美、更值得尊重与守护的"东洋文明","尊王攘夷"获得了新的认知和表达形式。

当然,这种认知和批判并未阻碍日本对西方文明的吸收。如同政治现实主义者福泽谕吉反复论述的,西方文明是一种工具,而日本的使命就是按照西方规则行事。而当日本由此进一步获得了国家力量时,它却开始按照西方国家的规则掠夺殖民地。这个过程中产生的矛盾和冲突,又反过来激发了日本"尊王攘夷"的国家意志。近代日本国家演化的路径,在物质和精神两个层面上,已经被锁定。

文明与暴力

当时日本对近代西欧文明的纠结,其实并不难理解,因为日本国民有着将纠结发展为极致的精神的感受性和能力。人们说这是日本国民的特性,这当然不错,但我们需要更进一步去理解这种国民性的历史形成过程。这是我们今天重述日本近代精神史的目的之一。

如同福泽谕吉在《文明论概略》中讴歌的,西方文明的进步性一面并未被日本否定。近代西方文明当然不是人类文明的完满形态,它必然包含各种有待克服的缺陷。前面提到的文明的双重标准,就是它最为明显的缺陷。这种缺陷在现实中往往表现为野蛮。

不同的民族，对文明的优点和缺陷的认知与感受大不相同，而在近代日本，这种新型文明的光影两面以极为尖锐的对照方式呈现在国民的精神空间中。福泽谕吉的文明论之所以风靡一时，就在于他不但深刻地揭示了近代西洋文明集文明与野蛮于一体的本质属性，同时还刻画了近代日本人的精神世界。

在1945年战败后，日本国民开始重新反省日本的近代观念。其中，颇具代表性的是丸山真男对福泽谕吉的文明论所做的辩护。这种辩护实际上是福泽谕吉近代文明认识论的延长：

> 他认为所谓"近代国家"是由二元性构成，其一是弱肉强食的强权政治，另一是"天然的自由民权论"。前者是"权道"，后者是"正道"。他直到晚年还坚持这种双重角度的观点。当他选择前者，提出"东洋经略论"的时候，他敢于声明这时日本是与野兽同伙，采取野兽行动，是野兽国的一员。他认为不必给国际间的战争装饰上什么大义名分。在后来的历史中，日本知识分子几乎被"大东亚共荣圈"的美丽词语冲昏了头脑，而陷入了最黑暗的行动中。福泽可以说与他们是一个鲜明对照。[1]

不用说，福泽谕吉基于政治现实主义的文明认知，并不能对

---

[1] ［日］丸山真男：《日本近代思想家福泽谕吉》，区建英译，世界知识出版社，1997年，第224—225页。

日本的暴力使用予以正当化。我这里要强调的是，无论是福泽谕吉的认识，还是丸山真男在战后的重新解释，都有着对什么是文明的特定认知，因此我们有必要从更广阔的历史情境中理解文明的进程。

如上文所述，日本知识分子看到的非正义现象，是内在于近代民族国家以及国际法体系的固有问题，或者说有待克服的问题。内在于这种体系的自我—他者领域划分的性格，必然将诸如"人种""种族""宗教"等视为体系建构的实体要素。将这些并非简单的自然存在的要素加以实体化与本质化，是西欧近代普遍主义体系建构所必要的方法——普遍主义首先要识别特殊性，然后对其加以克服。问题是，在19世纪全球殖民体系当中，那些被实体化的要素被等同于价值自身，成为民族国家与全球殖民体系正当性的基础。如此一来，在民族国家的内外，必然实行双重标准，从而文明的普遍性一面遭到了扭曲。在西欧的民族国家内部，基于法律的统治取得了极大的进步，社会生活高度文明化，但在民族国家的外部，国际法对国家主权的约束才刚刚开始，主导世界的仍然是弱肉强食的丛林法则。

近代世界秩序的法律化，实际上是近代西欧普遍主义文明观念的自我实现。近代日本崛起的秘密就在其中：明治日本积极地引入西方法律体系，在国内迅速确立了基于宪法的统治秩序。这是文明开化的实质。就此而言，1889年2月11日颁布的《大日本帝国宪法》和随后数年间颁布并实施的《日本民法典》是明治维新最伟大的成就。[1]更重要的是，这个过程殊为不易，因为它与现实殖民—帝国政策有着内在的联系。殖民帝国的暴力，事实上构成了国际法秩序的暴力基础，而国际法秩序的正当化，最终只能求助于对帝国秩序中暴力的驯服。

因此，在这个意义上，日本知识分子对西方文明双重标准的激烈批判，对亚洲与东洋文明的重新呼唤，是一种对真正文明的呼吁。在今日依然尚未完结的世界秩序法治化的进程中，这种对真正的普遍文明的呼吁和追求，同样是不可或缺的动力机制。

对于明治思想家而言，当时西方文明所讴歌的自由、平等等理念，在原理上具有普遍的有效性，因为不承认西方文明的普遍性，日本很难实现迅速崛起。但在现实的世界中，在西欧列强针对亚洲等非欧洲国家的行为中，这些理念并未直接转化为法律精神和约束其行为的规范原理。如何看待这种现状？明治时代自由民权论的主要代表中江兆民（1847—1901）在其《一年有半》中有一段非常著名的说法，铿锵有力，将一种普遍正义理念呈现了出来：

> 民权是至理也，自由平等是大义也，违反此等理义者最终将不免受其惩罚。虽有百个帝国主义，终究不能湮灭此理义；

---

[1] 当然，我这里描述的是精神史视角下的近代日本的法治化过程；在现实的政治过程当中，这个走向法治、走向文明的过程绝非一帆风顺的坦途，而是包含着错综复杂的权力斗争。但万变不离其宗，当事者之间的"斗法"过程，无法脱离当时明治日本"文明化"的国家意志。明白了这一点，有助于我们深刻理解文明进程的真实情况。关于明治日本立宪派的一种简洁叙述，可参见［日］坂野润治：《未完的明治维新》，宋晓煜译，社会科学文献出版社，2018年。

虽有帝王之尊，唯敬重此理义方能保持其尊贵。此理汉土孟轲、柳宗元早已看破，非欧美专有也。[1]

面对这种规范与实践的背离，历史上的非欧洲国家通常采用两种应对的方法：其一，在理念上否定西洋文明的普遍性，坚持自己的特殊性，并试图以自己的特殊价值创造另外一种新的世界秩序；其二，在理念上接受对方的普遍性，但对现实的国家行为予以批判，甚至对抗。这两种应对方法通常混合在一起，在自我意识越发达的民族那里，表现得就越为突出。

现在我们可以指出这两种态度在认知上的缺陷了，那就是它们都未充分注意到普遍主义理念的实现机制。事实上，普遍主义理念有着不断向现实转化、进化与升华的潜在力量，这正是历史自身的展开。特定民族只有通过国家间的交往实践，才能在理念与事实上参与世界文明化的进程。上述对于西方文明的批判与对抗，如果受更高层次的普遍主义理念引导，则具有文明推进的作用；相反，这种批判则会迟滞文明的实质进程。

西方文明的出现与传播促进了普遍理念向现实的转化，这是事实。换言之，在真实的历史过程中，普遍正义理念的出现和传播固然重要，但这一理念如何得以实现同样重要。令人遗憾的是，在近代文明造就的世界秩序中，国家间的暴力充当了重要的媒介。因此，如何理解人类的各种暴力行为，成为人们在探寻真正文明

---

[1] ［日］中江兆民：《中江兆民全集》（第10卷），岩波書店，1983年，第177页。

时无法回避的问题。

近代日本的特殊之处在于，它在传统东亚世界秩序下深受儒家普遍主义文明的熏陶，并将自己建构为具有文明意识的精神帝国。这种特殊性格意味着，近代日本知识分子对内在于近代西方的国际体系的文明性格与暴力性格有着异常的敏感。如果说衡量世界秩序好坏的标准在于对暴力的控制程度，那么传统东亚世界秩序无疑有着极其文明的一面。因为中华世界秩序在其最终成熟的形态与时刻中，相对有效地解决了普遍文明与内在于其中的暴力问题。这就是儒学基于礼法的统治秩序。

就此而言，日本的亚洲主义论者强调中日两国"同奉孔子之教"，并非仅仅策略性的权宜说法，而是看到了文明的形态：作为普遍性基础的暴力得到了相对有效的控制与驯化，被转换为普遍交往过程中的形式礼仪问题。正是由于这种对东亚传统文明的感受和理解，西方列强在基督教文明世界外部的暴力使用，才遭到强烈的抵抗。遗憾的是，这种对文明的认知并未转换为文明的行为本身。事实上，日本帝国在亚洲大陆上展现的暴力，远远超过了文明的底线。

世界革命

当然，上述分析旨在揭示亚洲主义的精神内核，而不是分析它的各种缺陷。探寻亚洲主义诸论述在今天具有的思想意义，这才是我们重新审视历史的价值所在。沿着这个路径，我们可以看到它的第三重精神结构，即亚洲主义在观念上必然指向世界革命。

这种观念上的革命气质，从精神演进的视角来看，激活了文明的自我实现过程。我们前面提到，日本战败后，亚洲主义者可以说是名誉扫地，但有一个人是例外，他就是清末民初在中国大名鼎鼎的宫崎滔天（1871—1922）；他被认为是"真诚的亚洲主义者"。在其自述《三十三年之梦》中，宫崎滔天披露了自己的精神历程，从中我们可以看到他发自肺腑的真诚。比如，他宣称有必要恢复中国古代"三代之治"的政治理想，而要实现这种政治理想，首先要在中国实行革命，然后在亚洲实现人权与自由，改变处于欧美帝国主义列强主导之下的世界秩序。[1]

日本思想史学者松本三之介注意到了中江兆民、宫崎滔天等人的文明论观念，从中看到了这种文明意识的觉醒机制。他这样论述道：

> 这样，兆民与滔天通过借助儒教的概念框架，重新复苏了因发达国家而变得空洞的近代文明的各种原理，试图恢复能与欧美帝国主义进行对决的普遍规范所具有的力量。这种看法进一步意味着，在文明发展水准上被视为落后的日本，正是因为通过对文明的本质性理解，转而处于优越于欧美帝国主义的位置。不仅如此，在以超越了国家的普遍价值与理念为前提的这一点上，日本的这种政治价值居于支配地位，

---

[1] [日]宫崎滔天：《三十三年之梦》，林启彦译，广西师范大学出版社，2011年，第40—41页。

从而显示了……"日本独特的国家主义"的可能性。[1]

上述引文勾勒出了普遍文明实现的一种机制。我们看到，尽管近代日本知识分子对新文明有严重误解，但这种情绪被升华为一种积极的"使命"——排除种族压迫，实现世界各个民族的平等——却是历史事实。他们认为，实现这一使命的主体正是日本。

19世纪末20世纪初欧洲广泛流行的极端种族主义——"黄祸论"，以及美国对中国和日系移民的排斥法案，构成了这种使命感的经验基础。在1919年巴黎和会上，日本力主将废除人种歧视的人种平等条款写入国际联盟规约，在其精致的权力考量与外交谋略的背后，其实还有着正当的心理基础。[2] 因此，现在我们可以得出这样的结论了：因近代日本所处的文明交汇的位置，日本对"文明的本质"确有独自的认知。只是，当这种理解转化为"独特的国家主义"以及服务于国家的权力目标时，亚洲主义论述就必然转化为帝国建构的工具。

因此，亚洲主义必然要承担近代日本由精神帝国转向政治帝国的功能。通过表述亚洲来表述文明、表述世界，帝国精神秩序的担纲者们借此获得了持续的精神能量与心理动力。当然，这种使命感一直处于微妙的境地，它既可以用于日本的自我革新，也可以用于日本帝国主义行为的自我正当化。无论如何，在列国竞

---

1 ［日］松本三之介:《近代日本の中国認識》，以文社，2011年，第313页。
2 一般的看法是，日本试图提出美国无法接受的人种条款，换取美国在涉及山东问题上的让步，参见唐启华:《巴黎和会》，社会科学文献出版社，2013年。

争的时代，日本的亚洲主义最终指向了世界革命。亚洲主义的复杂性正在于此。

亚洲主义的这种革命气质，还有一个更为典型的例子，那就是在近代日本精神史上占有重要地位的北一辉，他被看作亚洲主义的集大成者。在他有着广泛影响的《支那革命外史》《国体论及纯正社会主义》《日本改造法案大纲》等一系列著作中，北一辉以"改造日本"和支持"支那革命"为中心，提出了完整的世界革命方案：通过保护人权与个人自由、限制资本、发动天皇大权来革新国内体制，然后"发动为解放被非正义的强权势力压迫的其他国家与民族的战争"，解放亚洲，最终改造欧美所统治的世界。

这不是北一辉个人的激进想象，我们前面提到的宫崎滔天同样期待着世界革命。更重要的历史事实是，北一辉的理论强烈影响了20世纪30年代后期日本国家政策的走向。在这个由精神到政治实践的过程中，1936年爆发的"二·二六事变"是一个关键点。当时，日本陆军内部出现对立的两派，一派称为"皇道派"，它主张天皇至上，另一派是"统制派"，主张与财阀、官僚联合。这个事变，就是"皇道派"青年将校发动的军事政变，目的是推动"国家改造"。

政变被镇压后，北一辉被视为罪魁祸首而被处以极刑，但日本军部势力却由此进一步掌控了日本政权。[1] 此后的日本国家之路

---

[1] 关于北一辉的思想和理论，我在本书的第四章中还将从其他角度进行分析；这里我要强调的是，在北一辉宏大的世界革命方案当中，有对国家"道义性"——比如保护人权与个人自由——的要求，这是一种面向普遍主义的意志。

正是沿着北一辉的构想展开，只是帝国的执政者们从中做了一些选择。[1]

亚洲主义呈现的这种对世界秩序的不满及反抗，最终在观念上导向了世界革命。因为"亚洲"是在对西方殖民主义与帝国主义旧秩序的反抗中得到认知与建构的，所以，"亚洲"自身就意味着一种正当性原理。第二次世界大战期间京都学派提倡的"世界史"论述，在事实上预言了战后世界新文明的形成。[2] 虽然这个新世界不是日本帝国主义者试图建构的秩序，但却是建立在它的挑战及失败的基础之上。

从新旧世界秩序转换的角度来看，1945年中国参与创建的联合国的正式成立，正是一场名副其实的世界革命，因为它意味着东亚的另外一个国家——中国——开始走向世界政治的核心。在这场世界革命的进程中，日本只能以失败者的身份参与其中，并以失败的方式进行贡献。

三

东亚内战：从亚洲主义到民族主义

事实上，近代日本的失败，一个主要原因就在于对中国的误认。造成这种误认的原因有很多，其中最重要的是，它未意识到中国

---

[1] 参见［日］冈本幸治编:《近代日本のアジア観》,ミネルヴァ書房,1998年,第5章。
[2] 关于京都学派的世界史论，我将在下一章讨论。这里要提前指出的是，人们多从日本军国主义意识形态的角度来看这些论述，但这种视角并未充分注意历史事实；只有在日本精神史展开的脉络中，我们才能获得恰如其分的认知。

正在形成新的自我意识;对于日本而言,中国正在成为日本的"另外一个自我"。

近代日本的观念和行动对中国造成了巨大的影响,从根本上说,这种影响在于日本以它的实际行动"创造"出另外一个作为自我的"中国"。我们讨论的亚洲主义,就是这样一个事例。这一过程非常复杂,但从精神与自我意识的角度来看,中国现代民族主义的生成,就是日本亚洲主义及其大陆政策共同压力下的结果。换言之,正是日本自己"创造"了一个和它进行对抗的"中国"。然而,因为日本未能理解自身的民族主义与帝国主义欲望,所以中国民族主义的问题就完全从它的认识框架中脱落了下去,东亚也无可避免地走向了"内战"。

在19世纪最后的十余年间,中国士大夫曾经对亚洲主义者的"同文同种""东亚危局"等说法产生过共鸣,并尝试积极参与其中。尤其是在甲午战争之后的十余年间,中国出于内部变法维新和维持外部和平局面的考虑,广泛吸收日本明治维新以来的各种经验,甚至有了中日两国在国家关系上的"黄金十年"等说法。"同文同种""同文同俗"等观念,构成了中国取法日本的基础。甲午战争的失败,并未直接造成中国民族主义的高扬。[1]

但中国的部分士大夫很快发现了日本亚洲主义者的"谎言与欺骗"。[2] 在随后逐渐形成的中国民族主义者看来,亚洲主义在政

---

[1] 关于这一点的详细论述,请参见本书第七章及其附论。
[2] 桑兵:《交流与对抗:近代中日关系史论》,广西师范大学出版社,2015年,第81页。

治上表现出来的夺取殖民地的赤裸裸的暴力,给中国带来了亡国灭种的危机。从明治日本在1890年提出"利益线"和所谓"满蒙地区"特殊地位的要求,到1915年"对华二十一条"的提出,再到1932年东三省傀儡政权"伪满洲国"的建立,这种危机感塑造了中国新的世界认识。

精神和历史总是有着复杂的相互作用。近代日本的上述行为经过几个环节的塑造后,被等同于近代世界原理自身。这一时期的中国民众,主要从日本的国家行为上去理解近代的帝国主义和民族主义,因此近代日本的世界认知和实践,深刻影响了中国对世界秩序的判断。中国民族主义的这种生成路径对自身和世界带来的影响,迄今为止尚未得到充分的讨论。这里,我想强调的是,亚洲主义强化了民族主义的反抗与解放的意识形态功能,而这种民族主义观念和中国自身的传统文明观念发生叠加,构成了迄今中国认知世界的基础。

1924年11月28日,孙中山在神户做了一场关于"大亚洲主义"的演讲。这次演讲中有这样一句话,屡屡出现在日本的亚洲主义叙事中:"你们日本民族既得到了欧美的霸道的文化,又有亚洲王道文化的本质,从今以后对于世界文化的前途,究竟是做西方霸道的鹰犬,或是做东方王道的干城,就在你们日本国民去详审慎择。"对于这位中国近代民族主义的领袖而言,日本的大亚洲主义无非是日本民族主义与帝国主义意识形态的别名。值得留意的是,孙中山所使用的传统政治观念中的"王道—霸道"认知模式,可以说把握到了日本亚洲主义论述的深层逻辑和困境。

日本在亚洲的扩张只是欧洲帝国主义全球扩张的一部分；不仅如此，亚洲主义者还将日本的国家行为描述为一种解放叙事，宣称日本要将亚洲从欧洲白人的殖民帝国中解放出来。事实上，1924年大亚洲主义话语在日本的广泛流行，背景正是1924年4月美国正式通过拒绝日本移民的法案。日本朝野上下称这一法案为"排日移民法案"，认为它凸显了白种人优越的种族歧视意识，号召"日华提携"，建立"人种同盟"，以进行对抗。[1] 也就是说，亚洲主义的解放叙事，并非完全是空中楼阁。

当然，意图无法为过程与结果进行正当化；日本对欧美列强种族歧视的抗议，与它自身对亚洲国家的殖民压迫并行不悖。1937年7月7日，日本侵华战争全面爆发后，亚洲主义最终成为日本政府的主导意识形态。1938年1月11日，日本御前会议通过《处理支那事变的根本方针》，宣称："帝国不变的国是是，通过提携满洲国以及支那，形成东洋和平的枢轴，以此为核心贡献于世界和平。基于此国是，在处理此次支那事变时，要清除日支两国过去一切的相克，在大乘基础上重建两国外交关系，相互尊重领土及主权，最终实现两国的浑然融合。"1938年11月3日，日本发表《大东亚新秩序宣言》："此新秩序通过日满支三国的相互提携，在政治、经济、文化等全部领域实现互助连环的关系，以此为根干，确立东亚国际正义，实现共同防共、新文化的创造

---

[1] 桑兵：《交流与对抗：近代中日关系史论》，广西师范大学出版社，2015年，第207—240页。

以及经济的结合。这实际上是安定东亚秩序、促进世界进步命运的根本所在。"

随着战争初期日本在亚洲和太平洋战争的胜利，亚洲主义似乎正在成为现实，而 1943 年 11 月 5 日召开的"大东亚会议"以及随后发表的《大东亚共同宣言》，则是亚洲主义在政治上的最终表达。[1] 在宣言中，日本阐述了战争的目的是"将大东亚从美英的桎梏中解放出来，实现其自存自卫"，并宣称：

> 本来，世界各国各得其所，相依相助，万邦共荣皆乐，乃是确立世界和平之根本要义。然美英两国，出于自国繁荣之目的，压制他国、他民族，尤其是针对大东亚的侵略榨取永无止境，试图完全奴役这一地区，从根本上颠覆了大东亚的安定。这正是大东亚战争的原因。[2]

1941 年 12 月，日本最终对英美开战，虽然这主要是它在政治及军事上的考量，但也间接说明上述对自身行为正当化的话语并不是突如其来。在侵华战争期间，日本的亚洲主义进一步得到了理论上的建构。其中，"东亚协同体"就是这种理论的代表，它

---

[1] 与会者除了南京汪伪政权和伪满洲国的代表外，还包括菲律宾、泰国的傀儡政权以及日本扶植的"自由印度临时政府"的代表。值得注意的是，此时日本在太平洋战场上已经呈现败象，此时召开"大东亚会议"，可以说是近代日本的亚洲主义所能达到的最高状态。

[2] 这些经常被提及的政策与宣传口号，转引自[日]藤原彰的《日中全面戦争》(小学館，1982 年) 等书籍，相关页码不再一一例举。

构成了"大东亚共荣圈"理论的先行形态。这种理论认为，国际联盟所体现的西欧称霸世界的秩序原理，是近代国家的主权概念以及民族自决主义。通过扬弃这些原理，"东亚协同体"作为新的秩序原理，即一种地域主义原理得到了提倡。在这个意义上，随后出现的"大东亚共荣圈"可视为亚洲主义的完成。

从一开始，日本的亚洲主义给中国带来的就是亡国灭种的危机，而此时它已经彻底破产。中国在抗战过程中逐步完成了民族主义建构，而日本则被视为敌对的他者。这种民族主义的抵抗和解放叙事，与"亚洲"自身的意识形态功能有着相互加持的关系。在某种意义上，1945年日本的战败和随后中国革命的胜利，与其说是中国对日本的克服，毋宁说是对日本的吸收。中国逐渐成为世界革命的代言人。近代以来的中国民族主义，同样有着特殊的性格。[1]1945年的战败，最终解除了日本亚洲主义论述的虚伪一面，同时，"亚洲"或者"东亚"自身所具有的抵抗西方列强、实现自我解放的意义，则得到了突显。东亚从内战状态转换为真正的革命状态。就此而言，近代日本的失败，并不完全意味着亚洲主义自身的失败。

这让我们想到了竹内好的论断：亚洲主义包含复杂的志向，无法仅用"侵略主义"或"帝国主义意识形态"一笔带过。事实上，当人们开始谈论亚洲主义在今天的某种可能性，也正源于它

---

[1] 参见拙文：《从"天下"到"世界"：东亚儒学秩序原理的过去与未来》，载《新天下主义》（"知识分子论丛"第13辑），上海人民出版社，2015年。

特定的志向和性格。不过，坦率地说，这一点并不好把握，因为它毕竟带着浓烈的战争记忆。只有在一种超越了民族国家的视野中，在一种生成中的世界主义框架内，这种可能性才能得到恰如其分的认识。

日本思想史学者酒井直树试图把握亚洲主义的可能性，为此他做出了如下总结：

> 东亚共同体的构想当中，常常有着不同的政策志向。推进日本国家膨胀主义的志向，驯化自由主义式资本主义内在暴力的志向，将社会主义计划性导入资本主义的志向，对具有不同语言、宗教、传统的人们进行国民统合的志向，这些志向并存在一起。1929年经济危机的余波，试图统治中国的日本的失败与陷入泥沼，世界规模的法西斯主义的兴起，帝国周边部分——朝鲜半岛与满洲国——经济的高速成长，长期海外派兵引发的劳动力匮乏，以及总动员体制引发的一系列状况——正是在这些历史条件中，殖民地官僚，财务产业政策的制定者，社会学家，经济学家，哲学家，政治学家以及新闻记者等，展开了跨领域的合作，对东亚共同体进行了构想。因此，从最初开始，东亚共同体就包含着相克的潜在性。[1]

---

[1] [日] 酒井直树:《東亜共同体論と普遍性をめぐって》，载酒井直树、礒前顺一编《近代の超克と京都学派——近代性·帝国·普遍性》，以文社，2011年，第135页。

而对1937年日本发动全面侵华战争不满的竹内好,对于太平洋战争的爆发却有完全不同的看法。他在1942年1月发表了一篇题为《大东亚战争与吾等之决意》的短文,正是近代日本精神史中这一断章的典型。他在文中写道:

> 历史得到了创造。世界的容貌一夜之间发生了变化。吾等看到了这种变化。吾等因激动而颤抖不已,注视着那一道如彩虹般流动的光芒的去向。吾等感受到了胸中充满了难以名状的焕发之情。……我们日本并不畏惧强者。这一切都如同秋霜般庄严行为的爆发,证明了这一点。……在东亚建立新秩序、实现民族解放的真正意义,如今彻底浸入吾等的骨肉,正是吾等决意之所在。[1]

我要特别指出的是,上述引文中所呈现的激情,构成了亚洲主义正当性的一部分。在日本的部分亚洲主义者的认识中,追求东亚或东洋的某种联合与团结始终是一种精神动力,也是一些日本知识分子对日本帝国的大陆政策进行批评的根据。这种批评在日本对美英开战后,终于得到了支持。在当时部分知识分子看来,日本针对英美开战,是日本亚洲主义真正的自我实现,因为只有针对强权的英美帝国主义发动战争,而非侵略作为弱者的中国,才能真正实现亚洲的解放。

---

[1] [日]竹内好:《竹内好全集》(第14卷),筑摩书房,1981年,第294—298页。

这种有关亚洲解放的话语，因其固有的解放叙事，以及对日本民族主义的批判，对一部分日本国民而言成为一种精神救赎。对亚洲、首先是对中国的特殊的负罪感，以及对英美开战的正义感，最终激发并转换为帝国知识分子更大的理论热情，他们要由此超越西洋的近代，创造真正符合正义的世界秩序。

四
文明使命：未完的亚洲主义叙事

"亚洲主义"是近代日本自我意识与世界认识的一种呈现状态，在这个意义上它构成了日本精神史演化的一个断章。通过表述"亚洲"，日本的自我意识获得了进一步的发展，一方面，日本力求克服中国在其自我意识与无意识中的压倒性地位，另一方面，它构成了对西方自由主义世界与资本主义世界的内在问题予以批评的根据。在这个意义上，"亚洲主义"是一种认识世界的方法。

对于日本而言，历史上以中国为中心的亚洲与近代西方构成了两种截然不同的外部世界；二者在文明、秩序以及暴力的观念上有着巨大的差别。这种独特的历史处境与对这种处境的认知，是日本近代国家精神得以爆发的心理与经验基础。

这里的特殊之处在于，日本虽然在地理上属于亚洲的一部分，但在精神上却自始至终与"亚洲"保持着若即若离的关系。日本要克服和告别自身的亚洲属性，因为这个属性在现实的历史世界中被表达为"半开化"；这种定位既来自西方的殖民帝国，又来自日本自身的认知。但另一方面，近代西方文明因内在其中的野蛮，同样处于一种有待克服的状态，而亚洲是一种克服西方时可资依凭的精神资源。

所以，对于近代日本而言，"亚洲"远非爱德华·萨义德（Edward Said）的"东方主义"视角下的"亚洲"。在"东方主义"的视角下，包括"亚洲"在内的东方，是西方殖民主义者权力的产物，它无法说出自己，只是被审视、被表述的"客体"。[1] 但在日本的认知中，"亚洲"从最初就获得了一种主体的性格，是一个表述并建构主体的空间，甚至可以说就是主体自身——日本自认为是"亚洲"的代言人。这种主体建构既不是批评家所言的"反向东方主义"或"东方主义视线的逆用"，也不是简单地利用殖民主义的视角来表述自身。在日本精神演进的脉络中，它有着内在的东亚传统文明论的基础与逻辑，并在实际的政治进程中决定着日本帝国事业的成败。

通过承认、吸收"文明"来战胜"野蛮"，而不论这种文明或野蛮的地理以及民族出处，这是传统东亚儒学文明的认识论，也是一种真正的普遍主义世界认识论。近代日本的亚洲主义包含着这种普遍主义认识论的萌芽，但在炽烈的殖民帝国竞争中，日本自身的野蛮力量摧毁了这种萌芽，最终导致了自身的毁灭。

现在，我们把视线由历史转向当下。这时，我们会看到一幅有趣的画面：在我们当下置身其中的话语空间中，"亚洲"同样呈现出一种异样的精神色彩。

---

[1] [美] 萨义德：《东方学》，王宇根译，生活·读书·新知三联书店，1999年。

事实上，20世纪70年代后，因亚洲在政治稳定与经济成长上的优异表现，一部分欧美学者开始重新关注东亚传统文明，尤其是儒家传统。进入80年代，尤其是90年代后，随着中国经济的快速发展，"亚洲"或"东亚"逐渐成为中国思想界的重要主题。

意味深长的是，在最新的"亚洲"话语中，我们依然可以辨识出两重面孔：文明的面孔与政治的面孔。前者延续了近代以来"文明"的意志——"亚洲"代表了一种被压抑的激情，而包罗万象的"文明"正好表达了人们赋予这个概念的复杂的心理上、精神上的含义。后者则显得直白，含有某种政治对抗性，具体而言，它是指一种近代以来被压迫与殖民的共同经验，试图在当下维护"我们亚洲"的独立与自主——亚洲要成为自己的主人。因为篇幅关系，我无法在这里就此展开，但指出两种当下亚洲论述的误读是必要的：一方面，有些论者未经充分反思而直接将地方性（"亚洲"）的特定生活方式视为"特色"，并赋予其独特的价值；另一方面，一部分论者主张西方文明的破产论，借以宣扬亚洲尤其是东亚文明的可能性。

可以看到，历史与人类的精神显示出强韧的连续性，"亚洲"在告别了近代日本的亚洲主义之后，以另外一种形式持续存在于东亚国家的精神世界中。

正因如此，我们重新讨论日本精神史上的"亚洲主义"的意义愈发明晰。近代日本的历史经验表明，能否恰当应对帝国主义时代固有的全球交往样式，诸如殖民、工业化、贸易以及暴力的释放过程,将会深刻影响一个国家的成长,进而深刻影响全球的文明进程。

在全球化的今天,我们在某种程度上依然面临着同样的问题:什么是真正的文明进步?

这是关系人类文明进程的大问题。

[附论]
甲午战争与近代日本世界认识的转变

一、东亚世界史中的甲午战争

在近代日本国家演化史上,1894年爆发的中日甲午战争占据了特殊的地位。重新审视这场战争的来龙去脉,有助于我们更好地把握近代日本的精神与历史世界相互作用的特殊机制和具体过程。

一般而言,后世的评论家与学者们普遍认为,这场战争是东亚史乃至世界史上最重要的战争之一。这场战争的军事技术与军事过程、国际关系与国际法等层面的诸多问题,虽早已得到高度复原,但时至今日,其政治意义,尤其是在世界政治史上的意义仍有待探索。[1] 那么,为什么要从这种世界政治的角度重新探讨

---

[1] 中国学者有关甲午战争的代表性研究成果,可参见戚其章:《走进甲午》,天津古籍出版社,2006年。另外,同书的附录《中日甲午战争史研究的世纪回顾》提供了有关甲午战争相关研究文献的详细综述。

这场战争？对于近代日本帝国的走向，这场战争又扮演了怎样的角色？

要回答这些问题，我们需要从东亚世界秩序变迁的角度进行探讨。这个角度的设定，有如下两种考虑：

第一，这场战争从根本上颠覆了东亚的传统国际秩序，对交战双方此后的成长过程与性格带来了深刻的影响。甲午战争前的三十余年间，中国通过史称"洋务运动"的近代化实践，形成了关于世界秩序的比较准确的认知。[1] 中国与世界的交往，获得了来自当时的主要大国，尤其是英国的一系列正向激励，可以说走上了健康的发展道路。[2] 这条道路，从本质上说，就是融入以法治为理念的近代文明与世界秩序，而反过来，来自外部世界的法律（国际法）的压力，逐渐转化为国内法治化的动力。晚清的司法改革，就是这一进程的结果。[3]

然而，甲午战争结束了这一历史进程。早在1917年，曾在中国海关工作多年的布兰德就指出，"这场战争的结果把中国降低到了长久落后的地位"。[4] 这仅仅是现象，更深远的影响在于，这场战争的战败者走上了暴力革命这一艰难险峻之路，从否定自身开始，最终试图否定整个旧世界。这是一种彻底的自我革命与世界

---

[1] 参见夏东元：《洋务运动史》，华东师范大学出版社，2010年。
[2] 参见[美]费正清、刘广京编：《剑桥中国晚清史》（下卷），中国社会科学出版社，2007年，第154—169页。
[3] 关于国际法在清末时期的引入及其在教育与外交实践中的应用，参见林学忠：《从万国公法到公法外交：晚清国际法的传入、诠释与应用》，上海古籍出版社，2009年。
[4] [英]布兰德：《李鸿章传》，王纪卿译，湖南文艺出版社，2011年，第126页。

革命的精神气质。与此相对，战胜者成为东亚世界的大国，进一步激发了自身的帝国欲望，并逐渐开始挑战世界。

第二，在历史认识的层面上，多数研究落脚在战争性质的讨论上，诸如这场战争是不是"侵略战争"、是不是"正义战争"等。不过，这种历史认识依赖于民族国家体系自身，而后者的历史正当性在全球化的时代正在衰退，甚至成为有待克服的问题。过于强调战争正义与否的问题，无益于我们清理战争留给后世的真正遗产。如同我前面指出的，这场战争对人们意识结构的改变，对此后历史进程产生了更为深远而持久的影响；因此，我们要去探讨只有在长时间段内才逐渐显现的结果。这是因为，近代民族国家建构的实际进程与世界秩序之间有着复杂的相互生成、彼此制约的关系，战争的当事者不容易把握这种关系的演化结果。

上述事实意味着，后世的人们有必要积极利用"后见之明"，从一种更普遍的，因而首先是超越民族国家视野的角度，将当事者对人类事务的认识，尤其是那种认知造成的政治结果呈现出来。这种认知由于其体系性与相应的封闭性，在国家的成长过程中通常作为稳定而隐微的认知要素发挥着至关重要的作用。

对于日本而言，作为近代第一场大规模的对外战争，甲午战争的胜利可以说是特定的心理基础、意识形态、世界认识与经验事实的"完美"结合。人们今日广泛探讨的近代日本的政治意识与政治结构，诸如军国主义、民族主义、天皇制等，其形态与特质均受到了这场战争的深度影响。那么，这种"完美结合"究竟如何得以发生？当事者对这种经验又进行了怎样的反思？

事后看来，日本从这场战争中获得的体验，不单纯是胜者的喜悦，还强化了其特定的心理结构：日本被迫开国时所产生的强烈的屈辱性感受与自我意识进一步固化，其中积蓄的精神与心理能量，在侵略亚洲国家与挑战英美世界秩序两个方向上得到了释放。最终，这场战争成为近代东亚世界秩序演化的一个转换点。我们今天重读这场战争，就是要去揭示其中蕴含的在秩序与文明史上的意义。

当然，站在不同立场的人们，关注的视角与对它的意义赋予并不相同。在日本的历史学者看来，日本发动这场战争具有三个动机：(1)打破东亚世界的"华夷秩序"，与中国争夺朝鲜的支配权；(2)掠夺朝鲜、台湾等；(3)与帝国主义列强竞争分割中国与朝鲜。这一说法最初由日本近代史专家藤村道生提出，并为其他学者所继承，可以说是学术界的定论。[1] 但它仍未触及的问题是，日本为何走上了这种诉诸武力的大陆政策？我将在下一节说明，这种大陆政策正是日本的世界政策自身，是近代精神帝国迈向政治帝国的第一步。

与此不同，另外一种说法更为大多数人所知，且影响深远，那就是此战是日本进行的一场"以国运相赌"的战争。在日本全面侵华战火正炽烈的1939年，政治学者深谷博治在其著述中公开论述道："日清战争是我国以全部国运相赌的最初的对外战争，同时是把国家将来发展的全部命运寄托其上的大战，可谓生死攸关。"

---

[1] 参见［日］原田敬一：《日清戦争》，吉川弘文館，2008年。

值得注意的是，他进一步论述说，倘若失败，日本将面临相反的命运：支付被中国强加的巨额战争赔款，割让琉球与九州等领土，等等。日本因战胜而摆脱了这种噩运，因此他认为"日清战争是国内维新事业的完成；同时作为第二维新，具有其历史意义与实质"，是日本"作为世界国家"的起点。[1]

这种"赌博说"是一种特殊的战争观，然而，这种说法无法让人满意，因为战争事关生死存亡，通常是一种高度理性化的行为，我们无法认为日本是例外。因此，我们有必要进一步追问的是，这种战争观与其更为稳定的心理基础与世界认识有着怎样的关联？

后世的历史学家注意到了其中的一些问题。比如，我们容易在他们的著述中发现促成战争发生的另一个重要因素，那就是政治领袖的战争意志与国民的支持呈现高度一致的状态。但历史学家往往忽视的问题是，这种举国一致的形势究竟如何在短时间内造就而成？其实，从思想史、精神史的角度，我们不难看到明晰的线索。在对华开战前，明治日本的政治家们就已经形成了对中国、亚洲与世界秩序的独特认识。甲午战争正是日本在这种世界认识的基础上，高度掌控并灵活运用内政、外交与军事实力的结果。

因此，面对今日东亚世界秩序的演变，我们有必要再次回到起点，重新观察并反思世界认识与世界历史进程相互作用的具体

---

[1] [日] 深谷博治：《日清戦争と陸奥外交》，日本放送出版協会，1939年，第63页；另外，请注意"世界国家"这个说法的特殊性，它表明了此时日本帝国的自我认知。关于"世界国家"意识的出现，请参见本书绪论第三节以及第一章第二节中的相关论述。

过程。下面,我将以日本在甲午战争前后的世界认识尤其是中国认识为对象,具体探讨这场战争的社会学过程,进而揭示人们头脑中的观念事物会对世界秩序产生怎样的影响。

二、日本政治家的中国认识

在战争正酣的 1894 年下半年,明治政府最重要的战争指导者、外务卿陆奥宗光(1844—1897)撰写了一部回忆录,题名《蹇蹇录》。这部回忆录的撰写是出于"蹇蹇匪躬"[1]、记录"经营苦心之所存"的心志,至今仍被日本学者认为是关于甲午战争最重要的文献。根据这本书的说法,包括陆奥在内的当时的日本政治家普遍认为,自明治维新以来,日本为伸张国权,一直面临着双重压力,一是清国皇帝权威下的华夷秩序的压力,二是西方列强强迫日本签订的通商条约。前者具体是指最终解决琉球王国的归属问题,后者旨在废除治外法权。[2]

因此,选择对华开战,被陆奥等日本政治家认为是"不得已"采取的手段。事实上,通读《蹇蹇录》,我们会发现陆奥反复使用"不得已"的字样,这固然有着他为发动战争寻找大义名分的考虑,但也反映了此间日本世界认识的固有性格。如果把《蹇蹇录》中的说法仅仅看作"狡辩"与"发动侵略战争的自供状",我们有可

---

[1] 语出《易经》,指为君国忠直谏诤。
[2] [日]藤村道生:《日清戦争前後のアジア政策》,岩波書店,1995 年,第 vii 页。

能会丧失一个接近历史真实的渠道。

此时日本的世界认识的性格，在明治天皇的宣战诏书中清晰地呈现了出来。1894年7月25日，日本未经宣战即开启了战端，丰岛海战打响。8月1日，日本天皇发布《对清宣战诏书》，要求"百僚有司"在不违"万国公法"的前提下，尽一切手段达成国家目的。诏书指责清国"动辄视朝鲜为属国，或明或暗干涉其内政"，为其侵略行为辩护。不过，其更大的用意却指向了世界，日本是完全遵守国际法的"文明"国家，是欧美列强的"对等国"。从中我们容易看到，这一诏书显示了强烈的自我定位意识——日本是新晋的文明国家。

要强调的是，日本进行自我定位的参照系首先是中国，或者说是中国主导的东亚世界秩序——"华夷秩序"。与后来日本发动全面侵华战争时的行为进行对比，我们会更容易看到这种自我定位。1937年7月7日卢沟桥事变爆发后，日本内阁设立了专门的委员会，研究是否发布对华宣战布告。该委员会经过仔细权衡后，决定不发表宣战书。据说，当时驻华大使谷正之的下述意见起到了决定作用：中国不是日本的"对等国"，因而无发表宣战布告的必要。[1] 这是一种令人震惊的中国认识。从这个角度看，1894年的《对清宣战诏书》反而表明日本视清国为"对等国"，试图通过战胜中国，进入当时由中国与欧美列强组成的世界大国俱乐部。

---

[1] 相关叙述，参见［日］藤村道生：《日清戦争前後のアジア政策》，岩波書店，1995年，第3—4页。

当然，明治日本政治家将中国视为战争对手、瓦解中华世界秩序的意图，在甲午战争前已是公开的秘密。比如，时任参议的山县有朋（1838—1922）在1883年6月发表的《对清意见书》中，就有如下说法：

> 清国自长毛贼叛乱以来，海陆军制为之一变，仿西洋方式，雇洋师，购洋舰，已达百余艘之多。近来，更委托日耳曼造铁甲战舰，坚固无比。故此，若清国再出现斗志勇壮之兵卒与威猛熟练之士官，当可称雄宇内。我国自与彼缔约以来，从出兵台湾、琉球处置到朝鲜事变之办理，虽说皆我国不得已而为之，究其实则凌驾于其势之上，大杀其威风。彼对我国抱有不平之意，已非一日。乘彼武备充实、内治稍修之机，或有人起而献策，称霸东洋，问罪我国，实不可测……如今内阁决议，确定以下军机之要。（1）前日议定之铁甲战舰，宜迅速竣工；（2）加速港口炮台之建设，布设水雷，以供内海防御之用；（3）万一不幸，彼开启战端，我国必举全力战而胜之，为此必制定非常政略，终止土木建设，禁止酒席宴会，凡奢华靡费无用之事，一概杜绝，上下一致，勇往直前，鼓动天下之大义。[1]

---

[1] 转引自［日］大江志乃夫：《東アジア史としての日清戦争》，立風書房，1998年，第221—222页。

在这段论述中，山县表达了日本持有的一种非常特异的危机感：中国对双方缔约以来日本的行为不满，实力强大时将对日本进行报复。中国主政的士大夫们诚然对日行为感到不满，但山县未意识到的是，日本自身对条约的不满、对中国的抱怨以及伺机寻求报复的心理，更符合此间日本政治家的对华认识。这种认识的源流，产生于东亚世界秩序内部。

在一般的东亚世界史叙述中，人们会注意到一些特定的事实。比如，663年，中日两国在朝鲜半岛爆发了历史上的第一次冲突。当时日本派遣两万多人的军队入朝，不惜与唐王朝的军队直接交战。战争最终以日军惨败告终，这就是历史上的"白村江之战"。日本战败后，大和王（当时由"中大兄皇子"主政）担忧遭到中国的报复，甚至进行了迁都。[1] 同样，发生在1592年到1597年间的丰臣秀吉侵略朝鲜的战争，实质上是日本与明王朝之间的战争。日本最终的失败，进一步强化了它在东亚世界秩序中的某种困境意识。它试图挑战中国，甚至取而代之，但无奈实力不济。

这种对中国的特异认知，潜藏在日本国家意识的底层。明治日本对华政策的展开，实际是在日本获得了新的国家力量后，这种意识的再次发动。此外，由于洋务运动的顺利展开，日本认为

---

[1] 这次战役是东亚世界体系重组过程的一环。655年，朝鲜半岛的高句丽、百济联合侵入新罗，新罗向宗主国求援，唐王朝随即出兵；660年，百济灭亡。日本出兵朝鲜半岛，既与百济复国运动有关，也与日本对朝鲜半岛南端小国"任那"的领土要求有关。关于这段历史的一个简洁叙述，可参见［日］吉田孝：《日本的诞生》，周萍萍译，新星出版社，2019年，第100—104页。

有必要利用自己率先实行"文明开化"的成果，与中国展开竞争，在中国取得成功前实现自己的"中华"欲望，获得与中国平等的地位。

从这个精神史的视角，我们会看到历史进程的另外一面。比如，1871年9月13日，中日双方缔结《清日修好条规》，这是中日两国自主订立的第一个近代平等条约。今天的人们不容易想象的是，日本最初订约的目的竟然是获得"日清同格"，以便要求朝鲜开港通商。此前，日本在递交给朝鲜的国书中使用了诸如"皇""敕"等宗主国清国的专用词语，朝鲜以不敬、不符合传统礼制的理由拒绝了日本的要求。

就此而言，条约的成功订立意味着日本实现了它最初的一个外交目的。不过，日本并未实现它最初的全部目的。事实上，日本提供的条约原案是以1861年中国和德国签订的《中德条约》为基础拟成的，它包含了英、法等国在华获得的全部特权，尤其是片面最惠国待遇与内地通商权。这种条约草案当然遭到了清政府的断然拒绝，日本自认为没有达成目的。因此，《清日修好条规》虽然最终在1873年4月30日生效，但此后十数年间日本一直要求修约。

当然，日本从未认真对待这一条约。1874年5月，日本以琉球人被害一事为口实，悍然出兵台湾。经过外交折冲后，这一事件最后以中国赔款告终，但中日关系也由此急转直下，进入多事之秋。1875年7月，日本内务大臣到达琉球，胁迫琉球国王断绝与中国的册封朝贡关系；同年9月，日本军舰"云扬"号在朝鲜沿岸进行挑衅。至此，中日条约的"保和"与"相互提携"精神完全成了空谈。1879年4月4日，日本"废琉置县"后，两国为此开始了长达数年的交涉。[1] 由于宗主国中国不承认日本的琉球政策，日本在为此感到不安的同时，怨恨之念更是日甚一日。到了19世纪80年代中期，双方终于围绕朝鲜的控制权发生了尖锐的对立。1885年4月双方签订《中日天津会议专条》（又称《中日天津条约》）后，中国在国际法的层面上交出了部分宗主国的权利。[2]

我们不难看到，日本保持了1871年以来对华交涉的优势。不过，此时世界各国大致认为，日本在国力和军事实力上仍无法与中国抗衡。这种外交与军事上的某种错位，成为一种推动日本展开大陆政策的动力。

事实正是如此。我们在历史进程中看到的是，对华备战的紧张步伐与日本政治家的这些不平以及怨恨同步而来。早在1871年日本派遣谈判代表来华前，参议江藤新平（1834—1874）向右大臣岩仓具视（1825—1883）提交了《对外策》，其中提到，"若清国失礼于我国，可问其罪，或联合俄国，合力出击；或策动俄国，使其保持中立。我国独力进攻，一举征服支那"。[3] 第二年，根据参议西乡隆盛的建议，日本陆军派一名少佐和一名少尉，外加一

---

[1] 参见［日］西里喜行：《清末中琉日关系史研究》，胡连成等译，社会科学文献出版社，2010年。

[2] 双方围绕朝鲜的角逐，参见［日］冈本隆司：《属国与自主之间：近代中朝关系与东亚的命运》，黄荣光译，生活·读书·新知三联书店，2012年，第41—84页。

[3] ［日］安冈昭男：《明治前期日中关系史研究》，胡连成译，福建人民出版社，2007年，第175页。

名翻译，装扮成商人，到中国东北地区进行地理环境、军事装备等情报调查。[1]

1874年日本出兵台湾后，时任陆军卿山县有朋提出的《外征三策》以及右大臣岩仓具视提出的《意见书》，均为对清开战的方案。日本政府甚至连《支那征讨敕命》都准备妥当。1879年琉球归属问题一出，参谋本部管西局中佐桂太郎立即提交了《斗清策案》，其中提出了"进攻福州""攻占北京"等方略。1887年，参谋本部第二局局长小川又次大佐制定了极为周详的《清国征讨策案》，将割让辽东半岛、舟山群岛、台湾等列为战争目标，并确定开战日期为"清国军队改革完成之前"或者"欧洲各国获得远征东洋的实力之前"。[2] 值得留意的是，"欧洲各国"的要素此时已被纳入开战理由。对日本而言，对华开战前的这段时期，正是战争意志等待战争实力与时机成熟的时期。

这些政治家的对华认识与政略，就是近代日本的"大陆政策"，一种摆脱岛国限制从而建构"大陆国家"的构想。这一构想在山县有朋、田中义一（1864—1929）等日本陆军核心人物的努力下，在1907年的《帝国国防方针》中得到了明确的表达。[3] 经过当时

---

[1] ［日］户部良一：《日本陆军与中国："支那通"折射的梦想和挫折》，金昌吉等译，社会科学文献出版社，2015年，第23页。

[2] ［日］大江志乃夫：《東アジア史としての日清戦争》，立风书房，1998年，第222页。关于这一方案的详细介绍，可参戚其章：《走进甲午》，天津古籍出版社，2006年，第12—16页。

[3] ［日］纐缬厚：《田中义一：日本总体战体制的始作俑者》，顾令仪译，社会科学文献出版社，2017年，第75页。

蓬勃发展的新闻媒体与民间团体（所谓"右翼团体"）的鼓动，这种政略很快均质化为一般国民的观念。这种举国一致的对华认知的政治效果，随时可能因偶然事件而表达为具体的政治行动。

比如，1894年3月28日，因策动甲申政变（1884年）而逃离朝鲜的士人金玉均，被朝鲜政府的刺客洪钟宇暗杀，地点位于上海公共租界日本人经营的一家旅馆。[1] 根据当时租界的法律，该事件由公共租界工部局的警察局长担任检察官，经由领事裁判部门的预审，由中国方面负责判决与执行。中国最终决定将案件移交朝鲜。金玉均的尸体被送还后，随即被朝鲜处以凌迟斩。事件传到日本后，日本举国激愤，一致认定是中国的阴谋，意在侮辱"日本的国权"，结果，"甲申事件以来十年的排清感情"猛然爆发。据记载，这一事件最终促使陆奥"决意对清开战"。

这起普通事件所蕴含的心理能量及巨大的危险，远非当时的中国士人所能理解。不过，从"决意"开战到真正开战，还需要一系列的政治过程。明治日本所处的时代状况，为这一政治过程的成熟提供了充分的养料。

进入1894年，围绕与欧美各国修订不平等条约的问题，日本政坛发生激烈斗争，伊藤博文内阁被迫宣布解散议会。3月27日，陆奥在致驻英大使的信件中说，"国内形势紧迫，日甚一日"，因此"不管成败如何，政府若不表明正在做一件会让人感到震惊的

---

[1] 1884年12月4日，以金玉均为首的朝鲜开化党在日本的协助下发动政变，要求效仿日本实行政治改革，脱离中国实现独立；事变在清政府驻朝鲜军队将领袁世凯的镇压下失败。

大事，将无法挽回此番人心之纷乱……虽内政关系催促外交成效，有些本末倒置，但时势就是时势，实不得已而为之……因不能无故发动战争，故唯一目的只在于修约"。[1] 6月3日，朝鲜政府请求中国出兵，协助戡乱，平定"东学道"领导的"东学党起事"。

陆奥等人得知中国出兵的消息后如获至宝，发动战争的理由已然出现。日本的国家意志，在其他列强的眼中也已昭然若揭。比如，俄国驻华公使喀西尼在1894年7月1日致外交大臣吉尔斯的电报中说道："显然中国希望避免战争，而日本却似有意寻求战争，深以为胜利非己莫属。"[2] 朝鲜东学党的起事，成为点燃战争的导火索，但日本对华开战意志的形成，则有着更为久远的精神史背景。

此后事态的发展完全按照陆奥的谋略展开。1894年6月5日，日本内阁决定派重兵赴朝，并设置战时大本营。7月12日，陆奥指令驻朝公使大鸟圭介等人制造战争口实："只要在不招致外间过分非难的范围内，不妨利用任何借口，立即开始实际行动。"随后，他担心大鸟不理解这一指令，在外务省参事官本野一郎赴朝之际，特别交代他转达大鸟："促成中日冲突，实为当务之急，为实行此事，可以采取任何手段，一切责任有我负之，该公使丝毫不必有内顾

---

[1] [日]藤村道生：《日清戦争前後のアジア政策》，岩波书店，1995年，第220页。
[2] 王芸生编著：《六十年来中国与日本》（第二卷），生活·读书·新知三联书店，2005年，第47页。另外，日本如何引诱中国出兵朝鲜，可参见谢世诚：《李鸿章评传》，南京大学出版社，2006年，第9章。

之虑。"[1] 7月16日，英国确认签署修订后的《英日通商航海条约》，"这个条约的性质，对日本来说，比打败清国的大军还远为有利"（英国金伯理勋爵语）；[2] 翌日，日本御前会议决定对华开战；23日，日军攻入朝鲜王宫，将"五百余年中国所赐之御物悉数掠去"；25日，甲午大战拉开序幕。

在决定开战时，伊藤与陆奥担心作为第三方的欧美各国出现"支持一方和反对一方的情形"，所以决定的方针是，"除非事势万不得已外，必须把事态严格地局限在中日两国之间，应极力避免和第三国发生纠葛"。[3] 这种决策基于两种考量。一方面，与他们对国际形势的把握有关。由于英国在中国特殊的贸易利益与俄国对朝鲜利益的特别关切，加之欧美各国对中国相对高的好感，"默认朝鲜为中国属邦"，陆奥认为，如果引发列强的干涉，日本可能处于寡助的一方。[4]

在局势紧张的时刻，日本除了顶住来自俄国、美国与英国的外交压力与忠告外，还积极展开宣传攻势。1894年11月底，日军因旅顺大屠杀而引发欧美各国（尤其是美国）的高度关注与批判。为此，日本展开了活跃的外交粉饰与宣传工作，并取得了成效。[5]

有意思的是，陆奥等人认为，尽管中日两国实力此时表面上

---

1 [日]陆奥宗光：《蹇蹇录》，伊舍石译，商务印书馆，1963年，第34、69页。
2 王芸生编著：《六十年来中国与日本》（第二卷），生活·读书·新知三联书店，2005年，第61页。
3 [日]陆奥宗光：《蹇蹇录》，伊舍石译，商务印书馆，1963年，第10页。
4 [日]陆奥宗光：《蹇蹇录》，伊舍石译，商务印书馆，1963年，第19页。
5 宗泽亚：《清日战争》，世界图书出版公司，2012年，第339—362页。

不相上下，但日本实际上将稳操胜券。陆奥的这种判断，以及他将局势严格限制在中日两国之间的策略，首先建立在对华内政外交的把握之上。关于决策过程，陆奥事后回忆道：

> 袁世凯看到日本从明治17年（1884年）以来，在朝鲜的势力有些衰退，又看到日本在明治23年（1890年）宪法实施后，政府和议会之间经常发生冲突，认为我国政府决不可能作出派兵出国这样重大的决策，便想乘机扩大中国在朝鲜的势力；另外，驻我国的中国公使汪凤藻，也因看到我国官民的争执日益加剧，便错误地断定日本决没有对外生事的余力，两人都向中国政府提出不谋而合的意见，这可能就是中国政府从一开始就将彼我形势判断错误的一个原因。

另一方面，陆奥认为，"日本政府最初虽居被动地位，但在万不得已时则有断然采取最后手段的决心；而中国徒知在形势上威吓日本及朝鲜，缺乏在中日两国纷争一旦不能和平解决时，最后诉诸武力的决心。……中朝两国政府虽然陷入如此错误的境地，然直到平壤、黄海战役结束时，尚毫未醒悟，确是令人无可奈何！"[1]而在战事正酣时期，朝廷重臣对李鸿章的多方掣肘，更被陆奥嘲笑为中国采取了"自杀政策"。[2]

---

1 [日] 陆奥宗光：《蹇蹇录》，伊舍石译，商务印书馆，1963年，第11—12页。
2 [日] 陆奥宗光：《蹇蹇录》，伊舍石译，商务印书馆，1963年，第56页。

显然，陆奥等日本政治家准确地把握了中国的实际情况：外交方面，中国参与世界竞争所必不可少的国家意识、国防力量与国家利益观念，或付诸阙如，或有名无实；内政方面，传统官僚体制的封闭与腐败旧态依然。一位日本作家在战争刚结束时撰写的战记中，留下了这样的观察："清国近五十年来内外交迫，百难丛生，上下乖离，民心灭裂，纪纲废弛，风俗坏乱，千疮百孔，莫可防补。其中腐败日甚一日，遂至于此。而内部政府威信扫地，政权不一……既有内忧外患，视之漠然，安望其上下中兴此帝国哉！"[1]

　　这不是当时日本人对中国的偏见。事实上，前面提到的布兰德就以痛惜的口气一再指出了中国失败的原因：中国事实上的最高军事统帅"对国家利益漠不关心"，他们只是"准备从祖国的困境中获取个人利益"。不过，这种指责并非仅仅指向特定个体，因为"李鸿章只是一个人，但在他背后却站着全中国的官僚群体，他们关心自己的阶级特权，远胜于关心帝国的名誉和安全"。他进一步批判道："官僚阶层的贪污是既成传统中的主要组成部分；官场的文过饰非和夸饰摆谱也是如此。……每个中国臣民都心照不宣地接受了这个事实：全部行政艺术在于精心编造的欺骗，在于制造一个巨大的幻觉，还在于利益的分配。"[2]

　　1895年2月19日，《纽约时报》在报道北洋舰队司令官及两位将军自杀殉国时，刻意指出了一个事实："大清国官员一贯的行

---

1 [日]桥本海关：《清日战争实记》，吉辰校注，山东画报出版社，2017年，第11页。
2 这里的引文见[英]布兰德：《李鸿章传》，王纪卿译，湖南文艺出版社，2011年，第179—182页。

为准则就是：为了金钱可以出卖国家，同时保证自己不受伤害。"[1]

中华帝国传统官僚制在近代声誉不佳，可在多种历史文献中找到证据。在事关国家与民族命运的战争上，这种制度的致命性最终显现了出来。不过，我在这里要强调并不是这一点，而是布兰德等人以尖锐的笔触刻画的这些事实，包括陆奥宗光、伊藤博文、李鸿章等在内的战争当事者们，皆心知肚明。在整个战争过程中，日本连战连胜，固然有很多原因，但陆奥等人对中国政治体制弊端的准确洞悉，无疑为胜利的天平倒向日本增添了极为重要的砝码。

当然，我们在这里谈到的日本对中国的认识，并不构成它发动战争的正当理由。而战争对日本自身的影响，更非陆奥等人所能认识与把握。精神在一定的状况下可以转化为力量，这一点在日本近代史上尤其容易观察到。

三、日本知识界的战争认识

战争爆发后，日本舆论界一致认为这是有着"大义"的战争，是日本发动的"正义"战争。比如，福泽谕吉就率先宣布"日清战争是文明对野蛮的战争"，而日本的目的仅仅是为世界文明的发展扫除障碍。为此他高声呼吁："官民宜忘却政治恩仇"，"日本臣民在事成之前不宜批判政府的政略"，"我们的目的仅仅在于胜利；战胜之后，我国国权将得到伸张，我日本同胞将在世界上一展腰身，

---

[1] 郑曦原编：《帝国的回忆》（修订本），当代中国出版社，2007年，第226页。

想来那是何等愉快……"[1]

其实，早在1882年发表于《时事新报》的《究竟该如何制定东洋政略》中，福泽谕吉就曾慷慨激昂地宣称："吾等亦是日本人，有朝一日定发扬日本之国威，制服印度、支那两国之士人。吾等不仅要学习英人，还要让他们遭受痛苦，将东洋权柄掌控于吾等手中。"[2]明治日本最著名的启蒙思想家，同时也是战争的启蒙思想家。

同样，基督教思想家内村鉴三（1861—1930）在战争爆发后，一改自己"非战论"的立场，用英日两种文字发表题为《日清战争之义》的论文，指责"支那是社交规矩之破坏者，是人情之大敌，是野蛮主义之保护者"。保守主义政论家陆羯南（1857—1907）则主张，清国为"东洋的一大野蛮国"，"王师的一大目的就是将跋扈于东洋中央的野蛮人驱逐出去"。以倡导"平民主义"闻名的作家德富苏峰（1863—1957）在《征清之真意义》一文中写道，清国是"文明之敌"，战争乃"文明之正义战争"。[3]这些说法与陆奥对战争是"西欧新文明与东亚旧文明的冲突"的定位完全一致。[4]

---

1 ［日］古田光等编：《近代日本思想史大系1 近代日本社会思想史1》，有斐阁，1968年，第261—262页。
2 ［日］古田光等编：《近代日本思想史大系1 近代日本社会思想史1》，有斐阁，1968年，第310—311页。
3 上述引文参见［日］米原谦：《日本政治思想史》，ミネルヴァ書房，2007年，第111—112页。
4 当然，这种从文明视角的战争论，并不仅仅是日本政治家对自身行为的高调宣传，而是外部世界观察这场战争的一个相对普通的视角。比如，一位当时供职于中国海关的意大利人，在他比较了中日两国对待西方文明的态度后，这样指出："这场远东战争不单纯是一场两个国家之间的战争，而是过去和现在，西方文明和衰落的古老东方文明的零星幸存者之间所进行的一场战争。"参见［意］弗拉基米尔：《甲午战争：一个意大利人的记述》，孔祥文译，商务印书馆，2018年，导言，第IV页。

日本这种将中国视为"野蛮"的言论,虽然与当时流行的"正义"战争话语有关,但其背后流淌的更是其特殊的心理意识。在19世纪80年代,日本欧化主义大行其道,认为日本只有通过欧化才能提高国际地位。然而问题是,因欧化被视为手段,文明被视为工具,它无法解决日本如何与世界相处的问题。

德富苏峰将这种异常曲折的心态表达得淋漓尽致:欧化不仅会危及到自身的认同,欧美是否会恰当地认识日本的欧化更不得而知。显然,这种心理认知构成了他的世界认识的基础。他在文章中继续说,1853年美国舰队佩里司令官强迫日本开国,是相当于"强奸"的屈辱,"直到今日,我们站在世界诸强国面前时膝盖仍无法站直,正因有此污点之故"。日本被迫开国后,"轻侮"随之到来,"世界"认为日本人"只是接近猿猴的人类",或者是"接近人类的猿猴"。欧美人非但不认为日本与自己平等,甚至还认为日本比不上清国。于是他宣称,日本若能取胜,在地位上不仅会超过中国,还能恢复被伤害的自尊心。因而,此战最大的战利品将是"大日本国民的自信力"。

这时候,这种认知的奇妙之处就显示了出来:日本获得自信力的根本在于欧美对日本的认知和承认。在这个意义上,他继续论述说,这场战争不是"暗室"内的格斗,而是在"世界面前"的决战,"在战胜清国的同时,我们战胜了世界。世界知道了我们。因此,世界会敬重我们、畏惧我们。我们正在获得恰如其分的待遇"。[1] 日本对华开战的另一意图是对欧美的开战,此战不仅仅是

---

[1] [日]米原謙:《日本政治思想史》,ミネルヴァ書房,2007年,第112—113页。

在"世界面前"的决战,在深层心理层面更是对"世界自身"的决战。这种极其曲折的心理认知,显然不是德富苏峰独有。

在"世界面前"进行决战,这一点并不仅仅是言论界的看法,而且是日本政府意图的一部分。这表现在一些细致、具体的安排上。比如,1894年中日两国黄海海战激烈展开之际,日本大本营就批准了英国、法国、美国和俄国的七名武官现场观战;另外,日方还批准十七名外国记者随军报道。[1]在战争取得决定性胜利后,陆奥宗光评论说:"这一胜利,不仅宣扬了我国军队的赫赫武功,同时也表现了我国人民是如何地具有采用欧洲文明而加以运用的能力,这实在可以说是我国人民扬眉吐气的快事。"同时,他又留下一段话:"现在日本人不断受到世界各国的羡慕赞誉,今后究竟应如何正确估价自己,这也属于将来的问题。"[2]这种对华战争中包含的强烈的欧洲与世界意识,在日本随后的历史进程中逐步得到了自我实现。陆奥自述道:"若误用战争的结果,有时会使战胜者比战败者陷于更危险的地步。"[3]

随后的历史进程不幸被陆奥言中。战后日本提出了极其苛刻的对华和约,双方最终签订《马关条约》。但割让辽东半岛的条款打破了西方列强在远东的均势,尤其是俄国对中国东北觊觎已久,日本的作法让它大为光火。于是,俄国联合法、德,对日本的政策进行"劝告",实质上是逼迫日本放弃辽东半岛,这就是著名的"三

---

1 宗泽亚:《清日战争》,世界图书出版公司,2012年,第346—348页。
2 [日]陆奥宗光:《蹇蹇录》,伊舍石译,商务印书馆,1963年,第89页。
3 [日]陆奥宗光:《蹇蹇录》,伊舍石译,商务印书馆,1963年,第87页。

国干涉还辽"事件。日本经历了一番本可以避免的"屈辱",结果进一步强化了与世界的对立心态。

这里要注意的是,日本对华提出的割让辽东条款,并非基于一时的冲动,而是它长久以来的大陆政策或者说大陆欲望的结果。但这种欲望和意识在世界强权政治面前遭遇了挫折。"三国干涉还辽"事件发生后,日本并未反思它的世界政策是否正当,相反,日本为政者与知识精英随即将这种耻辱的心理意识转化为自强的意志。这种从观念到现实的转换,在激发国民竞争的效果上,虽然出类拔萃,但它的负面效果,也足以让人惊心动魄。

在扭曲的国耻话语与心理构造中,世界被建构为怨恨的对象,日本陷入了更危险的地步。这种因误解世界而产生的尖锐的怨恨心态,构成了日本知识分子认识世界和文明的基础。然而,一旦文明被理解为富国强兵的工具,它也就丧失了对国家的约束力量。这种心态以及基于这种心态的世界认识,直到第二次世界大战的败北,其致命的危害性才完全显露。

四、庶民的战争体验与认识

由于战胜了中国这个当时让法国、俄国等强国也多有顾虑的"老大帝国",日本一跃成为当时"东洋的最强国"。这次战争除了使日本获得与"欧美先进列强"对等的地位外,还促进了日本立宪主义与资本主义经济的落实和确立。然而,这些内政外交上的丰硕成果,却导致日本的"军国主义""官僚主义"进一步得势,日本军国主义由此确立。在军国主义确立的过程中，明治天皇的御驾亲征发挥了至关重要的作用。

在1894年7月对华开战的初期，日本民众并未表现出特别高涨的战争热情。这种状况导致言论领袖们心急如焚。8月23日，福泽谕吉在《时事新报》上撰文，将批判的矛头首先指向了上层的大名与华族（贵族），批评他们对战争态度冷淡。然而，随着明治天皇9月13日动身赴广岛设置行营，发挥统帅权的亲裁权力，日本各个阶层皆为之一变。

据记载，当时"东京民众为凤辇送行，从江户城到新桥火车站的路上人山人海，包括从帝国大学的大学生到小学校的儿童在内的各种学校的学生、各个村镇的实力人物、普通市民……下榻之地的名古屋、神户自然不用说，列车通过的各个车站以及铁道沿线，均为人群所掩埋"。[1] 天皇抵达广岛后，旧广岛藩主、福山藩主等出迎，德川家达、岛津忠义等实力派大名与华族纷纷前往拜谒。日本各个阶层通过天皇建立了普遍的联系，近代国家所必要的"国民"诞生的同时，"军国之民"亦由此形成。据记载，当时"自车夫、马丁、贱婢、奴仆，上至王侯将相、缙绅豪族，仗义投财……至贵妇人及平等妇人，或进或自为看护妇……皇后亦亲慰问伤病将士，或赐物焉"。[2]

作家、诗人国木田独步（1871—1908）在1902年发表的小说

---

[1] 東アジア近代史学会編：《日清戦争とアジア世界の変容》，ゆまに書房，1997年，第380页。

[2] ［日］桥本海关：《清日战争实记》，吉辰校注，山东画报出版社，2017年，第357页。

《酒中日记》中的一段文字，将当时军国的氛围如实呈现了出来：

> 日清战争接连取得胜利，人们高喊着军队万岁。军人以外的所有人，日夜庆贺，自己的妈妈和妹妹也堕落了。……是"作为国之干城的军人"不好，还是妈妈和妹妹不良，事已至此，无需再提了。只有一件事确凿无疑，那就是，家里有闺女的人家，无论是贵族、富豪、官吏还是商人，大家都渴望招个军人做女婿。甚至自家未出阁的闺女找军人当情夫，似乎都成了光荣的事儿。[1]

民众自发参与到军国体制中，正是现代军国主义的本质特征。在战争中取得胜利的日本，将获得的巨额战争赔款进一步用于陆军和海军的军备扩充，这愈加强化了国家的暴力性格。可以说，甲午战争后，日本进一步明晰了此后的国家战略。著名作家司马辽太郎（1923—1996）在谈论日俄战争时，有这样一段说法："战争会让败者非常悲惨，但有时也会让战胜国发生变质，其中最糟糕的事例就是日本。"其理由是，日本战胜俄国后变成了"帝国主义国家"。[2] 其实，甲午战争胜利后，现代军国主义国家的出现才是日本的根本性"变质"。

这种"变质"并非仅仅是人类史上军国主义的再现，而是意

---

1 转引自[日]藤村道生：《日清戦争前後のアジア政策》，岩波書店，1995年，第323页。
2 [日]司馬遼太郎：《昭和という国家》，日本放送出版協会，1999年。

味着一种新型军国主义的成立。在急速形成的军国主义内部，国家的性格与国民的性格发生了高度的相互塑造。其中，国民的"自觉"，亦即对军国主义观念和政策的支持，从长远来看，成了"胜利者的悲哀"。[1] 结果，军国主义不再只是统治集团的权力意志与政策倾向，而且在人类史上首次获得了总体性的国民支持。这也是所谓的"总体战"的社会基础。这种战争形态在第一次世界大战期间完全成熟。

顺便提及的是，第一次世界大战刚爆发，日本就动员驻欧洲各国的武官和观察官员对大战进行调查和研究。1915年12月，时任参谋次长、其后出任陆军大臣、最后在1927年登上首相宝座的田中义一，就开始大力宣传"总体战"的思想，提出"军队国民化"与"国民军队化"的军国主义目标。[2] 如果说军国主义是近代殖民帝国必然结出的恶果，那么日本则对这枚恶果进行了积极主动的培育。这也是日本近代精神史走入歧途的结果。

另外，这场战争还在日本国民心中造成了一个特殊的心理效果，那就是蔑视中国。对华蔑视乃至厌恶的态度，在战前就作为煽动开战意志的一环得到了广泛的强化。其中，福泽谕吉等舆论旗手扮演了积极的角色。日本的全胜强化了这种态度。这个心理

---

[1] 这是大正时代有名的自由主义者长谷川如是闲（1875—1969）的说法，和前面引述的司马辽太郎的说法很相近。参见［日］长谷川如是闲：《现代日本史》，彭信威译，河南人民出版社，2017年，第94、133页。

[2] 参见［日］纐缬厚：《近代日本政军关系研究：日本发动侵华战争的历史渊源》，顾令仪等译，社会科学文献出版社，2012年，第122—126页。

效果之所以重要，是因为它为日本此后长期对华的错误认识奠定了民意基础。

在这里，我们看到了近代日本国家的特征：普通国民成为战争的重要支持者。这种支持并不是简单的意识形态动员的结果，而是有着日本民众特殊的认知基础。如前所述，天皇在这一体制的形成过程中发挥了决定性作用，因为天皇是人们忠诚的自然对象，这种忠诚的"自然"属性与民族国家的意识形态相辅相成，最终形成了事实上封闭的政治意识。

也因此，日本丧失了对世界文明大势的洞察与把握。

五、小结：与世界的和解之路

明治日本对东亚传统的"华夷秩序"的独特感受，源于历史的积累。不管怎样，其中的压抑与怨恨因1895年的辉煌胜利而得到了释放与升华。接下来，他们以同样的心理认知模式，开始面对另外一种"世界"——欧美率先开创的近代世界秩序与世界文明。日本试图以东方文明担纲者的身份挑战西方文明；1904年爆发的日俄战争之所以被塑造为黄种人对白种人的战争，原因正在于此。

早在1878年，福泽谕吉就在其《通俗国权论》一文中写道："身处禽兽世界，最后可诉诸之手段唯有必死之兽力"，"百卷的万国公法不如几门大炮，数册和亲条约不如一筐弹药。"[1] 这种认识虽

---

1 [日] 古田光等编：《近代日本思想史大系1 近代日本社会思想史1》，第314页。

然把握到了当时世界秩序中弱肉强食的一面,然而这些极富煽动性的说法也将文明视为了虚无。这种世界与文明认识,最终在现实历史进程中表现为1941年的对美宣战。日本在不到一个世纪的时间内,先后完成了对三大强国的挑战,纵览世界史,无出其右者。

日本的这些国家行为并非仅仅是后世人们所说的以国运相赌的冒险,而是有着特定的心理机制与逻辑基础。从国家理性的角度来说,近代日本的历程正是东亚世界的精神帝国向世界的政治帝国转变的过程。从明治中期出现的"亚洲主义"到20世纪40年代的"大东亚共荣圈",日本描绘出了一条清晰的有着强烈心理与精神印记的轨迹。

1945年日本的最终战败,将其逻辑中的致命错误暴露了出来,那就是日本政治精英并未认清19世纪至20世纪世界文明变迁的大势:弱肉强食的丛林法则绝非世界政治的本质,文明有着文明所固有的普遍而坚不可摧的内核。日本政治家近卫文麿(1891—1945)曾说过,虽然"以英美为主的和平主义"带有欺骗性,但试图用以日本为主的"东亚新秩序"取而代之,从国际上看更缺乏正统性。这种说法很值得琢磨。日本政治学者就此评论说:"日本在亚洲和世界同时丧失了支持者,在不断地叫嚷'美英等国包围圈'和外交孤立中,日本帝国投入到'与世界为敌'的战争中。"[1]

富有戏剧性的是,1945年8月30日,麦克阿瑟抵达日本,

---

[1] [日]五百头旗真主编:《战后日本外交史:1945—2010》,吴万虹译,世界知识出版社,2013年,第5页。

开始了事实上对日本的统治。这种"亡国"状态一直持续到1952年4月28日《旧金山和约》正式生效为止。明治开国以来举国上下一直担忧的亡国危机，竟然变为现实。这可以说是"预言的自我实现"（Self-fullfilling Prophecy）这一著名社会学命题最具代表性的历史案例。

令人惊异的是，这一次，面对这种噩梦般的巨变，日本举国上下几乎未表现出特别的屈辱。日本是否最终克服了支持其百年战争的独特心理与世界认知状况？我们还不得而知。

第三章

超克西方

普遍世界的创造

近代日本在甲午战争中的凌厉表现,终于引发了世界的关注。1896年,一个叫弗拉基米尔的意大利人写下了这样一段话:

> 关心远东的作家普遍把重点放在将来会威胁世界的不可思议的和让人畏惧的过程——"中国的觉醒"。这些关于未来的推测使他们无法认识到将来真正要发生的事情——日本的觉醒:这是一个种族的现象,日本已经在那美丽的海上故乡沉睡了几个世纪,一串串的岛屿让人想起了希腊,它几乎被周围世界所遗忘,除了偶然到来的佛教传播者、朝鲜艺术家或者被波涛丢过来的欧洲人;它突然唤醒了一种意识,并在世界上占有一席之地,它坚信自己将成为一个辉煌而光荣的国家。[1]

---

[1] [意]弗拉基米尔:《甲午战争:一个意大利人的记述》,孔祥文译,商务印书馆,2018年,导言,第V页。

你看，在人们的心目中日本曾经是一个隐士国家，一个被世界所遗忘的国家，它就是世界的尽头。17世纪初江户幕府成立后，日本形成"天下泰平"的秩序，人民过着世外桃源般的生活。但随着西方势力的到来，这种岁月静好的日子走到了终点。从此，日本点燃了内心的激情，开始接受世界新文明风浪的洗礼。

在1895年日本战胜中国后，"沉睡"的日本瞬间就风化解体了。当时西方人的惊诧，我们今天读来并不觉得意外，因为日本在当时中国人的认知中，还要低一个层级，它或是明朝的"倭寇"，或是"海岛小国""蕞尔小邦"，或是"海外三神山"，同样是世界的尽头。但西方人却注意到了日本的"光荣和梦想"以及"日本的觉醒"，这远远超过了当时中国士大夫的认知。

当弗拉基米尔认为日本的目标只是"在世界上占有一席之地"，坚信自己会成为一个"辉煌而光荣的国家"时，他同样低估了日本的国家目标以及日本国民的精神格局。他恰当地使用了"觉醒"这个用语，但却忽视了这个用语的真正内涵。当这个词语用于一个民族的时候，我们通常是指这个民族获得了一种世界性的视野，意识到了自己在世界文明进程中的使命感。我们这么说时，其实往往还忽略了精神的觉醒总是伴随着力量的爆发，它要打破、冲决、克服现实秩序对它的束缚。

这就是日本所谓的"近代超克"：以日本及东洋的文明，超越并克服近代西方文明。这种欲望和意志潜藏于近代日本精神的深层，随时为现实行动提供信仰般的热情和不失冷静的力量。

西方世界在1896年看到的日本的觉醒，并不是普通的觉醒，因为日本的国家目标是建构一个普遍性的世界帝国。这一目标是江户时代精神的必然产物。日本自己对这个世界帝国的欲望和目标，并没有清晰的认知和评估，但是，在20世纪40年代最初的几年中，它猛然发现自己离这个目标竟然如此之近。于是，它提出了超克西方世界这一宏伟的历史与文明目标。

而我们关于近代日本精神史的叙事，也随着历史进程的展开，开始抵达它的"巅峰时刻"。这个"巅峰时刻"在历史上的标志，就是1941年12月8日"太平洋战争"（日本称"大东亚战争"）的爆发。在探索这一事件的精神史意义之前，我们有必要一起回顾一下日本在走向这一时刻前的几个历史节点。

1904年2月8日深夜，日本海军提督东乡平八郎（1848—1934）率领联合舰队对停泊在旅顺港外的俄国军舰发动鱼雷攻击，日俄战争爆发。这是一场双方争夺朝鲜控制权的战争。次年9月，日本取得胜利，双方签署和平条约。这虽然是日本付出约十万伤亡后的惨胜，但它有着巨大的溢出效应。在中国，这场战争被认为是"立宪制"的胜利，强化了清朝王室和重臣进行立宪改革的意志，并因改革步伐过快而导致王朝终结。在世界，这场战争则被定性为黄种人战胜白种人的战争，取胜的日本开始以亚洲和黄种人的代表自居。日本就此登上了世界大舞台。

1914年7月28日，第一次世界大战爆发，日本随即出兵山东，夺取了德国在山东的权益。次年1月，日本向中国政府提出"二十一条"，趁欧洲列强无暇东顾之时机，扩大在中国的特权。当然，这是历史学家的说法。从精神史的角度来说，这是日本的大陆欲望与大陆政策的再一次展现。

日本富于进攻性的大陆政策很快与美国的在华利益发生了冲突,1919年1月召开的巴黎和会,逐渐演变为日本和美国冲突的场所。巴黎和会后,中国爆发"五四运动",这是中国朝野上下对日本的强权以及美国绥靖政策不满的结果。在1920年1月10日正式成立的"国际联盟"上,日本与美、英、法、意四国一道成为常任理事国。至此,日本形式上完成了明治维新以来念兹在兹的成为"一等国"的梦想。此时,它已经成为名副其实的世界帝国!

不过,日本的大陆政策随即遭遇了抵制。1922年2月6日,在美国的主导下,国际联盟五个常任理事国与中国、葡萄牙以及荷兰等九国,签署了以维护中国主权独立和领土完整为主旨的《九国公约》,事实上成为约束列强在中国的行为的国际公约,史称"华盛顿体系",东亚世界秩序得到了重建。此外,经过第一次世界大战洗礼的中国,民族精神已然觉醒。1926年7月开始的北伐战争,将中国的民族主义运动推向了高潮。随着国民革命军北伐的节节胜利,1927年5月以后,日本三次出兵山东,意图阻止革命军的步伐,维护它在东北的特殊权益。它的阴谋举措,则是日本关东军在翌年6月对中华民国陆海军大元帅张作霖的暗杀。这是日本的大陆欲望最终爆发的前夜。

时代进入20世纪30年代,此前爆发的世界性经济危机导致第一次世界大战后形成的国际秩序陷入风雨飘摇之中。西方列强为摆脱经济危机,纷纷放弃自由贸易政策,实行贸易保护主义。日本以摆脱危机为借口,将目光投向了中国。这是1931年"九·一八事变"的历史背景。日本占领东北全境后，于次年3月1日建立傀儡政权"伪满洲国"。国际联盟最终未认定日本的行动合法，不承认"伪满洲国"。1933年3月27日，日本政府宣布退出国际联盟。这是与西方列强决裂的行动，同时也是与"世界"决裂的行动。第一次世界大战后形成的以国际协调、自由贸易为主旨的"凡尔赛—华盛顿体系"，在东亚大陆开始解体。

这里的"世界"打上引号，是因为此时的世界是西方主导的世界。于是，超越、克服这个近代西方主导的世界的思想，开始进入日本的精神世界中。这种观念继续在历史进程中寻求自我实现的契机，而成为亚洲的盟主是关键的一环。从"九·一八事变"到"卢沟桥事变"，在政治史上是一系列事件的积累和连锁反映，但在精神史上，却是日本帝国与中华世界最终对决的必然之路。

说到这里，我们的历史叙事就可以转到精神史叙事的轨道上来了。我们要接着"亚洲"这个观念来谈。

在上一章中我曾指出，"亚洲"绝不是一个简单的地理空间，无论是在自我认知还是他者认知当中，都有着强烈的文明色彩。这种文明论的意涵，使得"亚洲"成为日本的帝国欲望想象和自我实现的场所。结果，近代日本的国家原理呈现出一种强烈的"超克"属性，一种旨在追赶、超越、克服自我与他者的落后状态、进而达成更高文明水准的属性。

这里所说的超克自我，是指克服内在于自身的亚洲属性；超克他者，是指克服近代西欧的强权政治属性。这种"超克"如何才能实现？在文明论的话语空间中，"亚洲"具有落后与进步的双重属性：落后的属性构成日本的自我激励、成为亚洲代言人的因素；进步的属性，即非暴力的和平属性，则构成对西方文明的抵抗。近代日本率先克服了自身的"亚洲"属性，这主要表现为国内秩序的法律化，从而率先融入了新世界的工业生产体系与世界贸易，对西方文明的属性也获得了深刻的认知。

这种认知最终将日本引向了超克西方近代、创造普遍世界的自我定位上。我在上面简述的历史过程，实际上正是近代日本精神帝国急速谋求成为政治帝国的过程。在这一过程中，近代日本精神具有了怎样的新形态就是本章要探讨的内容。

1945年日本宣布战败后，人们通常以"自我毁灭"来刻画这种精神的结局，但这是对结果的一种过度简化，无益于我们对历史真相的认知。在本章中，我将以太平洋战争爆发后日本言论界流行的"近代超克"与"世界史论"这两种观念为素材，重新审视日本精神史这一断章的经验与教训。这两种观念的流行，虽然源于日美战争的激发，但根源却要到近代日本精神史的脉络中去寻找。

现在，让我们开始重新审视与探讨近代日本精神史的"巅峰时刻"。

一

近代超克：世界革命的理论

我在第一章中曾指出，早在18世纪德川幕府时期，日本知识分子就获得了一种"世界"意识，展开了称为"经略"的全球政策的论述。进入19世纪70年代后，日本开始全面卷入亚洲事务。这时，"世界"不再仅仅是观念上的事物，它有着具体的与西方列强在全球范围内争夺殖民地活动的侧面。

这里，我们有必要暂时离开时代的语境，看一下"世界"到底意味着什么。

一般而言，在现代语义中，"世界"除了指称国际社会之外，还有人类共同生活的家园的含义。从这个角度看，19世纪的"世界"，在全球范围内也刚刚展现出它的雏形，或者说，作为独自事实的"世界"自身仍然处于童年阶段。因为在西欧列强的殖民活动与全球贸易激发下出现的"世界"，其实并不是作为人类共同生活空间的、普遍的"世界"自身，而是狭义的"西欧世界"的映像。这种"世界"对非西欧国家、非基督教文明与民族的轻视、忽视乃至无视，构成了这种新世界自我意识中脆弱不安的一面。一种未得到有效约束的暴力，随时会击碎这个新生的世界，而这种暴力，正是西欧列强进行殖民活动的基础。

在近代日本的亚洲主义论述中，我们已经看到了日本对当时世界现实的认识。日本的知识分子清晰地看到，他们正置身其中的这个世界，是一个有待升级和进化的世界，或者说，是一个野蛮与文明共生的世界。对此，日本选择的应对方式却是"以怨报怨"，它要以成为帝国主义列强的方式，以野蛮克服野蛮，并以此来回应这个"世界"的不完满状态。结果，日本丧失了它在文明史上潜在的创造性机会。20世纪爆发的两次世界大战，最终将人们的注意力引向了作为人类共同生活空间的世界自身，毁灭性的战争迫使人们开始思考：由近代文明孕育的"世界"，为何充满了如此深重的苦难？

正是在这里，我们看到了一种观念上的巨大紧张。一方面，如前所述，早在19世纪下半叶，日本知识分子就从文明论的角度对"西洋文明"进行了批判，但在实践中又以完全融入当时的世界秩序为唯一目标；另一方面，它最终试图以"总体战"的方式打碎这个世界，并率先开始了对"世界"的反思。这种对"文明"和"世界"反思的集大成的表述，就是"近代超克"与"世界史论"。那么，这一战争始作俑者的反思与第二次世界大战后的世界新秩序，是否有一种有意义的关联？

在上一章我曾经指出，亚洲主义实际上有着指向世界革命的精神内核。现在，我要再次引入"世界革命"这一说法。这是因为，近代日本帝国的国策虽然是争夺殖民地，但它的行为造成的那种非意图的结果，却可以用"世界革命"来表达。[1] 日本帝国的理论家们坚持说，日本最初的意图就是发动"世界革命"，创造一个超越近代西方的新世界。这是"近代超克"这一说法隐含的主张，而它在历史观念上的表达就是"世界史论"。

当然，这两种理论的含义也可以从字面得到理解。"近代超克"是指对"近代"的超越与克服，包含两个维度：一是对西方列强主导的世界政治秩序与资本主义经济秩序的克服，二是对民族国

---

[1] 当然，包括中国在内的西方列强的殖民地、半殖民地国家自身的抵抗运动，构成了这个广义的"世界革命"不可分割的一部分。尤其是1949年中国革命成功以后，它事实上成为世界革命的一种引擎。

家内部的自由民主主义政治秩序的克服。而"世界史论"则意味着创造一种超越近代欧洲中心史观的普遍主义历史观，实质上是一种关于世界新秩序的理论构想。

"近代超克"是一个特定说法，源于1941年太平洋战争爆发半年后的"近代的超克"座谈会。1942年7月23日，日本的《文学界》杂志组织了一次包括文艺批评家、哲学家、科学家、神学家、历史学家和诗人在内的十三位著名知识分子的座谈会，主题是"近代的超克"。在为期两天的座谈会上，与会者相继发表了《文艺复兴的近代含义》《科学中的近代性》《科学与神的关联》《我们的近代》《近代日本的音乐》《历史、变迁与不易之事物》《明治文明开化的本质》《我们当中的西洋》《美国化与现代主义》以及《现代日本人的可能性》等论文。单从这些论文题目，我们也容易看到这次座谈涉及"近代性"（modernity，又译作"现代性"）的一些核心观念，比如自然科学、宗教改革、人文主义与历史观念等。

由于世界大战全面爆发的历史背景，这次座谈会成为日本近代思想史上的著名事件，"近代的超克"这一说法由此成为当时知识界的流行用语。参加座谈会的知识分子通常被分为三类：文学界同人、日本浪漫派，以及京都学派。这些知识分子是当时日本言论界的代表。在他们看来，这场从西欧到太平洋再到亚洲大陆的战争，是近代西欧主导的国际秩序与文明秩序的内在矛盾的总爆发，因此，日本有必要在理论上为自身发动的战争做重新的定位，并重新反思近代日本的道路。

与这个著名的座谈会几乎同一时期，京都学派，一群出自京都大学哲学家西田几多郎（1870—1945）与田边元（1885—1962）门下的哲学家，也开始走上近代日本精神史的舞台中央。[1] 受当时日本海军方面的委托，西谷启治（1900—1990）、铃木成高（1907—1988）、高山岩男（1905—1993）及高坂正显（1900—1969）四人先后举行了三次座谈会，讨论时局和日本的应对方案。1941年11月26日，对美开战前十三天，这几位哲学家以"世界史的立场与日本"为主题召开了第一次座谈会，试图从理论上把握当时日本的处境。会议论文与讨论记录发表在《中央公论》上，并在1943年以同名主题出版了单行本，同时收录了另外两次会议"东亚共荣圈的伦理性与历史性"（1942年3月4日）与"总力战的哲学"（1942年11月2日）的内容。[2]

1945年日本宣布投降后，这些战时言论被视为日本军国主义发动战争的意识形态，遭到了人们刻意的躲避、遮蔽与遗忘。在当时战败的氛围中，"近代超克"这种说法在本能上会引发人们的反感、羞愧与悔恨之情，因而成为一种禁忌。这种情况在今天同样可以观察到。当代日本著名思想史学者子安宣邦在讨论这两个

---

[1] "京都学派"是一个宽泛的指称，这里仅用于称呼其中的哲学派别；关于京都学派学术的简要介绍，可参见［日］米田俊秀编、見大橋良介编：《京都学派の思想》，人文書院，2004年；刘正：《京都学派汉学史稿》，学苑出版社，2011年。
[2] 在这一时期，京都学派集中发表了他们对"世界史的哲学"理论，主要包括高山岩男《世界史哲学》（岩波书店，1942年）、高坂正显《民族的哲学》（岩波书店，1942年）、西谷启治《世界观与国家观》（弘文堂，1941年）、铃木成高《历史国家的理念》（弘文堂，1941年）。从时间上说，世界史哲学理论在"开战前夜"就已经形成。参见［日］子安宣邦：《何谓"现代的超克"》，董炳月译，生活·读书·新知三联书店，2018年，第47页。

事件的一篇论文中，就多次使用"臭名昭著"一词来批判会议的主旨和内容，认为这些理论家"空洞""饶舌"，制造"煽动性"话语。[1]

但是，我这里要强调的是，这两种话语在近代日本精神史上的生成有着必然性，它们是日本帝国精神秩序建构不可或缺的一环。因此，我们的着眼点不应仅仅限于它们的帝国意识形态属性，应进一步关注当时的知识分子对文明与秩序的切实感受与构想。其中，"近代性"所造成的精神秩序的失序，是核心问题。

美国学者哈利·哈如图涅（Harry Harootunian）在讨论近代超克的作品中，提出了这样一个说法："近代的超克座谈会所到达的唯一地点，就是日本自身被近代的超克。"[2] 这种"被超克的近代"说法很容易获得赞同。"二战"后日本国内秩序的重建、复兴与再次崛起，正是源于西方的"近代性"或"现代性"的胜利。然而问题并不能如此简化，因为这种看法只是对结果和事实的一种未加反思的简单确认，而回避了"近代超克"所提出的实质问题：究竟是怎样的近代？说日本自身被近代超克究竟意味着什么？

关于什么是近代以及近代具有怎样的问题与困难，当时座谈会与会者们的观点并不一致。文艺评论家龟井胜一郎在其题名为

---

[1] 参见［日］子安宣邦：《东亚论：日本现代思想批判》，赵京华编译，吉林人民出版社，2004年，第228—233页；［日］子安宣邦：《何谓"现代的超克"》，第三章。

[2] Harry Harootunian, *Overcome by Modernity*, 2000；日译本，《近代による超克》，梅森直之译，岩波书店，2007年，上册第173页。另外可参见［日］菅原潤：《近代の超克再考》，晃洋书房，2011年；アラン-マルク·リウー：《未完の国——近代を超克できない日本》，久保田亮訳，水声社，2013年。

《关于现代精神的备忘录》的发言中说:"现在我们正在进行的战争,对外的目的是粉碎英美势力,而对内则是近代文明所带来的精神疾患的根本治疗。……当然可以认为,我国的古典精神是治疗文明之毒的灵丹妙药。"[1] 这种观点是参会者共有的思想倾向,并借助座谈会上反复出现的"古典回归""日本回归""西洋没落""精神危机"等说法而呈现出来。

哪怕我们今天看来,这些说法也不显得陌生,它们都可被概括为"现代性批判"。值得留意的是,与会者之一的物理学家下村寅太郎当时就对这种批判方式提出了质疑。他说:"近代就是我们自身,近代的超克就是我们自身的超克。如果把它当成对别人的批评,那就只能说是想法太简单了。"显然,这种说法很尖锐,将批判引向了自身,从而提升了近代批判的力度。诗人三好达治则进一步指出:"现在有些人认为可以从那些古典中找出日本精神,并最终用于当前的时局,这是一种非常短视浅薄的想法。为此目的而进行的古典解读与解释,非常轻率,非常不充分,有些甚至没有道理。我想我们必须将这一点指出来。"

京都学派的哲学家西谷启治在题为《"近代的超克"私论》的发言中,进一步拓宽了视野,指向了世界。他论述道:"如果说现代性的根本课题是世界观的形成基础自身的再建设,是现代新人的自觉形成,那么可以说这个课题是现代世界全体的课题。"[2] 在这

---

1 [日]河上彻太郎、竹内好等:《近代的超克》,富山房,1979年,第15页。
2 [日]河上彻太郎、竹内好等:《近代的超克》;上述引文分别见第113、226、21—22页。

一论述中,"近代"意味着一种新的世界属性,"近代超克"从而也就是向现代世界自身提出的问题。

"近代超克"论尽管由现实的世界战争所触发,但论者的理论关怀与视野,则触及了非西欧国家如何面对与理解他们所处的时代及其所面对的文明这一根本问题。时至今日,这种问题意识仍不失其现实性。

从世界史的范围来看,上述日本学者有关近代批判的言论,还具有明确的时代共时性。事实上,"西方的没落"(斯宾格勒)、"欧洲精神的危机"(胡塞尔)这些说法正是两次世界大战期间西欧知识分子广泛讨论的问题。20世纪20年代中后期,国际联盟组织"知识合作委员会"(International Committee on Intellectual Cooperation)委员、法国思想家瓦雷里(Paul Valery, 1871—1945)先后主持了"欧洲精神的未来""现代人的培养""探求新人道主义""艺术的命运"等人文领域的探讨。[1] 现代性的自我批判与克服,可以说是欧洲文明危机意识的自我表达。

因此,日本知识分子的"近代超克"话语,不仅共享了同时代西欧知识分子的问题意识,而且有着相对独特的精神体验以及对自身所处的历史现实的认知。这一历史现实就是20世纪前半期的全球性危机。除了现实的经济危机与国际秩序危机,还有强烈的精神危机。它是一种混合物,人们一般将其概括为"现代性危机"。

---

[1] [日]酒井直树、磯前顺一编:《近代の超克と京都学派——近代性・帝国・普遍性》,以文社,2011年,第61—62页。

直至今日，这种执着于寻求另外一种"近代性"或"现代性"的话语，仍频繁出现在当下言论空间中。不妨这么说，在政治上，这种话语指向美国主导的世界秩序批判；在精神上，它诉诸于各种非西方的思想与宗教资源，是"近代超克"的全球性扩散。

因此，"近代超克"仍是一个未完的时代课题。面对日本知识分子的上述言论，我们有必要从"军国主义战争正当化的意识形态"这一寻常的、当然也是正当的批判更进一步[1]，直接面对思想自身的问题：日本知识界提出的"近代超克"，究竟触及了近代世界秩序的生成与变革过程中哪些具有普遍性的问题？他们的观点，在当下是否具有某种描画、解释以及建构现实的潜力？

在进一步展开分析之前，我们有必要先回顾一下京都学派的世界史论，因为它构成了"近代超克"的另一侧面。

二

京都学派：世界史的预言者

让我们来看一下20世纪三四十年代日本知识分子所置身其中的时代状况：明治维新以来以富国强兵为主旨的近代化已经达成；在国家权力的追求上，日本已站到了世界强国的位置；近代日本的精神帝国，正逐步现实化为政治帝国。但也正因如此，困扰他们的问题愈发地强烈：源于古典东亚世界秩序的普遍主义文

---

[1] 从军国主义或帝国主义意识形态批判角度进行的极为出色的分析，可参见［日］子安宣邦：《何谓"现代的超克"》，董炳月译，生活·读书·新知三联书店，2018年。

明意识，如何与不文明的世界现实进行协调？帝国主义、殖民掠夺、民族压迫、种族歧视、世界战争……如何理解这些全新的世界现象？

在这些时代问题的逼迫中，1937年7月7日日本以"事变"的形式对中国发动的全面战争，让一些知识分子愈发感到困惑。至少对于主张亚洲联合的亚洲主义者而言，日本的行为就是帝国主义的侵略行为，是一种对自我意识的破坏。因为这层不安乃至自责，1941年12月日本对美英开战后，他们首先感知到的是这场战争可能具有的伦理意义。准确地说，他们首先要赋予这场战争以特殊的意义，因为这涉及他们精神上的自我拯救。这种意义，在曾经困惑他们的"文明"与"世界"的框架内得到了揭示。

1937年"卢沟桥事变"后日本的这种时代精神状况，是我们理解京都学派"世界史论"的前提。京都学派试图将日本获得的最新的"世界"意识以哲学的方式呈现出来。在这个意义上，"世界史论"既是"近代超克"的理论先行形态，又是"近代超克"的有机构成部分。[1]

所以，"近代超克"并非突然出现在1942年的座谈会上，它有着精神史上的必然性。在一篇发表于1933年的论文《知识的客观

---

[1] 这一点也是20世纪70年代中期系统阐述近代超克论的日本马克思主义学者广松涉的看法，参见［日］廣松渉：《近代の超克——昭和思想史の一つの視角》，講談社学術文庫，1989年。另外，京都学派的"世界史论"，理论部分来源为19世纪德国哲学家的相关著作。在这里，我们无暇具体讨论二者的异同，而是要关注日本知识分子如何阐述他们"自己的"世界史观。

性》中，被誉为京都学派始祖的西田几多郎反复论及的主题，正是"世界"：

> 现在的日本必须展现日本作为世界的日本所具有的东西……我们必须建构源于我们民族内心的世界思想。这并不单单是说要揭示我们与当今世界思潮不同的缘由，而是要基于自己的立场来消化世界思潮，必须能够处理今日的世界思潮。仅仅知道自己而不知道其他，这不是真正的知道自己。如果能返回到过去的锁国时代，当然无话可说。既然我们做不到，今日的日本就无法避免受到世界思潮的影响。针对世界思潮，我们必须能够基于自己的立场进行应对，然后我们作为世界的日本，才能够对外让人信服，对内统一人心。这里所说的世界的日本，并不是说在世界化时失去了自身。我认为在东洋文化的根底，有着能够对抗西洋文化的深刻的东西。今日的西洋文化源于希腊文化与犹太文化这两大思潮的河流。我们必须进一步加上东洋文化，从而贡献于世界。[1]

我们现在阅读西田几多郎的上述文字，可能要克服某种源于时代差异的违和感。但也正是这种差异，会让我们凝视其中的精神。显然，在这一代表当时日本知识分子最高认知的论述中，一种强

---

[1] ［日］廣松渉：《近代の超克——昭和思想史の一つの視角》，講談社学術文庫，第210页。

烈的世界意识呈现了出来。对于"世界"的强烈的渴望，代表了这个民族此时的自我意识中最富有激情的一部分。在西田的上述说法中，"源于我们民族内心的世界思想"这句话值得特别留意，因为它在事实上触及了近代日本深层的欲望和意识，一种与传统东亚世界秩序同型的自我意识。

就此而言，西田所论的"世界"事实上构成日本知识分子对20世纪30年代危机及其解决方案的认知：日本要以一种"世界历史民族"（借用马克斯·韦伯的说法）的身份参与世界事务，并贡献于世界的文明进程。可以说，京都学派此间关于世界与世界史的表述，是同时代日本精神的最高呈现。

我在前面曾经指出，精神或观念上的事物都有着驱动自身向现实转换的内在动力。西田或者说京都学派的这种"世界"论述，同样在呼唤着它自我实现的载体。在1937年的一次演讲中，西田继续对他理解的"世界"进行阐述，目的正是为日本提供最新的认识论和方法论：

> 明治以来，我们通过学习输入而来的西洋文化，在东洋成就了伟大的发展。我们今后也有很多需要学习之处，因而必须一直坚持吸收世界文化，取得自我发展。然而，我们也不能只是一味吸收、消化西洋文化，我们必须以数千年来培育我们的东洋文化为背景，创造新的世界文化。[1]

---

1 [日]森哲郎编：《世界史の理論》，燈影社，2000年，第7页。

哲学家们此时对"新的世界文化"的渴望，包含着自我激励与自我解放的意图，"对抗""贡献""创造"等说法显示了这种精神的高度觉醒。西田本人曾任职"国民精神文化研究所"，是日本政府文部省在1932年出于"阐明国体、国民精神之原理"和建立"足以对抗马克思主义的理论体系"为目的创建而成。西田由此进入正统日本意识形态生产与活动的现场。[1] 就此而言，此时西田的精神就是日本的精神。

1941年12月太平洋战争爆发后，这种"创造新的世界文化"的立意被更宏大高远的世界史论述所代替。此时，世界之所以成为世界的机制，似乎获得了自我实现的手段——日本以"总力战"的形式发动了对欧美主导的世界秩序的挑战。在当时日本的知识分子看来，这是打破近代以来英美主导的旧世界秩序进而创造新世界秩序的革命，是世界的"最终战争"。

京都学派的世界史论尽管有着为日本帝国的国策进行正当化的意识形态效果，但我们还不能简单地说它的意图就是为日本帝国提供正当化论述。这是因为，京都学派的论述事实上揭示了当时日本国民普遍共有的一种欲望和志向，是国民精神的哲学表达。这种国民共有的精神事物，先于日本帝国的国家意志和具体国策而存在，这是我们今天重新理解京都学派"世界"论述的前提。下面引述的是西谷启治在1941年座谈会上的一段发言，从中我们

---

[1] [日] 永原庆二：《20世纪日本历史学》，王新生等译，北京大学出版社，2014年，第109页。

可以看到这种世界史论述的特征：

> 长久以来，人们所说的"世界"就是欧罗巴的世界……"世界"在其自身的纯粹中立性上并未显露出来。世界之所以如今得到显露，正是因为日本成了强国，欧罗巴的世界被打破，也就是说世界与欧罗巴的重合状态得到了分离。在这个意义上，世界显示出本来的世界性，可以说是极其最近的现象。而且，对这种世界的自觉意识，与任何地方相比，可以说只是在日本才得到了酝酿。相反，欧美在看待世界时，依然没有充分脱离它们对自身角度的偏倚状态。[1]

这段论述的主旨非常清晰。当时主宰世界的力量仅仅是欧洲这一特定区域的力量，无法代表真正的"世界"。那么，这个真正的世界，这个"本来的世界性"到底指什么？在此时日本帝国精神担纲者西田心中，"世界"被理解为更高一等的文明秩序，当然也是更符合正义的秩序。与这个世界认识同等重要的是，西田认为，日本将打破欧美所规定的世界秩序，将世界的真正本性展现出来。

日本帝国的知识分子已经为日本向英美开战准备好了不可或缺的理论，剩下的问题是，日本是否有能力战而胜之？日本如何保证自身所参与创造的这个世界不退化为它所试图超克的旧世界？

---

1 [日] 森哲郎编：《世界史の理論》，燈影社，2000年，第18页。

毫无疑问，我们事后看来，日本对这些问题的回答悉数归于失败。

此时的日本学者对于日本可能的失败并非没有自觉，因为旧世界秩序是否得到超克，要看各种条件的耦合状况。在这些条件中，"主体民族"的自我意识是一个至关重要的主观因素。因此，在这个超克事业中，知识分子的角色只能是观念的生产者。

高坂正显指出："世界史的主体正是世界史的民族，通过将象征性的人包含其中，世界史成为现实的世界史。在这个意义上，世界史可以说是象征民族的世界史。"[1] 世界史本质上是各个民族的世界史，但各个民族扮演的角色并不相同，在这场世界规模的战争中，只有最终取胜的民族才能推动世界史成为现实。这种论述有着不证自明因而未被言明的前提：拥有正义的一方将取得胜利。对此，高坂论述道：

> 在这动荡的世界，何处会成为世界史的中心？经济力量或者武力等当然是重要的，但那必须由新的世界观、新的道义生命力为其提供原理。因为世界史的方向取决于新的世界观、新的伦理道德能否形成。难道不是成功地创造出新世界观、新伦理的人引导着世界史前进的方向吗？我觉得，在此种意义上，世界史要求日本发现这种原理，日本承载着这种必然性。[2]

---

1 [日]森哲郎编：《世界史の理論》，燈影社，2000年，第95页。
2 此处引文转引自[日]子安宣邦：《何谓"现代的超克"》，董炳月译，生活·读书·新知三联书店，2018年，第55页。

因此，真正的世界史只能是"道义"亦即"正义"自我展开的历史，而一个精神上获得觉醒的民族，是这种真正的世界史创生的主体。同样，一个民族也只有参与到这一世界史进程，才能成为世界史的主体民族。

要注意的是，京都学派对"道义"的强调并不是意识形态上自我正当化的手段，而是有着近代日本精神史演进的依据。这种做法不是权宜之计，而是日本精神的一种非历史属性在此刻、当下的呈现。这种"道义"观念的起源，正是东亚世界传统的文明观，亦即儒学的正义观念。比如，幕府末期的思想家横井小楠（1809—1869）在大致写于"黑船来航"的1853年的《夷虏迎接大意》一文中宣称，日本"堪称是优冠世界的君子国，是因为它以天地为心，以仁义为重的缘故"。更重要的是他由此得出的结论："将此大义宣示于海外万国，对内振起天下士气，逐渐备置器械炮舰，那么丑虏将不得不服从我们的正义。"[1] 在近代日本开国之初，人们就已经习惯于借助普遍正义的观念（在横井那里是"尧舜孔子之道"）来确立世界政策的道德基础。这是近代日本崛起的一种精神要素。

京都学派的世界史论述也因此触及世界史得以成立的历史机制：具体民族只有基于正义理念的自觉，才能成为世界史的主体民族；世界史由世界史的主体民族所造就。这种论述在理念上构

---

[1] ［日］佐藤昌介等編：《日本思想大系55 渡辺崋山　高野長英　佐久間象山　横井小楠　橋本佐内》，岩波書店，1971年，第434—437页。

成了对日本帝国的行动的某种自我约束与自我激励机制。

京都学派的世界史论述还对近代民族主义和国际主义（在当时的语境中分别使用"国家主义"与"世界主义"的说法）思想进行了批判。在京都学派看来，这些近代政治思想要为现实秩序的混乱与非正义性负责。因此，这种批判最终导向了对未来新秩序的构想，核心是区域的合作与一体化。这种构想当然有着对日本当时的国策予以正当化的意图，但考虑到第二次世界大战后出现的区域合作形态与机制，考虑到国际组织的发达与对民族主义的警惕，我们可以说京都学派预言了战后新秩序的特征。这里，我们引述一则有代表性的说法：

> 近代世界史中国家主义与世界主义没有得到结合，只是并列在一起……对外的国家主义与对内的国家绝对主义结合在一起，对外的世界主义与对内的个人主义结合在一起。但是，现代的世界转换中出现了这种趋势所无法理解的历史趋势，那就是共荣圈或广域圈现象。以东亚共荣圈为首，欧洲广域圈的建设也是自觉的，因而这种建设运动恐怕是今后世界史的根本趋势。[1]

从民族国家到区域共同体，再到普遍的世界，京都学派从这种路径中看到了新世界秩序演进的"趋势"。1943年5月，西田

---

[1] [日]森哲郎编：《世界史の理論》，燈影社，2000年，第181页。

几多郎在《世界新秩序的原理》一文中对这种民族与世界关系做了进一步阐述:"否定了各个国家民族的世界是抽象的世界,不是实在的世界",各个国家民族"基于各自的地域传统,首先结合成特殊的世界",然后在此基础上,"这些从历史地域构成的特殊世界相互结合,全世界形成一个世界的世界"。他还批判说,当时主导世界秩序的观念,即认为世界是由独立的主权国家构成的国家主义,以及基于民族自决主义的威尔逊式国际主义的观念,是"十八世纪的抽象世界理念"。[1]

除了上述形式上的表述外,这种新的世界原理能否得到实质性的表述?显然,"东洋思想"或"东洋原理"被寄予了实质性的期待。问题是,这个东洋的思想或原理又具体指什么?在这种实质性思考面前,西田停住了脚步。事实上,当西田进一步阐述说,他所说的"世界主义"就是"以皇道精神为基础的八纮一宇的世界主义"时,就完全扭曲了自己对世界史演变的洞察,迅速堕落为军国主义的纯粹意识形态。[2] 就此而言,西田自身并未能超出近代日本精神史的脉络。

京都学派在世界史认识上显露出的光明,很快湮灭于时代的洪流中。

---

1 [日]西田幾多郎:《西田幾多郎全集》(第12卷),岩波书店,2005年,第445页。
2 [日]西田幾多郎:《西田幾多郎全集》(第12卷),岩波书店,2005年,第448页。

三
天命流转：近代东亚的世界主义

在20世纪三四十年代的日本近代超克论与世界史论中，"中国"不再成为论述的主题，这显然不同于此前的亚洲主义论述。亚洲主义者通常都有着很强的"中国意识"，但在近代超克论中，强烈主导日本知识分子观念的是"日本—西方"或"日本—世界"的二元认知框架。

在这些论述的时间和空间维度中，"中国"在两个层面上被认为得到了"超克"。在精神层面上，这种超克体现为日本以"东洋思想"的代表自居；在现实层面上，则体现为日本发动的"太平洋战争"以及"大东亚共荣圈"的建设，试图成为一种新世界秩序的创造者。在日本的精神底色中存在着一种世界主义，尽管这种世界主义还只是得到了极为偏狭的理解。

正因为如此，这个"近代超克"的构想再次与日本的中国认识发生了关联。毕竟，对于日本而言，历史上的中国既是一种基于儒学的普遍主义的世界原理，又是一种基于现实力量安排的东亚世界秩序的主导性核心。日本通过超克近代的方式，试图一举超克中国，但日本自身的体量并不足以支撑起一套整全的世界主义叙述，因为支撑世界主义理论与实践的，只能是一种大规模甚至是超大规模的文明。

这样，日本此时面临的难题就水落石出了：近代超克论虽然形式上不再以"中国"为对象，但触发这种论述的根本机制，却依然存在于近代日本帝国精神世界的内部。

对于日本此时面临的难题，竹内好曾经做过总结。针对1942年"近代超克"座谈会的精神症候，竹内好在20世纪60年代撰写的《近代的超克》一文中写道：

> "近代的超克"可以说是日本近代史上的难关的凝缩。复古与维新，尊王与攘夷，锁国与开国，国粹与文明开化，东洋与西洋，以这些传统的基轴展开的对抗关系在进入总体战争的阶段后，在面对如何解释永久战争的理念的思想课题时，"近代的超克"的问题突然一举爆发出来。因此，这一时刻提出问题，在时机上是正确的，也正因此得到了知识界的关注。[1]

"时机上是正确的"，这是竹内好对此次座谈会罕见的赞语。不过，如果据此认为近代超克论"正因此得到了知识界的关注"，则回避了问题的症结。如我在上文指出的，帝国知识分子在1942年展现的思想是日本精神史上的必然事件。因此，与"时机"相比，竹内好指出的"难关"（aporia）才是值得深入讨论的问题。那么，这个"难关"究竟是怎么形成的？它在现实的政治进程中发挥了怎样的作用？竹内好对"难关"的表述还只是一种事后表述，它在日本精神史上的独特作用有待进一步论述。

人们倾向于认为"文明冲突"是一种消极的状态，但事实并非如此；对"冲突"的克服，正是文明得以传播和升级的一种自

---

[1] ［日］竹内好：《竹内好全集》（第8卷），筑摩書房，1980年，第64—65页。

然路径。人类文明的进步,正表现于在"冲突"的进程中展开文明教化以及对野蛮进行规训的意图和实践之上。

从这个角度来看,"难关"实际上是走向文明的进程。自明治维新以来,日本帝国的政治与知识精英正是在寻求突破"难关"的过程中,制定了国家建设的内外战略,为自身的发展提供了持续的精神动力。这是一种主动的选择,近代日本用各种二元对立的观念,建构了自己置身其中的现实。这种现实必然包含内在的张力,对立的双方试图相互克服与转化,因此对这种张力的驾驭,构成日本走向现代、走向文明的动力。当然,这个过程同样伴随着危险,内部的张力可能会粉碎自身。

事实上,相互对立的二元观念的任何一方,都有着双重的属性和功能。一方面,它们都是一种对经验现实的摹写和反映,都自认有着现实的基础;另一方面,它们都指向一种全新事实的建构,建构一种反映自身认知和理念的现实。但二者的功能无法凭空发生,而是要借助对对方的吸收和转化才能实现。因此,是否具有建构二元乃至多元观念的精神能力,将最终决定一个民族在世界史和文明史上的位置。

这种"难关"的双重性,是近代日本面对世界与自我时的真实情境。在这一情境中,对立的双方均试图实现自身。如果说对立的双方在形式上都有着自己的正当性,那么问题再次出现:何以两种关于世界的原理,即东洋与西洋,在近代日本会以如此尖锐的形式呈现出来?

从近代日本引以为荣的东洋文明的角度看,近代西洋文明有着不义的属性。在当时日本的知识分子眼中,1941年"太平洋战争"的爆发既是这种世界认识的结果,也为日本克服这种世界认识提供了机会。竹内好论述道:

> 大东亚战争是掠夺殖民地的侵略战争,但同时也是针对帝国主义的战争。这两个方面虽然事实上一体化在一起,但在逻辑上必须进行区分。日本没有侵略美国或者英国的意图。日本虽然从荷兰手中夺取了殖民地,但没有意图去侵略荷兰。帝国主义无法打倒帝国主义,同样帝国主义也无法对帝国主义进行审判。为了进行审判,需要某种普遍标准(比如东京审判中使用的自由、正义、人道主义)……[1]

我在这里之所以引述这则说法,是因为它代表了战后日本主流的历史认识。这就是所谓的"二重战争史观",人们迄今对此依然争论不休。我们这里要关注的问题是,在历史的具体处境当中,竹内好所言的普遍标准,诸如自由、正义与人道主义,究竟如何才能将自身确立为普遍的标准?

此时又出现了更高维度上的"难关",即正义的普遍标准和历史标准的矛盾。对这种难关的不同理解,甚至是不理解,成为战后日本历史认识内部分裂的根源。从1963年开始,文艺评论家林房雄在《中央公论》上连续发表对近代日本的重新解释,并在随

---

[1] [日]竹内好:《竹内好全集》(第8卷),筑摩書房,1980年,第33—34页。

后以《大东亚战争肯定论》为名结集出版。林房雄的核心认知是，"大东亚战争"的本质是殖民地解放战争，从而彻底否定了战争侵略性的说法。[1]这种观点代表了战后日本历史认识的一极，被称为"修正主义历史观"，与美国主导、经由东京审判而确立的"太平洋战争史观"形成了对立。后者强调的正是日本自1931年"九·一八事变"以来日本对外政策的侵略性。[2]

林房雄的历史解释之所以成为战后日本历史认识的一种类型，原因正在于"难关"并未因日本的战败而消失。这种观点虽然被视为日本右翼保守主义者的历史认识，但根源可追溯至日本幕末时期的"尊王攘夷"观念。在这个意义上，"近代超克"并未完全退出现代日本的精神空间。事实上，"近代超克"也无法退出历史舞台，因为它的精神底色是一种超越民族国家的世界主义，是一种未完的事业。

这种说法并不是理论上的推演。在战后日本左翼知识分子的认知当中，1949年革命成功的中国，事实上继续了近代日本的"超克"事业，并且取得了成功。竹内好就注意到了中国对包括日本在内的帝国主义的持续"抵抗"。通过颂扬这种"抵抗"精神，竹内好延续了近代日本知识分子"超克"的精神史。换言之，竹内好将自身的超克论投射到了中国的"抵抗"行动当中，认为中国革命的成功，才是真正的"近代超克"。与此相对，他认为日本因为在事实上放弃了对西洋的"抵抗"而遭到了彻底的失败。让我

1　[日]林房雄：《大東亜戦争肯定論》，夏目書房，2005年。
2　关于战后日本的战争认识，请参照本书第五章中的相关讨论。

们看一段竹内好的原话：

> 中国革命包含了挫折与成功，破坏与建设的全过程，可以视为是对欧洲文明的挑战。所谓的近代化论即使可以说明日本的近代化，却难以解释中国的近代化。……假如说日本的近代史是没有抵抗而脱离亚洲的历史，中国的近代化则是通过抵抗实现了亚洲化。[1]

这是一种出色的日本视角下的中国革命论。"亚洲""欧洲""文明""革命""近代化"等，这些曾经激发近代日本知识分子的热情，但又让他们感到苦恼和分裂的观念，最终被竹内好编织成一种和谐、完美的历史叙事。这虽然是一种关于"中国"的历史叙事，但它给日本知识分子提供了精神上的安慰。毕竟，在竹内好等战后日本左翼知识分子的认知中，"亚洲"依然是他们的热情所在。中国革命的成功，让他们重新看到了希望。这是战后日本"中国先进论"得以形成的精神机制，而不是简单地对战前"日本先进，中国落后"的逆转。[2]

在20世纪30年代的近代超克论中，日本自认已经卓有成效

---

[1] 转引自［日］子安宣邦：《东亚论：日本现代思想批判》，赵京华编译，吉林人民出版社，2004年，第241页。

[2] 战后日本左翼对中国革命的关注、解释和期待，可参见［日］马场公彦：《战后日本人的中国观：从日本战败到中日复交》，苑崇利等译，社会科学文献出版社，2015年，第277—284页。另外，这里提到的"先进—落后"视角扭转的看法，源于沟口雄三对战后日本中国认识的讨论，参见［日］沟口雄三：《作为方法的中国》，孙军悦译，生活·读书·新知三联书店，2011年，第23—27页。

地"超克"了中华世界,既然如此,那么眼下的西洋世界同样将因其内在的缺陷而被再次超越,日本将成为一个世界。近代日本的这种世界主义意识,在文明冲突的机制中得到了激发,但遗憾的是,日本知识分子虽然从各个角度触及了问题,但无法也无力对此做出更深刻的理论阐述。

在上文,我曾用"世界主义"概括"近代超克"的世界意识。当然,这是一种深层意识,并不容易被包括亚洲主义者在内的日本帝国的知识精英清晰地感知和认知。更何况,当时强烈的危机意识、民族主义激情以及对天皇的盲目信仰,更是覆盖在"世界主义"之上,愈发阻碍了近代日本精神的健康展开。不过,世界主义就仿佛散落于大地的种子一样,我们总会在某一天,在某个地方,看到它破土而出的形态。下面,我们看一个具体的事例。

日本著名东洋史学者内藤湖南认为,在中日甲午战争之后,推动文明与正义秩序在全人类的实现的世界使命已经从中国转移到了日本的身上。这是内藤湖南"文明中心转移论"所要揭示的现实。[1]它继承了江户儒学的"日本型中华主义"的文明意识,将"文明"的推广规定为国家民族的使命,并借助"转移"的认知模式,在事实上成了"近代超克"的先驱版——自认为自己在文明上已经领先中国,自认为自己已经克服了中国。

在内藤湖南的论述中,一种真正的世界文明的实现是历史的

---

[1] [日] 山田智黑川みどり编:《内藤湖南とアジア認識:日本近代思想からみる》,勉誠出版,2013年。

必然命运。早在1893年，他就提出了自己的文明论述。他写道："印度以其神秘的特性、支那以其礼仪的特性、日本以其趣味的特性，来补足西欧贫乏因而无法理解之处，进而达成世界开化的大成，这或许正是昭昭天命之所在。"[1]如同我在前面指出的，明确的使命意识是普遍文明自身的意识，是近代帝国自我正当化的基本话语。日本并不例外。

这个使命意识体现在对非文明以及文明缺陷加以教化的冲动。在这个文明教化的过程中，日本自认为有其特殊性。在内藤湖南看来，日本处于将东西学术荟萃折中、别开学术生面的位置，而这一位置是创造世界文明的最佳位置。1894年，他进一步提出了日本在世界文明进程中的使命：

> 日本的天职在于日本自身，而非借助西洋文明，向支那传播，向东洋推广。日本的天职不在于保存支那旧物，向西洋出售。我们要将日本文明、日本趣味风靡于天下，让地球受其光芒的泽被。我们身处东洋之国，东洋诸国以支那为最大，所以我们的天职必须以其为主要对象。[2]

我们再次看到，日本将其文明教化的意识首先投向了清朝中国。文明作为当时世界认知的主要范畴，同样被用于界定日本帝

---

1 [日]内藤湖南:《内藤湖南全集》（第1卷），筑摩書房，1971年，第347页。
2 [日]内藤湖南:《内藤湖南全集》（第2卷），筑摩書房，1971年，第135页。

国与中国的战争。因此,当中日两种文明——被视为新旧两种文明——在1894—1895年进行决战后,内藤湖南对此迅速予以理论化:"文明的中心必然随时移动。移动后的中心,必然源于此前的中心,通过损益,前者的特色会消耗,将成为后者的特色与重新展开的基础,从而各得其宜。通过这种方式,人道与文明得以相传于万世。"在他看来,东洋文明的中心已经移动到日本,日本成为东洋世界的领袖。日本对"支那古文化"与"西洋新文化"兼收并蓄,正在创造日本文化。因此,待到完成之际,日本将对中国产生更大的影响,成为"以东亚全体为中心的世界领域内"的中心国家。

这样,内藤湖南为近代日本从精神帝国走向政治帝国提供了一种文明论的支持。这种旨在创造世界文明的论述,是东亚世界主义的一种形态。当然,在政治帝国的实践中,思想家的这种观念往往被转化为殖民帝国的意识形态,从而扼杀了它在文明进程中的意义。

在这种文明转移理论的框架内,内藤湖南中国论中的一些命题可以重新解释。针对华盛顿会议(1921年11月22日—1922年2月6日)期间出现的列强彼此协调、"管理中国"的观点,他论述说:"支那人最不擅长的政治经济上的事务,其他国家的国民可以代为管理,而支那自身固有的国民,则可专门完成高等文化,即作为趣味性产物的艺术。(结果)对于多数人民而言,他们或许可以享受到从来不曾享受过的文化生活。"[1]这其实是对"异民族统

---

[1] [日]内藤湖南:《内藤湖南全集》(第8卷),筑摩書房,1969年,第167页。

治中国的正当性"的一种论证。今天看来，这几乎就是一个赤裸裸的帝国主义者的命题，是在为日本的大陆政策提供正当性说明；但另一方面，这个说法又是文明转移论的自然推论。在东亚传统的儒学世界主义观念中，文明自身负有教化的使命，内藤湖南的说法并不显得特别出格。

同样，内藤湖南著名的"宋代近世说"（又称"唐宋变革论"）也可以纳入这种解释。根据他的看法，宋代以降的中国已然在经济及文化上出现了平民主义与平等主义这些近代社会特有的现象，但中国缺乏政治上的权利扩张与相应的制度安排。由此他得出结论说，拥有立宪制、代议制等制度的近代国家可以"管理中国"。

这个结论当然不是纯粹源于理论的演绎，而是有着一定的现实基础。日裔美国历史学家入江昭注意到，在1922年形成的以《九国公约》为法律基础的"华盛顿体系"下，列强"承诺不在中国进一步扩张。相反，它们将彼此合作，让中国恢复一定程度的独立，使其最终凭借自身力量成为一个稳定因素"。因此，与旧帝国主义制度不同，"华盛顿体系"是"为中国发展获得外部支持的有力工具"。[1]这固然是后世历史学家的总结，但这也正是当时中国政府（"北洋政府"）外交工作努力争取的目标。内藤湖南的说法，可以说注意到了这种体制的属性。

当然，"管理"这个说法有着非常强的行政权力的含义，容易

---

[1] [美] 入江昭：《第二次世界大战在亚洲及太平洋的起源》，李响译，社会科学文献出版社，2016年，第4—5页。

引发人们的反感。没有哪个国家有资格"管理中国",文明和野蛮的并存依然是当时所有殖民帝国的标配。因为缺乏这种帝国批判的视角,内藤湖南的"天职论"或"天命论"很容易沦为帝国主义的意识形态。

尽管如此,如同一些学者指出的,如果仅仅将内藤湖南的思想定性为"帝国主义",我们就会对他所论及的一系列问题的复杂性视而不见。[1]其中最重要的一点是,近代日本东洋研究的发达,其深层的精神动力就来自对普遍秩序,尤其是对东亚中华世界秩序之后的普遍秩序的探索。这种精神机制引导下的研究,使得日本在认识上达成对中国相对化的同时,进一步扩大了近代日本的世界观。内藤湖南的历史认识,正是这种世界观的代表。在《支那上古史》的序言中,他这样指出:

> 我所说的东洋史就是支那文化发展的历史……但是,以支那文化为中心的国家,并非只有支那,而涉及种族、语言都不相同的国家。因而,支那文化的发展,通常被认为是面向不同种族与语言国家的单向、连续的发展。……若想进行真正的时代区分,就必须观察支那文化发展的大势,从内外两个方面加以考虑。[2]

---

[1] [美] 傅佛果:《内藤湖南:政治与汉学(1868—1934)》,陶德民、何英莺译,江苏人民出版社,2016年,第301页。
[2] [日] 内藤湖南:《内藤湖南全集》(第10卷),筑摩书房,1969年,第10—11页。

在这段引述中，内藤展现了均衡而广阔的视野。在他看来，上古时代，中国内部发展的文化对周边国家产生了直接的影响，但如同波浪运动，周边新觉醒的文化反过来会影响中国内部文化的发展。这种对文明的研究建构了日本在东洋世界的地位，而这种地位正得益于它对中国文明的吸收与超越。这个过程同样是文明教化的过程，但与近代不时诉诸暴力强制的"教化"不同，它呈现出的是一幅更可欲的画面。东亚的世界主义，同样孕育于这个文明的进程中。因此，内藤湖南使用"天职""天命"这种说法，有着对东洋文明及其历史过程的深刻理解。

最后，让我们再次回到"近代超克"上来。

在20世纪40年代日本帝国知识分子的近代超克论中，我们几乎看不到"中国"的出现。造成这种认识的一个原因是，在"文明中心转移"式的超克论中，中国被认为已然得到了内化与超克。但正如竹内好所说，近代日本面临的"难关"是，日本是否真正消化并理解了其自前近代以来一直追求的中华文明的秩序原理？帝国所亟需的意识形态以及对新世界秩序的理论化的正当性基础与文明根基究竟在哪里？这是近代超克论与世界史论未曾触及的问题。

显然，40年代的日本无法提供这样一种有关普遍秩序与价值的判断标准。政治帝国的权力意志压倒了精神帝国对普遍价值的构想与追求，这是近代日本精神的最终失败之处。最终，日本知识分子所着力建构的普遍性与帝国扩张的现实重合在了一起，但是，这并不单是前者对权力的屈服与追随，更在于这种普遍性与帝国之间的内在关系。作为一种统治形式，帝国是人类历史的一个常量，因此，关乎人类文明的真正问题在于，这种普遍性最终是驯化并克服了帝国的暴力装置，还是沦为帝国暴力装置的单纯意识形态掩饰。[1] 日本帝国在对外政策中展示的暴力性格及其彻底的失败，终结了日本知识分子所建构的普遍性的可能。

当然，近代日本精神的失败，并不意味着东亚世界主义精神的最终失败。实际上，近代日本并未彻底吸收传统东亚文明的核心精神，而且世界仍在演进中，我们今天所看到的，依然是文明的接触与交流，以及在这个过程中人类文明在总体上的迭代升级。

但日本的失败对于它自身而言具有决定性意义。第二次世界大战后，京都学派放弃了在日本寻找超克近代的世界史使命，转向东洋宗教与哲学的研究。虽然在现代日本左右两派知识分子的历史认识争论中，近代超克论部分延续，但在世界主义缺失的情形下，论争的一方很容易转化为对民族国家行为和现行秩序的辩护。

这种立场的放弃，导致了日本世界意识的萎缩。东亚的世界主义丧失了一个生长点。

---

[1] 关于这一点的进一步论述，请参见本章附论。

[附论]

全球化时代的世界秩序

民族与帝国的视角

一、帝国对帝国的奇妙批判

从近代日本精神史演化的角度看,20世纪40年代的近代超克论和世界史论是两种关于自我与世界的论述。由于这些观念的流行与日本帝国扩张的鼎盛时期重合在一起,这种特性在给人们提供了不言自明的时代背景的同时,也妨害了人们的理解。后世学者与评论家虽然承认它们是意识形态论述的高峰,但又认为它们是"妄想"或"虚妄"而不屑认真对待。

它们作为帝国理论与意识形态的失败,构成了近代日本失败的一部分。然而,从世界秩序的生成机制来看,日本知识分子的论述首先是他们对世界危机的反应,是一种时代的必然产物;他们有着重建世界秩序的理论热情。因此,近代日本知识分子在困局中思考的有效范围,以及尚未被证明为无效的内容,则属于后人探讨的对象。没有人会简单认为，现在的世界秩序是完满的秩序。20世纪40年代前后日本知识分子思考的主题，正是世界秩序的建构问题。

1914年7月28日爆发的第一次世界大战，将近代世界秩序的矛盾全部展现了出来。日本的特殊性在于，自19世纪中后期开始，日本知识分子就洞察到了近代西方文明自身的矛盾。我在前面的论述中指出过，这种特性源于日本在地理和文明上的位置。这种认知以及它必然充满矛盾的实践——一方面按照西方文明标准行事，另一方面又要抵抗西方文明——使得日本知识分子获得了更深入的思考。

在出版于1932年的著作《世界史的哲学》当中，高山岩男对于他所置身其中的世界这样写道：

> 首先，（关于第一次世界大战）我们必须重视的事实是，通过这次所有国家参加的世界战争，包括东洋西洋在内的全世界在真实的意义上获得了统一，成为一个历史的世界。同时我们也必须注意这个因为各国参加战争而形成的更为紧密关联的历史世界。其次，我们必须重视的是，此次大战意味着欧洲近代性的完全破产。战争的根本原因在于帝国主义的争霸；而在这一现象的背后，则是在经济、社会、政治、外交事务当中事实与理想互不相容的思想原理。[1]

---

[1] 转引自［日］廣松渉：《近代の超克——昭和思想史の一つの視角》，講談社学術文庫，1989年，第70—71页。

如果我们不从日本帝国失败的结果来看，那么这些说法就既不显得奇妙，也不显得空洞；这是一种对人类的殖民帝国年代的观察、分析与批判。而且，从后见之明的角度说，高山岩男实际上描述了一个真实的"历史世界"的生成过程：当欧洲帝国主义的争霸导致近代性预设的自由理念破产时，人们必须探讨一种新型的世界秩序。这种新的世界秩序，正是第二次世界大战以后出现的世界新秩序。今天的人们之所以容易对近代超克论以及世界史论投以轻视的目光，是因为在这一过程中，日本帝国扮演了破坏性的角色，从而也得到了特别的关注。

但是，在这一过程中扮演了实际角色的国家和民族，或者说具体的因素，又究竟是哪些呢？人类文明上的这个帝国年代，究竟得到了怎样的超越与克服？

这里所说的"帝国年代"，按照著名历史学家霍布斯鲍姆的历史分期，大致上是指 1875 年到 1914 年这四十年。在他看来，19 世纪后期出现的帝国主义有着一种特别的紧张，因为那是"一个商业不确定时期"，列强"扩张和保卫市场的压力都特别沉重"。在这个"脱离自由放任式资本主义过程"中，国家扮演了重要的角色。[1] 霍布斯鲍姆的这个说法，将这个帝国年代世界秩序的根本弱点揭露了出来，那就是国家权力的角色。此时的国家，不是服务于自由的商业竞争，而是直接参与竞争。这样，此时人类有限的经济联系与国际法体系，就无法有效约束这种权力。不受

---

[1] [美]霍布斯鲍姆：《帝国的年代 1875—1914》，贾士蘅译，中信出版社，2014 年，第 81 页。

约束的权力必然导致腐败,我们无需再次引用这个铁则。这是一种对事实的描述。不过,这种事实必然要寻求一种新的秩序及其原理。

对于此时新晋的帝国日本而言,同样如此:它受到同时代世界的约束,但这个世界又不足以约束它的行为。这样,日本帝国知识分子的思考,必然有着超越意识形态的复杂一面,他们要去思考世界秩序形成过程的复杂性。事实上,当时他们首先面对的就是形成世界秩序的真实力量,即"帝国"的问题。第一次世界大战后形成的"凡尔赛—华盛顿体系",是人类试图约束帝国时代国家权力的一种努力。

在人类付出了第二次世界大战的惨重代价后,一种新的世界秩序终于形成。这是一种建立在"民族国家"主权平等原理之上的秩序。在前面引述的高山岩男的论述中,他已经模糊地认识到了这种新的、与帝国主义"不相容"的思想原理。结果,在新的思想原理之下,"帝国"被简化为帝国年代的帝国主义,成为人们批判、厌弃的对象。这种基于民族国家的历史认识,其实妨碍了人们对世界史进程的客观认知。

比如,在当代美国政治学者珍妮弗·皮茨(Jennifer Pitts)的著作《转向帝国》中,作者感到困惑的问题正是为何在19世纪早期的数十年间,英国和法国的自由主义思想家会转向帝国、支持帝国?他们为何会卷入"排外而暴力的国际政治"中,从而被视为对"自由人道主义的反叛"?

皮茨将注意力集中到了自由主义思想家笔下的帝国观念上。

这种观念形成的背景包括对西欧文明的自信、对普遍主义与进步主义的信仰、对本国国内问题（如何确保自由权利不受侵犯）的焦虑等。在分析孔多塞《人类精神进步史表纲要》时，皮茨指出，尽管"强烈谴责了欧洲的殖民暴力史，但此书却为19世纪读者留下了欧洲文明优越性的信念……以及关于欧洲的开明美德将通过一种非压迫的监管过程，而在不久之后取代世界上其他地方的愚昧文化的信念。"[1] 从中，我们看到了英法自由主义思想家对待帝国问题的复杂态度。

从这个角度来看，近代日本帝国部分知识分子对西方文明的矛盾态度，对"东洋文明"多有保留的信仰，对文明教化、文明开化的期待，可以说共同形成了一种亚洲版的帝国视角。在人类走向自由的过程中，帝国的角色得到了保留和承认。

有意思的是，尽管揭示了英法自由主义思想家看待帝国问题的复杂性，但皮茨仍然对"帝国"持一种批判的态度。这种态度或许是源于自由主义者对当代"政治正确"立场的坚持，这里暂且不论。我们这里要思考的是，当下基于"民族国家"的世界史叙述，何以被视为有着不证自明的正当性？这种正当性的历史起源在什么地方？

为了防止陷入从当下民族国家的正当性来反证帝国的非正当性的循环论证，我们有必要回到理论的历史现场，看看历史上与

---

[1] ［美］皮茨：《转向帝国：英法帝国自由主义的兴起》，金毅、许鸿艳译，江苏人民出版社，2012年，第257页。

英法自由主义者的帝国观念——它无疑是帝国思想中最为温和的版本——不同的帝国论述。

二、帝国秩序与世界主义

在历史认识上，我们要把握一个要点：对基于帝国现实的世界论述，我们不必以后世的"帝国主义"观念加以否定。我们要回到思想与历史世界中理解思想。事实上，"帝国"之所以成为人们今日进行理论思考的一个重要对象与工具，原因正在于，在人类走向普遍世界的进程中，"帝国"占据了特殊的地位。

历史上关于帝国的这种思考，除了19世纪英法等国的思想家外，还可见诸沙皇俄国的思想家。与日本帝国的自我定位类似，同样认为自己因处于东西方文明交汇之处而论述自己民族使命的俄国知识分子，提供了另外一种关于世界秩序生成机制的认知。

备受后世赞誉的伟大思想家别尔嘉耶夫（1874—1948）为我们提供了异常丰富的洞察。在出版于1918年的著作《俄罗斯的命运》中，别尔嘉耶夫对帝国进行了类型学的分析。他认为英国是一种"文化—经济的和商业—海洋的帝国主义"，但他的目的不是批判，而是认为，"不应该否定英国人民的帝国主义天赋和帝国主义使命。可以说，英国拥有地理—帝国主义的使命感。这使命感蕴含在最高精神生活的范畴内，人类历史命运的完成需要它"。[1]

---

[1] ［俄］别尔嘉耶夫：《俄罗斯的命运》，汪剑钊译，译林出版社，2011年，第106页。

在这种对英帝国的赞颂背后,有着对世界秩序背后的生成力量与原理的敏锐洞察。他写道:

> 不能把帝国主义问题置放在我们支持还是不支持帝国主义政治的主观——道德立场上来看待。可以根本没有帝国主义热情,甚至厌恶地对待帝国主义政治的许多丑陋方面,却依然承认帝国主义客观上的不可避免和它的客观意义。可以愤怒地看待殖民政治的某些方面,却依然可以承认它有益于文化的世界联合。帝国主义会引发世界大战。但它联合人类,使人类走向统一。[1]

在另外一处,他继续对他的同胞进行帝国的启蒙教育,旨在激发俄国的"帝国主义意识"。这种帝国,因不奉行民族主义政治,从而是一种真正的民族政治,因为只有民族才是世界史的主角。迈向帝国政治,这是人类的命运,因为它超越了民族的封闭,导向的是普遍主义的文明。他这样论述道:

> 人文科学的和平主义推崇优良的道德真理,但它不了解形成人类历史命运的道路。这一命运是通过悲剧性冲突、而非通过道德明朗的直路形成的。解决冲突的人类历史道路,包含了很大的危险性、下滑和后退的可能性、回归兽性本能

---

[1] [俄] 别尔嘉耶夫:《俄罗斯的命运》,汪剑钊译,译林出版社,2011年,第97页。

的可能性，但应该勇敢地跨过去，并保存着人的形象。帝国主义的客观意义要比我们称之为帝国主义政治的表面更为深刻和更为远大。不论它的动机如何低级，它的手段如何愚蠢，帝国主义依然会越出民族存在封闭的界域；它还越出欧洲的界域走向世界，越过海洋，联合东方与西方。世界性的热情也在工商业帝国主义中存在。[1]

在他的认识中，俄国是"先天注定的帝国主义国家"。但俄国面临的问题在于，它丧失了帝国主义的激情和真正的精神，丧失了自己的"世界性意义"，这导致它的政治萎缩为一种狭隘的民族主义政治。后者因为让所有民族厌恶，因而无法让自己获得解放。

现在我们换一个方式看问题。如果我们暂时将"帝国主义"的历史负担，诸如"动机的低级""手段的愚蠢"放置一旁，那么，别尔嘉耶夫对"帝国主义"的论述，实际上就是一种对"世界主义"的描述。"联合东方与西方"以及"工商帝国主义"的热情，正是对第二次世界大战后，尤其是20世纪末美苏冷战格局的解体与全球化展开的一种预言。

从这个角度来说，历史上英帝国的属性——"文化—经济的和商业—海洋的帝国主义"——之所以富有探讨的意义，原因就在于它与第二次世界大战后更为公正、合理的新秩序有着多重相似性。其中，英帝国相对和平的性格，以及它对19世纪自由贸易

---

[1] [俄] 别尔嘉耶夫：《俄罗斯的命运》，汪剑钊译，译林出版社，2011年，第97—98页。

体制的维护，成为推动世界走向现代文明的强大力量。而其他后起的帝国，因缺乏成为真正帝国的历史条件而一再动用暴力，"回归兽性的本能"（别尔嘉耶夫）。第二次世界大战是这种"兽性"的爆发，而以1945年成立的联合国为中心的新秩序，则表明了人们对本能的"超克"，近代文明得到了进化与升级。

这种对文明与秩序的思考，正是人们今日"转向帝国"的背景。当然，此时人们已经获得了更为广阔的看待帝国的视角，不再纠结于帝国在历史上的具体行为，而是开始关注支撑帝国实践的普遍主义原理。这种理论兴趣，有着特定的经验基础，那就是20世纪90年代初冷战秩序的终结与全球化的迅速发展。

不过，这个被宽泛地称为"全球化"的现象，还没有触及秩序的原理问题，它仍然是对现象的描述。这个全球化的权力结构、动力机制以及它在文明进程中的溢出效应，需要得到进一步的解释。在这种观察和反思中，"帝国"得到了重新激活，而且它还有一个现实的对象，那就是最终在冷战中获胜的美国。对这个以美国为主导力量的新秩序，人们尝试用"新帝国论"来概括它的原理。

简单地说，这个"新帝国"虽然有着超越主权范围进行投射权力与利益的能力，但与此前帝国主义意象下的殖民帝国不同，它不再进行领土征服和统治，而是用更广泛、更间接的方式达到控制的目的。这种新帝国的"统治"方式更多的受惠于全球化的发展，而且使得全球化"成为一个更加协调的进程"，"日益使全球化与（美国）帝国融合起来"。它最终的安全政策，只能在"全球霸权野心与自由世界主义的议程"当中谋求实现。[1]这样,"帝国"开始获得"世界"的含义。

与此同时,"国家"的含义也发生了变化。众所周知,第二次世界大战结束后,民族解放的大潮席卷全球,以主权独立和平等为原则的"民族国家"最终胜出,成为世界秩序稳定的支撑点。不过,这种民族国家在形式上的胜出,却意味着其实质性的(逐步)退场。这一点首先表现在1945年6月25日通过的《联合国宪章》中。在这部划时代的国际公约中,作为民族国家暴力手段的战争,在法律上遭到了禁止:"各会员国在其国际关系上不得使用威胁或武力"(第一章第二条第四款),会员国采取集体安全保障体制,"非为公共目的,不得使用武力"(前言)。换言之,传统国家使用武力的权利,在法律上遭到了否定。同样,经济领域的全球化也改变了民族国家的行事方式。

从而,以民族国家为单位的思考方式与政策已经不再有天然的正当性,曾经被视为至高无上的主权壁垒,在政治、经济、军事等各个层面上,或者遭到了极大的削弱,或者已经变得形同虚设。更重要的是,对民族国家的统治原理(对外排除性与对内齐一性的强制)的质疑与批判,使得传统帝国的统治原理得到了重新的发现和认识,包容、兼容、自治、自律、差异、尊重等,被认为是帝国秩序下的优良治理原理。这种对帝国显示出的某种宽

---

[1] [加]斯特里特等编:《帝国与自主性:全球化进程中的重大时刻》,陈家刚等译,社会科学文献出版社,2010年,第183—185页。

容，不是源于对殖民帝国暴力的遗忘，而是对拔出毒牙后的帝国的重新认识。这种认识服务于人们对更好的世界秩序的探求。

再进一步说，就实现自由这一现代政治的目标而言，传统帝国的统治原理与全球的自由实现有着更高程度的契合。内在于帝国的文化与文明的多样性，大规模的市场及交换行为，低水准的政治干预，成为帝国与自由亲和的制度条件。当然，这些都是帝国的潜在能力，要转换为自由的秩序，还需要条件；否则，这种帝国可能堕落为传统的帝国主义，回归到"兽性的本能"上行事。

第二次世界大战后，"人权""自由""民主""环境""市场"这些人类普遍原理的创造或新生，成为约束任何潜在帝国的实质性条件。这些原理正在形成一种普适秩序，有着充盈于世界所有角落的潜在能力，因为这种秩序的普适性，至大无外，至高无上。这种普适性是文明到达的最新阶段的标志，任何后进的民族与国家，只有主动吸收这种普遍性，将其化为己有，才能在当下的"后民族国家"时代得到发展的空间。

就此而言，从人类的历史经验来看，帝国制是一种常态，全球化是一种常态，而近代民族国家反倒是一种特例。这种连续性的、常态的帝国制度的存在，构成了全球化时代人们思考政治、经济、文化的制度与经验基础。随着普遍主义原理的自我实现正在全球范围内获得制度保障，诸如国际组织机构的发展与国际法的日臻完善，迄今为止的民族国家史观必然面临经验与理论的双重挑战。今日人们对世界主义的探求，在多种意义上继承了帝国时代人们对普遍文明与秩序的思考与探索。

第四章

世界革命

日本马克思主义的热情

　　近代日本精神史所呈现的"超克"属性，是一种对近代西方世界秩序与西方文明的挑战意识。它的殊异之处在于，它并不是在第二次世界大战中突然出现的帝国意识形态；同样，它也不是几位学者或思想家的观念游戏，而是日本这个民族整体性的欲望和意志的表达。

　　这种旨在"超克"的群体精神品性，在当时的语境中究竟意味着什么？日本又何以获得这种意识？我们在前面的叙述中，已经尝试给出了一个基于精神史的解释，那就是，它是日本版的"世界革命"，是在地理条件和传统文明意识的约束下所获得的一种精神品性，一种成为"文明"自身的欲望和意志。在与近代西方文明相遇之后，日本知识分子第一时刻就识别出了其中的文明和野蛮的成色，而19世纪50年代被迫开国的经历，愈发强化了它"超克"的文明意志。

为了进一步理解"近代超克"的历史和现实意味，我在这里要引一条辅助线，借助它，我们将会看到，日本近代超克论还有一种未被注意到的精神起源。

1853年8月8日，《纽约每日论坛报》刊载了一篇卡尔·马克思撰写的关于印度问题的通讯文章，题目是《不列颠在印度统治的未来结果》。在这篇文章中，马克思对英国殖民主义的角色做了十分尖锐的描绘和批判，其中有这样一段说法：

> 当我们把目光从资产阶级文明的故乡转向殖民地的时候，资产阶级文明的极端伪善和它的野蛮本性就赤裸裸地呈现在我们面前，它在故乡还装出一副体面的样子，而在殖民地它就丝毫不加掩饰了。……当资产阶级在印度单靠贪污不能填满他们那无底的欲壑的时候，难道他们不是都像大强盗克莱夫勋爵本人所说的那样，采取了凶恶的勒索手段吗？[1]

我这里省略了马克思对殖民者暴行的部分描述。这段说法非常有名，后人多引用它来揭露19世纪西方殖民主义者虚伪和丑陋的行为。我们要注意的，首先是这篇文章发表的时间，1853年，这正是日本近代史上著名的"黑船来航"事件发生的年份。这一年的7月8日，也就是马克思上述文章公开发表前一个月，美国东印度舰队司令官佩里率领的舰队，驶入江户湾入口处的浦贺港。

---

[1]《马克思恩格斯选集》（第一卷），人民出版社，2012年，第861—862页。

舰队由四艘军舰组成，其中有美国最精锐的蒸汽动力战舰。舰队通过伊豆港时，就进入了临战状态。

1853年东西两个半球发生的这两件事，并不是偶然，它代表着一种全新的世界秩序正在形成。对于日本而言，近代西方势力的波涛，由此开始接连拍向它的海岸。这股波涛夹杂着这一阶段的人类史特有的文明和野蛮，而日本从中感受到的危机，比任何国家与民族都要强烈。

日本的新时代开始了，开始于殖民帝国变得愈发狂热的时刻。某种意义上，日本接下来的历史，就是日本谋求克服沦为殖民地危机的历史。在蒸汽动力所代表的近代工业文明与殖民主义的丑恶行为面前，作为东亚小国的日本，当时并没有多少可供选择的机会。与欧美列强为伍，走向文明开化，谋求国家独立，这是福泽谕吉后来在《文明论概略》当中概括的路线。这个路线正是此前及此后日本国家政策的表达。

现在，我们可以借助马克思表达的这个文明批判的辅助线，回到前面"世界革命"的话题了。在1853年以后的数十年中，日本开始了急速的殖产兴业、富国强兵的现代化进程。日本知识分子也一再表达了对近代西方文明虚伪性的揭露和控诉。他们的观察和控诉，与马克思对英国殖民者的控诉，本质上并无不同——奴隶贸易、屠杀印第安人、鸦片贸易、炮舰外交、殖民战争……这些野蛮的行为必须得到控制和消除。

在这种文明意识下，尤其是在明治中后期日本的资本主义经济体系全面展开之后，日本知识分子逐渐意识到，"文明开化"的路线已经完成了它的历史使命,但这并不能保证日本能享受"文明"的成果。事实上,在我们上面引述文章的末尾,马克思就已经给出了"结论性的意见"。他这样写道:

> 资产阶级历史时期负有为新世界创造物质基础的使命:一方面要造成以全人类互相依赖为基础的普遍交往,以及进行这种交往的工具;另一方面要发展人的生产力,把物质生产变成对自然力的科学支配。资产阶级的工业和商业正为新世界创造这些物质条件,正像地质变革创造了地球表层一样。只有在伟大的社会革命支配了资产阶级时代的成果,支配了世界市场和现代生产力,并且使这一切都服从于最先进的民族的共同监督的时候,人类的进步才会不再像可怕的异教神怪那样,只有用被杀害者的头颅做酒杯才能喝下甜美的酒浆。

1853年的马克思已经预言,只有通过"最先进的民族的共同监督",对近代世界生产体系进行某种约束,人类才会真正享受近代工业文明的成果。在殖民主义如日中天的时刻,马克思的这一洞察事实上揭示了后来"世界革命"的一种本源含义:当时主宰世界秩序的殖民贸易体系,必须接受更高的文明意识与手段的约束和管理。

那么,谁会成为马克思所设想的"最先进的民族"的一员?提出这个问题,意味着我们的辅助线已经画完了,它将会帮助我们理解近代日本精神的"超克"品性。

我们先从结论说起。在近代日本精神史演变的过程中,马克思主义扮演了特殊的角色。这首先源于马克思主义自身的属性,它以科学法则的形式,提供了一套关于人类历史的普遍主义观念。对于日本知识分子而言,马克思主义是一种独特的"近代超克"论,它对资本主义的批判以及对未来社会与新秩序的构想,为"近代超克"提供了真实的前景与动力机制。

如果说"超克"是导引日本精神面向世界的一个过程,那么马克思主义"超克论"的作用则更为明显。马克思主义虽然起源于近代西欧,但却因为对近代资本主义以及西欧殖民帝国的批判,成功隐去了自身的"西方"特质,成为近代普遍主义精神的一种代表。借助这种非民族的普遍主义历史观念,日本知识分子绕过了"日本—西方"的二元对立认知模式,在这里,日本自身与西方资本主义国家都需要得到超克,因为它们都处于普遍人类史的一个特定阶段。

20世纪40年代的近代超克论或京都学派的世界史论所预设的前提,是日本文化传统或东洋文明将扮演决定性的角色。但在马克思主义基于无产阶级革命的近代超克论中,包括日本在内的"亚洲"或"东洋",则是有待超克的落后历史阶段。在这个过程中,起决定作用的将是生产力的发展状况和阶级斗争,而不是民族和文化。

而且,对于一部分理论家而言,马克思主义的阶级斗争理论还为日本帝国的国家行为提供了新的正当性说明:在国际社会中,日本相当于"无产阶级"国家,它要与剥削、压迫它的"资产阶级"

国家进行斗争。至此，日本版的世界革命论得到了新的表达。自1853年"黑船来航"以来，日本对近代西方文明形成的怨恨、批判和憧憬，在马克思主义的革命理论中都得到了全新的解释。

要注意的是，在马克思主义的普遍历史叙事中，日本自身也成了被普遍人类历史法则所超克的对象。一方面，相对于欧美的发达资本主义，日本依然处于后进的阶段中。日本面临的国内外诸多问题和矛盾，只有依靠实现马克思设想的社会制度予以解决。另一方面，马克思主义对资本主义生产体系与近代世界秩序的克服，并不预设特定民族的位置，而是将主体赋予了一个普遍的无产阶级。这个无产阶级虽然有民族的属性，但从属于人类自身的解放事业。

现在我们要问的是，马克思主义对于近代日本究竟意味着什么？它是通向普世主义的世界秩序的最终完成，还是因其对主体的"阶级"属性的保留而成为一种虚假的解放叙事？这种新的世界秩序与马克思在1853年提到的"最先进的民族"又有怎样的关系？对这些问题，当时的一些日本知识分子有着敏锐的感受和认知，但在天皇制意识形态的统治之下无法得到公共讨论，因为它和天皇制"国体"观念有着根本的冲突。京都学派之所以试图通过诉诸"民族文化"和"民族精神"，以在未来的普遍世界史中保留民族的位置，除了受当时的国家主义与国粹主义的影响外，还有着来自马克思主义的非民族主体的世界革命论的冲击。

上述观念的形成过程非常复杂，我们无法简单地重现和讨论。我这里要指出的是，马克思主义的历史叙事所提供的普遍主义世界图像，极其深刻地影响了近代日本知识分子的精神世界。他们看到了世界的另外一幅图像，看到了未来世界的另外一种可能。

下面我将通过重述日本马克思主义发展史的若干片段，再现日本的马克思主义体验在其精神史上的特殊位置。

一

从明治到昭和：日本马克思主义的历史

1889年，日本颁布《大日本帝国宪法》，其第一条为"大日本帝国由万世一系之天皇统治之"。天皇被视为天照大神的后裔，因此，第一条可以说是"神敕"。与此相对，马克思主义在观念上是唯物主义的与进步主义的，与近代日本天皇制国家意识形态在原理上根本无法相容。但有意思的是，马克思主义在近代日本却大为流行。

因此，这里我们要问的是，这种富有革命性的社会批判理论是如何在日本落地生根的？它又如何在天皇制这一绝对主义意识形态空间中得以发展？两种绝对主义观念在日本的并存意味着什么？对于近代日本面临的"难关"，诸如亚洲（中国）问题与西洋问题，日本知识分子通过马克思主义又有怎样的重新认识？

一般认为，日本马克思主义的起源与第一次世界大战、俄国十月革命等世界秩序的大变动有着直接的关联，因而有着同时代世界史的面相。这种说法大致不错，但还是低估了日本自生的思想与运动所扮演的角色。

事实上，日本马克思主义的起源可以追溯到19世纪后期由西方传入的社会主义思潮。早在1870年,加藤弘之(1836—1916)就在一篇文章中介绍过社会主义与共产主义的经济思想。1898年,早期社会主义者片山潜(1859—1933)、安部矶雄(1865—1949)、幸德秋水(1871—1911)等以基督教教徒为中心组织了社会主义研究会。1901年,这些社会主义者组建社会民主党,日本社会主义运动获得了组织形态。[1]

在理论上,1903年出版的幸德秋水的《社会主义神髓》与片山潜的《我的社会主义》,以及1907年出版的森近运平与堺利彦(1870—1933)的《社会主义纲要》,是日本社会主义诞生时期的代表著作,对这一时期日本的社会运动产生了巨大的影响。另外,幸德秋水与堺利彦在1904年合作翻译出版了第一个《共产党宣言》日文译本。《资本论》的英译本(1902—1909)也在这一时期进入了日本知识分子的视野。

随着这些社会主义理论作品的出版,马克思主义迅速在日本社会中得以普及。比如,幸德秋水的《社会主义神髓》出版于1903年7月,到11月就已出到了第六版,1905年又出版了第七版。这本书篇幅不大,但它以言简意赅的方式,介绍了"科学社会主义"的几个基本原则,包括生产资料的所有制度、收入分配制度等。幸德秋水在行文中流露出强烈的人道主义色彩,他这样写道:

---

[1] 关于明治中后期社会主义的传播历史及其思想的简要介绍,可参见刘岳兵:《日本近现代思想史》,世界知识出版社,2010年,第152—170页。

也许有信教的自由，也许有政治自由，可是信教自由和政治自由，在遭受冻馁的人们看来，难道不仅仅是一句空话吗？归根结底，经济自由是一切自由的前提，衣食自由是一切自由的根本。而今日果真有这种自由吗？

如果说这是从国内经济秩序角度对自由的重新定义，那么，在世界层面上，幸德秋水同样将社会主义的主旨呈现了出来。这种主旨就在于为保护人的自由而反对战争。为此，社会主义者"不承认今日国家的权力"，要"埋葬资本主义制度"，最终实现"世界和平"。这不就是世界革命论吗？明治时代的日本社会主义者，已将马克思主义的"革命"精神火种埋藏进正在急速帝国化的日本国家精神中。在此时的幸德秋水看来，这或许是信仰，或许是梦想，但在随后的数十年间，这个火种持续燃烧，在近代日本精神史上留下了极为深刻的烙印。

社会主义不但不承认今日国家的权力，而且坚决反对军备和战争。军备和战争是今日"国家"用来保卫资本主义制度的"铜墙铁壁"，多数人类为此遭受了重大的牺牲。……人类的灾难祸害，难道还有比这更甚的吗？……社会主义一方面是民主主义，同时又意味着伟大的世界和平主义。[1]

---

1 以上两段引文，参见［日］幸德秋水：《社会主义神髓》，马采译，商务印书馆，2012年，第37、39页。

在实践上，这一时期日本社会主义者的主要主张体现在实现民主主义的一些具体政策上，包括实现普通选举、组织工会以及发动行业罢工等。值得一提的是，幸德秋水在发表《社会主义神髓》后不久，即投入反对日俄战争的行动中。他曾撰写《日本社会党致俄国社会民主党的反战宣言》，发表在俄国著名的马克思主义者普列汉诺夫主编的《火花报》上，最终缔结了两国社会党的反战同盟。[1]

社会主义者及其组织对国家权力的批判，自然遭到统治集团的嫉恨，随即成为国家权力镇压、取缔的对象。1910年，日本政府炮制了莫须有的"大逆事件"，宣称破获了一起暗杀明治天皇的计划，并以此为借口逮捕了包括幸德秋水在内的多数社会主义者和无政府主义者。次年1月，幸德秋水等十二人被执行死刑，日本社会主义运动进入了低谷期。不过，社会主义者的殉难事实上震动了"天皇制下的整个日本"，时代的先觉者们意识到，"革命终将到来"。

进入大正时代（1912—1926）后，日本出现了史称"大正民主主义"的历史时期，民主主义运动取得了长足的发展。尤其是第一次世界大战后，随着劳工运动与社会运动在日本的蓬勃展开，马克思主义在日本得到了快速的普及。马克思主义带来的冲击，实际上构成了"大正民主主义"运动极为重要的一部分。[2] 日本知

---

[1] 参见平野义太郎的"解题"，载［日］幸德秋水：《社会主义神髓》，马采译，商务印书馆，2012年，第69—70页。
[2] 关于"大正民主主义"的讨论，请参照本章后面的附论。

识分子试图在这个全新的、自身标榜为科学与法则的世界认知体系中，解释他们正在面临的秩序问题。1920年《资本论》日译本第一卷的出版，标志着这种新的世界认知模式的确立。在接下来的五年中，第二、三卷也得以翻译出版。与此同时，恩格斯、考茨基、列宁、布哈林等人的著作也开始得到普及。

1922年11月，在莫斯科召开的共产国际第四次大会对日本马克思主义运动产生了重大影响。大会制订的《日本共产党纲领草案》，为日本确立了"资产阶级革命—无产阶级革命"的二阶段革命论。另外，该纲领在日本历史上首次提出了"打倒天皇政府""废除君主制"的政治目标，日本马克思主义迅速政治化。此后，共产国际于1927年召集日本共产党干部，下达了所谓的"二七年决议"；1932年6月，共产国际再次下达关于日本问题的决议，即"三二年决议"。在这些革命性纲领中，日本"天皇制国家机关"被规定为日本革命的主要对象。

上述各种决议大同小异，都指向了未来的日本革命。虽然日本共产党自建党以来就不得不面对镇压，但马克思主义研究在这一时期却得到了空前的发展。其中，围绕着共产国际提出的革命议程，在日本学术界与思想界出现了著名的"日本资本主义论争"。参与论争的一方被命名为"讲座派马克思主义"，他们认为日本的落后之处在于明治维新的不彻底与封建制度的大量残存，因而在实践上认同共产国际的二阶段革命论，即先进行资产阶级民主主义革命，然后进行社会主义革命。与此相对，"劳农派马克思主义"则认为，日本面临的问题完全是资本主义自身的问题，因而主张直接进行社会主义革命，试图一举实现社会主义。这种论争一直持续到20世纪30年代中后期日本共产党的活动完全遭到压制为止。[1]

值得我们留意的是，天皇制虽然是言论的禁区，但天皇制的经济基础却得到了马克思主义者的揭示：日本绝对主义天皇制的统治基础是资产阶级与地主阶级的利益结合。[2] 这样，近代日本的国家原理与国家性质获得了一种基于普遍主义原理的解释，而且这种解释具有"科学"与"真理"的面孔。1939年，马克思主义理论家神山茂夫撰写了长篇论述《关于君主制的若干理论问题》，其中，他对近代日本的国家性质提出了"双重的帝国主义"的论断：近代日本国家政策一方面体现为垄断资本主义的侵略性，另一方面体现为绝对主义的军事封建帝国主义属性。1945年日本战败以后，这篇论著以《关于天皇制的若干理论问题》为名出版，在当时的知识界和社会产生了巨大影响。[3]

可以说，天皇制，作为近代日本的意识形态与制度核心，其神秘性早在军国主义鼎盛时期就遭到了揭露和解构。这是近代日本精神解放的一种标志，而马克思主义提供的观念和概念，无疑

---

[1] 这里的历史叙述，参见［日］古田光等编：《近代日本思想史大系2　近代日本社会思想史2》，有斐閣，1971年，第5章。

[2] 参见［日］永原庆二：《20世纪日本历史学》，王新生等译，北京大学出版社，2014年，第74—75页。

[3] 此处简要的介绍所依据文献为：［日］降旗節雄：《「昭和」マルクス理論、軌跡と弁証》，社会理論社，1989年；［日］津田道夫：《昭和思想史における神谷茂夫―天皇制とスターリニズム批判》，社会評論社，1983年；［日］守屋典郎：《日本マルクス主義の歴史と反省》，合同出版，1980年。

发挥了不可替代的作用。

从精神解放的角度来说，日本马克思主义者的活跃，更多地体现在有关马克思主义的研究、出版与著述上。全本《资本论》在1919年到1925年间先后出版。1928年6月，改造社开始刊行《马克思恩格斯全集》，到1933年8月，最终完成了多达31卷本的全集的出版。这是世界上第一个马克思主义全集，据说初版发行数量就达一万五千部，由此可见马克思主义对当时日本知识界的影响。另外，我们前面提到的"讲座派马克思主义"的代表著作，七卷本的《日本资本主义发达史讲座》，由岩波书店于1932年到1933年间先后出版。

考虑到上述马克思主义的著述与出版活动所面临的严酷政治环境（1925年制定的《治安维持法》对言论自由的限制和镇压），可以说，日本马克思主义者在理论认识与行动上都展现了卓绝的精神形态。

如同后世学者注意到的，由于这种长时间的、深厚的学术与思想积累，第二次世界大战后，"无论作为经济政策的形成手段，还是作为学术研究的一个领域，日本马克思主义均达到了各自的巅峰"。当然，这个结果也得益于二战后主导日本经济重建的"美国新政主义者"强调经济与社会计划的影响。由于马克思主义研究被等同于"社会科学"，所以它在日本经济重建计划中，扮演了关键的角色。[1]

---

1 A.E. Barshay, *The Social Sciences in Modern Japan: The Marxian and Modernist Traditions*, The University of California Press, 2004. pp. 53-59. 日文译本（《近代日本的社会科学》，山田锐夫译，NTT出版株式会社，2007年）参见第68页。

这里，我们要特别关注上述马克思主义体验对日本精神演进造成的影响。日本马克思主义通过"法则"与"科学"的话语，获得了另外一种普遍主义与绝对主义的性格，从而成为瓦解天皇制普遍主义与绝对主义的强有力工具。借助马克思主义提供的认知框架，近代日本获得了对自己在世界史上的位置的重新认识，一种新的历史意识与政治意识由此诞生。日本学者对此赋予了高度的意义：

> 从所谓的比较政治的视角来看，这一"天皇制"被定位为世界史的一个阶段、即君主制在日本的特殊表现形态，这种分析本质上意味着被"客体化"的日本首次获得了它在世界中的位置。正是在这个意义上，昭和初期的马克思主义体验才时常被比拟为"开国"体验。[1]

关于日本马克思主义史及其学说，日本学术界已经进行了大量研究，我在这里无意重述这些研究成果。在我看来，从精神史的角度，日本马克思主义的影响并不仅限于它对天皇制意识形态的揭露和批判，更在其对国民精神的影响，这直接体现在当时形形色色的知识分子、意见领袖对马克思主义的应用上。这一点往往为评论家所忽视。换言之，日本马克思主义运动对它近代以来

---

[1] [日]古田光等编：《近代日本思想史大系 2 近代日本社会思想史 2》，有斐阁，1971年，第120页。

精神演化的影响，还有这一条未被关注的渠道；这个渠道，就是近代日本的右翼思想和运动。

下面，我将以具有代表性的右翼理论家北一辉为例，说明马克思主义的相关观念在近代日本的精神领域中发生的独特影响。

二

昭和维新：日本马克思主义的变异

北一辉，被视为日本亚洲主义的代表性人物。同当时多数活动家一样，北一辉的身上有着明治维新时期典型的"草莽志士"精神，富有革命激情，积极参与大陆事务。在第二次世界大战前，就对日本历史的实际进程与世界认识产生的影响而言，北一辉可谓无出其右者。在战后，他一直被视为右翼思想家和日本法西斯主义理论的创制者。我们这里的问题是，北一辉是如何在众多亚洲主义者中"脱颖"而出并创立了"独树一帜"的理论？为什么他的理论对日本产生了如此巨大的影响力？其根源在哪里？我们先看一下他的成长历程。

北一辉出生在一个富裕的家庭，在少年时代跟随一位叫圆山溟北的儒者学习汉学；溟北向他讲述了王阳明对幕末勤王志士的影响。在此期间，他接触了当时风起云涌的社会主义思潮。1905年，他离开故乡，来到东京。9月5日，日本民众对日俄两国签署的战后和约不满，在日比谷公园召开国民大会，进行抗议活动，随即发生了史称"日比谷烧打事件"的暴乱。不满的民众袭击了警察局和官方新闻机构，日本政府宣布戒严。正是在这种时代氛围中，他开始撰写《国体论及纯正社会主义》，并在1906年5月自费出版了这本书。

这部作品出版后，据说引发了强烈的反响，很快被当局列为禁书。当时著名的政治家、自由党创始人板垣退助（1837—1919）以及社会主义者福田德三、片山潜等都表达了赞赏之意。板垣退助说："如果这部著作能早二十年出版，我们自由党的运动就会走向别的方向。"福田德三则说，这部作品"虽然比不上马克思的资本论，但比其他平凡者流足足高出了一头"。[1] 从此时起，北一辉开始进入时代精神生产的核心现场。

同年，他开始参与宫崎滔天的革命评论社，并和"中国革命同盟会"创始人之一的宋教仁（1882—1913）建立了"刎颈之交"。在1911年武昌起义爆发的前夜，他作为当时著名右翼团体"黑龙会"的视察员前往上海。从此时起到1920年回国为止，他投身到轰轰烈烈的中国革命大潮中。日本思想史学者荒川几男评论道，他参与中国革命的热情，正是"他自己试图在'中原劫火'的深处摸索他所构想的'纯正社会主义'的实现方法"这种激情的写照。[2]

受1915年日本强迫中国签订"二十一条"的影响，中国出现了广泛的抵抗日本的民族主义运动，中日关系由此发生了本质性的变化。1919年，他在上海进一步目睹了五四运动的蓬勃展开。

---

1 这里对北一辉成长历程的描述，参见［日］古田光等编：《近代日本思想史大系2 近代日本社会思想史2》，有斐阁，1971年，第96—97页。

2 ［日］古田光等编：《近代日本思想史大系2　近代日本社会思想史2》，有斐阁，1971年，第93页。

中国革命的发展和中日关系的紧张，使得他的精神受到了极大震动：曾经和他一同浴血奋战的革命同志，为何如今站在了抵抗日本的第一线？于是，他将革命的目光由中国转向了日本国内。他要在国内发动革命，从根本上解决这里面的的矛盾。这是他在此期间撰写的《国家改造案原理大纲》的精神史背景。1923年，这部著作在日本正式出版，书名为《日本改造法案大纲》。我们马上会看到，这本书深刻影响了此后日本的内外政策。[1]

我在这里再次呈现这一段历史的目的，是要寻找这部作品诞生的精神源泉。显然，除了他个体的心智结构所蕴育的激情外，东亚大陆此时风云激荡的革命烈火，无疑让他获得了巨大的精神能量。这种源于东亚世界史变迁的革命能量，开始在日本寻找爆发的时机，而北一辉正是这种能量传输的管道。

北一辉在《日本改造法案大纲》中提出了一套激进的国家学说，倡导一种自下而上改造日本的方案。事实上，它就是一个完整的日本革命论，包含发动天皇大权、停止宪法、限制天皇和一般国民私有财产和土地、消灭政党政治以及解散财阀、建立东亚大帝国等主张。北一辉俨然成为右翼思想的领军人物。1926年12月25日，昭和天皇即位，日本开始进入动荡不安的昭和时代（1926—1989）。而在这样的时代,时势、观念和事件往往是相互造就的关系，结果，各路"志士"共同在"昭和维新"这一逐渐结晶化的口号

---

[1] 参见［日］冈本幸治:《北一辉——転換期の思想構造》,ミネルヴァ書房,1996年;［日］松本健一:《評伝 北一辉 II 明治国体論に抗して》,岩波書店,2004年;［日］萩原稔:《北一辉の革命とアジア》,ミネルヴァ書房,2011年。

中找到了各自的位置，东奔西走，呈现了欲与"明治维新"比肩的气势。北一辉逐渐成为时代风暴的中心。

1936年2月26日，日本近代史上规模最大的政变"二·二六事件"爆发。陆军"皇道派"二十一名青年将校打着"坚决推行昭和维新"的口号，率领1483名士兵袭击了首相官邸等十余处场所。内大臣斋藤实、大藏大臣高桥是清及教育总监渡边锭太郎等九人惨遭杀害，冈田启介首相侥幸生还。叛军占领东京市中心四天，在昭和天皇坚持镇压的形势下缴械投降。在随后的军事法庭上，十九名事件"魁首"被判处死刑。表面上与政变并无直接关联的北一辉，也遭到了起诉，罪名是教唆政变的思想犯罪。翌年8月19日，在事实关系极其可疑的情况下，北一辉被执行了死刑。[1]

当然，如同很多当时和后世的学者指出的，北一辉被处以极刑，完全是政治判决，而不是基于法律的审判。但反过来说，在当时日本政府看来，叛军要求"维新"的理论基础就是北一辉的学说，这一点倒是很少有人质疑。不仅如此，昭和前期的一系列"事件"，诸如1931年"三月事件"和"十月事件"以及1932年"五·一五事件"，都被认为受到了北一辉日本革命论的影响。

政变虽然失败，但日本此后的道路却有着强烈的北一辉印记。日本政府为缓解来自军队的压力，开始实行战时体制，军部

---

[1] 关于这一起事件的详细介绍，参见［日］堀幸雄：《战前日本国家主义运动史》，熊达云译，社会科学文献出版社，2010年，第270—311页。

进一步得势。据记载，在临刑前，被执行死刑的青年将校高喊"天皇陛下万岁"，但北一辉却拒绝了；他反复诵读的，是已经诵读了二十年的《法华经》。我们可以由此窥察到他精神世界的某种规模。

如同北一辉未必是"二·二六事件"的主谋，将他的学说完全等同于日本帝国主义的意识形态，也多少存在逻辑上的跳跃。这里的关键问题是，何以他的学说会产生如此巨大的影响？

关键就在于"革命"二字。北一辉的论述最初就指向了国家的政治与经济结构，体现了一种强烈的现实变革意志，这使得他与同时代强调文明—文化观念的京都学派的理论家们区别开来。在他最初的作品《国体论及纯正社会主义》中，他对日本的经济与社会结构进行了批判性分析，其中在《社会主义的经济正义》一文中，北一辉将贫困与犯罪问题深重的日本社会直接描述为"农奴与奴隶的日本"，对现行体制进行了尖锐的批判。这种诉诸人们日常生活感受的分析与批判，使得他要求对日本资本主义社会进行重组的变革目标获得了正当性。

值得留意的是，他对"万世一系"的日本官方"国家学与历史哲学"的根本谬误也进行了批判。他这样写道："因为某些特殊的政治形式，就认为只有日本的国体未像其他诸民族一样经历过历史进化，这其实是一种极端原始的国家观，依然以尊王攘夷的口吻解释整个宪法……"[1] 在此，北一辉的理论展现了彻底的批判性格。

---

[1] [日]北一辉：《国体論及び純粋社会主義》，みすず書房，1959年，第226页。

在这里我特别要提出的是，在《国体论及纯正社会主义》中，北一辉还最终描述了未来的世界秩序的形成机制与图景：

> 吾人虽然同时尊重提倡生物进化论的达尔文与提倡社会进化论的马克思，然而作为比他们更为进化的现代人，吾人并非他们教条的信仰者。吾人承认阶级竞争的同时，承认国家事实上的竞争。阶级是横断的社会，国家则是纵断的社会。但随着同化作用的进行，阶级的隔绝将逐渐得到消除。小国家间的对立将随着历史的进化而消失，亦即随着作为个体竞争单位的阶级的进化，竞争的内容也将发生变化。社会主义的世界联邦论主张，随着这一竞争单位向世界单位的进化，国家竞争的内容也将进化为由联邦议会所决定。[1]

显然，通过使用马克思主义有关个体、社会、国家与世界的相关概念和理念，北一辉的理论呈现出一种马克思主义特有的世界历史意识。这种历史意识的核心就是对历史主体的呼唤。在上述引文中，北一辉改造了马克思主义的阶级斗争学说，引入"国家间竞争"来说明世界秩序的演化原理。由于他用"阶级竞争"替换了"阶级斗争"，他的"国家间竞争"实际上就是国家间的斗争。正如阶级斗争预设的是平等社会的到来，北一辉的"国家间竞争"指向的是"社会主义的世界联邦"，是一种理想的世界秩序。

---

[1] ［日］北一辉：《国体論及び純粋社会主義》，みすず書房，1959 年，第 111 页。

上述引文实际上已经透露了一种世界革命的构想。而在《日本改造法案大纲》中，这种构想以更激越的口吻表达了出来。他这样论述道：

> 英国是横跨全世界的大富豪，俄国是地球北半球的大地主。日本的国境线就像零散的米粒一样的岛屿，在国际上处于无产者地位。那么，以正义的名义开战，从它们的独占中夺取土地，日本就没有这种权利吗？欧美的社会主义者承认国内的无产阶级斗争，唯独将国际无产阶级的战争视为侵略主义和军国主义，这种思想根本是自相矛盾的……
>
> 日本为确保日本海、朝鲜、支那的安全，也就是实现日俄战争的目的，必须将远东西伯利亚据为己有，因此必须建立针对俄国的强大的陆军。援助印度的独立，确保支那的保全，以及日本取得南方领土，这是事关日本命运的三大国是。由于这三大国是与英国绝对不可两立，所以日本实际上必须迅速建立强大的海军。如果这次大战有西乡隆盛、明治大帝在的话，与德国陆军东西呼应就会一举使俄国屈服；海军分为东西两部分，将英国舰队分割为本国与印度澳洲防备两部分，那么日本就具有充分的优势将它们各个击破。构筑起北到俄国南到澳洲的大帝国，应该早已指日可待。[1]

---

[1] 两段引文分别见［日］北一辉：《日本改造法案大綱》，载《現代史資料 (5)》，みすず書房，1964年，第35页、第37页。

至此，北一辉完成了世界革命的全部构想。虽说这是北一辉的狂妄的军国主义想象，但在日本，这种想象却通过一系列的政治和社会过程，最终变成了国家和民族共有的意志。这已经不能简单说它只是想象了，因为实际上改变历史道路的，正是这些文字所明确表达的意志和力量。

如同"近代超克"的高远理想并不能掩饰军国主义者思想的贫乏和手段的野蛮，北一辉的世界革命构想最终遭遇了同样的命运。他也因此被日本战后的"进步主义知识分子"视为"昭和法西斯主义先驱"、日本右翼的理论代表以及昭和国家主义的理论家。这当然没错，但我们也要注意的是，实际上，北一辉的理论只是近代日本精神史演化的一个特定阶段的象征，他无法独自承担昭和时期日本法西斯主义的罪恶，因为作为个体，他显然不具有那样的能量。

当然，在近代日本精神史演化的过程中，北一辉的确"独树一帜"。后世的评论家一般都会注意到北一辉作为右翼理论家的面孔，但从他思想的来源以及最终的指向来看，你也可以说他是最激进的左翼理论家。

因此，北一辉绝不是真正意义上的马克思主义者，但也不是一般意义上的法西斯主义者。这种简单的归类会导致我们无法认识其理论的特殊性。北一辉革命学说的独特之处在于，通过借助马克思主义的概念与理论，他获得了一种全新的世界认识。在世界史进入动荡不安的20世纪30年代后，他的这种世界认识深刻影响了此后日本的历史进程。正因如此，北一辉在近代日本精神史上占据了一个特殊的位置。

在他的论述中，国家间的竞争与斗争是根本的社会事实，国家主义以及民族主义只是优胜劣败的竞争观念的结果，而不是人们奋斗的最终目的。相反，这种竞争最终将导向相互扶助的"世界联邦"的形成，并且只有在世界联邦中才能真正实现个体的自由。显然，这是无产阶级解放学说在国家层面的一种应用。就此而论，一种关乎个体自由的终极理论内在于北一辉的精神格局中，这使得他区别于其他法西斯极权主义理论家。[1]

同北一辉一样，大川周明（1886—1957）同样被视为日本法西斯主义理论家，他的理论同样代表了这一时期日本革命者的精神结构。

事实上，大川本人正是北一辉的志同道合者。1919年8月23日，他还曾亲自到上海寻找北一辉，并将他迎接回国。他是著名的右翼团体"犹存社"以及"日本国家社会主义全国协会议会"的创建者。这个"犹存社"创建于1919年，"几乎是民间全部的法西斯主义者的集合，而且还包括一部分左翼文化人"。在这个团

---

[1] 当然，在现实历史进程中，北一辉对国家权利的一些主张和看法，诸如"当下的国际战国时代之后可能的世界和平，一定是由君临大小各国之上的最强的国家所维持的封建和平"、"国家以及国家自身发达的结果，对于那些不法独占广大的领土、无视人类共存这一天道的国家，有发动战争的权利"等，可以直接转化为军国主义发动战争的借口，从而被认为"表明了强烈的侵略愿望"，在这一点上和其他法西斯主义理论家并无不同。参见［日］升味準之輔：《戦後史の起源と位相》，载《占領と改革》，中村正則等编，岩波書店，2005年，第7页。另外，安冈正笃的《日本精神研究》（1924年）、大川周明的《日本及日本人之道》（1926年）等，都是同一时期发挥了巨大影响力的右翼理论著作。

体的七条纲领中,"建设革命日本"、"民族解放运动"和"实行富有道义的对外政策"这三条很耐人寻味。[1] 可以说,这个纲领就是近代日本精神自我实现的方案,而所谓的"右翼理论家",事实上就是近代日本精神自我实现的担纲者。

大川的政治主张和改造纲领可归结为"在日本实行的社会主义必须是国家社会主义"。[2] "国家社会主义"的德文说法"纳粹主义"更广为人知。1945年日本战败后,大川周明因鼓吹战争思想,被视为甲级战犯而遭到逮捕。[3]

我这里的目的不是重新解释北一辉或者大川周明,而是要说明,马克思主义的部分观念,被北一辉们以特定的方式与社会活动能力极其强大的"右翼团体"结合到了一起,从而对昭和前期的日本社会产生了非同寻常的影响。这种影响通过日本的对外侵略政策,进一步影响了亚洲其他国家乃至整个世界。马克思主义对近代世界的影响,并非仅仅局限于俄国式的社会主义革命。

我们已经看到,北一辉等人构想的日本革命论,对昭和前期

---

1 [日]古田光等编:《近代日本思想史大系2 近代日本社会思想史2》,有斐閣,1971年,第146页。另外,这个团体的名字"犹存"二字也值得我们留意。这两个字源于唐朝政治家魏徵的古诗《横吹曲辞·出关》:"中原初逐鹿,投笔事戎轩。纵横计不就,慷慨志犹存。策仗谒天子,驱马出关门……人生感意气,功名谁复论。"整首诗语调低沉雄厚,表达的是奋发进取、谋略天下的高远志向。日本右翼知识分子的精神格局,由此可见一斑。

2 [日]堀幸雄:《战前日本国家主义运动史》,熊达云译,社会科学文献出版社,2010年,第214页。

3 参见[英]贾菲:《逃脱东京审判》,黄缇萦译,中国友谊出版公司,2016年。

的日本国策产生了巨大影响。这一影响的巅峰形态就是由陆军青年将校发动的"二·二六事件",它意味着日本军国主义的最终完成。日本马克思主义所蕴含的打破现状的精神动机,最终在青年将校的身上找到了它自我实现的代理人。

不过,这并不是马克思主义给日本带来的全部影响。事实上,它还为近代日本的浪漫主义提供了最新的精神能量。经由这个观念传播路径,马克思主义在日本找到了它的另外一种形态。这里略作介绍。

首先,在狭义的说法上,"日本浪漫派"是指文艺评论家保田与重郎(1910—1981)与龟井胜一郎(1907—1966)等人以1935年创刊的同名杂志为中心展开活动的一群知识分子。在广义上,它是指一种文学创作、文学评论的思潮与样式,起源于明治时代中期。从内容上说,这一派知识分子的文学活动与艺术活动都极力讴歌青春与故乡,倡导回归日本国粹和日本传统,无条件地赞美过去,赞美天皇。唯美、诗意、远方,日本浪漫派凭借出色的文笔与想象,创造出一种超越世俗生活的精神氛围,展现了一种强烈的"近代性"批判特征。这种思想与观念倾向,源于他们对近代日本社会的反叛。

他们对"日本"的浪漫想象与强调,事实上构成了民族主义思潮的重要精神来源。我们在前面曾经提到这种浪漫主义的影响,它的成员是1942年7月23日《文学界》杂志组织的"近代超克"座谈会的重要参与者。所以,反过来说,"近代超克""回归日本""天皇主义",这些构成了"日本浪漫派"的精神支柱。

那么，日本浪漫派是如何获得它的精神动力的？日本思想史学者桥川文三（1922—1983）在其著名的作品《日本浪漫派批判序说》中认为，1940年12月保田与重郎发表的《关于"献给满洲国皇帝之曲"》，表明了"日本浪漫派的精神史和精神结构"。保田在他的文章中这样写道：

> 满洲事变凭借它世界观的纯洁，让我们同时代的一些青年感受到了心灵的震动。那个时代第一等的、也是最后的马克思主义的学生们，他们的内心不是通过转向的形式，而是通过拒绝接受政治事物任何污垢的形式，实实在在地被这种新的世界观打动了。这种时代的全新决意，将当时左翼经济学者的意见甩到了身后。同时，在国家的命运上，这个决意产生了一系列结果，打败了那些人四处扬言的前景。当时我们是这样判断的。事实如何我们不得而知，但"满洲国"却是明显地在前进。也就是说，"满洲国"是继法兰西共和国、苏维埃联邦之后，另外一种文明理想与世界观的果敢表现。
>
> 用真正属于这个地上世界的表现来告诉我们世界观的，归根结蒂是马克思主义。这一"马克思主义"从某一天开始，已经和苏联没有关系，甚至和马克思本人都没有了关系，而是变成了一种为正义而奋斗的纯粹心情。我们要从世界规模的层面上对日本进行改革；当马克思主义成为表达这种心情的口号时，它的本质就发生了变化。那么，"满洲国"这一思想，

它作为一种新思想、作为革命的世界观应该得到怎样的理解？正是在思考这个问题的时候，我们的日本浪漫派萌生了出来。[1]

据此，桥川将日本浪漫派的起源设定为"作为精神史事件的满洲事变"。你看，在时代的闭塞状况中，军国主义者一手炮制的"伪满洲国"被赋予了最后的希望和寄托。经受过马克思主义洗礼的最出色的青年学生，无法接受背叛马克思主义的方式，而是采取了与现实政治彻底决裂的对抗态度。但在这个过程中所积累的精神能量，需要转化、释放和升华。于是，"伪满洲国"就成了这些热血青年憧憬的圣地，并将其与法兰西共和国、社会主义的苏联并列，从而具有世界史的意义。这当然是一种浪漫的幻想，但这种时代精神氛围对日本国民尤其是青年学生的巨大的塑造作用，却也已经跃然纸上。

在后世的评论当中，日本浪漫主义的反现代主义与国粹主义，被认作20世纪30年代日本法西斯主义的主要思想来源之一。1945年日本战败后，它同样被视为历史的尘埃而遭到漠视。不过，按照桥川文三的说法，这种浪漫主义思想作为"某种民族主义发酵的母体"，一直存在于日本社会中。这已经触及了近代日本国民精神的本质特征。

由此我们可以进一步说，日本浪漫主义有着"民族主义"一语所无法涵盖的精神特征。在"浪漫主义""民族主义"的背后，

---

[1] [日]橋川文三：《増補 日本浪漫派批判序説》，未来社，1965年，第28—29页。

除了人们容易注意到的近代德国的浪漫主义之外，还有着同时代日本马克思主义的影响。也就是说，被视为右翼保守主义典型的日本浪漫主义，它与同时代左翼的激进思想有着精神上互通的孔道。这是近代日本精神史独有的特征。

在日本左右两翼知识分子的精神结构中，都有着强烈的马克思主义印记，而这必然会触发他们的意识变革。这其中的逻辑并不难理解。马克思主义凭借其普遍性观念结构与精神特征，包括对规律、法则、科学、真理和人类解放的坚定信念，以及对压迫、不义、不平等的彻底反抗，同近代个体的自我意识的演变与欲望的解放形成深度的契合，从而在现实解释、观念操控与行动导引上发挥了强大的作用。

由于近代日本独特的演化路径，这种"契合"程度尤其深刻。明治维新前后的十余年间，日本出现了从严格的封建身份等级制到近代万民平等的转变过程。这个旧制度解体的过程，同时是近代个体获得解放的过程。19世纪70年代中后期，以中江兆民为代表的自由民权论的出现，无疑是这种个体自我意识的表达。然而，随着资本主义的生产彻底摧毁了经济生产上的旧制度，个体被彻底释放到了社会空间中，他们的欲望开始寻求新的表达工具。这时候，马克思主义以其人道主义势能与阶级斗争观念的锋芒，迅速捕获了一批日本知识分子，从而帮助他们找到了自我实现的路径。

在上面提到的北一辉、大川周明、保田与重郎等人的身上，我们看到了思想与行动方案的高度关联。这或许是因为，与传统的左翼思想家相比，日本右翼思想家往往有着阳明学的精神底色，注重知行合一，更富有活动能力，因而他们的精神轨迹往往更凸显了马克思主义世界观对现实政治进程的影响。

在日本精神史上，作为日本言论空间中唯一的天皇制及其意识形态的批判者，马克思主义给了日本右翼思想家一种与权力对决的话语平台和自信，而这种对抗的结果，自然最终表达为精神的解放。同时，内在于马克思主义自身的对资本主义的批判，对于执着或者说被禁锢于"东洋—西洋"认知框架的日本知识分子而言，也具有内在的亲和性。在他们看来，马克思主义首先是一种批判"近代性"与"西洋"的理论，从而也是批判近代资本主义及其全球生产秩序的理论。这种批判性格与近代日本精神的属性可谓相辅相成。

于是，近代日本的民族精神视野进一步开阔起来。马克思主义关于人类史发展阶段的宏大叙事，扩大了日本知识分子的"世界"感觉——日本同所有西方国家一样，都处于这个伟大的世界史进程当中，因而要从"世界"的角度思考自己，进而找到问题的出口。这种普遍的世界史定位与其精神史上的"近代超克"问题意识发生了共振，成为20世纪40年代"太平洋战争"期间，大量马克思主义学者放弃马克思主义信仰而"转向"拥护体制的深层心理原因。[1]换言之，在"转向"现象的背后，有着民族自我意识的深层影响。

---

[1] 关于"转向"的一种分析，可参见［日］鹤见俊辅：《战争时期日本精神史（1931—1945）》，邱振瑞译，四川教育出版社，2013年；这里要指出的是，鹤见并未注意到本文指出的心理原因。

随着战后日本在资本主义体制下的经济高速发展，近代以来日本与世界高度紧张的关系最终得到了解除。无论是左翼还是右翼理论家追求的经济平等、政治民主化以及权利的保障等，在日本获得了高度的实现。在这个意义上，以"超克"为动力机制的日本民族主义的角色已然终结，或者说，世界史在日本首先迎来了自己的终点，而"民族国家"被赋予的"超克"使命也就此终结。在这一进程中，始终处于权力批判立场的日本马克思主义贡献了独特的精神力量。

三
民族与世界：东亚世界的新认识

在前面两节中，我们从两个渠道分析了马克思主义对近代日本精神的影响。现在，我们要转向第三个渠道。如果我们将前两个渠道分别称为"学术的"和"民间的"，那么第三个渠道则可概括为"官方的"。当然，日本近代史上并不存在"官方马克思主义"这样的说法，所以这里说的"官方的"标签，需要做出限定和解释。简单地说，它是指马克思主义通过特定的过程影响了官方意识形态和政策的形成。

日本在第二次世界大战中的彻底失败，解除了它自近代以来与世界的紧张关系。在这个意义上，我们也可以说这是一种历史的终结。那么，考虑到近代日本对建构世界秩序的激情与智力投入的历史，这种"终结"究竟意味着什么？它是不是一种早熟状况，从而熄灭了日本知识精英持续探求未来秩序的热情？或者，它意味着主宰近代世界秩序的欧洲中心主义与近代性的终结？这种历史终结之后，民族国家与世界秩序获得了怎样的安排？[1]

出于对这些问题的思考，我们有必要换一个角度，看看体制内的精神动向。在下文中，我将以西田几多郎的弟子三木清（1897—1945）为例，继续分析马克思主义对于日本精神演进的影响。

三木清于1922年到欧洲留学，1925年返回日本，1927年开始在法政大学任教。随后数年间，他相继出版了《唯物史观与现代意识》（1928年）、《社会科学的预备概念》（1929年）、《历史观念论的诸问题》（1929年）、《观念形态论》（1931年）等著作，一跃成为"卓越的马克思主义理论家"，被后世誉为"战前日本马克思主义哲学的巅峰"。

1930年，他因资助日本共产党的活动而被捕入狱。出狱后，他放弃了马克思主义研究，转而成为政府的智囊。在这期间，他有关民族与世界关系的言论，尤其是他提出的"东亚协同体"，为我们留下了特别值得讨论的文本，因为"中国问题"是这一文本的核心。[2]1945年6月，他因为帮助一位反对战争的日本共产党党员，被日本帝国警视厅依据《治安维持法》逮捕，最后在9月26日惨死于狱中。三木清曲折的思想与政治经历，折射出了多重的日本精神史的症候。

三木清的战时言论与思想，主要发表于他在担任"昭和研究

---

[1] 关于日本"历史终结"论的含义，可参见本书绪论以及结语中的相关讨论。
[2] 参见[日]平子友長：《戦前日本マルク主義哲学の到達点：三木清と戸坂潤》，载山室信一编《帝国日本の学知》（第8卷），岩波書店，2006年。

会"委员长期间。"昭和研究会"成立于1936年11月,是近卫文麿的智库,以调查研究日本帝国的内外政策为宗旨。由于近卫于翌年出任首相(近卫先后于1937—1939年、1940—1941年以及1941年三次出任首相),"昭和研究会"事实上是近卫当政期间日本政府的智库。研究会先后出版的《新日本思想原理》(1939年1月)与《新日本思想原理续篇:协同主义的哲学基础》(1939年9月),被视为三木清的个人作品。正是在这些作品中,三木构想了"东亚协同体"理论,并得到了当时知识界的呼应。因此,我们有必要阐明,在"东亚协同体"这种思想与方案的复合体中,三木清的马克思主义理论素养究竟提供了怎样的思想要素。

对于近代日本来说,它一直被如下问题所困扰:日本到底应以何种方式成为东亚与东洋文明的盟主?它要如何处理与传统东亚文明秩序的核心中国的关系?这种构想中的东亚究竟怎样才能保证其不同于旧的世界制度,因而具有更为文明的特征?如何保证这种文明超克了西洋文明的弊端,并使得日本文明获得新生?随着1937年7月7日卢沟桥事变爆发,日本展开全面侵华战争,这些理论问题的重要性凸显了出来。

1938年11月3日,日本政府发表"东亚新秩序声明"。这是近卫内阁的第二次对华声明,第一次明确提出了日本发动战争的目的:"帝国希求之所,在于建设能确保东亚永久安定的新秩序。"而此前日本政府的官方声明,将卢沟桥事变以来日本的军事行动仅仅表述为"暴支膺惩",并且采取了"不以国民政府为对手"的态度。同年12月22日,近卫再次发表了以"善邻友好""防共共同防御""经济提携"为原则的谈话。1938年,战争已经出现陷入持久战的迹象,日本政府被迫进行政策转换。这是"东亚新秩序声明"的背景。[1]

这次声明的表面意图非常明显,就是希望中国能"分担建设东亚新秩序的任务"。不过,这里要注意的不是日本这种所谓的政治意图,而是在长达一年多的全面战争中未被表达的日本帝国的意识,或者说它的欲望。从精神史的角度来说,就是彻底地"超克"中国这一深埋在日本民族意识深处的欲望。正因为这种无意识层面欲望的存在,日本完全丧失了清醒的对华认识。它"坚信"自己解决"事变"声明的"真诚性"。

1953年,曾经担任日本陆军参谋本部作战课长的服部卓四郎出版了他编撰的战史;其中,他对近卫的声明留下了这样的评论:"近卫声明是随着事变的全面扩大,作为日华将来的基本课题,经过长期酝酿的结晶,它向中外表明了日本关于解决事变问题的真实意图和善良愿望。"[2] 一个完全建立在牺牲中国主权前提之上的声明,它的意图竟然"真实",愿望竟然"善良",这就不是自欺欺人所能解释的了。战局虽然进入了僵持阶段,但日本认为它已经"解决"了中国问题。正因如此,当这种欲望的实现开始落空时,日本才开始重新正视这个自己意识深处的"他者",或者说是"分身"。

让我们再回到这个新秩序声明上。"东亚协同体",这一所谓

---

[1] [日]藤原彰:《日中全面战争》,小学馆,1982年,第171—174页。
[2] [日]服部卓四郎:《大东亚战争全史》,张玉祥等译,世界知识出版社,2016年,上卷,第14页。

表达和论证"东亚新秩序"的理论就是在同一时期出现在日本的言论空间当中的。[1] 我们可以说，所谓的"东亚新秩序"就是"东亚协同体"在政治上的表达。因此，这个理论具有"体制内"性格。这种性格表明，明治维新之后在日本的世界政策中居于核心位置的"大陆政策"，在总体战争的压力下终于开始定型，成为相对成熟的理论构想。

从这个角度看，三木清的"东亚协同体"不能仅仅视为意识形态的自我欺瞒。无论是作为当时日本国策的积极解释者，还是作为近代日本精神史一以贯之的担纲者，三木清都认为东亚协同体有助于日本建设"真正的新世界"。他的重要根据在于，以儒教为中心的东洋传统文化具有内在的"世界价值"。因此，他要为日本帝国发动的战争确定有意义的方向与出口。为此，他对日本对中国发动的战争做了重新解释：

> 支那事变的世界史意义，从空间来看，正是在于通过东亚的统一，使得世界统一成为可能。迄今为止的"世界史"，实际上只不过是欧洲文化的历史。那只不过是从"欧洲主义"的立场看到的历史而已。[2]

---

[1] 这种理论的标志性论文是蜡山政道的《东亚协同体之理论》与三木清《东亚思想之根源》，二者分别发表在杂志《改造》1938 年十一月号和十二月号上。该杂志 1939 年的一月号，又发表了尾崎秀实的《"东亚协同体"的理念与其形成的客观基础》。参见［日］子安宣邦：《何谓"现代的超克"》，董炳月译，生活·读书·新知三联书店，2018 年，第 80—82 页。

[2] ［日］三木清：《三木清全集》（第 17 卷），岩波書店，1968 年，第 508—509 页。

显然，这种对日本侵略战争的粉饰与同期京都学派的世界史论共享了同样的问题意识。但问题在于，"东亚的统一"如何可能？日本所显现的"雄心壮志"如何才能避免沦落为一种狂妄自大？

随着日本帝国主义的彻底失败，"东亚协同体"自然破灭。但我们的目的不是确认这个理论的缺陷，也不是要它为现实负责；我们更关注的，是作为象征日本"战前马克思主义哲学的巅峰"的三木清，他的马克思主义素养在他的理论构想中发挥了怎样的作用。

我在上面引用他关于"世界史"形成机制的表述，就是要进一步确认他与京都学派世界史论的异同。如果说创造普遍的世界史是三木清与京都学派共有的目标，那么三木清的不同之处就在于，他认识到了"中国问题"。三木清认为，正确认识并应对民族与世界，才是事关日本帝国生死的问题。在1937年11月发表的《日本的现实》中，他这样论述：

> 首先从思想上看，支那事变至少明确地表明了一个事实，那就是，迄今为止那种单独强调日本特殊性的日本精神论，如今已经出现了重大的局限。因为那种思想无法成为日支亲善、日支提携的基础。如同日本有日本精神一样，支那也有支那精神。能将二者结合在一起的，必须是超越二者的思想。[1]

---

[1] [日] 三木清：《三木清全集》（第13卷），岩波书店，1968年，第442页。

这种观点在当时的新颖之处在于，它不再一味谴责中国的民族主义，而是认识到了它的必然性与意义：日本只能在面对中国的民族主义这一现实的前提下，思考世界史当中的日本与东亚问题。这种坚固的民族主义事实，无疑是让他注意到东亚的传统儒学（当时称"儒教"）的根本原因。传统儒学源于东亚世界长久的历史演化，有着一种浑然天成的普遍主义，它将会克服或者愈合近代东亚世界基于特殊的民族主义思想而造成的分裂。三木清的这些论述，目的是要将人们的观念校正到东亚世界真正的可能性上。

当然，这种观点并不是首创，"东亚协同体"与"亚洲主义"有着内在的精神关联，它是后者的最新表达。"东亚协同体"的出现固然与日本帝国遭遇中国民族主义的抵抗有关，但也是传统东亚世界秩序解体后出现的一种理论构想。传统东亚世界的演化进程，实际上是寻求秩序安定的理念与现实支配力量的过程。中国历代王朝曾经是这种双重过程所达成的相对稳定的结果，它表达为历史上形成的中华世界秩序。但19世纪中后期以后，在世界文明与秩序格局巨变的影响下，这个秩序逐渐解体，从而开启了东亚世界史的百年动荡。这个动荡的过程，正是理念和力量寻求新的结合的过程。近代日本的精神史，同样是这个过程的一种自我表达。这是历史认识的要害之处，我们在这里再次看到了日本精神史的连续性。

让我们回到前面的问题：中国近代的民族主义何以被日本知识分子认为是东亚世界史中的全新问题？"昭和研究会"的另外

一位成员尾崎秀实（1901—1944）在1939年发表的一篇文章中给出了一种答案："考虑到支那低水平的经济能力、不完全的政治体制以及劣质虚弱的军队，它竟能顽强坚持到现在，其谜底正是在于民族问题。"[1] 在这些知识分子的呼吁之下，日本政治精英第一次开始认真思考它所遭遇的这一全新问题。在此之前，日本舆论只是在"排日"的现象上观察中国，并通过政治和军事的手段，意图压制中国的这种民族主义运动。

遗憾的是，日本此时尚未明确认识到，正是其自身的国家行动，强力地促成了中国近代民族主义的形成。一方面，日本极富进攻性、压迫性的大陆政策的结果，是制造了它的一个"分身"，使得中国获得了近代民族主义最为强烈的民族主义形式，因为中国面临的是国家和民族的生死存亡。另一方面，中国近代民族主义成立的意义又远远超出了对日本帝国主义的抵抗，它意味着一个规模巨大的民族获得了一种全新的历史意识与政治意识。这是一种全民族的觉醒，也是中国抵抗日本帝国侵略的最终观念根据和力量来源。对于帝国体制而言，民族主义天然是其对立面，是一种有待克服的消极事物。中国国民的抗战意志，让日本冷静了许多。

面对所谓"新秩序建设"无法回避的民族主义问题，构建区域共同体成为日本帝国的现实选择。从理论上说，只有在一个全

---

[1] [日]尾崎秀实：《尾崎秀实著作集》（第2卷），劲草书房，1977年，第312页。这里顺便提及的是，尾崎秀实在"佐尔格事件"（日本政府破获的苏联间谍案）中被捕，1944年被处以极刑。在战后日本，他有着"真正的共产主义者"之誉。

新的共同框架中，东亚世界的分裂才能得到恰当处理。三木清论述说："东亚协同体这种新的集合体，必须是开放的，容纳各个民族的体系；在这个体系中，各个民族不会失去自己的独自性，必须能实现自我发展。"至此，三木已经抵达了同时代所能达到的认知极限：

> 我们必须充分地认识支那民族主义在其近代化过程中的历史必然性与进步意义。没有这种认识，而是单纯地抨击支那的民族主义倾向，抽象地否定三民主义中的民族主义，则会变成反动的认识。我们无法阻止支那走向近代化的历史必然运动，我们也不应该阻止。毋宁说，支那的近代化正是东洋统一的前提，因而对东亚协同体的形成而言同样是前提。[1]

在他看来，中国的"近代化"不再是中国一国的事务，而是东亚世界统一的前提，因而也是建立"东亚协同体"的前提。显然，这种理论有校正日本对华认识、约束日本政府对华军事与外交行动的设想。[2]

某种意义上，这种对东亚世界秩序的表述，还可视为一种对战后东亚世界秩序的构想，从"东亚协同体"到最近十数年间出

---

1 [日]三木清：《三木清全集》（第15卷），岩波書店，1967年，第212页。
2 关于三木清相关论述中对日本帝国主义的抵抗及其限度乃至失败的分析，可参见[日]橋川文三等编：《近代日本思想史大系4 近代日本政治思想史2》，有斐閣，1970年，第六章。

现的"东亚共同体",就理论上而言,没有显见的断点。[1]

在三木清上述建言的背后,有着他更为宏阔的关于世界主义与世界秩序的认知。他对东亚民族主义和东亚协同体的论述,不仅仅是策略性的权宜之计。在他看来,"近代世界主义"只是一种抽象的状态,而克服这种"抽象的世界主义"的否定性契机,正是民族主义所具有的重要意义。

下述引文呈现了他这种认知的思想深度:

> 近代世界主义之所以是抽象的,原因在于它对各个民族的固有性与特殊性没有深刻的认识。那种看法实际是建立在近代原理之上,换言之建立在自由主义基础之上,因而是抽象的。近代自由主义就是个人主义,它认为个人先于社会而存在。它首先设想了原子化的独立的个人,而社会本质上只是这种个人立场的结合关系。社会契约论就是近代社会观的典型。[2]

三木的上述说法指出了自由主义理论的一个基本难题。近代自由主义认为,独立的个体是普遍理性与平等权利的承担者。可是,这些个体在本质上是原子化的、彼此无所牵挂的个体,无法形成有意义的共同体,亦即国家与社会。这种原子化的个体只有借助

---

[1] 关于东亚共同体理论,请参见拙著:《友邦还是敌国?——战后中日关系与世界秩序》,上海人民出版社,2018年,第六章。
[2] [日]三木清:《三木清全集》(第15卷),岩波书店,1967年,第317页。

更高的原理，才能获得重新的组织。而近代民族主义正是这种更高原理。三木清已经认识到，民族主义是自由主义的一种必然结果，二者处于孪生状态。[1]

不过，三木清的意图不是借助民族主义纠自由主义之偏，更不是以自由主义纠民族主义之偏，而是有着更高的目标。三木清认为，近代社会是原子化的个人体系，近代世界主义是原子化的国家体系，但这种原子化的近代世界秩序的弊端已经显露无遗，因此，一种新的世界秩序必须得到建构。这样，三木清就从对自由主义的批判出发，在理论上完成了对近代民族主义的批判。

众所周知，马克思主义理论批判的目的决不是要否定、取消事实，而是要改变世界的事实状况。这种理论认知的模式和意识，预设了主体在改造世界中的位置。换言之，马克思主义旨在创造一种新的事实。就此而言，三木清的理论固然为当时的日本帝国的对外行动提供了友好的支持界面，但同时也在呼唤自身预设的主体。这体现在他对世界史创造中民族与个人关系的论述上：

> 在世界史上，任何具有世界意义的事件通常都是通过一定民族的活动得以实现的，没有民族的媒介而直接实现世界性的事物，则是抽象的看法。然而另一方面，民族的事物为了成为世界的、人类的事物，它必须通过个体这一媒介。历

---

[1] 当然，民族主义与自由主义的关系非常复杂，具有不同的历史形态，理论上对二者关系的一种探讨，可参见［以色列］塔米尔：《自由主义的民族主义》，陶东风译，上海社会科学院出版社，2017年。

史已然证明了这一点。个人若只是盲目地埋没于其民族内部，其民族的文化就不会获得世界性的意义。个人只有在民族当中获得自觉，通过自律的活动，那么民族的文化才可能获得世界性的意义。[1]

这一关于民族与世界关系的论述将近代日本的民族精神提到了新的高度，甚至可以说它是一种新的世界主义宣言。为了成为世界史使命的担当主体，个体必须脱离近代世界的原子化个人主义体系，成为民族的具体一员，但同时又不能埋没于民族自身。这种民族的自我意识与洞察，试图揭示的是现象背后的精神机制——民族的特殊性只有指向普遍性并建构普遍性时，才能确立自身的存在。这样，民族主义问题就自然上升为三木的主要问题。在发表于1940年6月的《国民性改造》等几篇文章中，他反复进行论辩，可谓苦口婆心：

比如说，今日在我国日本，人们频繁地谈论日本民族的特殊性。然而，承认自己民族特殊性，意味着必须同时承认其他民族的特殊性。尊重自己的文化传统，意味着必须同时尊重其他民族的文化传统。如果民族主义只是将自己绝对化而不承认其他的民族，那就等同于帝国主义……如今我观察支那时感到，我们到底对支那的传统与独自性考虑不足，而

---

[1] [日]三木清：《三木清全集》（第15卷），岩波书店，1967年，第353—354页。

是过多地将日本的要素强加给了支那。

妨碍支那独立的是帝国主义列国。日本的行动的意义被认为是将支那从白人帝国主义中解放出来。没有这种解放，东洋的统一就无法实现。但是，如果日本取代欧美诸国而对支那进行帝国主义支配，那么东亚协同体的真正意义就无法实现。在驱逐白人帝国主义这一口号中，应该驱逐的是帝国主义，而不是白人……以东亚协同体建设为目标的日本，自己不能成为帝国主义。[1]

在这些论述中，三木清事实上展开了对日本民族主义与帝国主义的批判：既然中国的民族主义与日本的民族主义在本质上并无不同，那么日本民族主义也必须得到限制与克服。不仅如此，中国的独立对于东亚世界的统一而言具有关键意义，在建构未来的政治秩序中，中国应被视为一种积极性的力量，而非此前被视为的有待日本开化与提携的落后国家。我在前面的章节中多次指出过，无视中国、蔑视中国是近代以来日本国家理性的一种显著特征。1937年卢沟桥事变爆发后，日本最终走向全面入侵中国的道路，与这种对华认知态度有直接关系。这种认知，在"对支一击论"这个口号上表达得淋漓尽致。当时的日本主政者认为中国不堪一击。

---

[1] 以上两段引文分别见三木清：《三木清全集》（第15卷），岩波書店，1967年，第413—414、312—313页。

面对中国的持续有效的抵抗，日本政界与知识界开始重新认识中国。三木清以及同期其他日本学者着力阐述的"东亚协同体"，至少试图在理论上澄清近代以来困扰日本的核心问题，找到打破僵局的出口。这个僵局的出口，只能在世界而非日本内部去寻找。毕竟，对于任何有使命感的民族而言，它只能在世界舞台上成就自我。

今天看来，如果只注意到文字表面的含义，人们可能会觉得这些学者的论述显得过于主观，流于空洞。但如同我一直强调的，简单地从结果来倒推这些论述的缺陷和失败，并不是恰当的历史认识方式。在当时历史的真实语境中，这些论述对于他们而言是恰如自然一般的存在，表达了人们真实的欲望、意志和精神。带着这个视角，我们最后再看一段三木清的说法，由此不难看到他本人的热情，以及时代最终给他带来的悲剧：

> 从空间上看，支那事变的世界史意义就在于，它通过实现东亚的统一而使得世界的统一成为可能……支那的现代化是东亚统一的前提，日本应该帮助支那完成现代化。支那在实现现代化的同时，有必要脱离近代资本主义的弊害，向着新的文化方向前进。只有将支那从欧美帝国主义的枷锁中解放出来，东亚的统一才可能实现。日本通过此次事变，必须尽力于支那的解放。当然，日本不能取代欧美诸国，自己进行帝国主义侵略。相反，日本自身也要以此次事变为契机，超越资本主义的赢利主义，迈向新的制度建设。对于现在世

界上的所有国家而言，解决资本主义问题是最重要的课题。因此，支那事变的意义，从时间上说正在于解决资本主义的问题。这样，从时间上看是资本主义问题的解决，从空间上看是东亚统一的实现，这就是此次事变所具有的世界史的意义。而且，这一空间的问题与时间的问题相互关联。不解决资本主义问题，真正的东亚统一就无法实现。[1]

这意味着，一种新的世界主义已经出现在此时日本的精神世界中，并在事实上构成了近代日本精神史的巅峰——一种彻底的"超克"论。这种超克的主体虽然被设定为日本自身，但同时保留了一个全新的、获得了解放的"中国"的位置。这个中国是一个现代化的中国，它摆脱了资本主义的各种制度，并向着新的文化方向发展。不过，这种超克此时仍然是理论构想，其成功与否决定于现实中中日战争的"世界史的意义"是否得到认知，以及更为重要的，是否得到主体有意识的追求。在三木清看来，"东亚统一"构成了日本自我意识与精神的最终现实目标。这种目标有着超越帝国主义政策的含义，而它的基础，即资本主义问题的解决，正是源于马克思主义对世界史运动规则的洞察。

从日本帝国的结局倒推三木清等人关于日本和东亚秩序的构想，我们看到的是理论的失败。在当时三木清的视野中，他的上述所有设想都停留在纸面上。然而，在他于监狱中离世（1945年

---

[1] ［日］三木清：《三木清全集》（第17卷），岩波書店，1967年，第508—510页。

9月）后不过四年，中国革命便取得了成功，一个全新的社会主义中国诞生了。这个中国所具有的"世界史的意义"，在随后的世界秩序的变迁中逐渐显现。三木清关于中国的预言，部分变成了现实。

当然，我们的目的决不是为了说明三木清的历史认识的某种有效性；我们关注的焦点是近代日本精神史演化的脉络。这个脉络的起点是一种世界主义的国家意识，而三木清从"东亚的统一"到"世界的统一"的认识，正是通过世界史的辩证生成机制和马克思主义哲学的概念装置得到了表述。这是我们的历史认识的要点。

近代日本精神的内核虽然可以表述为一种特定类型的世界主义，但在政治实践中表现出的则是一种帝国主义。这种认知框架和特殊路径意味着，它不容易识别出王朝终结后的中国社会的变化。它对中国的认知停留在传统中国的政治和社会属性上。虽然近代日本是传统中国所创造的一个分身，但在近代以后的历史进程中，日本富于压迫性的大陆政策，不仅仅是唤醒，更是强力参与创造了中国的近代民族主义。

这种特殊的关系，在历史现场造就了一个特别的效果：双方都难以容忍对方表现出的"民族主义"观念和行动。日本帝国一贯指责当时的中国政府"不理解帝国的真意"，对中国国民自发的"排日抗日"表现得过于敏感。与此同时，日本在大陆政策上的激进，无论是《马关条约》中勒索的巨额战争赔款和领土割让，还是让中国有亡国危机的"二十一条"要求、关东军策划的"伪满洲国"

的建立和"华北自治"运动，也都在创造强劲的"对手"。卢沟桥事变后中国表现出的举国一致的抗战意志，是历史的必然，而其强度和韧性，则有着东亚世界史的特殊背景。

从结果上说，中国近代的民族主义是一个全新的事物，它与支配传统中国的儒学世界观截然不同；后者的特征是普遍主义，不以民族和国家为理论的前提和有效性的边界。在"东亚协同体"中，中国的民族主义最终得到了日本知识分子的认知，并被纳入其所谓的东亚世界秩序重建的构想中。然而，这种微弱的光芒并未照亮日本近代精神的幽暗部分，日本最终走上了对中国的全面战争之路。虽然这个过程中看似有很多偶然的因素，但从日本精神史演变的角度，则是一种必然。

尽管如此，借助"东亚协同体"的理论构想与对现实秩序的意义赋予，近代日本的精神帝国与政治帝国在形式上达成了一致。尽管这种一致极其脆弱，甚至是一种幻象，但在精神和欲望的层面，它暂时"完成"了幕末以来日本奋斗的目标。正因为如此，在日本1945年8月15日宣布战败时，日本国民面对的就不仅仅是悲剧，更是一种幻象破灭后的无力和虚脱。[1]

---

[1] 关于此时日本国民精神的"虚脱"的社会史描述，参见［美］道尔：《拥抱战败：第二次世界大战后的日本》，胡博译，生活·读书·新知三联书店，2008年，第三章。

四
东亚世界史中的日本马克思主义

日本马克思主义是近代日本的一种特殊的"超克论",它要克服并超越近代资本主义制度的弊端,创造一种新的理想秩序。同时,这种特定类型的"超克论"也是日本历史的"终结论"。日本在形式上克服了"东洋—西洋"对立的认知模式,获得了基于马克思主义所主张的人类历史发展规律的普遍主义的思考能力。幕府末年以来仿佛魔咒一般控制着日本国民意识的"西洋"问题,倏然风化解体。

我们的认识还可以更进一步。考虑到战后以联合国为中心的世界新秩序的形成,可以说,1945年日本帝国的战败,不仅仅是作为民族国家的日本的历史的"终结",更是世界旧制度自身的"终结"。马克思在1853年对当时世界殖民秩序的预言,一部分成为现实。

经过马克思主义运动的洗礼,日本知识分子在理论上获得了全新的自我与世界意识。不仅如此,通过与"中国问题"相结合,日本马克思主义使得日本获得了更高一阶的自我与世界意识。虽然这些意识在战争期间并未转化为可见的现实,但近代日本的国家精神并不能因此而被简化为民族主义自身,而是始终有一个面向世界的向量。近代日本最初就将自己的精神放置于一种自我与世界的关系中;由于这种结构的存在,特殊的日本文化与民族的存在意义,只能依赖于一种普遍主义的精神及其秩序的实现。

因此,幕府末期以来日本知识分子对欧洲中心主义和近代西欧世界秩序的持续质疑、批判与抵抗,正是近代日本精神帝国的特质的表现。它所具有的明晰的对于世界与文明的使命意识,使得它不同于作为谋求解放的抵抗型民族主义。但日本真正的"难关"也同时出现在这里:在其谋求国家权力的现实主义政策和谋求普遍文明的世界主义意识中,它无法认识到自身民族主义的攻击性和危险性,更无法理解中国近代民族主义的形成与作用,而始终停留在对中国传统的世界属性的理解层面上。日本之所以无法理解中国近代民族主义的抵抗,是因为它无法理解中国近代民族主义的本质:在日本帝国的压迫下,中国已然不是传统的中国,而是已获得了一种与东亚传统的儒学世界主义截然不同的自我意识。

20世纪30年代的全球性危机时刻,日本马克思主义哲学观念的介入,将日本的世界认识提升到了一个新的层面——东亚世界的资本主义与帝国主义获得了新的解释以及新的"超克"理论的支持。但民族主义在中国的出现,更使得东亚世界史有了全新的变量。

在"东亚协同体"的理论构想中,日本知识分子到达了世界主义的入口:只有基于真正的世界主义精神,日本才能解决自身面临的困境。这也是三木清始终对中国的民族主义予以积极评价的根本原因。当然,这种辩证的抽象认识如何落实为具体的历史进程,换言之,如何实现扬弃、否定与更高层次的综合,包括他在内的"东亚协同体"论者无法给出具体的政策方向。这与其说是知识分子对帝国主义政策"抵抗"的失败,不如说是思想尚未找到自我实现的主体。

不过,这里强调的不是基于历史辩证法论述所必然包含的困难,而是这种马克思主义在观念上为近代日本精神开创的全新的视野与想象的空间。其中，共同体理论就是一种超越民族主义与帝国主义的一种新构想。从第二次世界大战后区域合作的进程来看，当时的"东亚协同体"论者有着激进的一面。

事实上，更为激进者如尾崎秀实就认为，"东亚新秩序"的实现是"实现世界共产主义社会的一个过程"，但其实现方式只能通过苏联、克服了资本主义制度的日本以及由共产党完全控制的中国的三者合作。因此，日本"必须控制自身的帝国主义要求"，因为"日本若不改变自己从来的主张，不变更其根本的指导精神，那么他们就有充分的理由不会追随日本的这一政策"。[1] 因此，他呼吁日本要重新确立自己的指导精神，重组自己的政治与经济体制。这是对欧美资本主义及其世界秩序的全面否定。

第二次世界大战结束后，正是这种对中国民族主义和社会主义进步观念的信仰，支持了日本左翼知识分子对世界新秩序的持续期待。换言之，日本知识分子期待中国继续"近代超克"的时代课题。意味深长的是，这种期待并非日本左翼知识界的一厢情愿，因为我们不难在当下的中国听到这种期待的回音。这也对我们提出了严肃的挑战，因为审视日本精神史的走向，实则关乎我们如何理解并建构我们自身的历史意识。这一点还可见诸日本马克思主义运动对中国的影响。

早在1901年，戊戌变法失败后流亡日本的梁启超在《南海康

---

[1] 两处引文分别参见［日］尾崎秀实：《尾崎秀实著作集》（第2卷），勁草書房，1977年，第314、318页。

先生传》中就提到了"泰西社会主义""共产之论"的说法；随后，这位伟大的启蒙思想家对社会主义思想进行了持续的关注和介绍。1903 年，同样游学日本的马君武（1881—1940）开始用中文介绍、宣传马克思主义思想。1904 年留学日本的朱执信（1885—1920），在 1906 年译述并发表了《共产党宣言》和《资本论》的片段。[1] 在翻译方面，明治日本的第一部社会主义理论著作，1903 年 7 月出版的幸德秋水的《社会主义神髓》，在 1906 年和 1907 年分别出版了两个中文译本。

如同我在前文所描述的，20 世纪最初的数年间，日本学者和社会活动家的社会主义介绍、研究和组织活动可谓丰富多彩，蔚为大观，形成了一时的思想潮流。梁启超等人此时赴日，在第一时刻就接触到了社会主义及马克思主义的一些基本思想和原理。就此而言，1919 年五四运动以后逐渐席卷中国的马克思主义运动，与同期的日本马克思主义运动有着相应关系。而 1949 年中国革命的成功，更可以说是东亚马克思主义运动的成功。

因此，东亚世界的国家间关系，不仅是体现在政治、经济、文化交流等经验领域中，更是存在于东亚精神史演进的底层。从本章的历史叙事中我们已然看到，内在于马克思主义的世界认识、历史意识和文明意识，与传统东亚世界的精神和欲望有着更高的亲和力与匹配性。东亚马克思主义运动的最终成功，有着精神史

---

[1] 参见郭刚：《中国早期马克思主义的传播：梁启超与西学东渐》，人民出版社，2010 年，第 116—124、191—203 页。

上的必然性。

从这个角度重新观察日本的马克思主义运动，我们无疑会获得新的认知和启发。正统的马克思主义者，尤其是日本共产党的部分党员，一直坚持对近代日本进行批判，而1945年日本的战败，则进一步提升了日本马克思主义的影响力。所以，说1945年日本的战败是日本历史的断裂，其实对错参半。诚然，与战争时期日本国民展现的决绝的精神相比，战败后，日本国民陷入了精神上的"虚脱"状态。"虚脱"的根本原因在于此前支撑自身存在的意义世界的坍塌与解体。但这只是一时的现象，近代日本的精神演进并未耗尽它的动力。事实上，它正在寻找新的表达方式。

在这个精神史演进的延长线上，我们很快就看到了另一个全新的意义世界——"民主主义"的世界观正喷薄而出。在日本帝国解体后的精神空间中，日本马克思主义运动扮演了终结与开端的双重角色。

[附论]

大正民主主义

人民觉醒的光与影

一、大正时代的精神危机

日本马克思主义在大正时代的迅速发展，得益于当时相对自由的言论环境和蓬勃展开的社会运动，在日本近代史上被称为"大正民主主义"。

在战后民主主义话语中，有一种强调民主主义"内生"的观点，认为1945年日本战败后出现的民主主义并非单纯源于占领军对日本的改造，而是有着本土的历史经验。除了明治时代前期的"自由民权"运动，被概括为"大正民主主义"的大正时代日本的民主化运动，是这种观点的主要经验基础。这里我们要关注的是，"大正民主主义"在近代日本精神史的脉络中有着怎样的位置。

在现代日本的语境中，"大正时代"这一说法会让人们在脑海中浮现出经济高速发展、文化空前繁荣、民众政治运动高度活跃的画面。有人甚至称其为日本近现代史上的"小阳春时代";这是一个充满着清新、温和与希望的说法。当代日本国民的这种印象,并非空穴来风。竹村民郎在其著作《大正文化:帝国日本的乌托邦时代》中对这一时期文化史的描绘,佐证了上述印象。不过,作者的描绘与展示并非出于个人的怀古趣味,而是有着明确的目的:"为了重新评价当今的民主与大众文化,我认为首先有必要对其根源,即大正民主与'大众文化'的特征进行整体上的把握。"[1]这种整体的视角,有助于我们理解时代的精神。

不同于后来的对民主主义的赞美与盛世印象,同时代的日本知识分子首先看到了问题。当时的著名作家、评论家德富苏峰在《考验国民之际》(1914年)一文中记下了如是观感:"如今日本正在丧失中心点。政府无威信,军队无威信,就连政治家也无威信……我们既听不到在旷野中呐喊的预言家的声音,亦看不到站立街头,试图指导国民的先觉者的影踪。人们彼此猜忌,对自己亦疑虑不安。黑暗即将来临。"[2] 这是一种关于时代精神危机的描绘。那么,大正时代究竟有着怎样的精神形态?

以后世视角言之,"后革命时代"这一说法可概括大正的时代气质。这里所说的"革命时代"是指整个明治时期。1868年维新前后十数年间日本国内的武装流血冲突,以及1894年后的大约十

---

1 [日]竹村民郎:《大正文化:帝国日本的乌托邦时代》,欧阳晓译,上海三联书店,2015年,第1页。
2 转引自 [日]橘川文三等编:《近代日本思想史大系4 近代日本思想史2》,有斐阁,1970年,第8页。

年间明治政府对中国与俄国发动的两场对外战争,先后在国内与世界上确立了近代日本的法律秩序。前者以确立了国内立宪体制的《大日本帝国宪法》的颁布为标志;后者则以确立了东亚新世界秩序的条约体系的签订为标志,由1895—1910年间日本参与签订的《马关条约》《辛丑条约》《日英同盟条约》《朴茨茅斯条约》《日韩合并条约》等一系列国际条约构成。这些条约的签订,使得日本在东亚世界秩序中获得了优势,确立了日本在世界政治中的大国与"文明国家"的地位。那么,这种状况是否意味着日本已经站在了人类文明发展的前沿?

事实并非如此。随着明治天皇在1912年的驾崩以及继位者大正天皇天生体弱,日本进入了一种后革命时期的日常状态。由于现代化成就斐然,社会生活的多元化与自由化日渐深入人心,明治时代"文明开化"(向世界先进文明学习)的国家目标逐步丧失。明治日本对普遍文明的渴望,被成为政治帝国的欲望所替代。前面引述的德富苏峰的评论,正是对这一后革命时代的新事实的敏锐反映,是当时"忧国"之情的一种表达。正因如此,帝国时代日本知识分子对民主主义的思考,给后世留下了更富有启发意义的经验教训。

二、民主主义还是民本主义?

首先,"大正民主主义"这一说法的对立面,不仅仅是指昭和前期(1926—1945)的极权主义,更是针对明治时期的权威主义而言——明治天皇被塑造为日本这个神国与神圣家族的慈父。大正时代"大众"的出现，与个体丧失此种意义上的精神权威后的解放有关。事实上，"大众社会"的出现，正是20世纪初日本社会的最大变化，它构成了大正时代民主的社会环境。在日本马克思主义的认知框架中，这种变化意味着人民的觉醒。

大正元年劈头而来的"大正政变"，奏响了大众时代到来的音符。1912年12月，陆军与政府因增设师团的问题发生冲突，结果导致内阁更迭。对此，民众高举"打破阀族！反对增师！拥护宪政！"的标语，在议会外展开了倒阁运动。1914年1月，日本海军高官接受德国与英国两家公司贿赂的事实被发现，加之纺织品减税问题，民众再次展开抗议运动，令内阁再次垮台。明治国家的权力与藩阀官僚主导的政治秩序，开始面临政党及其背后的大众的挑战。1918年，并非"华族"（明治时代确立的新贵族体系）与"藩阀"（传统政治集团）出身的原敬出任首相。原敬内阁的成立，通常被视为日本政党政治形成的标志。1925年，日本制定了普通选举法，规定25岁以上的男子都有众议院的选举权。

上述历史过程确实表明了日本的民主化趋势。只是，这一过程可以归纳为"民主主义"吗？著名的政治学者吉野作造为此进行的理论化工作，反映了这一时代的政治意识。

在发表于1914年的《论民众的示威运动》一文中，吉野认为，大众的登场已经是超越了当政者好恶的事实性问题，因而他呼吁当政者进行政治改革。1916年，他发表了著名的《论宪政之本义及成就其有终之美的方法》一文，用"民本主义"或"民众政治"

来指代通常的"民主主义"说法,展开时政议论与批评。他使用"民本主义"等替代性说法,并非仅仅源于当局者对"民主主义"的忌惮,事实上出于他对政治事务的深刻理解。吉野稳健的政治理论使得他成为提倡改良的建制派,从而与同期的无政府主义者、社会主义者等区分开来。由于吉野的政论被视为"大正民主"的指导理论,这里略作介绍。

首先,吉野认为,民众的登场有助于"立宪政治"的发展。这是因为,明治政治遗留的最大问题在于"暗室政治",即在事关政权授受的问题上,藩阀间进行暗箱操作,损害了政治的正当性;同时,贵族院与枢密院权力过大,众议院的作用未得到激活与发挥。他就此论述道:"事物本来就有利害两面的问题,民众政治自然有弊害。然而若举出弊害,寡头政治更多。仅因寡头政治是暗室政治,不正之事难以显露而已。民众政治因是大敞大开的政治,半点不正行为也难逃人们的耳目。"[1] 在吉野看来,一国的政治以"公明正大"为第一义,事不论好坏,原则上不能容许有秘密的存在。这是防止政治腐败、维持政界洁白的唯一办法。同样,吉野对民众的觉醒也没有无条件地赞美,而是率先指出了潜在的"弊害"。

针对为政者对民众政治的反对,吉野从三个方面进行了辩驳。第一种反对意见认为,民众政治与国体不合,违反宪法。从明治宪法条文上说,认为主权属于人民自然违宪。但吉野认为,这不符合宪法的精神,明治天皇在维新之际曾公布《五条誓文》,其中

---

1 [日] 吉野作造:《日本の名著48 吉野作造》,中央公論社,1972年,第69页。

一条就是"广开议会，万机决于公论"。吉野认为只要诉诸这条明治政府的立宪时刻（革命时刻）的政治原则，议会政治及其所代表的民众政治的正当性与合法性就会得到明证。后革命时代的困局只是一种政治不作为的表象，它掩盖了一部真正的宪法自身具有的生命力。

第二种反对意见认为，让无知的人民参与政治无异于授利刃于孩童。吉野对此辨析说，即便受过教育的人对政治通常也是不明所以，民众政治对人民只有一种最低限度的要求，即能否对自己要选举的代表进行人格判断——判断哪一位代表品行高洁，哪一位代表值得信赖，最终哪一位代表值得托付国事。对为政者心术的真伪进行判断，这是群众的本能。

第三种反对意见强调民众政治的各种弊端。吉野认为，这只是言过其实的自我恐吓。比如，针对当时日本国内弥漫的反美情绪，吉野坦然承认，美国政治的确有问题，绝非完美，然而从总体上说是利远大于弊。他论述道："今日的大总统威尔逊无需说，此前的塔夫脱总统、罗斯福总统、麦金莱总统，皆是足以载入世界历史的伟大人物。……大多数的美国总统无论是在品格上还是在政治能力上，都不仅仅是一代伟人，更可称为世界史之翘楚。美国总是将此等人物选出，令其主导国政，我们又如何能咒骂美国，认为他们为民众政治所拖累呢？"[1]在他看来，民众或者说大众的出现，同时带来了一种新政治的可能。

---

1 [日]吉野作造：《日本の名著48 吉野作造》，中央公論社，1972年，第75页。

不过，吉野并未陷入民主主义至上的理念世界与教条主义当中；作为政治科学家，他要考虑日本社会的经验现实。从原理上讲，议会政治是今日大众时代的"最良的制度"。但作为日本"今日最良的政治"，那只能是"以民众政治为基础的贵族政治"，日本国民需要伟大精神的导引，而最能领悟此精神者必须在国民的监督下从事政治活动。显然，这正是他对同时代"专制的宪法论"的同情与理解。事实上，19世纪中期以来日本的政治历程，正是在一种堪称伟大的精神的导引下才得以顺利展开，而民众也在这个过程中接受了教育，并逐步走向成熟。

上面简要的介绍表明，无论是在理论认知上还是在实践智慧上，吉野的政治论都达到了时代的最高峰。他对日本政治进程的观点，甚至可以与马克斯·韦伯在第一次世界大战期间为德国提供的政治处方相媲美。韦伯曾经指出，尽管议会民主制有很多的缺点，但在大众时代，它在教育国民"政治成熟"上有着无可替代的作用。[1] 从近代日本精神史的演进来看，吉野作造的民主主义理论代表着同时代日本民族精神的一次新的解放。

然而人类事务的悲剧性特点，如果用英国作家哈代（1840—1928）在其小说中的说法就是："呼唤者与被呼唤者，很少相互应答。"吉野的呼唤并未即刻反映到现实政治进程上。但这并非源于命运的安排，而依然是人智之不虑。吉野的忧国怀抱与理论洞察，与大正十五年间的国内政治大体合拍。然而在对外部世界的认知

---

[1] 参见拙著：《马克斯·韦伯与中国社会科学》，华东师范大学出版社，2015年，第四章。

上，他却未能领先时代一步，为日本的宪制发展提供进一步的理论支持。

他未能充分意识到，只有同步参与到世界文明的进程当中，才能为日本建立持之久远的政治体制。

三、大正国际合作主义的失败

后世论者对大正民主主义的关注，对战后日本民主化过程中本土资源与内生性格的强调，包含着对民主化进程的特定误解，以及对国家在所处的世界社会中所扮演的不可或缺的角色的忽视。与民主这个内部视角相应，世界政治层面上的"凡尔赛—华盛顿体系"是理解日本政治演进的关键的外部视角。

第一次世界大战爆发后，欧洲列强在中国的势力大为减退，日本则趁机加强对华影响力，于1915年1月提出了臭名昭著的"二十一条"，这一行为可谓日本帝国欲望的赤裸展现。它试图完全控制中国，但这种局面对日本而言绝非福音。1918年1月，美国总统威尔逊发表了著名的"十四点"宣言，成为奠定战后世界和平与世界新秩序的基础。1920年国际联盟的成立，标志着世界秩序向法律化方向的迈进。然而，日本已经开始与形成中的新文明分道扬镳。

威尔逊宣言所显示的世界政治原则和理念，显然代表了文明的进步。然而，时任日本内务大臣的后藤新平（1857—1929）在给首相寺内正毅（1852—1919）的意见书中却认为，美国的构想

"其内在的本质是道义的侵略主义，亦即披着公义人道外衣的伪善的大怪物"。这是日本当时的主流思想。当时日本要求将"废除人种差别原则"写入国际联盟规约，遭到英国、美国等的反对，更强化了日本的这种认识。北一辉在《日本改造法案大纲》中，将日本定位为"国际上的无产者"，表达的正是日本的屈辱感和在世界上继续革命的意志。

不过，作为凡尔赛体系确定的国际联盟五大常任理事国之一，日本还是审时度势，表现出对国际秩序的相应的协调及合作。1921年11月，包括日本在内的列强在华盛顿召开限制军备会议。1922年2月，列强与中国共同签订了《九国公约》，要求保证中国的主权独立与完整，实行"门户开放，机会均等"的政策。同年，日本同意将《凡尔赛条约》中德国让与它的胶州湾归还中国。

著名国际政治学者E.H.卡尔曾指出："迫于英美联合阵线以及世界舆论的道义压力，日本被迫接受了这样的结果，这即使不是公开的失败，无论如何也是对它的野心的严重抑制。"[1] 问题在于，日本从中体味的却是劣等的自我意识——日本是一个不受欢迎的大国。因此，日本国内打破现存世界秩序的冲动与呼声，一直不绝如缕。

日本在此间做出的与世界同步的努力，"币原外交"的实践是其中可圈可点者。1924年6月，前任驻美大使币原喜重郎（1872—

---

[1] [英]卡尔：《两次世界大战之间的国际关系：1919—1939》，徐蓝译，商务印书馆，2010年，第16页。

1951）出任加藤高明（1860—1926）内阁外相。在就职演说中，他说："今天，以权谋权术为目的的政略乃至以侵略主义为政策的时代，已经一去不复返。外交只能在正义和平的大道上前进……此前由少数专家把持的秘密外交，今后必须在获得国民的谅解、征询国民意见的基础上进行。"[1] 这虽是对威尔逊"十四点"声明第一条的重述，却是日本政治家试图挽回日本走向孤立主义的一种尝试。

他同时更准确地触碰到了时代的脉搏："国家作为国际斗争的团体的时代，已成为遥远过去的噩梦；如今，国家是背负着建设世界永久和平与实现人类永远幸福使命的团体，是进行国际间相互合作的团体……为狭隘的国家主义辩护，这只能说是对时代前进步伐与趋势的盲目与短视的观察。"

与此相对，加藤内阁的陆军大臣宇垣一成（1868—1956）的世界认识则完全相反。他反驳道："数年来'人道和平'这种我们所憧憬的美丽动听的声音一再响起，但那都是空洞的声音，因为规定国与国之间关系的，到底还是'实力'。尤其是在白皙人种与有色人种之间的对立上，这一事实表现得最为露骨……倘若将强大的国军从日本剥离出去，那么日本还能强在何处？"这是当时日本主流的世界认识。在当时的军政结构当中，为未来的"总体

---

[1] 此处及以下引用，转引自［日］橘川文三等编：《近代日本思想史大系 4　近代日本思想史 2》，有斐阁，1970 年，第 127—128 页。

战争"做准备，可以说是政治家的共识。[1] 值得一提的是，从其后的历史事实来看，币原喜重郎的理想主义战胜了宇垣一成的现实主义。这种结果并非偶然；理想主义的胜利，是人类文明自我纠正与进化的机制使然。

随着中国革命的展开，日本为强化控制其在中国攫取的不当利益，试图摆脱《九国公约》的限制。1928年5月的"济南出兵"，实际上是对中国革命与国家统一的直接干涉；1931年关东军发动"九·一八事变"，日本随后迅速占领了中国东北全境；1932年5月，海军青年将校发动政变，袭击首相官邸，枪杀了时任首相犬养毅，日本军部势力进一步膨胀。此后，日本退出国际联盟（1933年3月），开始沿着自己设定的道路一意孤行。此举导致日本自身和世界进入了严寒的黑夜。

四、大正民主主义的历史教训

对于后革命时代的日本而言，推进宪制的落实是其固有的发展问题。大正政治体制若能镶嵌于适当的世界社会中，假以时日，当可向健康的方向成长。然而，由于日本自行打破了世界政治这一最重要的外部环境，它最终丧失了保证自己健康成长的目标校正与文明约束机制。

---

[1] 参见［日］纐纈厚：《近代日本政军关系研究：日本发动侵华战争的历史渊源》，顾令仪等译，社会科学文献出版社，2012年，第二章。

我们看到，日本作为"凡尔赛—华盛顿"体制下的大国的优越感与耻辱感，在大正"民主"时代扮演了关键的角色。当然，从近代日本精神史演进的路径来看，这种面对西方列强的优越感与屈辱感一直潜藏在其自我意识的深层。1932年12月8日，日本在国际联盟的全权代表松冈洋右（1880—1946）用英语做了题为《十字架上的日本》的即兴演讲，据说"足以让日本的国际地位得到提升"。他在演说的最后为世界留下了如下说法：

> 我们日本人已经做好了接受考验的准备。欧洲和美国的某些人不是想把20世纪的日本钉在十字架上吗？各位，日本眼看就要被钉在十字架上。但是，我们相信，并且确信，过不了几年，世界的舆论就会因日本而改变，就像拿撒勒的耶稣被世界理解一样，我们最终也会被世界所理解。[1]

这些激情的政治言论广为传播，与"大众"固有的均质性格、对平等与自由的幻想、对政治参与的热情产生了共振。这种激情并非偶然，它深深扎根于近代日本的自我意识与欲望当中，它就是近代日本精神史的一种症候。问题在于，这种激情与大众的结合，进一步为帝国积蓄了挑战世界的精神力量。在这些精神机制与现实世界政治的相互作用当中，日本民族一步一步走向了自我毁灭。

---

[1] [日]鸟海靖编：《近代日本的机运》，欧文东等译，社会科学文献出版社，2014年，第299页。

因此，从政治文明这种事关人类命运事务的最高标准来看，大正时代的文化繁荣与经济建设的各项成就，其实微不足道。专制主义体制必然将其置于人的尊严与人性的对立面，这也决定了大正时期日本的大国地位在本质上的脆弱属性。大正民主主义也并不具有天然的正当性。包括"民主主义"在内的近代政治理念与实践，如果不以更高的精神维度与秩序加以约束，它的正当性并不可靠。

大正时代的精神，并未面向真正的文明进程，这也是大正民主主义在日本精神史上的界限所在。

第五章

民主主义

旧邦新造的历史意识

1945年8月15日，日本宣布无条件投降，唯一的非西方殖民帝国覆灭。日本在明治维新之后，再次"旧邦新造"，转变为民主主义国家。这里的问题是，近代日本爆发出来的那种精神能量，是随着帝国灰飞烟灭，还是转化为新的形态继续推动着日本历史的变迁？这是我们这一章的主题。

在前面我们已经看到，1938年11月，日本知识分子提出了一套新的东亚世界秩序理论，它实际上是"亚洲主义"的最新表达，目的是为日本的大陆政策提供新的原理和正当性说明。1941年12月，这种理论的"正当性"似乎获得了最有力的证据——日本向当时最强的殖民帝国开战了。战争的结果，如日本帝国的知识分子所预言的，一个超越了旧殖民秩序的新世界秩序降临了。在这个新秩序下，国家平等、种族平等、法律的统治、人权的保护等得到了重新的确认和制度上的安排。

尽管新秩序所讴歌的理念迄今尚未完全实现，但这却是人类文明史上极其重要的一步。如果说国内法律秩序的建立是近代文明国家的标准，那么1945年以《联合国宪章》为法律基础的国家间秩序的重建，则是世界进入文明时代的标志。对于多数国家的人民而言，1945年以后的世界，无疑是一个更好的世界。与近代西方文明同步而来的帝国主义在原则上遭到了否定，而近代文明的普遍主义理念得到了联合国全体成员国的支持，近代西方主导的时代和秩序终究得到了"超克"。这个世界终于不再是西方的"世界"了，它是所有人的世界。

这个普遍世界的象征便是，曾经是西方殖民帝国牺牲品的中国，此时已经是这个新秩序的最重要的创始者之一。中国一跃成为亚洲乃至全世界所有被压迫民族和人民的代表。

那么，在这个世界史意义上的"近代超克"的过程中，日本经历了怎样的转变？

我们先回顾一下历史的足迹。1945年8月15日，日本天皇通过广播向全国发布《终战诏书》，宣布无条件投降；8月28日，美军空降师150人的先遣部队在厚木机场着陆，随后美军陆续进驻各地；8月30日，驻日盟军最高司令麦克阿瑟（1880—1964）抵达厚木机场；9月2日，日本政府全权代表外相重光葵（1887—1957）与陆军参谋长梅津美治郎（1882—1949）在停泊在东京湾的美国军舰"密苏里号"上签订投降协议，第二次世界大战在法律上正式结束。10月，"联合国最高司令官总司令部"（GHQ，也称盟军总司令部）进驻东京，开始在麦克阿瑟的主导下对日本进行再造。至此，以1853年"黑船来航"为象征的近代日本的历史迎来了终点。

这并不是一个国家普通的历史转折点。从天皇制绝对主义到民主主义，从法西斯独裁到自由主义，从军国主义到和平主义，从"大东亚共荣圈"的盟主到"美日同盟"的一员，日本很快从一个殖民帝国、一个桀骜不驯的世界秩序的挑战者转化为一个普通的民族国家。这是日本历史的终结吗？是的，人们可以找到很多支持这一说法的证据。然而，在这个历史演进过程中，日本国民所经历的内战与重建、对外侵略与战争，以及在这一过程中体味的屈辱与"光荣"，却无法简单消失。

一个民族内心世界的变迁所要花费的时间，可能远远超过数代人的生命长度。从日本的历史——尤其是1945年战败后——轨迹和遗迹中探索日本精神演进的路径，虽然在表面上有曲折、断裂，但在它的地基深处，一种来自历史深处的能量仍在连续不断地释放，并不时冲出地表，让人们意识到它的存在。

人们通常认为，战后日本的民主化改革，是这种断裂的标志。联合国最高司令官总司令部在横滨成立后不久进驻东京，向日本政府发布了包括妇女解放、组织工会、教育的自由化、废除各种压迫性的制度以及经济民主化在内的五大改革指令，这是战后日本民主化改革的起点。1947年5月3日新制定的《日本国宪法》正式施行，标志着日本在最高法层面已经完成了民主化改革。到20世纪60年代，人们已经开始用"战后民主主义"这一说法来概括战后这一时期的历史进程。也就是说，战后民主化改革已经成了历史事件。

在这一时期，日本知识分子围绕"民主主义"展开了全新的自我与世界关系的论述。这无疑会让人联想到历史上的"亚洲主义"或"近代超克"。我们这里要追问的问题是：这个被概括为"战后民主主义"的思想事件，在近代日本精神演进的图谱上占据怎样的位置？

我无意再现1945年日本战败后最初数年间民主化改革的具体过程，也无意再现20世纪60年代席卷日本的民众抗议运动，尽管这些事实在理解日本民主主义的性格上不可或缺。我这里要探讨的是日本精神史演进的最新阶段的特征。与一般的战后民主主义讨论不同，本章的重点不是当时的日本学者与社会活动家对民主主义理念、制度以及具体的行动方案的讨论，而是要具体分析"战后民主主义"具有怎样的精神结构，日本的政治与知识精英呈现了怎样的精神状态，"战后民主主义"代表了日本怎样的文明观与世界观。简言之，我们要在战后日本民主化改革或者说重建日本这一政治进程的背后，读取近代日本精神演进的最新轨迹。

一

东亚的王权：为万世开太平

如同明治维新从"天皇"开始，战后日本的民主化改革也是从"天皇"开始的。但这两次围绕"天皇"的政治操作，方向上正好相反。

明治维新是重新确立天皇政治权力的过程，也就是所谓的天皇亲政。明治政府在1882年颁布的《军人敕谕》中规定,"军队世为天皇所亲御";1889年颁布的《大日本帝国宪法》进一步规定,"大日本帝国,由万世一系之天皇统治之"(第一条)、"天皇统帅陆海军"(第十二条);1890年颁布的《教育敕语》,中心是对臣民进行忠君爱国教育。在精神上,这种天皇制建构所达成的最高目标,就是天皇成为"现人神",兼具人格与神格于一身,获得了让国民坦然面对生死的非凡能力。1944年10月20日,日本海军开始创建"神风特攻队",这是一支以自杀攻击为目的而组建的敢死队,通常被视为日本军国主义者的最高象征。被选拔的特攻队员之所以能够"自愿""含笑赴死",其中一个原因就在于为天皇"捐躯"后,他们会成为"英灵"被供奉在靖国神社中,因为天皇具有封神的能力。[1] 当然,天皇最终获得这种地位,除了上述明治政治家出于政治意志的塑造之外,还有着源远流长的民俗基础。[2]

由于天皇无论是在政治、法律制度上,还是在心理、精神层面上,都有着塑造国民精神的巨大力量,因此要理解战后日本的民主主义,就必须从天皇开始。这并不是因为战后"象征天皇制"在形式上保留了天皇,而是这种新天皇制的确立,并未实质改变

---

[1] 当然,"含笑赴死"自身也是日本军国主义者创造的神话,神风特攻队员的选拔,实质上更接近一种"被迫"的自愿制度,参见[美]大贯惠美子:《神风特攻队、樱花与民族主义:日本历史上美学的军国主义化》,石峰译,商务印书馆,2016年,第五章。

[2] 参见[日]安丸良夫:《近代天皇观的形成》,刘金才等译,北京大学出版社,2010年,第三章。

天皇在国民精神结构当中的位置。这是一条进入战后日本精神的渠道。

事实上，战败将近代日本的权力本质完全凸显了出来。在战争末期，美国国内出现了强烈的废除天皇制的观点。1945年7月26日，中美英三国发布《波茨坦公告》（全称《中美英三国促令日本投降之波茨坦公告》），要求日本无条件投降。《公告》第六条为"欺骗及错误领导日本人民使其妄欲征服世界者之威权及势力，必须永久剔除"，第十条则有"对于战罪人犯，包括虐待吾人俘虏在内，将处以法律之裁判"这样的规定。这种状况意味着，如果日本接受宣言，天皇将面临巨大的危险。

必须保卫天皇！这是自幕府末期以来推动日本历史进程的"尊王攘夷"观念的本能反应，日本没有其他的选择。

位于日本权力中枢的天皇及其重臣们展开了激烈的讨论：究竟以怎样的方式能"护持国体"并保住"三种神器"？这里所说的"三种神器"，是指事关天皇家族起源和权威的三种神话器物，分别是"八尺镜"、"草薙剑"和"八尺琼钩玉"。

经过反复评估，7月29日，日本政府正式拒绝接受公告。美军随后于8月6日和9日，分别在广岛和长崎投下原子弹。8月9日，苏联宣布对日作战，日本丧失了最后有条件投降的希望，或者说，这是对日本决定性的打击。[1]《波茨坦公告》所言明的因拒

---

[1] 关于苏联参战是促使日本投降的关键因素的看法，参见［日］小代有希子：《躁动的日本：危险而不为人知的日本战略史观》，张志清等译，广东人民出版社，2015年，第240—241页。

绝投降而将导致的"即将迅速完全毁灭"（第十三条），此时已经成为眼见的事实。同日深夜，在御前会议上，裕仁天皇面对内阁战和两派的僵局（主战和主和各有三人），进行钦裁，决定接受《波茨坦公告》。这是一个让人惊心动魄的决定，日本为维护"国体"而进行的长达两周的考量，已让日本付出了三十万国民伤亡的代价。后世日本学者对此追问，这种悲惨的牺牲有必要吗？[1]

这当然只能是事后才能提出的疑问，因为在历史的现场，保卫天皇的"战斗"刚刚开始。从近代日本精神史的角度来说，人们很难想象当时日本有其他的选择。近代日本正是在"尊王攘夷"的精神导引下富国强兵，走向了世界大舞台，如今这位"万世一系"的国王可能面临被废黜甚至承担刑事责任的危险。对于日本国民而言，这是自"神代"以来未有之大变局。在精神帝国向政治帝国转变的过程中确立的天皇，不仅仅是近代宪法意义上的立宪君主，还是"现人神"。天皇既是"万世一系"的天照大神的后裔，也是作为日本众神祭祀者的人，集政治权威、宗教信仰与文化表现于一身。在战败时刻，日本人无法想象没有天皇的日本。

1946年，丸山真男发表了一篇分析日本军国主义的论文，题名为《超国家主义的逻辑与心理》，第一次从心理和精神的层面揭示了近代日本的国家逻辑。关于天皇和天皇制，他这样写道：

---

[1] [日]小森阳一：《天皇的玉音放送》，陈多友译，生活·读书·新知三联书店，2004年，第16—30页。实际上，早在1945年2月，近卫文麿就曾上奏天皇，提议就投降进行交涉，但遭到天皇拒绝。日本平民的伤亡，主要发生在这之后的数个月内。

对于超国家主义而言,天皇既是权威的中心实体,又是道德的源泉实体。那么,在这个由下而上依次依存的价值体系当中,天皇是唯一的主体自由的所有者吗?近世初期欧洲的绝对主义君主,因为从中世自然法支配的契约限制中得到了解放,自己从秩序的拥护者(Defensor Pacis)上升为秩序的创制者(Creator Pacis),因而成为近世史上最初的自由人格者。然而在明治维新时期,精神权威与政治权力合为一体,被视为向"神武创业"的复古。当我们说天皇是终极的价值实体时,天皇并不是前面说的从无创造价值的创造者。天皇继承万世一系的皇统,依据皇祖皇宗的遗训进行统治。钦定宪法不是天皇主体的制作,而被认为是"统治洪范之绍述"。这样,天皇也背负着源于古昔的权威。天皇的存在与祖宗的传统不可分,因为与皇祖皇宗一体而成为价值的绝对体现者。以天皇为中心,万民依据各自的距离形成的体系如果用同心圆来形容的话,那个中心不是一个点,而是一个贯穿其中的垂直纵轴。价值从中心的无限流出,因纵轴的无限性("天壤无穷")而获得了保障。[1]

丸山真男出于批判的目的,对天皇制作了上述分析。要强调的是,这里引述丸山的说法,并不是要确认天皇制意识形态的"落

---

[1] [日]丸山真男:《超国家主義の論理と心理》,载《丸山真男集》第三卷,岩波书店,1995年,第34—35页。

后"性格，而是要再次呈现近代日本精神帝国与政治帝国的根本原理。在这个意义上，对于日本而言，能否恰当安排天皇和天皇制，是关乎战后日本重建能否顺利进行的根本问题。同样，对于美国而言，如何处理天皇问题直接涉及占领政策以及随后对日本进行民主化改革成功与否的问题。

当然，美国此时也注意到了天皇在日本政治以及国民心中的特殊地位，在如何处理天皇的问题上采取了慎重的态度。这种政治判断得益于此时美国对日本的细致研究。日本论的名著《菊与刀》，就是文化人类学家本尼迪克特接受美国政府战时情报局而展开研究的结果。[1]以麦克阿瑟为首的盟军占领军最高司令部（GHQ）进驻日本后，更是注意到了这一点。事实上，麦克阿瑟此时已经决定不追究天皇的战争责任，以便顺利完成占领和改造日本的历史任务。对于他而言，这是一种历史使命。[2]

现在我们可以明白，面对"联合国远东委员会"（同盟国一方组建的负责监督对日占领的机构）以及美国国内要求严惩天皇的舆论，为什么保卫天皇反而成了GHQ的紧急任务了。[3]通过与日本帝国政府的合作，尤其是通过创制被誉为"和平宪法"的《日

---

1 参见拙文：《〈菊与刀〉与世界秩序的建构》，收录于《正眼看世界：历史、国家与文明新论》，广西师范大学出版社，2015年，第87—101页。
2 参见[美]曼彻斯特：《美国的恺撒大帝：麦克阿瑟》，黄瑶译，中信出版集团，2017年，下册，第126—128页。
3 这一期间美国国内对天皇战争责任问题的严厉态度，参见[美]涩泽尚子：《美国的艺伎盟友：重新想象敌国日本》，油小丽等译，江苏人民出版社，2011年，第100—102页。

本国宪法》的方式，在 1946 年 5 月东京战犯审判开庭之前，GHQ 最终决定并实现了对天皇不起诉的政策。[1]

值得注意的是，当时除了来自联合国一方追究天皇战争责任的压力外，日本国内也出现了批判天皇和天皇制的声音。这种批判的声音，主要来自此前一直被镇压的日本共产党以及日本马克思主义者。

1945 年 10 月 10 日，被囚禁监狱长达十八年之久的日本共产党员德田球一、志贺义雄等获得了释放。同日，他们以"日本共产党出狱同志"的名义，发表了《诉诸人民》的文章，其中第三条主张就是"打倒天皇制，基于人民的总体意志建立人民共和政府"。在随后的文章中，他们对天皇制和军国主义进行了措辞极为激烈的批判：

> 长期以来军事警察基于封建意识形态的残暴镇压，视人民不如家畜的暴虐政治，伴随着殴打、拷问、监禁、虐杀的殖民地榨取即军国主义的侵略，这些与成为世界的天皇的幻想紧密结合起来，这就是天皇制的真实本质。他们自己的广告词正好暴露了他们的欺骗性。[2]

显然，他们的批判并非仅仅基于激情。这些日本马克思主义

---

1 关于《日本国宪法》的制定过程，请参照本书下一章的叙述与分析。
2 原文见［日］日高六郎编：《戦後日本思想大系 1　戦後思想の出発》，筑摩書房，1968 年，第 245—246 页。

者虽正是因为此前在理论和实践上反对日本军国主义发动对华侵略战争而遭受日本政府的逮捕与囚禁，但这种个体遭受的政治迫害还不足以说明他们此时的信念。事实上，基于马克思主义关于资本主义经济危机与帝国主义战争关系的理论阐述，他们很早就预测了第二次世界大战以及日本战败的结局。

因此，在战后初期阶段，这些马克思主义者不仅仅因为遭受权力迫害而占据了道义的制高点，还因为他们预言的精准性获得了理论上的制高点。作为现实的斗争策略，日本马克思主义者认为首要的任务就是在战败的日本进行"民主主义革命"。

这里要注意的是，日本马克思主义者深知天皇在日本社会中的角色。他们认识到，天皇制的根本问题在于，它是以天皇的绝对价值为基础建立而成的。对于这个绝对价值，德田球一等人也无法进行批评，因此他们的批判只能停留在制度及其后果上。

与此类似，在1945年4月延安举行的中国共产党第七次全国代表大会上，共产国际的日本代表野坂参三（1892—1993）做了题为《建设民主的日本》的报告。在谈及天皇与天皇制时，他注意到日本国民"皇室信仰"与天皇"半宗教的影响力"，在解放纲领中只是说要"废除天皇制"，而特意强调不主张"打倒天皇"与"打倒皇室"。[1] 事实上，尽管有着道义与理论的光环，日本马克思

---

[1] ［日］野坂参三：《天皇と天皇制》，载日高六郎编《戦後日本思想大系1 戦後思想の出発》，筑摩書房，1968年，第111—113页。

主义者提出的"打倒天皇制"口号从最初就未获得民众的支持。[1]

1947年5月3日，以GHQ草案为基础创制的《日本国宪法》正式开始实施。宪法的第一章第一条规定："天皇是日本国的象征，是日本国民整体的象征。"自此，战败时期的日本政治家在法律上保卫国王的"战役"取得了成功。这种成功，事实上延续了贯穿于整个近代日本历史的"尊王"的精神传统。

1945年以后日本进行民主化改革的契机固然是日本的战败，但在这个事件的开端处，留下了日本固有的精神痕迹。今天，人们多用"自由民主主义"制度来表明现代日本的政治制度。这种说法当然正确，但它无法触及的问题是，除了政治和法律上的民主主义制度安排之外，日本国民对民主主义究竟有着怎样的感受与理解？毕竟，近代日本的崛起与失败，给人们留下了强烈的体验。

这种大起大落的时代境况，容易导致日本国民从精神的角度去理解时代自身。对于此时的日本国民而言，民主主义首先是一种精神事物，因为它来自"战败"这一独特的历史事件。说它是精神事物，是因为在战争时期，日本帝国的知识分子已经将战争精神化了，战争变成了一种精神事件。我们前面讨论的"近代超克"就是这种战争精神化的反映。1945年8月20日，京都学派的高坂正显在一篇文章中呼吁日本国民以"死而后生的精神态度"应

---

[1] [日]宫村治雄：《戦後天皇制論の諸相》，载中村正則等编《戦後思想と社会意識》，岩波書店，2005年，第32页。

对"新日本的历史创造"的任务，可以说是一种将战败精神化的努力。[1]

当然，知识分子只是表达了精神化的意志，但在历史的实际进程中，我们看到了这种精神化的真实力量，那就是王权的发动。在1945年8月9日召开的御前会议上，裕仁天皇做出"圣断"，决定投降，近代以来的"攘夷"运动至此告一段落。从表面上说，这是"攘夷"运动的失败,但"尊王"观念却由此再次升华。天皇"王权"的发动既是日本近代历史的终结，又是现代历史的开端。

如果说近代日本从国家制度到个体精神秩序的原点在于天皇，那么，天皇在战争结束时的政治行动，同样是其后规定日本政治与个体精神秩序的强大要素。进一步说，天皇在终结旧制度、创造新秩序时发挥的决定性作用，决定了此后日本民主主义制度的命运。日本在战后几年间进行的国家改造，如同主要当事者、从1948年到1954年连续担任首相的吉田茂（1878—1967）承认的，是一场完全的"不流血的革命"。[2] 吉田茂将这一革命的成功归因于日本国民诚实、乐观、好学等品性，但实际上，这些因素得以发挥作用的前提是，天皇为革命秩序提供了权威以及意义上的担保。

简言之，战败后日本这种不流血的低成本革命之所以可能，一个根本的原因就在于天皇王权的直接发动。

---

[1] [日]高坂正顕：《新しき試練へ踏出せ》，载日高六郎编《戰後日本思想大系1 戰後思想の出発》，筑摩書房，1968年，第62—63页。
[2] [日]吉田茂：《激荡的百年史》，袁雅琼译，上海人民出版社，2018年，第51页。

我这么说的根据，并不是仅仅凭借《大日本帝国宪法》所规定的天皇权力，而是因为，最终赋予法律条文生命的是民族共同体的生活方式。人们尊崇的不是法律上的天皇，而是天皇在它们内心深处所唤起的一种信念与意义。作为明治日本政治制度的天皇制虽然终结了，但"天皇"——它的本质是国王代表的"王权"——自身在政治哲学上的深刻意蕴与在现实政治中的作用，依然是有待深入揭示与解释的对象。

现在，我们具体看一下天皇在这一决定日本命运时刻的政治行动。天皇政治行动的标志性事件，是他发布的两篇诏书。

第一篇是著名的《终战诏书》。1945 年 8 月 15 日正午 12 时，日本以广播的形式向国民宣布接受《波茨坦公告》，结束战争。这个广播播送的是裕仁天皇的诏书录音，在前一日深夜秘密录制而成，史称"玉音放送"。这是日本国民第一次听到天皇的真实声音。从政治和法律上而言，这份诏书终结了一个时代，但也因此强化了天皇对日本国民精神的影响。在人们的经验世界中，每年到了 8 月 15 日这一天，广播、电视等媒体都会播送一段"玉音放送"，天皇的声音可以一再唤起日本国民的历史记忆。为了叙述方便，这里抄录原文如下：

> 朕深鉴于世界大势及帝国之现状，欲以非常措施收拾时局，兹告尔忠良臣民：
>
> 朕已饬帝国政府通告美英中苏四国，接受共同宣言。盖谋求帝国臣民之康宁，同享万邦共荣之乐乃皇祖皇宗之遗范，

亦朕之拳拳不忘者。此间所以宣战于英美二国者，亦实出于帝国自存与东亚安宁之故也。至若排他国主权、侵犯其领土，固本非朕之志也。然交战已历四载，朕之陆海将士勇武善战，百官有司励精图治，一亿庶众克己奉公，各尽所能。然战局并未好转，世界大势亦于我不利。加之敌人开始使用残虐炸弹，频频杀伤无辜，惨害所及实不可测。若继续交战，则不仅导致我民族之灭亡，亦将破坏人类之文明。如斯，朕将何以保全亿兆赤子，何以陈谢于皇祖皇宗神灵之前。此所以朕饬帝国政府接受共同宣言之故也。

对始终与帝国协力于东亚解放之各盟邦，朕不得不深表遗憾之意；念及死于战阵、殉于职守、毙于非命之帝国臣民及其遗族，则五脏为之俱裂。至于身负战伤、蒙受灾祸、丧失家业者之福祉，亦朕深切轸念之所。惟今后帝国所受苦难固非寻常，朕亦深知尔等臣民之衷情。然时运之所趋，朕欲忍其所难忍，耐其所难耐，以为万世开太平。

朕兹得以护持国体，信靠尔等忠良臣民之赤诚，与尔等臣民永在。至若激情泛滥而滋事端，或同胞相互排挤、扰乱时局，由此误大道，失信义于世界，此乃朕之所忌讳者。宜举国一家，子孙相继；信神州之不灭，念任重而道远；倾全力于将来之建设，笃信道义，坚守志操；誓发扬国体之精华，不落后于世界之进运。望尔等臣民善体朕意。[1]

---

[1] 原文见文藝春秋編：《戦後50年　日本人の発言》（上），文藝春秋，1995年，第12—13页。

在这份至关重要的历史文件中，天皇事实上以极其精炼的语言表明了近代日本的国家理由与精神历程，那就是谋求"帝国自存"与"东亚安宁"。从精神史的角度来说，它们正是"尊王攘夷"这一帝国精神的自我表达与现实要求。只是，因为"战局并未好转"，并且敌人使用"残虐炸弹"，为"保全亿兆赤子"，现在天皇要求日本帝国接受投降条件。这些说法，再次将近代日本的自我与世界认识呈现了出来。

日本认为，在当时殖民帝国主宰的世界秩序当中，日本发动的战争具有双重的性格：针对中国与其他亚洲国家，日本的行为是侵略战争；针对英美等西方列强，日本发动的战争属于帝国主义之间争夺殖民地的战争，本身不涉及正义性的问题。这是战后日本历史认识的主流。

这份诏书自身并未直接表明上述两种战争正义与否的问题，因而一直为左翼学者所批评。比如，诏书仅仅宣称"宣战于英美二国"，却完全无视日本对中国发动的侵略战争。[1] 这种历史认识造成的历史后果延续至今。事实上，在现代日本的一部分历史学者的认知当中，"日中战争是近代日本对外战争中持续最久的战争，在广义上的牺牲者数量超过了日美战争……然而，与日美战争相比，日中战争已经在日本人的历史记忆中远去"；明治以来日本未

---

[1] 相关的批判言论，可参见［日］小森阳一：《天皇的玉音放送》，陈多友译，生活·读书·新知三联书店，2004 年，第二章；［日］纐缬厚：《"圣断"的虚构与昭和天皇》，毕克寒译，辽宁教育出版社，2015 年。

能与中国建立安定的关系，"这种状况至今依旧"。[1]

我这里指出《终战诏书》的这种历史认识性格的目的，首先是要说明它在近代日本精神史演化中的作用。从这个角度看，我们有必要关注一下所谓"玉音放送"这种形式，即天皇通过广播亲自宣读诏书的形式本身。在本质上，这是一种大立法者在革命时刻诉诸和面向人民的演讲形式，是东亚王权的本能反应。当然，这是一次被迫的、从上而下的"革命"。正因为这种革命的特殊性，天皇的出场使得日本平稳地迎来了和平，而与这个和平同时到来的正是"战后民主主义"。诏书事实上是在无形中召唤人民的出场，尽管在诏书中被表述为"臣民"。

由此我们可以说，《终战诏书》发挥了承前启后的作用，它使得两个时代实现了无缝对接。诏书之所以能发挥这种作用，正得益于它所体现的权力，即"王权"。这种王权有着东亚王权的普遍主义性格，因为它时刻诉诸"东洋"的道义属性，并指向理想的普遍世界的创造。

值得注意的是，诏书的这种王权性格，同时是近代日本精神的一种凝缩。根据历史记载，诏书由时任内阁书记迫水久常和汉学家川田瑞穗起草，随后由阳明学者、大东亚省顾问安冈正笃加以润色而成。这位安冈正笃另外为人所知的身份就是昭和时代右翼团体"犹存社"会员以及"金鸡社"的创始人。

安冈正笃修改的主要是"忍其所难忍，耐其所难耐"这一句

---

[1] ［日］波多野澄雄等：《決定版 日中戦争》，新潮社，2018年，序言，第7页。

前后的两句话。他在这句话前面加入了"义命之所存"一句,在后面加入了"为万世开太平"一句。前一句取自《春秋·左传》中"以信行义,以义成命"一语,后一句取自北宋著名儒学家张载《张子语录》中的著名说法:"为天地立心,为生民立命,为往圣继绝学,为万世开太平。"不过,在随后的讨论中,由于内阁成员不理解"义命"二字的含义,并且以辞典未收录这一词语为由,未采用安冈的说法,而是改为"时运之所趋"。据说,安冈得知修改后,怒斥当事阁僚"无识",感叹"此乃千岁之恨事"。[1]

这种感叹并非空穴来风。在安冈看来,日本宣布接受《波茨坦公告》是"义命之所存"还是"时运之所趋"涉及本质的认知问题。"义命"由儒学的核心观念"义"与"命"组成,意思是"正道、天命",是儒学的古典语汇。将接受公告的理由解释为"义命之所存",是把日本的行为置于东亚古典文明的传统中,其宣布结束战争,乃是道义使然,是主体选择行为;与此相对,后者则有被迫、无可奈何的含义。

因此,围绕诏书文字上的这些修改不仅仅是修辞问题,文字体现的正是此前日本帝国的精神世界自身。从这个角度来说,由水户学开创的近代日本"尊王攘夷"的精神品性,在这一诏书中为日本留下了最后的、也是最重要的遗产:"为万世开太平"。这是东亚传统儒学普遍和平主义的最高表达。

---

[1] 这里的历史叙述,参见[日]纐缬厚:《"圣断"的虚构与昭和天皇》,毕克寒译,辽宁教育出版社,2015年,第113—114页;[日]小森阳一:《天皇的玉音放送》,陈多友译,生活·读书·新知三联书店,2004年,第42页。

在这篇诏书中,"为万世开太平"这一宋朝新儒家特有的气魄无疑极大提升了"尊王攘夷"精神的视野和格局。如果说"尊王攘夷"还有其历史的、排外主义的局限,那么"为万世开太平"则是纯正的普遍主义精神了。战后日本国民坚定走"和平国家"的道路,当然不能简化为诏书的影响,但二者在精神上呈现出的某种同型性,却也透露出了历史的另外一种真相。

关于战后日本的"民主主义"与"和平主义"思想,人们多持"外来"说,即源于美国对日本的改造。从现实的角度来看,联合国占领军无疑以它所依据的法律和政治权力,主导了日本的民主化改革。不过,如果过于强调这种外来的因素,我们就看不到内在于日本精神史与政治实践中的因素的影响。比如,上面提到的《终战诏书》中"为万世开太平"这句话的政治意志,就不仅仅是修辞意义上的辞藻,而是在随后的历史演进中,通过一系列的政治与社会进程,进一步转化为《日本国宪法》中"和平主义"思想的根源。

这里关注的焦点虽然是政治权力,但当事者自身的品格也同时深刻地影响了日本民主化改革的方向。据记载,初到日本的麦克阿瑟看到战败的日本人修理支离破碎的机械、重建房屋、工厂和船坞时,很赞赏日本人忍受失败时的"自尊",认为"日本人拥有耶稣登山训众的精神"。[1] 同样,在裕仁天皇的身上,麦克阿瑟

---

1 [美] 曼彻斯特:《美国的凯撒大帝:麦克阿瑟》,黄瑶译,中信出版集团,2017年,下册,第135页。

也看到了同样的精神。

1945年9月27日上午10点，裕仁天皇来到美国大使馆拜会麦克阿瑟。这是麦克阿瑟精心安排的一次会面。在会晤中谈及天皇为何没有阻止战争时，天皇坦然承认："我不清楚我们的事业是非正义的。即使现在我也不确定未来的史家会如何分配战争责任。"当麦克阿瑟对此感到震惊时，天皇继续做出了如下表述："麦克阿瑟将军，我来到这里，是把我自己提交给你所代表的权力进行审判，对于我的人民做出的每一个政治决定和军事决定，对于在战争行为中采取的每一个行动，唯一负有责任的就是我一人。"[1] 据说，麦克阿瑟瞬间被感动了，因为天皇承认责任，意味着他自己可能走上绞刑架。天皇的这一"罪己诏"深深影响了麦克阿瑟。在随后的政治进程中，他抵抗住了来自包括美国在内的盟国的各种压力，成功地使天皇免除了起诉。

我们要看的第二份诏书发布于1946年1月1日，是这一年的《新年诏书》。这份诏书更为人所知的是另外一个名称，它被广泛称为"人间宣言"（或"非神宣言"）。在这篇诏书中，天皇公开否定自己作为"现人神"的"神格"属性，从而为将权力转移给国民创造了最后的精神条件。

这篇诏书否定神格的构想，最初源于GHQ对时任首相币原喜

---

[1] [美] 贝尔加米尼：《天皇与日本国命：裕仁天皇引领的日本军国之路》，王纪卿译，民主与建设出版社，2016年，第125页。另参见：[日] 田中利幸、[澳] 麦科马克、[英] 辛普森编：《超越胜者之正义：东京战罪审判再检讨》，梅小侃译，上海交通大学出版社，2014年，第84页。

重郎的指示，天皇自己主动加入了《五条誓文》以进一步表明心志。不管起源如何，对于民众而言，对于即将由"臣民"转换为权力主体的"国民"而言，诏书终归是天皇自身的政治行为。因此，在这一巨大的历史进程中，君主—臣民这一旧体制下的关系，获得了在新体制下的一种延长：在民众看来，他们享受的民主主义的生活方式，有着来自天皇的恩典。这样，无论是此前的臣民还是此后的公民，日本民众的生活获得了一种超越历史的精神的支持。在一种超越于现实权力政治与利益关系的古老力量的规范与支持下，日本民主主义政治显现出了它的活力。

与日本国内对这份"人间宣言"的温和反应相比，当时驻日本的外国新闻特派员首先注意到了这一诏书深刻的政治哲学含义；其中有一位记者直接以"日本革命"为标题进行了报道。为理解这一"革命"的精神属性，这里抄录这份诏书的部分内容：

兹迎接新年。回顾往昔，明治天皇下赐明治最初国是《五条誓文》。曰：一、广开议会，万机决于公论；二、上下一心，盛行经纶；三、官民各遂其志，勿倦人心；四、破除旧来陋习，以天地公道为基；五、求知识于世界，大振皇基。睿旨公明正大，复何加焉。朕兹重发此誓文，欲再开国运。故必须遵此誓文宗旨，除去旧来陋习，畅达民意，官民全体致力于和平主义，构筑富有教养之文化，以此谋求民生之向上，建设新日本……我国民此刻直面考验，决意彻底以和平方式追求文明；果能团结一致，不仅为我国，亦将为全世界开创光明之前途。朕对此深信不疑。

夫爱家之心与爱国之心，于我国尤为热烈。有鉴于此，现今正是扩充此心，致力献身于对全体人类之爱之完成……朕与尔等国民常在，常期利害与共，休戚同享。朕与尔等国民间之纽带，始终基于相互信赖与敬爱，并非仅源于神话与传说。以天皇为现人神，且以日本国民优越于其他民族，进而负有支配世界之命运，此乃虚构。朕与尔等国民间之纽带，非基于此观念。[1]

显然，这份新年诏书在精神上再次将近代日本的历史整合到了一起。通过引述明治维新时期的宪法性宣言《五条誓文》，裕仁天皇表明，日本此刻正在进行的改革，在精神本质上与明治维新并无二致。不仅如此，对于此前军国主义者极力鼓吹的"爱国"思想，裕仁天皇并未讳言，而且还更进一步提出了更高的要求：要求国民彻底贯彻"和平主义"，要求国民献身于对"全体人类之爱"的完成。

人们通常只关注天皇在这篇诏书中否定自身"现人神"的直接意图，而忽略了他更为高远的用意，那就是对国民精神进行导引和改造。"和平"和"人类之爱"是一种超越近代民族国家的普遍精神，在因战败而人心不安的时刻，天皇通过诉诸这种普遍

---

[1] 原文见文藝春秋编：《戦後50年　日本人の発言》（上），文藝春秋，1995年，第20—21页。

的精神，试图为国民提供安慰和奋斗进取的动力。可以说，日本天皇对这两种今日被视为普遍价值与理念的强调，奠定了战后日本迄今为止的国民精神底色。在天皇无可替代的权威的影响下，包括民主主义在内的普遍价值理念开始在民众中传播。

天皇的"人间宣言"实际上构成了天皇观念的自我革命。如上所述，这一宣言最终导向了以和平主义立国的国家理性的变革。与此相应，日本政府也在观念上进行了"自我革命"：它开始否定非自由的政治制度。这是日本战后民主主义制度的第三个内部起源。

这一自我革命的象征事件发生在1945年8月26日。这一天，来自皇族的东久迩宫稔彦（1887—1990）首相召开记者招待会，正式发表了政府关于战败的看法。在列举了导致日本战败的各种原因之后，他进一步指出："一亿国民进行总忏悔，这是我国再建的第一步，国内团结的第一步。"这就是在战后日本战争责任论中反复出现的"一亿总忏悔"这一说法的起源。这个说法实际上要求所有国民都要反省自己对战争失败所负有的责任。显然，这种表述方式逃避了战争责任的具体所在的问题，甚至将责任转嫁到了全体国民身上，因而也一直为日本左翼学者所批评。当然，也有一部分日本国民会主动引用"一亿总忏悔"这个说法，表明自己要承担战争责任。

我们在这里要关注的不是这一动辄引发争论的战争责任问题，而是被忽视的日本政府进行自我革命的意图。实际上，这位临危受命的首相在这次记者招待会发布的信息，远远多于上述说法。

概括而言，这一宣言一则关乎国内制度的重建，一则关乎日本今后与其他民族的交往。这些信息事实上也构成了其后新宪法的基本精神。

迄今为止我国言论与结社处于怎样的状态，我们有必要加以反省，以促使将来言论更为活跃、健全的结社更为发达。迄今为止，在钳口令下，我国国民如同口中被塞进了东西一样，遭受了源于权力与权威的严厉处罚。我国国民只能忍气吞声，什么都不敢说，只能背地里悄然暗骂。政党也仅仅是政府的御用政党，不让它发表任何意见。而且，政府还对言论机关中最重要的报社进行了压制，禁止进行自由报道……实际情况既然如上所述，我认为此刻我们要果断地采取具体的措施。

我们日本民族将来不可能孤立存在。我相信日本民族将与其他民族一道共存共荣，一同贡献于世界文化的发达……总之，日本民族迄今为止为战争付出了全力。此刻，我们应当心机一转，重新振作，将我们民族的全部心智与能力倾注到人类文化当中，努力贡献于世界全人类的进步与发展……如果能做到这一点，我相信我国的将来将充满光明与希望。最后，我们要再次奉读明治元年3月14日明治天皇下赐的《五条誓文》，妥善处理当下的国难……[1]

---

1 原文见［日］日高六郎编：《戦後日本思想大系1　戦後思想の出発》，筑摩書房，1968年，第53—58页。

我们可以清晰看到，这是一份相当严厉的自我批评。通过这种自我批评，此时的日本政治家向日本社会传达了多重信息，其中最重要的就是对言论自由制度的保障。由于现代民主主义更多的是一种生活方式，是一种保障人民自由的政治制度，战后日本第一次公开表达的上述说法，可以称为其"自由立国"的政治宣言。

但在历史的真实进程中，理念只有获得了与其匹配的精神结构，才能顺利完成向现实的转化。日本政治家的这次公开谈话，将自由立国这一全新的理念放置到了近代日本精神史演进的脉络中，从而为重建已然开始瓦解的意义体系提供了强有力的支持。不过，自由立国理念的正当性虽然不言自明，但将其转化为现实的政治方针并非如此。东久迩首相在谈话中提及明治天皇的《五条誓文》，实际上在向国民表明一种日本传统的宪制结构，那就是天皇及其政府将以誓言的形式致力于建设全新的日本。换言之，自由立国在日本的实现，依然要依赖于日本自身的制度与精神条件。

这样，随后的民主化改革被纳入近代日本的建国传统与建国精神中，从而获得了独特的意义。东久迩内阁的皇族身份，强化了战后民主化改革与明治维新在意义上的关联。当然，这种关联并非权宜之计，而是有着经验上的支撑。针对战后民主主义的"外来说"，有很多日本学者指出了大正时期民主运动的历史经验的重要性。[1] 也就是说，日本国民对民主主义的理念和实践并不陌生。

要注意的是，此时无论是自由化还是民主化，所指的对象都

---

[1] 关于"大正民主主义"的讨论，请参照本书第四章的附论。

很明确，那就是官僚专制。这当然是一种狭隘的民主化理解，但也触及了东亚王权秩序下的专制形态。比如，1945年8月28日，陆军中将石原莞尔在报纸上公开提出："打倒官僚专制是眼下的紧急任务，如果说这就是'民主主义'，那么日本就应该成为世界第一的'民主主义'国家。"京都学派的高山岩男也认为，战争时期的统治"窒息了人民的自主性和创意性，结果反倒妨碍了总体战争的完成"。在战败后召开的第一次众议院会议上，议员芦田均（1887—1959，1948年出任首相）发表了题为《导致大东亚不利结局的原因及其责任》的长篇文章，呼吁政府废除官僚制度，实行言论自由。

这一时期，类似的言论极为盛行。民主主义的缺失，以及必然随之而来的行政官僚的专制，被认为是日本失败的主要原因。当代日本的思想史学者小熊英二将其命名为"作为爱国的民主主义"，用来概括这些民主主义言论的精神特征。[1] 在他看来，这些言论的出现固然有着《波茨坦公告》的影响，但它们被迅速吸收到"忧国"这一近代以来的日本精神传统当中，无疑强化了民主主义的正当性。

在这里，我们看到了日本型民主主义生根的真实情境。可以说，日本的民主化改革得以顺利推进，与天皇所代表的王权体系的支持密不可分。在战后的新宪法中，天皇的地位虽然转化为"象征天皇"，不再拥有政治权力，但在精神上，天皇为现代日本的"国

---

1 ［日］小熊英二：《「民主」と「愛国」》，新曜社，2002年，第67—69页。

民主权"提供了基于历史、习俗以及精神的正当性基础。就此而言，王权并未远离现代的民主主义制度，"象征天皇"正是王权在现代社会的表达形式。

当然，我们还可以看到民主主义制度对现代王权的反向加持。比如，1958年11月27日，皇太子明仁与出身平民的正田美智子的婚约公布，成为经典的"平民与王子的恋爱童话"，日本社会出现了盛况空前的"美智子热"。守旧派将这种现象视为礼崩乐坏而感到悲伤、厌恶；不过，他们显然只看到了事物的表面现象。而政治学者则看到了本质，并将这一现象命名为"大众天皇制"。在一些政治学者看来，随着日本民众生活的富裕，日本出现了以大量生产、大量消费以及巨量原子化的个体参与政治生活为特征的"大众民主社会"，这种社会形态为天皇制"补充了新的营养"，人民与天皇的关系发生了新的变化。[1]

从王权的角度来说，"象征"本身就是一种内在于王权的政治权力。这种权力，只有在支撑人们生活的意义体系中，才能得到恰如其分的认识和理解。大众民主社会固然为天皇制提供了新的能量，但"大众"自身在剧烈变化的社会中安身立命的根本，则得益于作为"象征"的天皇所提供的意义体系。

那么，何以这个象征体系具有独特的意义？我们要重新思考如下几个说法，即"万世一系""天壤无穷"与"八纮一宇"。这

---

[1] [日]松下圭一：《大衆天皇制論》，载宇野重规编《民主主義と市民社会》，岩波书店，2016年，第79—98页。

些正是日本皇道主义者们一再高喊的口号。可是，如果剔除它们在帝国时代的意识形态功能，它们的某种本然属性也就显露了出来：在日本民族的共同体生活当中，由神话时代开始延续不断的天皇家族的存在，即便不是永恒自身，也是象征着由历史到永恒、不朽的某种通道。这样，在天皇这一集历史性与永恒性于一身的尺度之下，作为个体的国民意识到了自己的有限性。面对自然人性的弱点，人们只有将自己投入某种无限或永恒当中，才会获得终极的生命意义。

天皇是战后民主主义的开端，但它也同时隐身于随后制定的新宪法的精神世界中；这样，日本的战败和民主化的改造，获得了一种精神力量的支持。在这种精神的土壤中，日本很快克服了战败后出现的短暂混乱，把来自历史与民族深处的精神能量完全投入到现代文明国家的建设中。

二
永久革命：作为近代超克论的民主主义

我们在上文中提到，裕仁天皇在《终战诏书》中号召国民"倾力于将来之建设"，东久迩首相号召"建设新日本"。不过，从理念或目标转换为现实，需要具体的政治与政策安排。这个过程正是民主主义的具体实践。在这个实践的层面上，战前和战后的断绝性格凸显了出来。战败后的日本政治家虽然提出了"自由立国"的目标，但"自由"在"国体"这一近代日本政治观念集大成的说法面前碰到了边界。这一次，自由虽然取得了胜利，但不是凭靠日本内部的自由的力量。

1945年10月4日，驻日美军的机关报报道了东久迩内阁的内务大臣山崎在会见英国路透社记者时的回答。他在回答中提到，负责"思想取缔的秘密警察"依然在活动，对"进行反天皇宣传的共产主义者一律果断逮捕"，"主张废除天皇制的人一律视为共产主义者"。《纽约时报》随即以《等待释放的共产主义者们》为题发文。此时距离东久迩首相的自我批判已经过去一个多月，旧体制依然在有条不紊地运作。日本国民尚未意识到，就是这次新闻报道拉开了民主化改造的历史帷幕。

富有戏剧性的一幕发生了。10月4日傍晚，GHQ突然对日本政府发出指令，即"关于政治、信教与民权自由限制的解除以及政治犯的释放"，简称"人权指令"，要求日本政府即刻进行言论的自由化，在10日以前释放所有政治犯。这是GHQ发布的第一号施政命令，一个新的时代开始了。

由于GHQ在发布这一指令之前并未与日本政府进行联络，这让日本政府感到十分震惊。推动日本历史转换的力量，就这样以最直接的、突如其来的命令方式呈现了出来。10月5日，时任外相吉田茂拜访GHQ，表示"日本政府难以实行这样的指令"，但得到的回复是，"指令必须忠实地执行"。这种冲击导致东久迩内阁很快解散，同年10月9日，币原喜重郎内阁成立。当然，新内阁的首要任务是执行GHQ的日本改造计划。次日，德田球一等共产党政治犯就获得了人身自由。[1]

---

[1] 参见［日］竹前荣治：《占領戦後史》，岩波书店，1992年，第111—119页。

随着言论自由的解禁，尤其是左翼共产党活动的合法化，民主主义开始显现其活力。围绕"天皇制""宪法""民主主义""近代"等，日本知识分子与政治活动家展开了活跃的启蒙活动。[1] 在危机时刻，思想往往会发挥出惊人的力量，因此这一时期又被称为近代日本继明治维新之后的"第二次开国"。

这里要强调指出的是，GHQ 向日本政府发布的第一号命令，即"人权指令"，让日本知识分子瞬间感受到了"近代"意味着什么。在讨论近代日本的亚洲主义与近代超克论等时，我们曾经指出，在近代日本精英的眼中，源于欧洲的"近代"一直呈现一种矛盾状态，它是文明与野蛮的混合物。然而，随着日本的战败以及 GHQ 主导的民主化的进行，"近代"的面貌焕然一新。

此时日本国民对近代的不同认知和感受，形成了不同的民主主义认知。不过，这种认知上的对立，并不是全新的精神现象，在战败后的特殊语境中，它们还一时间结成了同盟。

首先，对于日本的马克思主义者而言，"近代"只是通向"现代"的过渡阶段，是由资本主义向社会主义过渡的历史阶段。这是马克思主义视角下的"近代超克论"，源于马克思主义者对历史法则

---

[1] 依据议论主题和政治进程的关联，有的日本学者将战后民主主义议论分为三个阶段。战后初期的活动被称为"启蒙时期"，在这期间美浓部达吉、尾高朝雄、长谷川如是闲等"老自由主义者"对民主主义理念和制度的解释占据了言论空间的显要位置。20 世纪 50 年代后，以丸山真男为首的大学"新晋教授"就国内民主政治路线、国际上的冷战体制等展开了多方的议论，这一时期被视为战后民主主义的第二期。进入 20 世纪 70 年代，随着日本国内反体制运动的衰落，第三期的民主主义活动开始学术化，主要表现为对政党政治、选举行动等进行的实证研究与分析。参见［日］関嘉彦：《戦後日本の国際政治論》，一藝社，2000 年，第三章。

与历史必然性的确信。因此，日本马克思主义者对"近代"的理论化与客观化，服从于"民主主义革命"这一过渡性目标。从实践上说，如何克服日本的"封建制"，尤其克服这种封建制以及作为其落后属性具体表现的"天皇制"，成为马克思主义者所理解的战后民主主义革命的任务。

与此相对，日本的非马克思主义者则基于自己的理论确信，并不接受这种历史必然性的说法。事实上，这种"历史必然性"更让他们回忆起"近代超克论"与京都学派"世界史的必然性"等一系列关于"必然"的说法。在日本战败的情境当中，任何有关"必然性"的说法都带有荒谬的色彩。毕竟，日本的知识分子们在建构他们的超克理论时，已经用尽了"必然"在观念上的全部可能性。日本帝国的失败，导致"必然性"失去了在言论空间中的正当性。

尽管如此，由于非马克思主义者确信"西欧近代"是人类社会普遍要经历的阶段，确信近代西欧启蒙主义者所提出的"自由""人权"等价值观念具有普遍性，因此，他们同样将克服封建的、前近代的各种要素视为"民主主义革命"的首要目标。这样，出于实现民主主义革命的目标，日本的马克思主义者、自由主义者、社会民主主义者、基督徒等有着各种价值取向的人达成了统一战线。[1]

在这个启蒙主义者的名单上，经济史学家大塚久雄（1907—

---

[1] ［日］日高六郎编：《戦後日本思想大系1　戦後思想の出発》，筑摩书店，1968年，第7—8页。

1996）、法社会学家川岛武宜（1909—1992）、政治思想史学家丸山真男、社会心理学家清水几太郎（1907—1988）、社会思想史学家鹤见俊辅（1922—2015）等人占据了显要位置。他们通过旺盛的著述、讲座、创办杂志等活动，对近代日本社会进行了全面剖析。在彻底否定战前日本近代化道路这一点上，他们与日本马克思主义理论研究有着共同的见解：日本之所以走上军国主义及其覆灭的道路，原因在于日本资本主义落后的封建属性，因而战后日本首先必须克服这种封建性，补足资本主义发展阶段上欠缺的部分。

显然，这些学者的批判有一个预设的前提：西欧的近代不再是需要"超克"的对象，而是日本需要实现的目标。这种以近代西欧的原理和标准对战败的日本进行批判和启蒙的言论，被称为"近代主义"理论，主要内容由"创造近代类型的人格""从封建人格到民主人格的变革""亚洲的停滞"以及"从封建制到资本制"等命题或说法构成。[1]

这种启蒙言论的策略，体现在对西欧先进性的赞美与对日本落后性的批判上。或者说，对近代西欧先进性的赞美，事实上就暗含了对日本落后性的批判。在战后初期的启蒙运动中产生了巨大影响的丸山真男，依据西方政治学的概念、框架及标准，剖析了此前日本军国主义的落后属性，其《超国家主义的逻辑与心理》一文正是典范。近代主义论述的强势性格表明，此时的知识界在

---

[1] ［日］平石直昭：《理念としての近代西洋》，载《戦後思想と社会意識》，第54—57页；另参见［日］成瀬治：《世界史の意識と理論》，岩波書店，1977年。

总体上已经完全认同了此前他们试图"超克"的西方近代。

那么，我们究竟该怎样理解近代主义者的这种立场？其实，这种立场并不难理解。GHQ的第一号指令就让人们立刻品尝到了自由的味道，给日本国民上了一堂最为直接的民主主义教育课。日本知识分子和国民终于认识到，他们必须堂堂正正地去看待西方文明的优点，不能再只盯着西方文明的缺点，陷入对自身文明的盲目乐观与信仰。这样，对西方文明的真实体验——包括战败体验和自由化体验——创造了这样一种氛围：战败之前的近代超克论，完全是军国主义时代的自大和虚妄，已经成了历史的尘埃。

不过，此时的近代主义者未意识到，他们对西方近代无条件的承认与理想化，固然有着批判日本现实并为日本的未来指明方向的目的，但也同时回避和无视了战前日本知识分子面临的真实问题：殖民帝国造成的罪恶不依然在世界各地发生吗？近代主义者通过缩小视野（不再看日本以外旧秩序的文明和野蛮交替上演的事实）确保了他们理论上的正确和道义上的正当。

当代日本思想史学者子安宣邦在1994年发表的一篇文章中，对包括丸山真男在内的近代主义者的认识做了批判，可谓深中肯綮。他这样写道：

> 丸山真男的"近代"主义话语具有作为与"近代的超克"论相抗争的话语而形成的侧面，而这个"近代的超克"论是他所批判的。但是，丸山并没有去拥护或坚守那个超克所言的同一个"近代"。……超克所言的"近代"，即作为"近代

世界秩序"而存在的"近代",并没有得到追问。近代主义,原本并不具有反思和告发"近代"本身的视角。……"近代"主义只是将权力构造和权力行使的病理视为日本社会的构造性病理而在自己的言说上描绘出来,如此而已。[1]

从近代日本精神演进的脉络来说,放弃对"什么是近代"的思考和探求,意味着在日本取得胜利的自由,在世界的层面上可能会败北。当然,在战后的言论空间中,并不缺乏对"什么是近代"的思考,近代主义者也并不是完全无保留地拥抱近代西欧的原理,只是出于启蒙的目的,在方法上将"近代西欧"视为一个可操作的标准。丸山真男对民主主义的论述,其实已经表明了这一点。

上述说法并不意味着近代日本精神史已经终结于自由民主主义的理念与制度实践。近代主义者的启蒙的成功有着现实基础。在 GHQ 的指令下,农村土地制度改革、劳动制度改革以及财阀解体等一系列民主化改革措施开始施行,日本社会开始爆发活力。从 20 世纪 50 年代后期开始,日本进入了持续十余年的"经济高度成长"时代。到了 60 年代末,日本不但完成了战后的复兴,事实上完成了再次崛起,在经济总量上成为仅次于美国的经济发达国家。

这种事实自然强力改变了此前人们对世界的认知。因为物质

---

[1] [日] 子安宣邦:《日本现代思想批判》,赵京华译,上海译文出版社,2017 年,第 190—191 页。

生活的繁荣与富足，人们告别了源于贫困的阶级冲突观念，告别了源于封闭的神国日本的观念，开始走向真正的自由，尤其是精神的自由。同样，在国际关系上，1951年9月28日，以美国为首的48个国家与日本签订了媾和条约，即《旧金山和约》；翌年4月28日，条约正式生效后，日本重新成为国际法上的主权国家，重新成为国际社会的一员。1956年12月12日，日本最终成功加入联合国。

日本此时加入的国际社会，是人类历史上首次以人类平等的名义、以国家主权平等以及公民权利保护等现代文明原则组织而成的社会。这种新秩序的理念与战后日本的国家目标高度重合，从此，"联合国中心主义"成了指引日本对外政策的最重要的理念。这样，近代主义者虽然放弃了对"近代"的拷问，但由于日本将自身的对外政策与联合国绑定在一起，使得它获得了与世界同步的政治目标和政治议程。

然而，"联合国中心主义"也只是原则；由于日美同盟的关系，日本在外交政策上往往要倒向"美国中心主义"。这是一种结构性困境，是日本为获得独立而付出的特殊代价。这种结构性困境存续至今，构成现代日本精神展开的现实舞台。不过，这个困境就如同竹内好曾提到的近代日本历史上的"难关"，如果得到恰当的理解，会在事实上发挥思想生成的作用。在战后日本的历史进程中，这种作用已经显现了出来。

在1951年《旧金山和约》签订的同日，时任首相吉田茂在《日美安全保障条约》上签字，美国获得了在日本国内及周边地区驻军的权利,而日本也被纳入美苏冷战时代以美国为首的"西方阵营",日本国家的存在方式也由此确定了下来。随着冷战局势的升级,日美两国都出现了对《日美安全保障条约》不满的意见,于是,两国谋求签订新的条约。

1960年1月19日,日本首相岸信介(1896—1987)在华盛顿签署了新的安保条约。该条约被提交到日本国会审议时,引发了激烈的争论,此前就已经开始的民众抗议逐步升级。同年5月19日,执政的自民党在众议院全体会议上强行批准了这一条约,被称为"五·一九事件"。该事件随即引发了新闻媒体的齐声批判,民众抗议运动迅速扩大。结果,超过十万民众包围了日本国会,持续近一个月,这就是日本现代史上著名的"1960年安保斗争"。有学者认为,这场运动是整个日本近代史演进所到达的顶点。

民众抗议运动最初指向的是条约内容本身,认为它有再次将日本卷入战争的危险;随着"五·一九事件"的爆发,抗议运动的矛头转向了执政党,而不再是条约内容本身。结果,在"保卫民主主义"的口号下,各个在野党、工会、市民团体、学生、普通民众等各方力量被动员起来,向政府和执政党施加了巨大的压力。

值得注意的是,无论是从最初反对安保条约的请愿呼吁还是后来的抗议运动,日本知识分子在其中都扮演了重要角色,而其中表现最为激烈的是竹内好。5月21日,竹内好宣布辞去大学的教授职位:"我就任东京都立大学教授职位时,曾经誓约,作为公务员要尊重宪法、拥护宪法。……在目前这种无视宪法的状况下,我继续留在这个教授职位上,与我就职时的誓约发生了背离。"他认为,"五·一九事件不是民主主义的危机,而是民主主义的死亡,是独裁的实现"。[1]

在很多种意义上,"1960年安保斗争"都是一个象征性事件,标志着民主主义理念已然在日本国民中扎根和成长。同期及随后发生的其他抗议运动,诸如"反对核武器运动""反对越南战争运动""1970年安保斗争"等,既是这种民主主义理念的反映,又推动了民主主义在政治实践中的落实。民主主义逐渐成为日本国民生活的一部分。

民主主义意味着人们要公开表达自己的政治意愿,并通过民主主义制度所规定的渠道改变现实。日本国民思想观念、政治主张和生活样式的多元化,是战后民主化改革的必然结果,也是战后日本走向文明的一种标志。那么,从这种多元的现实中,或者说在这种现象的底层,又潜藏着日本国民怎样的精神形态?

随着日本战后重建与复兴的展开,日本马克思主义者与非马克思主义者的蜜月期也宣告结束,并就现实中日本的政治制度和对外政策的是非展开了激烈争论。"1960年安保斗争"既是民主运动的实践,又是国民对内外政策的全面讨论。比如,围绕日美安保条约到底是将日本卷入冷战体系的条约,还是"日本帝国主义谋求自立"的条约,不同立场的人们展开了激烈讨论。事实上,这些争论仍可归结为"什么是近代"的问题。不过,对于此时的

---

[1] 参见 [日] 道場親信:《占領と平和:〈戦後〉という経験》,青土社,2005年,第391—409页。

日本而言,"近代"首先是一个选择问题,而不再是"超克"的问题。这与当时支配世界的美苏所代表的两大体制的对立直接相关。这两种体制不仅有着不同的民主主义观念,还有着不同的文明观念。

那么,哪一种体制更代表了文明前进的方向?在这个过程中,马克思主义的革命气质和世界革命的形式,使得它在日本知识分子和民众中发挥了巨大的影响。1956年苏共二十大展开的"斯大林批判",虽然给日本马克思主义者造成了巨大冲击,但全球性的民族解放运动与社会主义运动,依然显示了强大的活力。同时,如同"1960年安保斗争"象征的,日本国民的民主主义理念与民主主义实践之间的矛盾逐渐凸显。遗憾的是,很多人习惯立场先行或者理念先行的思维模式,未能正视理念与现实的不匹配。而这涉及人们应该如何理解政治事物。

丸山真男对这个问题的思考,标识了同时代人们认知的深度。在1964年撰写的一篇文章中,丸山真男解释和反思了自己在安保运动中的发言,表明了他对现时代政治事物的理解:

> 大概可以说,完全体现了民主主义的制度,过去不曾有过,将来也不会有。人们充其量只能谈论一下更多的或更少的民主主义。在这个意义上,"永久革命"无疑是表达民主主义的恰当名词……在现实中,民主主义只能作为民主化的过程而存在,任何制度也无法将它完全吸收进取。相反,作为限制这种吸收民主主义的运动,从古希腊时代开始就一直发展着……民主主义既然有着这样的基本骨骼,那么无论是作

为思想还是制度，它都要比近代资本主义古老，而比任何形式的社会主义都要新。只有将其理解为超越了特定政治体制的"永远"的运动，它才能成为现在每一天的政治创造的课题。如果不这么做，而只是把民主主义当成谈论一种历史体制的术语，那么，就会把现实特定的"体制"当作民主主义静态的体现而加以美化；或者相反，会将日常过程——即民主反馈功能不断的行使——的全部拱手交给"异化的恢复"这一将来的目标。这看上去像"历史的"观点，实际上很容易陷入非历史的思考。[1]

丸山真男的这个论述可以看作对"战后民主主义"实践的总结，其中的要点是，丸山描述了一种从理念到现实的不断运动。当这个运动过程被命名为"永久革命"时，丸山事实上揭示了他对政治事物的全部理解：民主主义实际上是政治创造性的根源，它蕴含于人们的日常生活当中。

在另外一篇对当时日本的社会主义观念进行评论的文章中，他同样使用了"永久革命"这一说法：

在我看来，只有那种"现代化"才称得上是"永久革命"。社会主义根本说不上是永久革命。那只是历史状况下的一种

---

[1] [日]丸山真男：《増補版　現代政治の思想と行動　追記·付記》，载《丸山真男集》（第九卷），岩波書店，1996年，第173—174页。

体制。我所说的是一种对普遍事物的追求；人生而为人自身就有价值，无论他多么低贱都有独一无二的价值。只有站在这种终极的个性的价值基点上，并且以其为标准，对政治与社会的各种运动和思想持续批判下去，那才是"永久革命"。[1]

丸山真男的上述说法事实上展示了一位战后启蒙思想家与"民主主义"的多重和解，包括自身与历史、现实以及理念的和解。这种和解既是建立在对世界秩序和文明进程的观察与真实体验的基础之上，又是建立在对任何既成体制与权力保持批判的理论清醒上。丸山对两种对立的民主主义制度都给予了保留，且这种保留又是建立在民主主义自身"永久革命"的理念基础之上，我们可以称之为一种"理想的现实主义"。

这种关于民主主义的永久革命论，我们可视之为战后日本精神抵达的一个高点。如同马克思主义者自身坚持的，没有人否认民主主义理念的正当性，在丸山真男看来，这就是最大的现实基础：它是一种人心的共识，超越了一切意见的分歧。不过，这并不意味着现实的民主主义制度完美无缺，更不意味着现实的民主主义缺陷让人难以忍受而必须加以推翻。人们只能在民主主义的实践中，去不断使之进化，这才是真正的"世界革命"。在这里，丸山真男彻底告别了困扰帝国时代知识分子的近代超克观念。

---

[1] ［日］丸山真男：《普遍の意識欠く日本の思想》，载《丸山真男集》（第十六卷），岩波書店，1996年，第60页。

这种永久革命的观念并非突如其来，因为民主主义与人类的历史同样古老。事实上，民主化要求一种中庸智慧，要在"更多"和"更少"的民主之间寻求平衡，是一个持续不断的过程。这是一种日本版的"历史终结"：民主主义是一个永续革命的文明化过程，因而也就是历史自身。

这种永续不断的文明化过程，不正是一种不断自我超克的过程吗？"近代超克"终于找到了它最新的表达，只是这一次，日本知识分子似乎放弃了日本在超克与世界文明进程中的使命感。当然，这不是近代日本历史及其精神史的终极状态。在现实的世界中，他们还要继续面对观念上的困扰：在新近获得的民主主义视野中，如何看待日本的过去？

三
战后民主主义与历史认识

如果说民主主义旨在国内政治与社会秩序的重建，那么历史认识之所以重要，是因为它与不可或缺的民族叙事、民族意识息息相关。作为民族共同体生活方式，尤其是处理公共事务的原则，民主主义能否得到健康运行与共同体成员的自我认同高度相关。

事实正是如此。在战后日本的言论空间中，历史认识占据了极其特殊的位置。这不难理解，因为对战前军国主义和极端民族主义的批判构成战后日本自我认同观念重建的前提。一般而言，"历史认识"这个说法有狭义和广义两种内涵。狭义上，它通常是指如何看待20世纪30年代以后日本帝国发动的一系列军事行动的性质的问题；广义上，则是指19世纪中期以来日本与世界的关系问题。众所周知的"靖国神社问题"，就是日本战后历史认识的象征。

在前面的精神史分析中，我已经介绍了现代日本历史认识的特征，它有着一种双重的结构：一方面，日本承认针对亚洲国家的军事行为是侵略战争；但另一方面，它认为1941年后与美国、英国等西方国家的战争是单纯的帝国主义之间争夺殖民地的战争，而不是侵略战争。除此之外，将整个近代日本的战争视为"自卫战争"与"大东亚解放战争"的历史观，即传统的右翼历史观或最近十数年所谓的"自由主义史观"，也一再出现在战后的言论空间中。在他们看来，承认近代日本发动的对外战争为侵略战争的历史观，是"自虐史观"，也叫"东京审判史观"；后者更强调这种历史观的外来属性。[1]

现代日本的历史认识问题非常复杂，各种相对定型的历史认知模式，都有着特定数量的国民支持。不过，由于政府正式表达的历史观涉及与世界的关系问题，呈现出一种相对稳定的状态。在这个意义上，我们也可以将它看作国民合意的表达。那么，这种作为国家意识的的历史认识具有怎样的特征？

作为最近一次历史认识的正式表达，2015年8月15日，日本首相安倍晋三在"终战七十周年纪念日"的谈话，可视为日本政府坚持的历史观：

---

[1] 参见［日］高橋哲哉：《戦後責任論》，講談社，1999年，第110—130页。

一百多年前，以西方各国为中心的殖民地范围不断扩大。以压倒性的先进技术为背景，殖民统治的浪潮在19世纪开始席卷亚洲。毫无疑问，这种危机感成了日本现代化的原动力。日本是亚洲率先实行君主立宪制度、维护了政治独立的国家。日本在日俄战争中的胜利，鼓舞了许多处于殖民统治之下的亚洲与非洲人民。

在席卷了整个世界的第一次世界大战结束之后，出现了民族自决运动，殖民地化的进程得到了制止。在这场战争中，有一千多万人殒命，是一场悲惨的战争。人们强烈地希求"和平"，于是创建了国际联盟，制订了不战条约。这时，国际社会出现了将战争自身视为非法的潮流。

当初，日本也顺应了这一潮流。然而，随着世界经济危机的爆发，欧美各国实行以殖民地经济为中心的经济圈政策，日本经济遭受了很大的打击。在这种情况下，日本深感孤立，试图通过武力打破外交、经济方面的困境。当时日本国内的政治体系不足以阻止这一行为。就这样，日本迷失了世界大势。满洲事变，然后是退出国际联盟。日本逐渐成为建立在巨大牺牲基础上的"国际新秩序"的"挑战者"。沿着错误的前进方向，日本走向了战争之途。于是，在七十年前，日本战败了。

值此战后七十周年之际，在（日本）国内外殒命的所有人的生命面前，我要深深低下头，向他们表达痛惜之情，并致以永远的、诚挚的哀悼。……对于完全无辜的人们，我国给他们造成了难以衡量的伤害和痛苦，这是事实。历史实在是无法弥补的残酷。每个人都曾经有过自己的人生，自己的梦想，自己所爱的家人。想到这一当然的事实，我已无法用语言表达，只觉得肝肠寸断。

……

我国对于自己在此前大战中的行为，反复表达过痛切的反省与发自内心的歉意。为了将我们的想法体现在行动上，我们将印度尼西亚、菲律宾等东南亚各国，韩国、中国等，作为我们邻居的亚洲人们所经历的苦难铭刻心中，致力于亚洲的和平与繁荣。这是历代内阁坚持的立场，今后也不会发生动摇。

这是一份字斟句酌的政治发言，它所表达的历史认识，既隐微，又显白。这里我无暇对每一句的蕴意展开详细评论，但从大方向上看，这份报告传达的历史认识是清晰的，它包含了以下几个要点。第一，这份报告承认了对于亚洲国家发动战争是错误的行为，并对此表达了反省和道歉；同时表示日本要牢记亚洲各国人民遭受的苦难，并强调战后日本一直致力于亚洲的和平与繁荣。第二，发言侧重于对个体生命的哀悼，或者说道歉的重点放在了个体的身上，有着比较浓厚的人道主义色彩，可以说反映了日本国民的心声。第三，这份发言将日本的国家行为置于19世纪以来世界殖民化及其反抗的历史进程中，对作为亚洲国家的日本的行为进行了正当化，也就是日本所谓的为了维持国家的独立，被迫选择了与西方国家同步的做法。显然，第三点是近代以来日本一贯的世界认识与自我认识。

我在这里要再次强调的是，安倍晋三的这份发言呈现的并不是现代日本历史认识的全部观点；无论是关于历史认识的宏观立场，还是具体的历史事件，在现代日本都有激烈的争论。事实上，这份发言同样在日本国内遭到了左翼人士的批判。正因为如此，战后日本历届政府多数时刻都会在各种历史观中采取谨小慎微的平衡立场，安倍晋三的发言就是典型：无法公然否定"东京审判史观"所界定的"侵略战争"，这一定性早已为1951年9月8日签订的《旧金山和约》所确认。但他们在内心却感到"不公平"，从而回避、甚至抗拒使用"侵略"这个字眼。显然，日本对其发动的侵略战争的主体责任缺乏真正的反省。

这种历史认识的产生当然不仅是因为战败，而是内在于近代日本精神史的演进过程，与日本近代走过的道路高度重合。1945年后东亚世界秩序的重建，固然终止了日本帝国的扩张行为，但它无法根本改变这种行为背后的世界认识。尤其是日本对殖民帝国的批判，并不是出于内部彻底的反省，而更多的是源于它所声称要对抗的西方殖民帝国造成的国家覆亡的结果。这在一定程度上进一步强化日本的受害者意识。这是日本官方的历史认知中加害者意识非常淡薄的心理原因。

可以说，现代日本的历史观，既是近代以来日本精神史演进的结果，又是1945年日本战败后东亚世界秩序重建的结果。那么，"战败"这一事实究竟怎样影响了日本的历史认识？

《波茨坦公告》第六条规定，由于日本的领导人欺骗和错误领导了他的国民,妄欲征服世界,因此战后日本必须将这些势力和观念"永远剔除"出去。1945年9月,GHQ开始对日本进行间接统治,其中重要的一环就是执行这一条款,矫正日本的历史认识。

12月15日,GHQ发布"关于国家神道的指令",禁止在公文书当中使用"大东亚战争"这个用语,因为它被认为是将"国家神道、军国主义以及超国家主义"结合在一起的日本帝国意识形态的象征。事实也是如此。"大东亚战争"是1941年12月日美开战后,日本大本营确定的正式用语,含有"建设大东亚新秩序""建设大东亚共荣圈"的意图。与此同时,全国报纸以"联合国司令部提供"的形式,连续刊载题为《太平洋战史:军国日本崩溃的真相》的系列文章,开始对日本国民进行再教育。12月9日,GHQ通过日本放送协会(NHK)以广播节目的形式播送题为"这才是真相"的历史教育节目。这些文章和教育节目所报道的事实,比如关于"南京大屠杀"的报道,让很多日本国民感到了极大的震惊。

另一方面,早在9月11日,依据GHQ的逮捕令,第一批战犯嫌疑人就遭到了逮捕;12月6日,最后一批逮捕令发出。这期间,总计有一百多名战争嫌疑犯被关押起来。经过精心准备,1946年5月3日,联合国"远东国际军事法庭"第一次开庭审理,这是"东京审判"的开端。1948年11月12日,法庭做了最终判决,以"破坏和平罪""普通战争罪"和"反人道罪"三项罪名,判决28名甲级战犯全体有罪,其中7名被判处死刑,16名被判处终身监禁,另有两名为有期徒刑。[1]这一判决成为此后日本政府历史认识的基础。

　　上述历史教育与东京审判的结果，后来被概括为"太平洋战争史观"。根据日本学者的总结，它包含如下几个要点：（一）日本侵略战争的起点是1931年的"满洲事变"（即"九·一八事变"），全面侵华战争、太平洋战争为其延续；（二）中国只是被视为日本侵略政策的对象区域，中国军民的抗战意义没有得到充分考虑；（三）在亚洲太平洋战场上，美国巨大的战力为打倒军国主义做出了最大的贡献；（四）以军部为中心的"军国主义者"要承担战争责任，而天皇、宫内集团、财界、新闻界等"稳健派"是"军国主义者"的对立势力；（五）日本国民一直被"军国主义者"的宣传所蒙骗。[2]

　　显然，这种被命名为"太平洋战争史观"的历史认识，与战后日本历史认识有很多重合的地方，是一个相对中性的说法。与此相对，一部分日本学者从根本上否认东京审判的正义性格，因而将这种"太平洋战争史观"称为"东京审判史观"或"自虐史观"。这当然是一种完全为日本军国主义脱罪的历史观。[3]

1　28名被告当中，有两名在审讯期间死亡，一人（即大川周明）因精神失常而被送往精神病院，后来免于起诉。东京审判的对象只限于甲级战犯，且只对首批战犯进行了审判；乙级战犯和丙级战犯的审判分别在横滨、上海、马尼拉、新加坡等地举行，审判的结果大约有一千余人被处以死刑。
2　参见［日］吉田裕：《日本人の戦争》，岩波書店，2005年，第32—35页。
3　比如，田中正明就是全盘否认东京审判的代表人物之一，参见［日］田中正明：《東京裁判とは何か》，日本工業新聞社，1983年。

如同"太平洋战争"这一说法自身所表明的,我们不难看到,GHQ 的历史教育实际上更反映了美国的战争认识,而中国军民长达十四年抗战的历史意义没有得到恰当的评价。在战后日本的历史认识中,"侵华战争"日渐淡薄,这种结果可谓其来有自。我们曾在前面指出,在《终战诏书》中,日本政府只是强调"宣战于英美二国",而刻意淡化了从 1931 年"九·一八事变"开始、经 1937 年卢沟桥事变后全面发动的侵华战争。[1] 同样,"二战"后美国对日本的单独占领,同样阻断了日本国民对侵华战争的直接感受。第二次世界大战后东亚世界秩序的重建,深刻影响甚至决定了当下日本的历史认识。

这里还要指出的是,东京审判还在另外一个意义上影响了战后日本对战争责任的判断。尽管从整体上说,东京审判部分体现了法律的正义与尊严,但它也有着严重的瑕疵,诸如不起诉天皇的决定、不起诉残害中国平民的 731 部队的决定以及涉及皇族的战犯尤其是制造南京大屠杀的头号元凶朝香宫鸠彦亲王(1887—1981)未被起诉,都反映了美国的政治意志和美国国家利益的优先。[2] 关于东京审判的争议中,最能反映东京审判政治性格的,莫过于对天皇的不起诉决定,甚至天皇都没有作为证人被传唤出庭。

---

1 日本发动全面侵华战争后,由于担心遭到第三国的禁运,决定不发布宣战布告。不过,1937 年 8 月 15 日日本政府发表声明,以及同年 9 月 4 日天皇在临时国会开始时发布的敕语,事实上相当于"宣战诏书";参见[日]藤原彰:《日中全面战争》,小学馆,1982 年,第 90—91 页。

2 参见[日]田中利幸、[澳]麦科马克、[英]辛普森编:《超越胜者之正义:东京战罪审判再检讨》,梅小侃译,上海交通大学出版社,2014 年,第五、十三章。

因此，法庭依据多数决定原则宣布最终判决后，多数法官都给出了各自的意见和异议，从量刑轻重，到罪名设定，再到天皇的战争责任，非常广泛。[1]

对天皇不予起诉的决定，首先是美国出于顺利推进单独占领日本的目的；随着1947年美苏冷战在欧洲的揭幕，尤其是1949年中国革命的成功以及1950年朝鲜战争的爆发，控制日本成为美国的世界战略极为重要的一环。在这种情况下，美国进一步放宽了对日本战争责任的追究。

GHQ对天皇的政治庇护造成的法律结果，自然是裕仁天皇无罪，但它对日本的影响极为深远。从此，追究天皇战争责任的问题在战后日本言论空间中逐渐成为禁忌。相反，因为在《终战诏书》中的政治决断以及随后的表现，天皇竟被逐渐树立为一位热爱和平、尊重宪法的国家元首。事实上，早在1946年2月初，美国的《生活》杂志就开始配合美国政府，通过刊登天皇日常生活照片的方式，将天皇描述为"民主主义者、父亲、祖父、日本公民以及植物学家"，一位热爱和平的"模范家居男性"。[2] 当然，这种政治操作有其必然的限度。无论是在日本还是美国，天皇的战争责任问题从来都没有得到有效的公开讨论。

但是，问题只是被封存了起来，而不是得到了解决。1988年

---

[1] 参见［美］布拉克曼：《另一个纽伦堡：东京审判未曾述说的故事》，梅小侃等译，上海交通大学出版社，2017年，第387—412页。

[2] 参见［美］涩泽尚子：《美国的艺伎盟友：重新想象敌国日本》，油小丽等译，江苏人民出版社，2011年，第113—118页。

12月7日，在日本长崎市议会召开期间，时任长崎市长本岛等（1922—2014）被问及天皇战争责任的问题。当时正值天皇病重期间，长崎市政府正在举行祈福签名活动。本岛等市长的回答中有这样一段：

> 根据外国的各种资料记载，根据日本历史学家的研究，根据我个人在部队里的服役经验（我在部队里是教官）……我认为天皇确实对战争负有责任。然而根据绝大多数日本民众和美国盟军领导层的意愿，他被免去了战争责任，成为新宪法的象征。我的理解就是我们必须坚持这个立场。[1]

这个发言经媒体报道后，立刻引发日本全国的关注，大量保守主义团体、右翼团体迅速集结到长崎市政府进行抗议，并发出了针对本岛等的"神圣惩罚"的死亡威胁。1990年1月18日，他在市政府前遭到右翼分子的枪击，左胸被击穿，几乎殒命。当然，在这个过程中也有大量日本国民通过书信等方式，支持本岛等的立场。[2] 日本战后历史认识的复杂性与敏感性，以及GHQ在这个过程中的角色，由此可见一斑。

我们重新回顾这一段历史，并不是要讨论这些注定引发争论

---

[1] 转引自[美]菲尔德：《在垂死皇帝的王国：世纪末的日本》，曾霞译，江苏人民出版社，2011年，第132页。

[2] 参见[美]菲尔德：《在垂死皇帝的王国：世纪末的日本》，曾霞译，江苏人民出版社，2011年，第3章。

的问题，而是要指出，东京审判中有着近代西方殖民帝国留下的遗迹。就此而言，质疑东京审判的正义属性对于战争受害者更具真实性，而不仅仅是日本历史修正主义者的专属。考虑到日本军国主义者对中国和亚洲其他国家犯下的罪行，属于受害者的正义并未得到恰如其分的伸张。[1]

尽管有着各种缺陷，但也正是通过东京审判，日本军国主义者在中国大陆犯下的累累罪行才为日本国民所知，这构成了日本战后启蒙思想家鹤见俊辅所说的"面对中国的负罪感和亲近感"的前提条件。[2] 事实上，在战后日本社会，一直有学者和民间团体致力于揭露、记录并出版日军所犯下的各种暴行，从而有力制约了各种修正主义史观否认历史的意图和行动。[3] 在这个意义上，战后日本实行的自由民主主义制度，为正义的实现提供了一种制度

---

[1] 关于日军所犯罪行的介绍，可参见［美］戴维斯、［美］温：《进攻日本：日军暴行及美军投掷原子弹的真相》，臧英年译，广西师范大学出版社，2014年。日本历史学家江口圭一在《日本十五年侵略战争史（1931—1945）》（杨栋梁译，江苏人民出版社，2016年）一书中，对日军在占领地实施的大屠杀、掠夺、奴役、贩卖毒品、生化武器的使用等，都有简洁的叙述；伊香俊哉在《战争的记忆：日中两国的共鸣和争执》（韩毅飞译，社会科学文献出版社，2016年）中，也有大量日军虐杀平民和战俘的叙述。另外，关于日军罪行的分析，请参见本章附论。

[2] ［日］鶴見俊輔：《日本の思想百年》，载宇野重规编《民主主義と市民社会》，岩波书店，2016年，第76页。

[3] 比如，笔者偶然翻阅的一本日文杂志《DAYS JAPAN フォトジャーナリズム》（2014年第10期）当中，就刊载了竹见智惠子撰写的《14岁少女的战争》一文，这篇文章重现了一位菲律宾少女被日军强奸后被送往"慰安所"的经历。该期杂志同时还刊载了渡边奈美制作的日军"慰安妇"地图，并再次揭露了这一制度的本质，即"性奴隶"制。关于战后日本国民反战、致力于揭示历史真相的活动，还可参见本书第六章及其附论的相关叙述。

上的保障。

当下日本历史认识所呈现出的复杂状态，有着东亚世界秩序重建的背景。人们倾向于认为"战败"是一个转折点，但我们从日本官方的历史认识表述中，依然可看到历史认识与意识的连续。这种连续性可以从 GHQ（注意它与西方殖民帝国的关系）处理日本战后问题的方式上找到根据。当然，本章的关注点不是重新追责，而是探讨这一历史过程对战后日本精神史演进的影响。我们已经在不同的层面看到，战后日本的政治和社会生活形态虽可说是沧海桑田，但在这种地表形态变迁的深处，仍然有着近代日本精神史延续的水脉，时常在地表的薄弱处喷涌而出。因此，战后日本民主主义及其历史意识的特征，同样需要在东亚世界秩序的重建中得以理解。

在战后民主主义的观念结构中，还有另外一个问题时刻对它进行着挑战，这就是自 19 世纪中后期以来日本一直思考和论述的亚洲问题。如同历史认识始终扮演了一个思想激发的角色，"亚洲"也扮演了同样的角色。只是战后初期，在对军国主义与民族主义意识形态批判的时代潮流中，亚洲论述一时间从公共话语空间中消失，仿佛不曾存在一般。

不过，这只是短暂的现象。近代日本精神史的地下水脉，随时会再次涌向地表，对战后日本近代主义者设定的议题提出根本的抗议。在上一节中我们已经指出，近代主义者以"先进的西欧—落后的日本"的认知模式，提出了一套完整的自我解释与重建的理论。不过，这个理论忽略了一个大问题：假如日本面临的问题可以如此简化，在明治维新时代，当时已经意识到自己落后的那些政治家、思想家，为何没有老老实实地选择补课，而是选择了与列强为伍、争夺殖民地并最终挑战列强的方式？

近代主义者的盲点在这里显现了出来：在殖民帝国的暴力支配席卷全球的情况下，当时的日本并没有通过简单补课的方式获得独立和发展的可能。换言之，国家的存在形态，是由世界秩序决定的。于是，谋求自立的日本，想要通过它的亚洲政策、大陆政策，实现自己的目标。在日本帝国战败之后，近代主义者的论述之所以成为现实的道路，在于它已经丧失了明治政府当时拥有的与列强竞争的条件。

如同很多学者注意到的，日本战败后，日本—西欧、东洋—西洋这类二元对立的思考框架与认知方式的消失，首先意味着"近代"对日本的"超克"，日本各种"战后民主主义"者对此确信不疑。

但日本近代主义者未意识到的是，此时"超克"日本的"近代"，已经不是殖民帝国时代的"近代"。也就是说，在日本战败的当初，日本的近代主义者刻意回避了一个问题，即他们此时面对的"近代"，与此前"二战"期间日本学者所论述的"近代超克"以及世界史论，究竟有着怎样的关系？日本战败这一事实，如何能为"近代西欧"或者说"近代性"的普遍性提供最终的证明？

因此，战后日本近代主义者对近代以来让日本知识分子苦恼的"难关"的放弃，意味着他们绕过而非解决了他们曾自我设定的问题。比如，什么是真正普遍的文明？什么是好的世界秩序？日本在世界秩序与文明中究竟扮演怎样的角色？这些当然不是可以简单回答的问题，但这些问题之所以有意义，不仅仅因为它们曾是近代日本精神的代表者们孜孜以求、执拗探寻的，更在于它们与第二次世界大战后"近代"的新生有着内在的关联。

或许意识到了这一问题，竹内好对近代主义的论述率先提出了抗议，并重新评价了近代日本的亚洲主义。在1951年发表的《近代主义与民族问题》一文中，他首次试图从正面来讨论日本民族主义的问题，从而在过去、现在与未来之间重新架起了一座桥梁：

> 包括马克思主义在内的近代主义者们，面对沾满鲜血的民族主义时他们侧身而过。他们将自己看作受害者，认为民族主义的超国家化无关自己的责任。他们认为无视"日本浪漫派"是正确的。然而，打倒"日本浪漫派"的不是他们自己，而是外来的力量。他们将外来力量打倒的对象，仿佛当成自己打倒的一样，这不是过度相信自己的力量了吗？这样一来，他们诚然或许可以忘记噩梦，但血污不是仍然没有得到清洗吗？……当然，反对论者、尤其是左派的人会说，他们没有置之不理，而是对其大加攻击。但他们的攻击不是正当的对决，不是进入对手思想的发生根据内部进行的内在批判。只有这种内在批判才是打倒论敌的唯一方法。他们的攻击绕过了这种对决。[1]

---

[1] [日] 竹内好：《竹内好全集》（第7卷），筑摩书房，1981年，第31页。

显然，在战后日本知识界整体性的民主主义转向中，竹内好的上述文字构成了尖锐的自我批判。近代主义者并没有从思想的内部对"近代超克"等浪漫派的说法进行辩驳，因而没有正面回答当时日本知识界面临的问题。再进一步说，他们没有公正对待此前日本学者对自我与世界的认知，相反，他们在"以西洋为方法"的口号下，只是简单移植了西方的社会与政治理论，从而回避了真正有意义的思想"对决"。同样，左派的攻击也只是基于立场的攻击，党同伐异，并未深入到问题的内部，因而同样回避了近代日本长达一个世纪的奋斗与失败之路的意义。

不过，仅仅指出近代主义者对现实力量的盲从与缺乏反省并不充分，他们也在持续批判日本的现状。近代主义者真正忽视的问题是，他们战后对世界的认识是否坚持了一种真正普遍的文明标准，或者说，他们此时确信不疑的"近代西欧"或"近代"自身，究竟在什么意义上可视为文明的标准。如果有这样一种问题意识，那么，帝国、殖民、民族、文明、世界，这些建构战前日本知识分子世界观的概念与观念，就必须在新的现实基础上继续予以思考。

这个新的现实基础并非凭空而来。在第二次世界大战后人类新文明观念与世界新秩序的形成过程中，我们可以发现近代日本知识分子曾经投入的热情和努力的影子。如果我们扭转视线，从战前的角度来看战后，那么以《联合国宪章》为核心的世界秩序与文明观念，就与战前日本知识分子试图构想与实现的新文明、新秩序出现了部分重合。这并不难理解，《联合国宪章》的主导原则正是对战前殖民帝国主导的世界旧秩序的否定。

由于"近代超克"这一近代日本精神史上的主旋律被简单视为历史上荒诞的一页而翻过去，这种状况构成了战后民主主义者思想的贫困。并且，因为没有从正面回答"近代超克"所触及的真正问题，近代超克论者提出的问题的真伪也同样未得到检讨与批判。另外，左翼学者由于先行设定了历史的方向与到达的终点，因而就以特有的"辩证法"和"必然性"等话语在理论上取消了这些问题。如同我们曾经指出的，广松涉对"近代超克"的重新分析，也只是停留在意识形态的揭露与批判层面上，而未深入揭示与讨论日本近代史上真正的精神动力。

这一精神史上的重大问题的非解决状态，导致了"战后民主主义"统一战线的脆弱属性。经过"1960年安保斗争"的洗礼后，日本青年学生走上了社会抗议舞台的中央。与近代主义者不同，他们开始将眼前的"近代"，即美国以及作为美国盟友的日本，视为有待超克的"近代"。从而，日本精神史中的"超克"传统得到了恢复。在1961年发表的《作为方法的亚洲》中，竹内好再次显示了他对"近代"问题思考的深度：

> 西洋侵略东洋，东洋进行抵抗，在这种关系中世界发生了均质化。这种看法是当前流行的汤因比的看法，但到底有着西洋的局限。现代亚洲人并不这么考虑问题。为了更大规模地实现西欧优秀的文化价值，东洋要重新包围西洋，从东洋的角度变革西洋。通过这种文化上的反击，或者说价值上

的反击，创造出普遍性。东洋为了进一步提高西洋产生的普遍性，东洋要革新西洋。这正是现在东西相对的关键问题点。这既是政治上的问题，也是文化上的问题。日本人也必须拥有这样的构想。[1]

竹内好的上述说法，事实上继承了战前"亚洲主义"与"近代超克"中最为正当的一面，从而使得他的思考超越了"战后"这一特定的时代。与战后民主主义者对"民主主义"的欢呼不同，他从普遍主义生成的角度，再次揭示了"近代超克"的必要性和方法。在这个意义上，"亚洲"既是文明化的"方法"，还是文明的实质性的"原理"：

西欧文明一元论的看法，第一次世界大战期间在西欧内部开始解体。随后这种文明观转移到了美国。今天，古典文明观最大最纯粹的继承者正是美国。因此，美国在原理上和亚洲发生了对立。……从亚洲的角度来看，美国的世界政策越是不得不维护这种似是而非的文明观，就越证明了文明无原则化、无内容化的进行。这是一个法则。今天如果福泽谕吉还活着，他的现实主义一定会导引他去发现超越（当下）文明的原理。……日本是西欧还是亚洲，这不应该只从工业

---

[1] [日]竹内好：《方法としてのアジア》，载《竹内好セレクションⅡ》，日本経済評論社，2006年，第45页。另外，关于"作为方法的亚洲"这种说法，请参见本书第二章的相关讨论。

化水准上去判断。日本是否能独自发现一种综合的价值体系，是否有能力揭穿文明的虚伪，这才是我们判断的标准。如果能做到这一点，那日本就和亚洲原理发生了关联；否则，就只能和那个似是而非的文明为伍。[1]

借助对福泽谕吉的文明论的讨论，竹内好事实上完成了战后日本的"文明论概略"。在这段论述前，他还用另一种方式指出了亚洲的原理就是"通过否定似是而非的文明来完成文明的重建"。从而，竹内好版的"文明论概略"就超越了福泽谕吉。福泽谕吉虽然也揭穿了近代西方文明虚伪的一面，但他最终选择的是与西方为伍，告别亚洲。与此相对，竹内好选择的是"否定"和"抵抗"，以及这个过程中的"重建"，而不是"告别"。当然，如同他自己感受到的，这是一个"巨大的事业"，我们不应要求他立刻给出答案。竹内好的这种自我规定，再次显示了近代日本精神史演进的延续性。

事实上，竹内好战后日本的亚洲论述虽然延续了近代日本的"超克"精神史，但主导这个时代超克论的却是马克思主义。对"日本革命"及"世界革命"的梦想，是这种超克论的精神特征。如果"革命"取得了成功，自然可以说"超克"取得了成功。问题

---

[1] [日]竹内好：《日本とアジア》，载《竹内好全集》（第八卷），筑摩書房，1960年，第91—92页。

在于，日本马克思主义者设想的"革命"在实践中一再遭遇挫折。[1]而且，日本精神史上的"近代超克"被转换为马克思主义宏大历史叙事的一部分后，他们事实上放弃了对其精神遗产的反思。他们仅仅以"社会主义"替代了"近代超克"后的未知世界。20世纪90年代初世界冷战体制崩溃之后，日本左翼知识分子坚信的社会主义是对资本主义超克的信念，开始退出日本精神史的舞台。

当代日本社会学家庄司兴吉提供了一个关于这种认识的典型论述。他写道："从资本主义到社会主义、共产主义的转换，前者为近代的实体，后者为前者矛盾扬弃的场所，因而可以称为近代的超克。"也就是说，近代超克成为一种普遍性的社会变迁过程，而不是特定社会的特殊意识形态。在这个过程中，"近代超克的趋向，由被超克的近代社会的性格决定其具体的前进方式。日本的近代具有在结构上将前近代的要素内化于其中的性格，因而日本的无产阶级运动一方面否定了近代资本主义，另一方面又试图利用近代的民主主义。然而，这种设想未能成功，'近代超克'最大限度地利用了日本社会中的前近代的要素。这就是20世纪30年代后半开始到20世纪40年代前半风靡日本社会的超克论。"[2]

显然，在这种解释中，"近代超克"不再是战前日本民族错误认定的目标，而是内在于资本主义这一"近代实体"的矛盾自身。

---

[1] 参见［日］桂秀实：《革命的な、あまりに革命的な：" 1968 年の革命"史论》，作品社，2003 年。

[2] ［日］庄司兴吉：《现代日本社会科学史序说》，法政大学出版局，1975 年，第158—160 页。

这种矛盾的转换与扬弃，就是资本主义向社会主义的过渡。

这里要着重指出的是，日本马克思主义者与近代主义者事实上有着共同的"近代—前近代"的认知图式。正因为如此，随着战后日本迅速的复兴和现代化的成功，尤其是20世纪90年代初冷战的结束与苏联的解体，这种进化论类型的超克论也无疾而终。但是，这并不意味着"近代"最终在日本取得了胜利。随着"近代"——被视为普遍主义的西欧近代——在日本的成立，内在于社会自身的自我怀疑、自我批判的性格也愈发显现，结果，这种近代批判意识与基于"日本文明"的超克论再度结合，强调日本文化特殊性的超克论，以保守主义的面貌得到了复兴。

要注意的是，我们不能过度强调战后日本的近代超克论与帝国时期的关联。1945年日本帝国的崩溃与战后新世界秩序的形成，使得人们的"世界"意识发生了巨大的变化。在战前的"近代超克"或"世界史论"中，"世界"是一个与日本对峙的特殊存在，是一个有待克服的对象。但在战后民主主义的空间中，竹内好所言的"世界"已经是一个普遍的世界，为"亚洲"留下了特别的创造性的位置。与此相对，在近代主义者的论述中，另外一种"世界"意识也同时出现。在发表于1964年的一篇访谈中，丸山真男的一席话表明了近代主义者世界意识的复杂性：

> 我们在说"世界"时所联想到的形象，并不在我们的内部，而是意味着处于我们外部的国际社会；再具体地说，就是指欧美。"世界"这一普遍概念并不是场所。日本处于世

当中，反过来说，世界也在日本当中。这种观念在日本不容易扎根。这一点对于所有未接受世界文化洗礼的地方而言都是如此。未受罗马文明洗礼前的日耳曼也是如此。我最近几年反复论及"开国"的思想史意义，就是要指出日本中有世界，世界中有日本。[1]

"世界"，从经验和理念上看，依然是由欧美定义的世界。然而，它在本质上和战前的认知已经全然不同。事实上，近代以来日本知识分子所执着的"西洋""世界"与"日本"，最初就处于相互交织与建构的过程中，这种情境的本质仅仅因日本1945年的战败而凸显了出来。丸山真男的说法所揭示的正是这一事实。不过，丸山的上述说法同时表明，以他自身为代表的近代主义者，极度弱化了对"西欧近代"的质疑与抵抗。我们只是在"日本中有世界，世界中有日本"这一表述中看到了日本在新世界当中可能有的位置，这与竹内好更为积极保留"亚洲"、进而保留"日本"自身的构想，形成了明显的对照。

那么，这种近代主义的世界认识方式，这种对置身其中的"世界"批判性反思视角的丧失，是否意味着日本丧失了参与并推动历史前进的契机？这种民族与世界之间张力的解除，是否意味着日本近代精神走完了它的历程？

---

[1] [日]丸山真男：《普遍の意識欠く日本の思想》，载《丸山真男集》（第十六卷），岩波書店，1996年，第56—57页。

20世纪90年代初世界政治层面上冷战秩序的终结与1991年海湾战争的爆发，标志着"世界"再次发生了重大的变化。在这种情况下，日本试图加快从经济大国迈向政治大国的步伐。由于美日同盟关系的束缚以及日本宪法对它自身行为的限制，日本的政治大国化进程举步维艰。不过，与这些外在的约束性条件相比，日本还有一个内在的问题尚未得到解决，那就是它尚未形成参与世界事务的基本理念，或者说这一理念尚未达成一致。战后日本形成的"联合国中心主义"与"美国中心主义"并不总能得到调和。日本国内的舆论也因此一再发生分裂。进入21世纪后，美国保守主义的兴起及其在世界政治中的单边军事行动，进一步激发了日本学者的思考。

面对这种世界秩序转变，日本学者开始重新思考"京都学派""亚洲主义"可能具有的意义。[1]这可以说是对近代日本精神史遗产的一种重新清理。由于这种思考并未超过竹内好等人的范围，这里不再赘述。

最后，我们关注一下"亚洲"与"世界"观念在日本国民个体层面上的呈现。如果说战后日本在外交实践上要追随美国的世界政策，那么国民则始终与这种政策保持着紧张关系。这与帝国时期日本民众自发支持政府的情形截然不同。

这里举一个例子。在战后日本的和平运动中，有一位很活跃

---

[1] 相关讨论，可参见［日］中島岳志：《アジア主義：その先の近代へ》，潮出版社，2014年；［日］坂本多加雄：《日本はみずからの来歴を語りうるか：「世界史の哲学」という遺産》，载酒井哲哉编《平和国家のアイデンティティ》，岩波书店，2016年。

的出版家，名叫下中弥三郎（1878—1961）。[1] 在战前的历史上，下中是一位典型的"亚洲主义""超国家主义"与"八纮一宇"的宣传者，坚信亚洲解放与皇国世界统一的使命，代表着近代日本精神史在一般的知识阶层中的呈现。日本战败后，与大多数同时代的人一样，他也转而拥抱民主主义。不过，如果进入他的精神世界，我们就会看到另外一幅图景。在1952年广岛召开的"第一次世界联邦亚洲会议"上，他的发言将他的精神世界呈现了出来：

> 尽管受着美国的指使，但日本拥有宣布放弃战争的宪法。把这部日本宪法推向全世界，将战争从人世间彻底消除掉，这难道不是世界上首次经历了原子弹、氢弹洗礼的日本面向全人类的光荣职责吗？

由于积极提倡日本"非武装中立、绝对和平主义"与"世界联邦"理论，他被认为日本和平运动的代表人物。1955年，他成为日本第一位诺贝尔奖获得者汤川秀树（1907—1981）组织的著名的"呼吁世界和平七人委员会"的一员。第二年，他访问中国，在亚洲大地上看到了"人间天国"。在晚年的文章中，他认为"八纮一宇"的理想只是遭到了政治上的误用，坚信"世界一家"和"诸

---

[1] 下文对这个事例的描述，参见［日］中島岳志：《八紘一宇と平和憲法：下中彌三郎の超国家主義》，载三浦信孝编《戦後思想の光と影》，風行社，2016年，第162—178页。

民族皆兄弟"。

你看，在一位日本国民的个体身上，一种精神与信仰上的连续性表现得非常明显。对于他而言，他在战后所抱持的和平主义与世界主义，与他的个体精神演进过程中的"亚洲主义"等思想观念并没有什么断点。当然，下中弥三郎的事例只是众多有类似精神体验的日本国民的典型。在日本战后的"和平主义""反对核武器运动"等一系列公民运动中，大量知识分子和一般市民参与其中，成为战后民主主义运动的重要组成部分。尤其是在战后《日本国宪法》的"和平主义"观念下成长起来的日本国民，面对20世纪90年代以后日本社会日甚一日的保守主义倾向与民族主义的兴起，他们正在从正面重新解释并坚持宪法的理念，致力于日本与世界的和平活动。这种思想与活动构成了战后日本世界主义的主要侧面。[1] 从民族国家到世界主义，在国民个体的身上，我们再次看到了这种日本精神史的演进轨迹。

个体如此，作为集体的"民族"同样如此。通过与过去保持一种相对稳定的联系，"民族"同样获得了自我认同、自我意识的完整，从而使得民族的共同生活获得了意义。对于经历了战败这一巨大历史事件的日本民族而言，更是如此。不过，与过去建立联系，维持自我认同、自我意识的完整，不仅仅是人们出于理性的目的而有意为之，在深层的意义上有着来自于精神史自身的动

---

[1] 参见［日］村田邦夫：《21世紀の「日本」と「日本人」と「普遍主義」》，晃洋書房，2014年；关于现代日本的"和平主义"的详细讨论，请参见本书的下一章。

力。但不管怎样，这种精神机制与个体努力的结果，使得日本民族很快达成了与过去、与世界的和解。

四
战争与民主：东亚世界史的反思

"战后民主主义"在日本重建的过程中扮演了双重角色：一方面，它意味着国家统治原理的转换，由军国主义和天皇制绝对主义转向人民主权的近代政治原理；另一方面，它意味着历史意识的转换，这一点清晰地表现在近代主义者的观念中。结果，在政治实践中，"民主主义"与"和平主义"构成了日本国民整体性的指导原则。

但我们不能仅仅注意"战后民主主义"这些容易观察到的结果。实际上，从我们设定的精神史的角度来看，日本民主主义的确立留下了此前日本帝国的深刻印记。民主主义来自第二次世界大战中取得胜利的同盟国，来自GHQ的具体施政。这种事实构成了日本历史的特殊演进路径，它不时地或者说一再反复出现在当下人们的观念世界中。我们之所以着重讨论战后日本的历史认识问题，就是要揭示"战后民主主义"在近代日本精神史演进中的位置和扮演的角色。进一步说，内在于"战后民主主义"中的近代日本帝国的要素，构成了它的另外一种隐秘的起源。换言之，理解"战后民主主义"精神特征的核心，不在于"民主主义"，不在于"战后"，而在于"战争"自身。这样，我们就将问题再次置于东亚世界变迁的历史进程中。

从精神史的角度来看，19世纪下半叶日本的崛起与进入世界史的进程，正是精神帝国现实化为政治帝国的过程。在这一进程中，"东洋"在其精神秩序建构方面扮演了极其重要的角色。在东洋—西洋的认知框架中，日本国民的精神首次获得了解放，近代化获得了无可替代的精神动力，结果，日本成功地维持了独立，率先实现了富国强兵。日本在19世纪末20世纪初的崛起有着世界史的意义：它打破了欧洲殖民帝国的世界支配状态，加速了世界旧制度的解体。

然而，日本的成功在文明史上的意义，很快被它的失败所抵消。它的这种失败与它对文明的理解有直接的关系，它并未能洞察到世界文明演进的大势。日本奉行的大陆政策，很快耗尽了它曾获得的正义属性。1945年8月15日，日本的大陆帝国梦戛然而止；随即，一个"和平国家"从战争的废墟中站了起来。

那么，日本的新生意味着什么？有日本学者指出，日本的毁灭反倒在结果上摧毁了欧美帝国主义在亚洲基于暴力的殖民统治，促进了普遍世界史的形成。而"和平国家"日本的诞生，同样属于这个历史过程自身。说到这里，我有必要引述一种历史认识论，即马克思在《不列颠在印度的统治》一文中提出的著名观点：

> 的确，英国在印度斯坦造成社会革命完全是受极卑鄙的利益所驱使，而且谋取这些利益的方式也很愚蠢。但是问题不在这里。问题在于，如果亚洲的社会状态没有一个根本的革命，人类能不能实现自己的使命？如果不能，那么，英国

不管犯下多少罪行，它造成这个革命毕竟是充当了历史的不自觉的工具。[1]

这就是马克思主义辩证法的思考方式，日本帝国在这种辩证法的意义上充当了历史不自觉的工具。不过，这种说法不应该是我们认识的终点。回到历史现场，我们就会发现，以这种辩证法的方式谈论日本的"贡献"会遭遇特殊的困难——历史现场中的人们感受到的是一种全然不同于当下的事实。在"战后民主主义"的和平空间中重新讨论"近代超克"时，广松涉的下述说法促使我们要对"历史的不自觉"做进一步的思考：

昭和初期，人们普遍认为，日美战争将来绝对不可避免。对于当时的人们而言，战争可以说是有着所谓自然法则般的必然性；直到某个特定国家完成统一支配世界之前，战争将反复发生。这几乎是人们的常识。从人们确信不疑的这个大前提来看，既然日本从感情上说不甘心败退，那么为了确立世界和平，确保全世界的安宁与秩序，日本就有必要在战争中取胜，取得终极战争的胜利。这是绝对条件。除了极为少数的左翼马克思主义者之外，不分知识分子与民众，可以说这是日本全体国民共通的认识……以美国为盟主的西洋和以日本为盟主的东洋的决战，不仅仅是力量的对决，同时也是

---

[1]《马克思恩格斯选集》(第一卷)，人民出版社，2012年，第854页。

东洋原理与西洋原理在理念上的对决。这也是当时人们的普遍认识，我们也必须将这一点铭记在心。[1]

在当时的日本，人们普遍确信东西方之间的战争是历史的必然。石原莞尔就是这种看法的鼓吹者。早在1929年，石原就在长春发表过他的世界最终战争理论的构想；1940年，他做了"世界最终战论"的讲演，随后刊行出版。他看到的世界最终战争，就是日本和美国的决战。石原莞尔曾任关东军作战参谋，在1937年3月升任参谋本部作战部长，参与制定了《国防国策大纲》等一系列军备方案。1931年他策划的"九·一八事变"其实是他的理论的自我实现——他要在日美决战到来之前，一举解决所谓"满蒙问题"，为日本创造战略基地。

石原莞尔不仅是日本全面侵华战争的始作俑者，也是日本国民危机意识的代言人。卢沟桥事变爆发后，出于为未来的日美最终战争的考虑，他极力反对扩大对华战争，并因此被排挤出日本军部。[2] 但他未料到的是，在他制造"九·一八事变"之后，他已经在事实上为日美开战拉开了序幕，而最终战争到来的时间，已经不是他所能左右了。

值得注意的是，这种世界战争观念与预期并非日本固有的偏

---

1 [日]廣松渉：《近代の超克——昭和思想史の一つの視角》，講談社学術文庫，1989年，第158页。
2 参见[日]川田稔：《日本陆军的轨迹（1931—1945）：永田铁山的构想及其轨迹》，韦平和译，社会科学文献出版社，2015年，第161—181页。

执观念，也不是少数理论家基于军国主义信仰的言论鼓吹。从根本上来说，这种认识源于人们对时代危机的认识——在帝国主义与殖民主义统治世界的时代，发动战争与否仅仅受帝国主义国家自身利益的约束。

1945年8月15日，日本天皇下诏宣布战败，民主主义与和平主义在随后的数十天内突然降临日本。从世界战争到和平主义，日本帝国既充当了"历史的不自觉的工具"，又有着明晰的与时代同步的意识。我们可以再回顾一下这段时期日本及世界的混乱状况。

从世界秩序层面上来看，"九·一八事变"是1929年全球性经济危机引发的政治危机的一个结果。危机导致的自由贸易体制的终结，使得日本经济大受打击。同时，中国的革命运动迅速取得成功，在日本帝国的眼中，则是英美势力支持的结果。1933年1月，主张打破《凡尔赛条约》体系的德国纳粹政权成立。2月24日，国际联盟依据《李顿报告书》，通过《劝告撤军方案》，宣告日本在华的行动非法。3月27日，以松冈洋右为首的日本代表团宣布退出国际联盟，开始认真准备可能到来的制裁以及与美国的战争。

这里要指出的是，作为第一次世界大战后世界新秩序的象征，国际联盟是一个世界和平的管理体系。比如，除了宣布日本侵吞中国领土为非法之外，意大利在1935年10月对埃塞俄比亚的侵略、苏联在1939年11月对芬兰的侵略，国际联盟都持严厉批评的立场，苏联更是遭到了开除的处分。由于国际联盟的各种缺陷，这些举措固然未能挽回和平，但毕竟代表了国际社会民主化的进程，意味着文明进步的方向。因此，日本率先脱离国际联盟，挑战世界秩序，本质上是对文明大势的背离。或许正因如此，1945年的惨败让日本国民义无反顾地走上了"和平主义"的道路。

在日本由世界最终战争向战后和平主义一跃的过程中，我们看到了民主主义扮演的角色：在战后民主主义制度安排下，国民获得了主权，可以在多种层面上表达和平意志和行动。这种"和平主义"事实上获得了国民主体的保障，因此，在探讨日本战后精神时，"和平主义"是一个不可或缺的视角。

还要指出的是，在从世界战争向和平主义转换的过程中，天皇所代表的王权发挥了无可替代的作用。如同我们在第一节中讨论的一样，日本裕仁天皇在战后政治中的活跃，为战后日本的重建提供了特定的精神支持与动力。这种王权与民主主义以及和平主义的关系，最终为1946年11月公布、1947年5月3日施行的《日本国宪法》所固定下来。

到目前为止，我们已经看到了近代日本精神演进上的曲折，而这种独特的精神历程与世界秩序变动的关系，也促使我们思考普遍的文明得以生成的历史机制：只有在一种基于普遍文明的世界主义视野中，本章所论及的现代日本精神史上的各种事件才能得到恰如其分的重新评价与承认。完全基于民族国家与民族主义的历史叙事，无法对人类的苦难进行有意义的解释。这正是日本面临的困境：在"联合国中心主义"和坚持日美同盟的方针下，日本的近代历史无法获得精神上的协调解释。在民族国家的历史叙事框架中，人们也无法与过去、与他者达成有意义的和解与共识。

因此，关注历史与人类命运的人无疑会看到下述事实：在世界各民族走向普遍价值的全球化与全球秩序的法治化的时代大趋势中，日本迄今并未因其独特的精神历程而成为一个伟大的国家，更未成为人类文明进程的标杆。在这个正在展开的文明进程中，日本最终会扮演怎样的角色，在很大程度上取决于它是否公正地对待了自己和他者的历史。

[附论]

军国暴力

近代日本精神史的污点

一、"遭遇"暴行现场

在第二次世界大战后日本的国民意识中，有一个让人们感到难以处理的污点，那就是侵华日军在中国犯下的一系列暴行。那么，它所折射出的战前日本军国主义者内心深处幽暗的一面，在战后得到了怎样的处理？人们似乎很熟悉这一暴行的历史，但这种暴行究竟是怎么发生的？

这些问题让我想到了德国哲学家黑格尔在其《精神现象学》中的一个警句："熟知的东西所以不是真正知道了的东西，正因为它是熟知的。"[1] 在人们的历史记忆层面占据固有位置的战争记忆，同样如此。比如，当代著名社会学家齐格蒙·鲍曼在探讨德国纳

---

[1] [德] 黑格尔：《精神现象学》，贺麟等译，上海人民出版社，2013年，第70页。

粹主义犯下的种族大屠杀罪行的原因时，就批判了人们耳熟能详的各种解释。他说，众多关于奥斯维辛集中营的解释，"将刺痛从大屠杀中拔除了出来"，从而导致这种严酷的人类经验无法"以严肃的方式"进入到当代意识中去。[1]

这里之所以要援引以上两则说法，原因在于一种体验。阅读新近出版的由田古治子和西奥多·F. 库克共同撰写的《日本人口述"二战"史：一部日本平民亲历者的战争反思录》，再次"遭遇"日军在侵华战争期间的各种罪行的现场，"遭遇"历史真相，迫使人们"以严肃的方式"进入相关问题。"南京大屠杀"和"731细菌部队"是这种罪行的象征。这里摘录一段读者必然"遭遇"的一个现场来开始我们的探索之旅：

> 一把好刀无须费力，只要轻轻一动就能砍下一颗头。
> 但即便如此，有时我还是会搞砸。通常俘虏们的身体已经因拷问而变得异常虚弱。他们的意识是半清醒的，身体也会不自主地摇晃，并且下意识地移动。因此有时我会砍中他们的肩膀。还有一次，有个人的肺脏就像气球一样弹出来掉到地面上，这画面令我无比震惊。不过接下来我就立刻全力向他的脖子砍去。因为动脉被切断，血立刻就喷溅出来。身体马上就会倒下，不过毕竟人的脖子不是水龙头，血很快就

---

[1] ［英］鲍曼：《现代性与大屠杀》，杨渝东等译，译林出版社，2011年，第7—8页。

停止喷射。每次看到这种场面,我都会体验到一种狂喜。"[1]

这位自述者名叫鹈野晋太郎,负责情报收集工作。据他的自述,他在太原日军监狱工作时,"如果超过两周没有砍一次头",就会"觉得全身不舒服"。面对两位学者的采访,他还非常坦然地说:"假如我们今天的会面是发生在战争时代,那么我见到你的第一刻就一定会注意到你的脖子。"

上面引文描述的血腥场面会让生活在和平年代的人们感到毛骨悚然。这种暴行"现场"的冲击打破了我们的日常心境:战争中的暴行不再是"熟知"的,而是一种有"刺痛"的体验。这就是上面所说的"遭遇"历史真相的含义。侵华日军在中国犯下的各种"屠杀""惨案"罪行,称其为"大量虐杀""以残酷手段进行的大量杀害"或许更为准确。任何一次在文字或视觉上与这些罪行的新的"遭遇",都依然会让我们震惊和沉思:侵华日军何以犯下如此罪孽?将鹈野晋太郎解释为变态杀人狂,显然并不符合事实,从目前公开的史料来看,侵华日军的这种残虐行为几乎遍及其所到之处。罪行规模大小不同,但在残酷性上可以说不分上下。[2]

这种让人震惊的心理效果,首先源于日军虐杀的个体性特征,即日军个体针对受害者个体施加的各种暴行。侵华日军针对俘虏

---

[1] [日] 田古治子、[美] 西奥多·F. 库克:《日本人口述"二战"史:一部日本平民亲历者的战争反思录》,小小冰人、潘丽君等译,重庆出版社,2018年,第131页。
[2] 比如,东史郎就在他的日记中记载了一起日军个人的虐杀行为,参见 [日] 东史郎:《东史郎日记》,王奕红等译,江苏凤凰教育出版社,2014年,第204—205页。

与平民的虐杀行径，普遍包括肢解、剖腹、斩首、挖眼、割舌、火烧、水淹等惨绝人寰的方式。[1] 我们无意比较迄今为止人类史上各种屠杀的残酷性，但在最近一个世纪发生的暴行中，上述虐杀手段与纳粹德国的种族灭绝行动所具有的"远距离和技术"特征——这些特征保证了屠杀者对受害者的"盲视"，从而保证了他们个人"道德完整"——形成了尖锐的对照。前面提到的鲍曼曾说，他初次接触纳粹德国的大屠杀之后，发现那是一种无法以"简单且理智上很舒服"的方式加以解释。其实，他说的同样是一种心理效果。

我们在上面引述的鹅野晋太郎的回忆，因其个体属性而穿透了时空与国家记忆——通常强调民族整体的苦难与抵抗的正义属性——的阻隔，它所形成的图像可谓瞬时显现、横亘在读者眼前，其势迫人，让读者以个体的方式"遭遇"真实的历史。这里说"真实的历史"并不是说其他记忆方式不真实，而是强调历史真相的个体性侧面得到了突兀的呈现。口述史的这种当事人现身说法的历史书写方式，将关于历史的个体记忆与国家记忆的异质性凸显了出来。

二、历史记忆的个体性

我自己第一次接触关于大屠杀的非教科书式描述，是在一

---

[1] 参见孙伐工编：《沦陷区惨状记：日军侵华暴行实录》，中国文史出版社，2016年。

家书店。当时我偶然看到美国华裔女作家张纯如（Iris Chang, 1968—2004）撰写的 The Rape of Nanking: The Forgotten Holocaust of World War II，并阅读了一部分，备感冲击。后来，我购买了包括这本书的中译本以及日本历史学家津田道夫著作的中译本在内的数种图书和资料。通过阅读，我对这一历史事件有了初步认知。[1]1937年12月13日南京沦陷后所发生的事情，从此不再是一个抽象名词与整体描述，不再是历史教科书中的数字，而是一个个生命个体的受难画面。

我在这里写下上面的个体记忆，并非没有目的。上面的说法自然有着源于个体经验的局限性，但也不会因其个体属性而显得微不足道，因为它首先是一个真实个体的历史记忆建构的真实过程，是个体进入历史的一种真实的方式。同时，更重要的问题也在这个过程中浮现出来，那就是我们今日的读者在阅读这种非教科书式的历史叙事时，可能依然难以理解，当年日军何以如此行事？我们又应该如何看待战后的和平主义精神？

迄今为止，很多历史学家都对日军行为进行了解释。比如，荷兰历史学家伊恩·布鲁玛给出了一个综合的回答："一说根源在于日本文化的病态和武士道精神等因素；又说这是一起蓄谋已久的恐怖行径，发号施令者远在东京，目的是迫使蒋介石政府屈服；还有说是吃尽苦头的军人产生了厌战情绪，继而大肆寻找发泄渠

---

[1] 张纯如：《南京大屠杀》，马志行等译，东方出版社，2005年；[日]津田道夫：《南京大屠杀和日本人的精神构造》，程兆奇等译，新星出版社，2005年。

道。"¹ 这三点原因涉及文化属性、意识形态、政治意图、现场的情境等，很能说明问题。

事实上，对于这些说法，我们不难找到相应的历史根据。比如南京大屠杀的亲历者、通过躲避于佛门而最终脱险的中央陆军军官学校教导总队工兵团营长钮先铭（1912—1996），在当时的回忆中就有"迫使中国屈服"的认知。² 钮先铭有日本陆军士官学校和法国留学的经历，他与其同时代人的判断，自然会让人们重视。

另外，布鲁玛的说法与前面提到的津田道夫的说法也有共同之处。不过，津田更强调内在于平民自身的"虚无主义"与"利己主义"的精神结构的病理。他援引日本作家鹿地亘的说法，认为平民的虚无主义表现为"狡猾的强盗性""不劳而获意识""趁火打劫性"和"地痞的破坏性"。这是一种强调内在于近代日本国民与文化的"野蛮性"的看法。关于这一点，钮先铭在回忆录中有所提及。另外，美国文化人类学家本尼迪克特在其名作《菊与刀》中，引述了一位日本作家的说法来表明近代日本人极端矛盾的性格，大意是说，剥开日本人文明的外表，"露出的是海盗"。

对于当时日本知识分子的虚无主义，津田引用了被称为"有良心的"文艺评论家杉山平助在1937年末《朝日新闻》南京支局记者谈话会上的一段说法，颇具代表性：

---

1 ［荷］布鲁玛:《创造日本:1853—1964》，倪韬译，四川人民出版社，2018年，第92页。
2 钮先铭:《佛门避难记》，南京师范大学出版社，2005年。

我认为，战争一旦开始，为了胜利，为了确保战果，采取什么手段都行，在这样的情况下任何道德都是无力的，无能的。今后的战争，区别战斗人员和非战斗人员，从严格的意义上说是不可能的。迅速的歼灭也是一种慈悲。……我刚听了抱着儿子的死尸，在雨中持续哭了三天的支那老太婆的话。在莫愁湖边，躺着这个死尸。老太婆抱着这个死尸，抚弄着脸，摩挲着脚，三日间持续地哭着。……然而，天就是无动于衷的！地也是无动于衷的！……所以我对这个眼泪满眶的支那人的苦恼，只是报以冷笑。奴隶的生命本不值一提。同时我们的生命也不值一提。当前，对于我们来说，惟有努力。惟有豁出性命保卫日本。

这篇文章题为《支那和支那人和日本人》，1938年发表在当时被视为进步杂志的《改造》上。[1] 这种让人感到冷彻骨髓的虚无主义意味着对包括自身在内的生命价值的全部抹杀。美籍犹太裔政治哲学家汉娜·阿伦特有一种说法，进一步揭示了这种"极权主义"根源："彻底的恶与一种制度同时出现，在这种制度中，一切人都同样变成了多余的。……极权主义的杀人者最为危险，因为他们连自己是死是活都不在乎……"[2] 这种将罪恶的起源归因于

---

1 [日] 津田道夫：《南京大屠杀和日本人的精神构造》，程兆奇等译，新星出版社，2005年，第79—80页。
2 [美] 阿伦特：《极权主义的起源》，生活·新知·读书三联书店，林骧华译，2014年，第573页。

制度的说法，我们在上面的引文中找到了经验的证据。

当然，这些问题并没有简单明了的答案。前面提到的社会学家鲍曼以及迈克尔·曼等将纳粹德国的种族屠杀行为追溯至内在于现代性的潜在属性，可谓对纳粹类型的残酷行为的深刻说明。[1] 这些将大屠杀归因于现代官僚制度的说法，最初源于阿伦特在1963年使用的"行政性屠杀"（Administrative Massacres），用以说明庞大的国家官僚体制的非人格特征在大屠杀中扮演的角色。[2] 无独有偶，丸山真男早在1949年撰写的分析军国主义行为的一篇文章中，在分析侵华日军华中方面军司令松井石根在"南京残虐事件"中的角色时，也使用了"官僚精神"（马克斯·韦伯语）一词，借以说明近代日本政治"无责任体系"造成的恶果。

不过，不同于德国纳粹以"死亡工厂""死亡集中营"方式进行的种族屠杀，侵华日军暴行主体的广泛性与个体性，似乎无法简单用现代官僚行政制度的"恶"来加以解释。关于日军暴行的分析，似乎还处于"被遗忘"的状态。就此而言，当迈克尔·曼提到早期年代的屠杀比现在更加残忍时，他或许为人们提供了一种解释的线索。比如，武士道被视为日本文化的代表，但武士滥用暴力的顶峰，就是"竟用无辜者的头颅来试那新到手的刀"。[3]

---

1 [英]迈克尔·曼：《民主的阴暗面：解释种族清洗》，严春松译，中央编译出版社，2015年。

2 [美]阿伦特：《艾希曼在耶路撒冷：一份关于平庸的恶的报告》，安尼译，译林出版社，2017年。

3 [日]新渡户稻造：《武士道》，张俊彦译，商务印书馆，2006年。

这种暴力与残酷性显然只有在非法治的前现代才有可能。在前面引述的鹈野晋太郎的回忆中，我们可以看到这种暴力的痕迹。

面对历史的真相，让历史的悲剧不再重演，或许是我们能给出的唯一回答。事实上，这也是前面提到的《日本人口述"二战"史》两位作者的心声。日本战败后，很多人士投入挖掘历史真相的工作中，这些致力于直面历史的个体的努力，无疑会让读者获得面向未来、致力于未来的精神动力。

三、历史真相的复杂：战后对731细菌部队的处置

历史的真相得到怎样的揭示，人们又从中获得怎样的经验与教训，这些都依赖于个体和群体的努力。2017年8月13日，日本放送协会NHK播放了大约50分钟的题名为"731部队的真相——精英医者与人体实验"的纪录片，引发了很大的争议。该片提出的问题极其尖锐：本来以救死扶伤为己任的医生，何以参与到人体活体实验和活体解剖这些丧失人性的残酷行为中？

该记录片的主创人员以1949年苏联主导的731战犯审判（"伯力审判"）的现场录音为主要证言，系统地揭示了731部队组织者石井四郎（1892—1959）与当时日本医学界通力合作的事实：731部队的残酷暴行是日本帝国源于精密的科学与理性算计的结果，是日本国家意志的体现。

石井四郎早年以第一名的身份毕业于京都帝国大学医学院，因其在731部队的特殊"功绩"，在战争结束前已经升至陆军中将，

这是军医所能获得的最高军衔。石井与自己的导师、时任京都大学医学院院长的户田正三合作，先后选拔了40名顶尖医学研究人员到位于哈尔滨郊外的731部队秘密实验室进行所谓研究工作。这40名人员来自多所日本大学与研究机构，其中京都帝国大学人数最多，共派遣了11名，紧随其后的东京帝国大学派遣了6名。为支持731部队的细菌武器与化学武器的开发，日本政府每年投入巨额研究资金，是政府强力主导的国家项目，被比拟为美国同期进行的以核武器研制为目的的"曼哈顿计划"。

　　日本战败后，美国为获得731部队的研究资料，以石井四郎等罪大恶极的"战犯"提供全部研究资料为条件，免除了他们的战争责任。美国国务院在1947年9月8日对联合国占领军司令官麦克阿瑟下达的绝密文件及随后的"备忘录"中写道："对美国来说，731部队的细菌战资料的价值，远远超过了对石井等人追究为战犯所产生的价值。这在美国的国家安全保障上，更为重要。"[1] 结果，多达三千余人的受害者的正义遭到了第二次践踏——穷凶极恶者的罪孽，因所谓的国家利益而被掩饰起来，战后世界秩序的不义以及世界政治中的现实主义性格，由此可见一斑。

　　由于731部队的研究始终以秘密方式进行，加之美日之间的丑恶交易，所有当事者都三缄其口，结果其罪行长久以来不为人所知。石井四郎自然得以安度晚年，户田正三等人更是在战后的

---

[1] ［日］森村诚一：《恶魔的饱食：日本731细菌战部队揭秘》，骆为龙等译，第二集，学苑出版社，2007年。

日本享受了医学权威的美名；其中，更有甚者，比如主导活体冻伤实验（实验活体从数个月大的婴儿到成人不等）的吉村寿夫竟然矢口否认自己参与实验的事实。

在石井四郎死后，731部队的残酷行径逐渐得到了揭发。1981年11月，日本作家森村诚一出版了题为《恶魔的饱食："关东军满洲731石井细菌部队"恐怖的全貌》的纪实作品，731部队的真相开始大白于天下。这部书前后卖出一百多万册，成为当时的畅销书。1985年8月，英国ITV电视台在英国播放了名为"731部队——天皇是否知道？"的电视节目。同年12月，美国ABC电视台购买了这一节目，并在美国播放，731部队的罪孽进一步为人所知。[1] 日本的有识之士，比如历史学家常石敬一、松村高夫、吉见义明等人，也对731部队进行了持续的研究，出版了许多研究成果。在上面介绍的纪录片中，NHK更是不为尊者讳，将复杂、残酷的真相再次呈现出来。

当然，历史记忆并不仅仅依赖于上述研究成果的客观呈现。如前文提到的，个体每一次与历史事实的"遭遇"，更是构成了当下记忆乃至历史自身的一部分。那些遭到虐杀的个体生命，那些仅仅被称为"马鲁太"（又译为"马鲁他"，即实验材料之意）的无名生命，属于他们的正义如何才能得到哪怕一丝的挽回？将本来是被俘的抗日士兵或游击队员污蔑为"马贼"，731部队的研究

---

[1] [日]西里扶甬子：《在刺刀和藩篱下：日本731部队的秘密》，王铁军等译，沈阳出版社，2017年。

人员试图维护自己的"道德完整"。那么，那些成为活体实验牺牲者的妇女和儿童呢？森村诚一在《恶魔的饱食》中详细记载了一些罪行的现场，其深刻的用意正在于此：

> 1943年的某一天，他们把一个中国的少年带进了解剖室。据原部队人员说，这个少年并非"马鲁太"，估计可能是从哪里拐骗来的，详情不得而知。……他们首先把浸透了哥罗仿（麻醉药）的脱脂棉捂在那个躺着的中国少年的嘴和鼻子上进行了全身麻醉。……从这个沉睡中的少年身上依次取出肠、胰、肝、肾、胃等各种内脏，分别计量之后把它们丢进了桶里。……"喂，还活着呢……"不知是谁这样说道，这可以再造一个活人。[1]

这是让人窒息的一起关于"活体解剖"的描述。[2]森村诚一写道，这个少年"本人也不会知道自己被活生生地解剖的理由"，因为本来就没有什么理由。据一个原731部队人员回忆说，解剖他的目的仅仅是"为了取得一个健康的男少年的内脏"。森村在书中还记

---

1 以下两个事例，参见［日］森村诚一：《恶魔的饱食：日本731细菌战部队揭秘》，骆为龙等译，学苑出版社，2001年，第一集，第67—69页；第二集，第54—55页。
2 在日本士兵留下的回忆录中，也有类似的罪行描述。比如，在《异域之鬼》（品野实）这本回忆录中，就记载了1943年初在云南拉孟的一起罪行，而罪行的动机仅仅是"观察活体反应"，参见［日］伊香俊哉：《战争的记忆：日中两国的共鸣和争执》，韩毅飞译，社会科学文献出版社，2016年，第90页。另外，这种暴行并非出现在战场。比如，1945年美军飞行员俘虏在九州大学医学部遭到活体解剖的事件，广为人知；这种罪行的实施也仅仅是出于医学实验目的。

述了一对俄国母女惨遭杀戮的细节。事件发生在1945年7月，日本投降的前夕。一位原731部队人员这样作证：

> 母亲个子不高，一头金发，30岁左右；那个女孩最多不过三四岁……即将往室内送毒气时，偎依在母亲脚下的那个女孩还抬起头来，从玻璃屋内以好奇的目光环视着四周。母亲用双手静静地按着这颗放射出天真目光的褐色头发的小脑袋。这时，女孩把头贴在母亲的怀里，一动也不动……正在这时，毒气喷射进来了。……可怜的母女俩人紧紧地靠在一起先后断气了。母亲的手始终放在女儿的头上。……当时我的工作是……握秒表，测母女咽气的时间……

人世间的残酷与个体命运的悲惨，或许莫过于此。尽管如此，正如西里扶甬子指出的，731部队的队员们，"没有同其他多达1000人的甲乙丙级战犯一同被处刑，而是在我们的城市和乡村以被'尊敬'的市民身份生活着"，在"子孙绕膝"中"静静地老去"。在历史罪恶未得到清算的情况下，人们若无其事地享受着731部队活体实验获得的医学成果。[1] 这也是历史的真相。

1　[日]西里扶甬子：《在刺刀和藩篱下：日本731部队的秘密》，王铁军等译，沈阳出版社，2017年，前言，第1—2页。

四、罪孽发生之后：救济还是忘却

如果说后世学者关于侵华日军暴行的总结，因其固有的抽象性和客观性而掩饰了一部分人类经验的意义，那么当事者的说法就成了我们认知历史真相时相对有效的参照物。比如，本文开篇处提到的鹈野晋太郎在其口述中曾自问自答道："你或许会问，为什么我们要这样杀人。因为那是件很容易的事情，自然而然就发生了。"这可能是侵华日军在暴行现场的逻辑；而在暴行现场之外，有着深一层的观念逻辑：

> 我抱定这种信念并按此行事，确信自己所做的是"正义之事"。因为所有人都是按照长官的指令行事，这是为了国家的利益而行动，是在为祖先的英灵尽孝。在战场上，我们从未看重中国人的生命。当你一路高歌猛进时，失败的一方看上去真的很卑劣。因此我们认定，大和民族是更高级的种族。[1]

这些说法反映了日军暴行发生的一些原因，包括现场的情境与意识形态灌输的结果。其中，值得注意的一点是津田道夫曾经指出的对中国的"蔑视"，这种全日本存在的"蔑视中国乃至中国人的思想"与基于天皇崇拜的"圣战"结合在一起，"大屠杀在

---

[1] [日] 田古治子、[美] 西奥多·F. 库克：《日本人口述"二战"史：一部日本平民亲历者的战争反思录》，小小冰人、潘丽君等译，重庆出版社，2018年，第129页。

士兵个人的精神上便被日常化了"。[1] 鹈野晋太郎的回忆,完全佐证了历史学家的判断。近代日本的这种蔑视中国与中国人的观念,在甲午战争前后已经大致定型。[2]

不过,与学者的总结不同,上述引文是一个真实加害者个体的回忆。那一刻他既没有掩饰真相的必要,因为他已经获得基于法律判决与惩罚后的免责;同样,他更无夸大真相的必要,因为他克服了巨大的心理障碍,正在为自己"犯下的罪行深深地忏悔"。那么,这种微观的回忆与记忆的真实属性,是否最终说明了日军肆意施加暴行的原因?

面对伤痛记忆,人们获得精神安慰的途径或许只有两条:其一是获知历史的真相;其二是获得来自加害者的道歉。对于暴行何以发生的解释,从属于对历史真相的揭示。在这个意义上,发生在距今近七十余年前的这场战争至今仍未终结。尽管有许多日本有识之士在致力于发掘历史真相,并向受害者道歉,但作为国家代表的日本政府,表现得却极其不合格。

退一步而言,即便日本官方可以就第二次世界大战期间日本的国策进行某种程度的"正当化"辩解,但对于确凿无疑的事实——日军针对无数个体的惨无人道的虐杀行为,除了坦然面对、真诚道歉之外,并没有其他的选择。然而,作为国民代表的日本政府

---

[1] [日]津田道夫:《南京大屠杀和日本人的精神构造》,程兆奇等译,新星出版社,2005年,第84—86页。
[2] 关于甲午战争前后日本民众对华态度的变化,请参照本书第二章及其附论当中的相关讨论。

似乎尚未意识到问题的所在。西里扶甬子在其作品中写道:"我认为,日本在学校里向下一代传承如此真实历史的努力显著缺失。中国人的'怨'来自何处,为何他们所报为'德',年轻的一代完全没能理解。"[1]

西里指出的这一点,可以说是人们对日本历史教育问题的普遍共识。比如,日裔美国学者米山·理佐指出,战后日本国民仅仅记得本国在战争中遭受原子弹打击等苦难部分,而"不敢将日本帝国的殖民地统治以及在日本人民的名义下实施的残暴行为作为国家历史的一部分加以叙述,支配着这一行为的,可以说是'忘却的政体'"。米山接着指出,这种政体的既成性格——沉默与隐瞒,与战后冷战世界秩序有着共犯关系。但在冷战结束、全球化加速的20世纪90年代以降,承认过去的错误并进行道歉,才是日本政府最有效的策略。[2]

众所周知,"以德报怨"是抗战胜利后,中国政府下达的命令,告诫将士不要报复缴械的日军。这种宽大的人道主义胸怀,真实表现了中国文化的人道主义本质。我们继续看一下鹈野晋太郎的回忆:

> 我由衷地相信,是中国共产党饶了我一命。就这一点而言,

---

[1] [日]西里扶甬子:《在刺刀和藩篱下:日本731部队的秘密》,王铁军等译,沈阳出版社,2017年,第419页。

[2] [日]小森阳一、高桥哲哉编:《超越民族与历史》,赵仲明等译,南京大学出版社,2017年,第195—196页。

他们与美国人和盟军大不相同，后两者绞死了 1068 名俘虏。

……

每天我都提心吊胆，担心明天自己会不会被处以死刑？每每想到此处，我都彻夜难眠，睡梦中常常听到母亲的呼唤。但是，中国共产党给我的惩罚只是 13 年的有期徒刑。宣判之后，幸存的中国家庭质问法官并且大声哭诉。而最后的结果为，我只要服刑 8 年就可以出狱。[1]

这是国家层面上"以德报怨"的结果。战后的日本社会当中之所以有着一股强大的和平主义思潮，与普通的日本国民对自身在战争中的遭遇以及对战争的深刻反省直接有关。鹈野晋太郎能够最终对自己的暴行进行忏悔，更是与战后中国政府"以德报怨"的宽恕政策有关。在这个意义上，战后日本和平主义精神的确立，是经历过战争的人们共同努力的结果。

五、尾声：我们要怎样的历史记忆

本文在叙述过程中还触及了另外一种类型的问题：关于历史的国家记忆垄断或者说代表了复杂的历史记忆自身。尤其当个体记忆被国家记忆所代表并遮蔽时，人们就失去了审视历史与文明

---

[1] [日] 田古治子、[美] 西奥多·F. 库克：《日本人口述"二战"史：一部日本平民亲历者的战争反思录》，小小冰人、潘丽君等译，重庆出版社，2018 年，第 127—133 页。

进程的最重要的视角，即人的尊严与权利。对于这一点，旅日中国学者聂莉莉的一则说法引人深思。针对日军 731 部队以及 1644 部队于 1941 年 11 月 4 日在中国常德发动细菌战的后果，她从受害者历史记忆的角度，颇为详尽地记录并分析了幸存的当事者及遗属的证言。在全书的最后，她写道：

> 一直以来对日本军队所犯下的战争罪行的指责是笼统的，缺少活生生的每一个人、家庭、地区社会被侵害的具体形象，对其反人道性质的追求缺失了人本身。受害者的痛苦经历应该是反映出犯罪者原形的"镜子"，活生生的具体的受害经历，能够清晰地映照出加害者对人道进行侵害的原形。[1]

这种对"受害者痛苦经历"的记录，可以将前文提到的"刺痛"还原到人们的历史记忆中。在阅读这部书中的民众证言时，读者必然再次"遭遇"罪行的现场，而这种现场感是其他记忆方式很难提供的珍贵体验。所谓"以史为鉴"，对于个体而言，归根结底就是以自己体验的或记忆中的历史为坐标，在过去、现在和未来之间建构一个有意义的秩序，从而为生活提供不可或缺的意义体系与心理能量。

这么说的目的，并不是要指出在共同体生活中同样不可或缺

---

[1] 聂莉莉：《伤痕：中国常德民众的细菌战记忆》，中国社会科学出版社，2015 年，第 243 页。

的国家记忆与集体记忆的局限，而是要将我们的历史认识引向深入。在人们的历史意识和现实的行动之间，往往有着人们觉察不到的直接关联，并最终决定着我们时代的文明属性和文明程度。对于遭受侵华日军迫害的个体及其遗属而言，如同他们的证言所彰显的，战争并未简单地结束。这些个体的生命与福祉，有必要纳入某种"国家记忆"的秩序中，让他们真正感受到战争已然终结。

某种程度上，在真相得到彻底揭发、道歉得到受害者回应之前，战争并没有结束；对于加害者而言，这一点更是如此，他们将不得不背负沉重的道德上的罪恶感。这就是米山·理佐所说的"忘却的政体"难以为继的根本原因。或许是意识到这一点，自"二战"结束以来，一些日本有识之士一直致力于揭发日本军国主义制造的种种罪孽，并试图从官方和民间两个层面对受害者进行救济。这些来自加害者一方的行动，在促使历史和解方面具有无可替代的作用。本文所选的一些残酷事例与引述多取自日本（或日裔）学者的著述，用意也在于此。

2018年4月2日，常年致力于追究731部队真相的日本有识之士做出了新的努力，他们结成团体，要求京都大学取消一位名叫平泽正欣的人的学位。平泽是原731部队的队员，1945年5月从京都帝国大学取得了医学博士学位。人们要求取消其学位的理由是，他的学位论文使用的实验数据正是来源于人体的活体实验。这一最新的举动是对历史真相的继续揭发，也是对和平主义精神的坚持与维护。

在这些真实的个体的努力中，有着人性的曙光。

第六章

日本宪法

从民族国家到世界主义

　　近代日本在经历了第二次世界大战的生死考验之后,"民主主义"成为它表达和建构自我意识的最新观念。如同"亚洲""西洋""东洋""世界"这些历史上的建构与表述自我意识的说法,在"民主主义"观念的深层,我们探察出了它在精神史演进脉络中的位置。尽管"战后民主主义"这一观念内部包含着矛盾,但没有人怀疑,日本在国内秩序上已经确立了法的统治,完成了自身的文明化。

　　在上一章中,我们探讨的起点是日本站在生死存亡的十字路口的那一时刻,日本天皇通过发布《终战诏书》为前后两个时代建立了强烈的纽带。这部诏书的本质精神,是日本国民在19世纪早期自我意识觉醒时刻所听到的召唤——"尊王攘夷",它包含了生存的意志、权力的意志以及文明的意志,在不同时代有不同的表达。在战败的时刻,它是"倾全力于将来之建设,笃信道义,坚守志操;誓发扬国体之精华,不落后于世界之进运"。战后日本国民倾心于民主主义的精神起点，存在于《终战诏书》中。

这正是承诏必谨！604年，时任摄政的圣德太子制定了《宪法十七条》，其中第三条规定："君则天之，地则臣之。天覆地转，四时顺行……是以君言臣承，上行下靡。故承诏必慎，不谨自败。"这种东亚世界古老的儒学王权精神，随着明治天皇在1868年的亲政，再次登上日本的政治舞台。1945年8月15日的《终战诏书》让数百万军队放下武器，日本国民开始全力以赴奔向国家重建的现场。在这一精神的导引下，日本国民将此前与殖民帝国竞争以及发动战争的激情和能量，悉数投入战后国家重建的时代洪流中。日本最终取得了奇迹般的复兴，而复兴的标志就是1964年东京奥运会的成功召开。到1968年，日本的经济总量超过当时的西德，成为仅次于美国的世界第二大经济体。

这个"奇迹"的发生，有着一种特定意志和欲望的支撑，而它在历史世界中的呈现，就是我们迄今为止追踪过来的那一精神。

从精神帝国走向政治帝国，这是近代日本精神能量释放和转化的方向。1945年8月15日，作为政治帝国的日本虽然轰然崩塌，但这不是日本精神史的终结。它放弃了发动战争的国家权力，选择了和平主义，而这正是世界新秩序的精神。这一次，它再次做到了与世界同步。在此前的殖民帝国时代，在那个人类历史上最为危险的时代，日本也选择了与时代同步，但它加入的是帝国主义者的队伍，给自身和世界带来了巨大浩劫，最终与那个人类不光彩的时代一同遭到了埋葬。

但这一次，它选对了方向，人类也开始进入和平竞争时代。

尽管日本对此还没有彻底领悟，这个时代也绝非完美，甚至还有无数的罪恶，但毕竟代表了文明对野蛮的胜利。在这个时代，日本再次点燃了它的精神火种，完成了奇迹般的复兴。它放弃了追求"政治帝国"的荣耀，但收获了"经济帝国"的果实。当然，你可以说这得益于天时、地利与人和。欧洲冷战局面的开启，中国革命的成功，朝鲜战争的爆发，这些事件常被人们用来解释日本的"机遇"。但是，我们也千万不要忽视日本国民的奋斗。为何日本如同踩着鼓点一般完成了复兴？这个历程中的经验和教训，以及它仍在试图解决的问题，是属于这个时代和这个世界的。我们要回到历史的进程中，继续探寻"奇迹"发生的精神史轨迹。

与上一章不同，这一次我们将聚焦在它的"和平主义"上。如同"民主主义"一样，"和平主义"在形式上也是突然降临日本的。但是，它依然有着精神史的渊源，最终在新制定的《日本国宪法》中找到了与它匹配的形式——一部世界主义的宪法。

随着1947年《日本国宪法》的正式实施，作为宪法原则的民主主义、和平主义与基本人权理念开始逐步成为日本国民的共识。而这些原则，正是新世界秩序的主导原则。近代以来日本为之分裂、苦恼的诸多问题，诸如"天皇""世界""文明"等观念的内涵，最终得到了宪法的明确规定，成为国民最高意志的表达。在这一宪法框架下，人们的精神能量得到了自由、充分的释放。

当然，我们的目的不仅仅是评判这部宪法，重要的是要解释它。从《大日本帝国宪法》的"主权在君"到《日本国宪法》的"主权在民"，这一革命性转换是怎么完成的？它与日本国民的主权到底有怎样的关系？它是一部"外部强加"的宪法吗？为什么要取消日本的交战权？日本现行宪法有着高度的争议性，自它颁布以来，争议就从未停歇，很多日本政治家必欲改之而后快。

但无论如何，从近代日本精神史演进的角度看，《日本国宪法》无疑是日本国民精神形态的最高表达；从东亚世界秩序变迁的角度，它是东亚传统世界主义精神的一种新生；而在最高的意义上，这部宪法则象征着近代特殊的民族国家历史的终结与普遍的世界主义历史的开端。

可以说，这是一部为新世界创制的宪法，近代日本精神演化的歧路也因为这部宪法而部分获得了救赎。

一

日本宪法的世界主义属性

从世界史的角度看，战败往往导致革命的爆发，而日本的战败，并不例外；其不同之处在于，这是一次在GHQ（联合国最高司令官总司令部，也简称为"盟军总司令部"）主导下的无血革命。革命开始于1945年9月GHQ的进驻，它的最高成果是1947年5月3日正式实施的《日本国宪法》，以最高法律的形式确立了战后日本的国家路线：在国内秩序上，它确立了以象征天皇制为核心的新天皇制度，建立了现代民主主义政治制度，以保护基本人权为最高的运行目标；在世界层面上，它放弃对外交战权，确立了以彻底的和平主义为精神的对外交往方式。

尽管在实践中这些宪法精神尚未得到完全落实，但精神自身得到了日本国民总体性的尊重与支持。在这个意义上，我们可以将这部宪法视为近代日本精神的典范要素的结晶。那么，这部宪法在战后日本国民的精神演进历程中扮演了怎样的角色？与现代日本的国民精神有着怎样的关系？

在现代日本动辄成为政治热点话题的"宪法修正"，成为我们读取这部宪法与国民精神关系的有效事例。"宪法修正"及其讨论的历史，就是现代日本国民精神演进的历史。

事实上，日本修改宪法的呼声几乎与新宪法的历史一样长。随着1952年4月《旧金山和约》的生效，日本的国家主权得到恢复，宪法遂成为当时政治争议的焦点，但随后却因激烈的党派竞争和经济的高速发展，逐渐被冻结了起来。进入21世纪以来，日本国内政坛再次掀起强劲的宪法修改运动，引发了周边国家的广泛关注。[1]

2014年7月1日，安倍晋三内阁以内阁决议的形式，正式宣布日本享有"集体自卫权"，这意味着在"集体自卫"的名义下，自卫队可以参加战争。在不更改宪法条文的前提下，这次修宪运动暂时以宪法解释的形式告一段落。它的结果又被称为"集体自卫权解禁"。此次修宪运动声势浩大，赞成和反对的双方几乎都进行了总动员，日本国民遂开始重新审视这部因其著名的第9条而被视为"和平宪法"的困境与挑战：一旦日本修改了宪法的和平条款，

---

[1] 关于修宪运动的简要介绍，可参见邱静：《战后日本的知识分子护宪运动与护宪思想》，社会科学文献出版社，2012年；赵立新：《21世纪日本修宪运动研究》，知识产权出版社，2015年。

日本必定会加速军备扩张，甚至军国主义也有可能死灰复燃。

为了下文讨论的方便，这里将第9条抄录于下：

（1）日本国民衷心谋求基于正义与秩序的国际和平，永远放弃以国权发动的战争、以武力威胁或武力行使作为解决国际争端的手段。

（2）为达到前项目的，不保持陆海空军以及其他战争力量，不承认国家的交战权。

因周边国家乃至日本国民自身的历史记忆，尤其是一直以来日本自身的历史认识的暧昧，这种忧虑当然是必要的。不过，我这里强调的是，我们不能让这种忧虑限制了我们的认知视野，否则，我们将错失对第二次世界大战以来世界历史转换的关节点——《日本国宪法》的制定与实施——的重新认识。作为战后新世界秩序自身的产物，作为战后世界秩序基本原理的现实化，日本新宪法的制定与实施，象征着后民族国家时代的到来，以法律的方式驯服世界社会中的暴力开始成为主要政治议题。

然而，由于诸多原因，迄今为止这个关键节点以及它作为世界宪法史重要一环的事实，并未得到充分的认知与评价。目前关于宪法第9条的认识以及对"集体自卫权解禁"的关注，多集中在宪法解释学的层面。[1] 因某种历史感的不在场或者说历史情境的

---

[1] 中国学者关于日本宪法解释争论的介绍与整理，可参见陈道英：《"解禁集体自卫权"与"超越"宪法解释》，载《法学评论》，2014年第6期。

缺乏，在日本国内的相关修宪讨论以及日本自民党提出的宪法草案（2012年4月27日公布）中，人们并不容易看到他们所汲汲以求的"日本传统"或"日本精神"。比如，在保守主义者眼中，日本精神是一种"美意识""自然观"或"伦理观"，它表现为"心情的纯粹性""无私""清明心""正直""诚"等观念，而这些观念又只能在佛教、儒教、神道等宗教中去发现。[1]这些当然都是美妙的、让人心动的说法。但是，这些精神为何要以及如何反映到宪法上并未得到有效讨论。

目前，日本国内围绕宪法修正讨论的焦点主要集中于第9条与现状之间的"矛盾"，而讨论的内容则涉及日本国家的安全保障和日美军事同盟。实际上，第9条所坚持的原则或规范，本质上依赖于日美军事同盟，而后者要求日本保持一定的"战争力量"，为美国的军事行动提供支持。

那么，这是无法解决的"矛盾"吗？对于这个"矛盾"的认知，首先要求我们重新审视作为这种认知基础的"事实—规范"这一二分法本身究竟具有怎样的含义。我在下面将指出，从世界秩序演进的视角，日本宪法修改并不是日本一国的问题，或者说，与作为"一国问题"的宪法修改相比，这部宪法所带来的结果以及激发的问题的世界属性，尚未得到恰当的认知。日本宪法存在的"事实"与它所制定的"规范"，需要在世界政治层面上加以重

---

[1] 参见［日］佐伯启思：《日本の愛国心：序説的考察》，NTT出版，2008年，第288—293页。

新理解与建构。

当然，上面的说法并不意味着，在迄今的宪法论争中某种世界主义的观点付诸阙如。日本著名宪法学家深濑忠一就曾指出："'和平宪法'并不是在人类历史的某一时刻偶然产生的，它是在人类与世界的历史条件已经成熟的情况下'应然而生的'，不仅如此，它的制定是遵循具有'普遍性'和平思想'历史潮流'的'必然'结果。"[1] 另外，法学家寺岛俊穗也从宪法第9条的"世界史意义"出发，论述了类似的普遍性与必然性。[2] 这些说法触及了宪法问题的核心。

不过，这些学者的观点并非没有问题，他们过度强调了这部宪法的"必然性"以及它作为"历史潮流"的自然结果。比如，人们一再提及第9条与它的先行形态——被称为"巴黎非战公约"的《白里安—凯洛格公约》（1928年）之间的继承关系。但事实上，这种"继承关系"是否以及如何成立则是我们需要进一步思考的问题。

因此，对于这种观念上的"必然性"的强调，使得他们并未有效揭示这部宪法与世界秩序生成之间的真实关联，因而这些观点不免被批评为"理想主义"的事后评论。相反，如果说这种"必然性"出自人们的实践，而非某种"法则"或理念的自然实现，那么我们就可以确认人类意志在这部具有"世界史意义"的宪法

---

1 [日]千叶真等编：《日本宪法与公共哲学》，白巴根等译，法律出版社，2009年，第4页。
2 [日]千叶真等编：《日本宪法与公共哲学》，白巴根等译，法律出版社，2009年，第38页。

创制过程中的角色，从而让我们获得关于人类事务和人类文明的新洞察。"必然性"或"法则"不提供属于人类自身的意义，我们只有还原人类自身在历史进程中的作用，才能获得文明不可或缺的历史意义。因此，回顾日本宪法的和平主义的生成过程成为我们讨论的起点。

当人们指出日本宪法条文及理念蕴含的意义尚未被充分理解时，这种分析与论述自然构成对修宪运动推进者的批评。但值得留意的是，如果说任何"理解"都是基于特定历史情境的理解，那么对日本宪法的重新理解就必然是一个未完的过程，它依赖于我们自身对历史处境的判断。这样，与其说这种批判指向了修宪运动的支持者，毋宁认为这种批判首先指向自身。

对于坚持宪法理念的人而言，对自身和世界的持续反思将丰富他们对日本宪法与世界秩序的理解，从而为未来的政治行动提供有意义的思想与方案。而"和平主义"与"自由主义"构成了日本宪法的两大支柱，因此只有持续对它们予以反思，才能为这种指向未来的政治行动创造基础。

事实上，世界政治的参与者已然将战后日本的民主化与和平宪法的制定视为先例。在美国于2003年3月发动伊拉克战争前，战后日本的事例一再被美国政治家与国际关系学者所援引，借以论述美国在战后伊拉克问题上的政策及其方向，认为美国应在战后的伊拉克复制日本的模式。在这个意义上，日本宪法以一种悖论——成为美国发动侵略战争的正当性根据——的方式呈现了它的世界属性。然而，美国发动的伊拉克战争本就是一场错误的战争，其战后政策迄今为止尚未显示出积极面相，因而，美国对日本事例的援引实在是一种误用。对于这部被日本修宪主义者视为由美国强加的宪法及其"和平主义"，美国并未给出恰当的解释。

与美国的日本认知相比，对于日本而言，如何理解这部宪法的"和平主义"更关乎国家的根本路线。在从传统社会向现代社会转型的进程中，日本一直被视为"优等生"，善于模仿、学习先进的欧美诸国的经验与规范，从而出色地完成了现代国家的建设。正因如此，它面临的挑战在于，当1946年11月公布的新宪法突然将日本的国家理由置于领先世界的位置，亦即当日本突然获得了基于国内自由与世界和平的全新建国方案时，它该如何面对这种具有革命性的任务与挑战？

对于日本文明史而言，这是历史上未曾有过的新事实。这一次，它无法模仿"先进文明"，因为这部宪法就是"先进文明"自身。事实上，迄今为止，战后新世界秩序所讴歌的自由、民主与人权等理念，在包括日本在内的部分民族国家内部，已经得到了高度实现，但如何在世界社会中将这些理念落实，则是世界自身面临的任务。我所说的《日本国宪法》的真正的世界属性，正体现在这里。它是一部指向世界的宪法，但它的这一世界主义的革命的意义，尚未得到充分注意。

日本宪法的世界属性，还体现在它所宣称的建构普遍的自由秩序这一目标上，即日本宪法的"自由主义"原则及其背后的人权观念。与和平主义相比，这一原理在日本国内秩序中得到了相对高度的实现。宪法第十章《最高法规》的第97条，将这一宪法基本原理明示了出来：

> 本宪法对日本国民保障的基本人权，是人类经过多年努力争取自由的结果，这种权利在过去几经考验，被确认为现在和将来都是国民不可侵犯的永久权利。

人权被视为人类普遍主义原理，日本国民所必须守护的基本人权乃是人类的价值。仅仅对日本国民的基本人权进行保障，在理念上并不完整；这种人权的普遍性要求它在世界范围内加以实现。因此，只有在和平的世界秩序中，这种源于普遍人类的观念在日本的实现才具有最终的正当性，并获得最终保障。在这个意义上，我们可以说，日本宪法的两大普遍原理——和平主义与自由主义——是世界秩序原理的具体展现，因而这部宪法有待我们揭示的，并不是一个特定民族国家（日本）的属性，而是它所代表的特定国家世界化的历史过程与法律进程。

换言之，《日本国宪法》的造法过程，不仅揭示了现代世界秩序的原理与动力机制，更为后民族国家时代的政治议程——从民族国家到世界主义的文明目标——提供了珍贵的先例。

下面，我将围绕日本宪法论争的两个具体问题，通过对日本宪法历史的回顾、现状的分析以及未来的展望，将新世界主义视角下日本宪法的事实与世界属性呈现出来。

二

隐匿的立法者：重新思考日本宪法的论争

自从1947年5月《日本国宪法》实施以来，人们关于宪法的争论主要集中在两个问题上，即（1）宪法的出自问题，亦即造法的主体问题。论争的一方认为宪法源自GHQ，为联合国一方尤其是美国对日本的战后惩罚措施；而另外一方则主张，这部宪法源于日本自身对战争的深刻反省，以最高法规的形式为自己确立了和平国家的建设路线。（2）宪法"和平主义"的理想与现实的关系问题。由于论争的当事者往往各执一端，宪法得以创立这一事实自身的存在意义往往被忽视。事实上，与和平宪法存在这一事实相比，人们参与论争时所依赖的既存观念自身才是值得反思的问题。

首先，就造法主体而言，"主体"与"主权"构成了人们的认知与论述框架。显然，这种论述的前提并非不证自明，因为它预设了一种超越历史经验的、封闭的、绝对的"主体"与民族"主权"。而事实的真相是，这种"主体"与"主权"仅仅是近代世界史自身的建构，是近代民族国家观念所假想的前提，因而它们所依存的"主体意志"不具有任何超越历史情境的含义。

因此，如果将决定日本宪法属性（包括象征天皇制、民主主义与和平主义）的大立法者的"身份"从民族国家的体系中抽离出来，我们就会看到，这种被不恰当命名和描述为"主权"的力量，只能说是一种历史自身的事实与力量。这种事实是一种社会力量，它创造了主体自身，塑造了主体的性格，因而构成了一切"主体""主权"与"自由意志"的根本前提。这种意义上的"大立法者"的力量，在日本决定接受《波茨坦公告》并宣布投降的时刻，甚至在其发动战争以来，就逐渐得到了积蓄。其中，1943年11月中美英三国召开的开罗会议及随后发表的《开罗宣言》，已经为战后日本的国家形态制定了法律规范。这个规范随后又为《波茨坦公告》继承，构成了GHQ在战后日本施政的基础。

由于对这种力量的不理解，论争的一方往往突出某个"主体"在宪法创制中的决定性作用。比如，在《日美同盟真相》这部近年在日本流行的关于日美关系的作品中，作者孙崎享以探究"真相"为目的，特别突出了美国权力与策略的具体谋划过程。他引述了一则一直备受关注的当事者的回忆：

> 最高司令命令我将这份文件（GHQ制定的宪法草案）交到你们手上……接下来，我想说明一下最高司令让我把这份文件交给你们的意图和理由……想必你们也知道，最高司令承受着他国要求调查天皇是否为战犯的压力。这样的压力越来越大，但最高司令仍然坚守着保护天皇的决心……大家也都明白，最高司令也并非是万能的。但最高司令认为，如果你们能接受这部新宪法，天皇就能够平安无事。最高司令还认为，如果你们接受了这部宪法，日本告别联合国管理、实现自由的日子就会更早地到来，日本国民也将得到联合国所要求的基本自由。[1]

---

[1] [日]孙崎享：《日美同盟真相》，郭一娜译，新华出版社，2014年，第37页。这里的最高司令即麦克阿瑟。

在孙崎享的叙述中，这一事实被认为发生在 GHQ 将制定的宪法草案"强加"给日本时的情景：1946 年 2 月 13 日，GHQ 民政局局长惠特尼来到时任外相吉田茂的官邸，以天皇安危为条件，强迫日本接受新宪法。单纯从这一则材料来看，它确实突出了美国作为宪法创制者的"主体"角色。

不过，这种造法"主体"认知的问题在于，因"主体"的思想与理念遭到了掩饰，将"主体"还原为赤裸裸的权力与利益的计算，事实上消解了一切真实的主体，使得历史变得无意义可言。这样的历史叙述或者说人们习惯称之为关于历史事实的"知识"，无论得到怎样的揭示与积累，也只能还原事件的部分"真相"，因为"真相"的另一面相恰好在于上述历史叙述中未被关注的部分，即被称为理念的观念所建构的事实：日本战败后普遍存在的"放弃战争"、实现"民主化"、走"和平国家"道路的观念，成为普遍共有的精神氛围与认知模式。上述被视为美国"强迫"日本的历史片段，只有置于这种普遍认知状况中，才能得到不偏不倚、恰如其分的把握。

同样，宪法第 9 条讴歌的"和平主义"，也只有基于历史情境才能得到有意义的理解。在拥护和平宪法者的言论中，他们从日本内外两个角度试图对这种和平主义思想予以正当化：一方面，宪法的和平精神被认为源于日本自身传统的、固有的和平思想，只是不幸为近代军国主义所打断；另一方面，这种和平精神被视为 20 世纪以来国际观念与国际法的发展，而日本宪法的和平主义处在《国际联盟规约》（1919 年）、以废除国家的战争工具为主旨的《白里安—凯洛格公约》(1928年)以及《联合国宪章》(1945年)的延长线上。[1]

这种对和平主义的坚持自然会激发、鼓舞一部分人的精神，给予他们信心和力量。但问题在于，这种论证忽视了起源的重要性。"和平主义"真正的起源是日本发动的侵略战争给他人和自己造成的巨大苦难，以及联合国占领军一方对日本政治、经济、教育等体系进行的改造。如果不将这些事实置于论述和平主义的正当性之前，"和平主义"就容易被视为一种单纯的战后观念或思想，从而遮盖它源自历史的真实属性。

此外，这种剥离历史过程的"和平主义"论证，更无法应对宪法所遗留的诸多"非意图"的结果与问题；其中，历史认识与战争责任问题最为突出。这是因为，上述对宪法和平主义的正当化，并未解决包括日本天皇在内的战争责任问题，而这正是当下日本国内主要观念纷争的火种，更造成了现代日本的精神分裂。同样，与这部宪法息息相关的冲绳军事基地、美日安保条约这些可称为"意图的结果"也无法得到恰当理解。在批判者看来，这些问题的存在正意味着"和平主义"与和平宪法的虚伪。那么，究竟如何看待这些意图与非意图的结果？

对于这些当下日本国内争论激烈的问题，我们无法给出简单的解答。我在这里要指出的是，法秩序起源的历史性体现在这种秩序外观上的，首先是造法主体的特殊性，但这种特殊的造法性

---

[1] 参见［日］河上暁弘：《日本国憲法第9条成立の思想の淵源の研究》，専修大学出版局，2006年。

格与法秩序的普遍性并不矛盾。毋宁说，这正是普遍性经由特殊性而自我实现的具体机制，而特殊性是真实的历史创造的动力。历史世界当中存在的是特殊性，而不是普遍性自身；普遍性是在与特殊性的相互作用过程中，最后得以呈现的结果。历史性并不否定普遍性，普遍性源于特殊的历史性。

我这里不是要提供一种历史哲学的观念，而是要提醒我们应时刻注意历史进程中的各种意图的或非意图的结果。在日本宪法的制定过程中，无论其中夹杂着美国怎样的政治考量，但从结果上却是为世界创造了一个重要先例，一个非主权国家意义上的宪法先例。同样重要的是，这部宪法与第二次世界大战后的世界秩序有着内在一致性。

当事者当然对此有自觉。1950年春，麦克阿瑟曾经有如下述怀："如果将来人们在美国给我树立了铜像，我想那不是因为太平洋战争的胜利，也不是因为日本占领的成功，而是因为我让日本制定了宪法第9条吧。"[1] 作为"主体"的日本政治家对此也有自觉。在1951年4月麦克阿瑟被解职时，吉田茂首相向全国广播说："麦克阿瑟将军为我国利益所做的贡献是历史上的一个奇迹。是他把我国从投降后的混乱凋敝的境地中拯救了出来，并把它引上了恢复和重建的道路，是他使民主精神在我国社会的各个方面牢牢扎根。"[2]

因此，重新还原历史"当事者"所处的真实情境，而非从政

---

[1] [日] 半藤一利：《昭和史 戦後編》，平凡社，2009年，第161页。
[2] [美] 惠特尼：《麦克阿瑟》，王泳生编译，京华出版社，2008年，第265页。

治观念预设的"主体"或"主权"观念出发，构成了我们理解日本宪法"和平主义"的恰当路径。在从理想到现实、从构想到方案的过程中，"当事者"日本天皇及其政府、日本国民、麦克阿瑟及GHQ等，对历史情境的判断与实践发挥着决定性的作用。"主体""主权"与"和平主义"的观念，作为日本宪法论争的前提与对象，如果不纳入这种历史情境中加以考量，将无益于人们的历史认识以及对未来生活的构想。

三
日本宪法的真相：民族国家的世界化

当然，制定战后日本宪法的政治意志，源于联合国关于日本民主化改革的战后安排，由GHQ负责执行，其法律基础是中美英三国签署（随后苏联附署）的《波茨坦公告》，以及该公告要求执行的中美英三国签订的《开罗宣言》。这里要强调的是，正是这种立法意志的来源，保证了日本国内秩序与第二次世界大战后重建的世界秩序在原理与结构上的高度一致性。

因此，日本宪法法源的这一世界属性，而非其民族属性，才是我们重新思考这部宪法更有意义的视角。正如《联合国宪章》对战争的限制和对国家主权的保留所呈现的"矛盾"，日本宪法有待解决的规范与事实之间的"矛盾"，其实也是世界秩序自身有待解决的问题，即战争的完全非法化与集体安全机制的具体落实。为获得对问题的真正认识，我们有必要再次回到宪法创制的历史情境中。

关于日本宪法第9条的起源，人们一般追溯至1946年1月24日。这一天，时任首相币原喜重郎大病初愈，因得益于从GHQ获得的盘尼西林而去拜访盟军最高司令麦克阿瑟。麦克阿瑟回忆道："将禁止战争的条款写入宪法的议案是由币原首相提出的。……我对首相的提案感到惊愕，当我回答本人也从内心里赞成首相的提案时，他明显地流露出感到很放心的的表情，我被首相的举动感动了。"[1] 相关的历史事实表明，可能是币原喜重郎最初提出了放弃战争和军备的政治目标。

当然，币原最初或许是将其作为一种所有国家都要坚持的原则而提出的，而非对日本自身的要求。但在具体的互动过程中，禁止战争这一立法原则，至少为麦克阿瑟所确信。这是历史理念与力量相互作用的一个具体场景，因为从个体政治家的目标到落实为国家的宪法条文，需要一系列的政治运作，各种力量均交汇其中。币原喜重郎与麦克阿瑟的会面，既是他们个体的会面，又是在他们身上所体现的历史理念与力量的遭遇。在这个意义上，日本宪法史中关于第9条起源的争论其实并不重要。与起源相比，各种理念、力量与历史主体相互作用的过程自身以及它所创造的结果，才是我们今日反思的问题。

不管怎样，交战权的放弃事实上意味着一种不依赖军事主权的新型国家的出现，某种意义上实现了《联合国宪章》的主旨，

---

1 [日]千叶真等编：《日本宪法与公共哲学》，白巴根等译，法律出版社，2009年，第43页。

因此我们可称其为民族国家的世界化。这是一种国家革命,日本宪法所具有的世界政治史上的意义,正在于此。

在这一民族国家世界化过程中,作为政治家,币原个人的构想并不会必然转换为宪法条文。事实上,被美国总统尼克松誉为"历史上最进步的占领军司令"的麦克阿瑟扮演了关键的角色。1946年2月3日,GHQ从报纸上得知了日本政府下设的宪法问题调查委员会制定的宪法草案。GHQ当局认为,新宪法草案极端保守,无法将制定宪法的任务交给日本,于是麦克阿瑟决定将任务交给占领军民政局,并提出了制定宪法的"麦克阿瑟三原则":天皇为国家的象征元首;放弃战争;废除封建制度。关于战争放弃原则的表述,麦克阿瑟显然支持了币原首相至少作为所有国家都应坚持的一般原则的提法。

以惠特尼为首的民政局当即组织人员,在1946年2月4日到2月12日短短9天内即完成了宪法草案拟定。值得一提的是,这个宪法写作组由25人组成,依据宪法的内容分为八个委员会,分别担任"立法权""人权""天皇""财政"等条款的写作。这个写作组平均年龄三十岁左右,有几位为法学院毕业生,但其中并无宪法专家;他们的写作所依据的材料极其有限,但确认有《大日本帝国宪法》与《联合国宪章》;这些人深受20世纪30年代"罗斯福新政"的影响,有着创造理想国家的明确信念。[1]

---

[1] 当然,这些特征在修宪论者看来,构成了宪法不得不修改的根据。相关论述,参见[日]吉本貞昭:《知らざる日本国憲法の正体》,ハート出版,2014年。

麦克阿瑟之所以匆忙赶制新宪法，正是为了避免即将到任的"联合国远东委员会"对日本占领政策的干涉。这个新设置的委员会的任务是监督 GHQ 的占领政策，对日本持比较严厉的态度。麦克阿瑟此举的目的是要维护天皇的地位，尤其是要在 1946 年 5 月即将开始的东京审判之前，制造天皇在日本民主化与和平进程中发挥重要角色的事实。

1946 年 2 月 13 日上午 10 时，在外务大臣的官邸，惠特尼将宪法草案交到包括外相吉田茂、此前负责起草宪法的国务大臣松本烝治等三名官员的手上。由于日本政府此前完全不知晓此事，这一天被视为"日本战后史上最富有戏剧性的一日"。[1] 这就是我们第一节所引述的"史实"发生时的真实情境。吉田茂意识到这是一部革命性的宪法，但当时他的注意力完全集中在了天皇条款上，并因此而备感宽心。此后经过日本众议院、贵族院审议与修订，并经过天皇的裁定，新宪法于 1946 年 11 月 3 日公布，并规定翌年 5 月 3 日正式实施。对那一特定的历史时刻而言，新宪法的诞生是一个皆大欢喜的结局。

无须赘言，战争放弃条款构成 GHQ 为天皇免责战略的一环。尽管如此，这种历史叙述并不构成对意义的解构。因为问题的关键在于，无论币原、天皇还是 GHQ，他们在追求各自目标实现的过程中，均诉诸历史处境的必要性和道义的正当性。在当时的历史情境中，维护某种形式的天皇制与放弃战争，是所有当事者利

---

[1] [日] 半藤一利：《昭和史 戦後編》，平凡社，第 179 页。

益最大化的选择，尤其是作为大立法者的麦克阿瑟与裕仁天皇。实际上，在最后的协调阶段，不起诉天皇几乎是大多数同盟国的共识。这就是问题的机要所在：历史处境的偶然性与道义的普遍性关联在一起，从最初就超越了古典型"民族国家"的认知，共同推动了一部新时代宪法的诞生。

当然，民族国家的最终世界化，依存于世界体系的革新，尤其是集体安全保障机制的彻底化。因此，冲绳的军事基地化成为和平宪法得以实施的关键环节。1947年6月27日，麦克阿瑟曾对来访的外国记者说："冲绳诸岛是我们的天然国境。我认为日本人不会反对美国占有冲绳，因为冲绳人不是日本人，而且日本放弃了战争。在冲绳建设美国的空军基地，对日本而言有重大意义，因为它很明显将成为日本的安全保障。"[1] 冲绳军事基地与《日本国宪法》共同构成战后东亚世界秩序的一部分，成为与"放弃战争"匹配的宪制安排，其"合法性"最终为1951年签订的《旧金山和约》所确认。

当然，在随后的历史进程中，冲绳往往被用于执行美国非集体安全目的的战争，从而事实上构成了对冲绳人的不正义。[2] 要注意的是，冲绳人遭受的这种不正义，不能被理解为世界为获得进一步的"正义"与"进步"所必然付出的辩证法式的代价。冲绳

---

[1] [日]中村正则：《明治維新と戦後改革——近現代史論》，校倉書房，1999年，第255页。

[2] 相关的问题，可参见［澳］麦考马克、［日］乘松聪子：《冲绳之怒：美日同盟下的抗争》，董亮译，社会科学文献出版社，2015年。

的军事基地化并非源于某种超越人们意志的必然，而是源于世界文明化的历史过程自身，当事者需要为对冲绳人的不义负责。

当然，不管经历怎样的曲折以及夹杂着当事者怎样的战略考量，在战争放弃条款现实化的瞬间，一种"现实"得以建构。它开始独立存在，进入人们的生活，改造人们的生活，并为人们的生活所进一步塑造。当下日本主流国民和平主义意识的觉醒与自觉，与宪法对日本政治行为的约束有直接的关系。从而，作为历史主体，获得了和平意识的国民也就进入宪法政治中。2015年7月，日本民众在安倍内阁强行通过解禁集体自卫权法案后展开的一系列抗议运动，正是这种历史主体的最新表现。

尤其值得强调的是，在这一历史进程中，自由与权利意识的生成是不可逆的过程。如同法学家凯尔森指出的，"国家是由国内的（不同于国际的）法律所创造的共同体"，这是认识和平宪法的恰切视角。[1] 日本宪法前言所规定的"在和平中生存的权利"与战后七十年间的和平体验的结合，造就了新型的权利意识，并构成个体的和平的生存权利对国家军事主权的克服。当然，从现状来说，这并不意味着这种克服已完全成功，也不意味着已一劳永逸地驯服了政治权力。但这种新型权利意识及个体的出现，为和平宪法制造了维护自身的意识与力量。许多日本国民"为我们拥有这样一部优秀的宪法而自豪"。[2]

---

1 [奥]凯尔森：《法与国家的一般理论》，沈宗灵译，商务印书馆，2013年，第269页。
2 [日]渡边洋三：《日本国宪法的精神》，魏晓阳译，译林出版社，2009年，第4页。

对于宪法和国民个体的这种相互创成关系，丸山真男很早就作了透彻的论述。1960年5月3日，在日本"宪法纪念日"这一天，他写了一篇题为《现时代的态度决定》的文章。当时正值安保斗争期间，有一个团体要求他表明立场，签名反对安保，这引发了他对现代社会中的政治行动的思考。在文章结尾，他这样写道：

> 人们都在说拥护宪法，但拥护宪法并不是崇拜宪法中的文字。拥护宪法如今正在成为政治问题，这意味着什么？在这种状况中，我们不得已要表明怎样的态度？如果说拥护宪法不只是敬重宪法，而是要使宪法成为一个活生生的东西，那么反过来说，宪法改正……并不是从政府发表宪法改正案的那一天，或者交付国会那一天开始的。……宪法改正是每天都在发生的过程。在这个每天都在进行的过程当中，我们是否能把宪法规定的我们的权利变成现实存在的东西，这才是宪法拥护的核心问题。[1]

当今围绕日本宪法的许多争论，源于对其世界属性的不理解，源于对其在事实上超越了理想主义与现实主义的对立的不理解。丸山真男的说法，实际上将日本宪法纳入了一个从当下到未来的创造过程。宪法的理想诚然与现实有距离，但正因为如此，才需

---

1 ［日］丸山真男:《現代における態度決定》，载《丸山真男集》（第八卷），岩波書店，1996年，第316—317页。

要权利的主体,即国民,持续为权利的实现而奋斗。在国内秩序上如此,在世界秩序上同样如此。在战后日本国民积极参与维护和平的活动背后,有着他们对宪法精神的理解:这是一部指向世界、也指向未来的宪法,最终决定这部宪法成败的,是人们每一天的行动。

这就是新世界主义视角下的日本宪法解释。

四
世界主义:日本宪法的时代精神

在今日积极推进修宪的政治家看来,"成为普通国家""告别战后体制"是富有号召力的政治口号。显然,这些目标均旨在回归传统民族国家,试图将日本从世界宪法与文明的前沿位置拉回到一种看似正常、实则与历史进程背道而驰的位置。日本修宪派政治家们未注意的是,尽管现实国际关系中有着诸多亟待解决的问题,但持续驯服世界秩序层面的暴力,实现世界秩序的法治化,才是文明之大势所趋。

明治维新前后,日本的政治家和知识分子看到了文明的趋势,但是,他们却未能正确认识当时文明的不成熟与矛盾之处;他们注意到了文明与野蛮的共存,但未能洞察到哪一种力量更为持久,并将最终胜出。这种对世界大势的误认,源于它未能理解东亚世界秩序的核心机制。它曾经一再诉诸东洋文明以获得穿透历史浓雾的力量,但是当它以一种怨恨的方式参与到与西方列强的争霸之中时,用福泽谕吉的说法,它就在事实上变成了"野兽"。

第二次世界大战后的世界秩序并非完美,甚至,此前殖民帝国时代的一些观念依然存在，种族歧视、种族屠杀、资本的掠夺、国家的强权，依然是可见的现象。但是，人们不能因此而对这一文明进程失去信心，因为这一新秩序不仅建立在对人类空前浩劫的反思基础之上，更表明了人类共有的理想与热情。试问，有谁会公开反对《联合国宪章》所讴歌的精神？从根本上说，在战后新秩序取代殖民帝国秩序的过程中，我们看到了伟大的哲学家康德意义上的"人类在不断朝着改善前进"的历史证据，看到了人类的"道德秉赋"的必然表达。[1]

因此，我们目前所见的一部分宪法修改理由，以及日本主政者对军事力量的逐渐倚重，都说明日本对这一文明大势的非自觉。这种状况事实上构成了日本政治的巨大困境。就此而论，对于日本而言，近代超克仍是一个未竟的课题。

在和平宪法诞生的时刻，这种困境并不存在。非但如此，创制宪法的当事者为日本确立了明确的世界主义目标，即日本要致力于世界层面的民主、人权与和平的实现。这是宪法前言的主旨所在。日本宪法前言所展现的这种理想与精神，可视为近代日本精神史的结晶。

宪法前言这样表述道：

> 日本国民期待持久的和平，深知支配人类相互关系的崇高理想，信赖爱好和平的各国人民的公正和信义，决心保持

---

[1] [德] 康德：《历史理性批判文集》，何兆武译，商务印书馆，2010年，第164页。

我们的安全和生存。我们希望在努力维持和平、从地球上永远消除专制和隶属、压迫与偏见的国际社会中，占有光荣的地位。遵守这一法则是维护本国主权，并与他国建立对等关系的各国的责任。日本国民誓以国家的荣誉，竭尽全力以达到这一崇高的理想和目的。

从东亚世界的精神帝国到政治帝国，再到宪法的世界主义，日本的近代历程不仅为后世留下了深刻的经验与教训，更为重要的是为世界提供了一种从民族国家到世界立宪的具体路径。因此，它不仅仅是一部"日本的"宪法，也是一部"世界主义的"宪法。将它和《联合国宣言》序言中的下述部分进行对比，我们更容易看到它的精神：

> 我联合国人民同兹决心：欲免后世再遭今代人类两度身历不堪言之战祸，重申基本人权，人格尊严与价值，以及男女与大小各国平等权利之信念；创造适当环境，俾克维持正义，尊重由条约与国际法其他渊源而起之义务，久而弗懈，促成大自由中之社会进步及较善之民生，并为达此目的……

在经历了动荡的百年现代化与战争阵痛后，日本国民在1945年战败那一刻所体验到的幻灭，首先是国家观念的幻灭。明治维新以来"富国强兵"的国策的结果，是对他人以及自身所造成的惨烈无比的伤害。在新宪法制定的那一刻，日本近代的历史终结了。不同于理论家的思辨，民族国家历史的终结在战后日本具有更真切的意义：近代以来由国家与民族担保的价值和意义体系烟消云散，个体权利与世界文明成为新的认知框架。在这个意义上，战后的新宪法为日本国民谋求有意义的生活提供了方向与道路。

因此，宪法前言的意义超越了宪法自身，成为近代日本的意义体系崩溃后无可替代的救赎之路。对于日本这个自我意识强烈的民族共同体而言，宪法前言所宣称的不是理念，而是一种真实的处境。它不仅具有独特的力量，而且构成了真正的精神动力源泉。在这个新的意义体系及其建构的现实面前，日本自20世纪80年代以来所谋求的"普通国家""摆脱战后体制"之类的目标，完全不具有激发国民精神的能量及正当性。

毋宁说，只有日本宪法所蕴含的"世界主义"的目标与意识得到激活，日本才能够真正实现宪法所设定的"光荣的地位"。从近代日本精神演进的角度，"世界主义"的目标并不只是宪法创制者的理想，更是一种内在的道德冲动。它曾表现为"精神帝国"，虽在成为"政治帝国"的历史进程中遭到了窒息，但如同京都学派世界史论所论述的，在时代的劫灰中，它的余脉并未断绝。在战后日本重建的过程中，这一世界主义精神得到了重新孕育，并在文学、艺术、体育、环保、经济、政治等不同领域中有着不同形式的表达和呈现。

因此，如果日本修宪派的政治目标旨在重新回归权力政治的逻辑，那么，近代以来日本国民乃至人类的牺牲，将会变得毫无意义可言。当然，日本的今后之路，并不完全是它自身所能决定的。这不单是因为美日同盟关系对它的束缚，更是因为它已经深深进入世界之中。或者说,它就是世界,而且是文明世界的一个象征。只是,它意识到这一点了吗?它意识到自己在世界文明进程中的角色了吗?它听到来自历史深处的呼唤了吗?

在本章中,我们通过回溯和平宪法的创制与实施过程,将宪法的世界主义精神再次予以了揭示。在新的世界主义视野中,政治理念并不是脱离历史境况的抽象观念或原则,而是最初就蕴含于历史进程之中,并在这一进程中发挥作用。事实上,也只有在上述历史进程中,政治理念才是具有人类意义的现实。世界主义就是这样一种政治理念。

麦克阿瑟卸任后对日本宪法制定过程的回忆,因为脱离了具体的历史处境,反而将蕴含于历史进程中的理念凸显了出来。1951 年 1 月 26 日,他在一次晚宴上有如下述怀:

> 有一天聪明的老首相币原来到我这里,他主张说,为了解救人们的生命,作为国际手段应该废除战争。当我对此表示赞成时,他对我说,世界上的人们也许嘲笑我们是脱离实际的梦想家,但再过一百年,我们也许会被人们称为预言家。我们应该抓住现在的机遇,向全世界宣告,为完成废除战争的使命,我们已经做好与各大国合作的准备,这样做的效果将会发挥魔力般的作用。[1]

---

[1] 转引自[日]千叶真等编:《日本宪法与公共哲学》,白巴根等译,法律出版社,2009 年,第 47 页。

日本首相币原喜重郎的回忆则补充了事实的另外一面:"当时我认为为维护天皇制、拥护国体,我们只有果断放弃战争、建立和平的日本了。"[1]

在世界主义的视角下,上述当事者的各种观念、策略与权力的使用,不仅是和平宪法批评者所试图揭示的来自战胜国的权力政治与意识形态操作,更是战后的世界秩序生成的真实过程。进一步而言,日本宪法的创制意味着一种真正的"超克"。它克服了近代西方文明与日本自身的东亚传统文明之间的冲突,实现了和解并最终实现了文明的升级。这才是日本帝国时期的知识分子念兹在兹的"近代超克"的真实过程,当然,更是这种超克欲望与精神的结果。

这一过程,既非理想主义者所高调宣称的普遍理念的直接作用与必然展开,亦非现实主义者着眼的策略与强权。这种政治过程最初就在道德评价之外。那么,这种对秩序生成的说明难道要诉诸偶然吗?当然不是。这一论断的前提是,对人类文明进程的科学认知必将不断为人类的政治事务提供有益且可靠的知识、思想、洞察与信念。

我们在本书中追踪的近代日本精神史之演进,最终因为这部宪法而走向了一种真正的世界主义的世界。

---

[1] 转引自[日]中村正则:《明治維新と戦後改革——近現代史論》,校倉書房,1999年,第254页。

［附论］

鹤见俊辅的人生
作为战后日本精神史的个体史

2015年7月20日，日本著名的哲学家、思想家鹤见俊辅辞世。作为战后日本思想界并驾齐驱的巨人，继竹内好、丸山真男、吉本隆明（1924—2012）之后，鹤见的离去意味着一个时代的终结：执战后日本思想与言论牛耳的"战前派"与"战中派"知识分子就此谢幕。因独特的战争体验，这些知识分子对近代日本的精神与欲望的透彻分析与批判，在日本迈向现代文明的进程中留下了不可磨灭的印记。可以说，这些知识分子所展现的思想与行动，已然决定了他们作为巨人不朽的一面，他们自身就是战争留给日本以及世界的遗产。

然而，如何看待这份遗产，包括日本国民在内的人们，仍在摸索甚至苦斗。在现代日本的思想与言论空间中，如何认识此前的战争一直是无法回避的主题；而且，因其必然关涉历史、国家、政治、人性、文明，这一主题显然并非为日本所独有。那么，作为第二次世界大战主要当事者与责任者的日本，给这个世界留下了怎样无可替代的经验、认识与教训？鹤见的逝去再次激发了包括日本国民在内的世人对这些问题的思考，而鹤见独特的思想与人生轨迹，正是引领人们的一把钥匙。

无论是作为战后民主主义者，还是和平主义者，鹤见作为个体的人生，尤其是他在战后日本的活动，均可视为同时代日本国民精神的典范，乃至日本战后国民精神的化身。或者说，在这个意义上，鹤见俊辅就是日本民族精神自身。

一、鹤见俊辅战前与战时的人生肖像

鹤见俊辅出生于 1922 年，家族背景显赫。父亲鹤见祐辅曾任日本政府高级官员，出任过众议院议员、厚生大臣等，而且在当时有着亲英美派自由主义政治家与作家的名声。外祖父是后藤新平，曾出任满铁初代总裁以及内务大臣、外务大臣、东京市长等要职，于 1928 年获封伯爵。

或许因为出身贵族，鹤见的母亲对他极为严格，这也导致他过早的叛逆，偷书、考试故意交白卷、逃课、出入花街柳巷、多次自杀未遂，最终不得不进入精神病院接受治疗。小学勉强毕业后，他进入初中，但第一学期即被开除；随后，母亲安排他转学，但两个学期后又被开除。见此情形，鹤见祐辅将他送至美国。不过，这个不良少年的智力异常早熟，在小学毕业前读的书就超过了一万册，据说，他还有着超凡的记忆能力。[1]

1938年9月，他来到美国，进入马萨诸塞州的一所中学。环境的变化让他洗心革面，开始异常专注学习。翌年，他考入哈佛大学哲学系，学习实用主义，授业老师有卡尔纳普（Paul R. Carnap, 1891—1970）、蒯因（Willard van Orman Quine, 1908—2000）等第一流的哲学家。1941年12月8日，日本偷袭珍珠港，两国进入战争状态。翌年2月，他被怀疑为间谍，遭到美国联邦警察逮捕，被关进收容所。在随后的审问公听会上，哈佛大学的教授出任特别辩护人为他辩护。在关押期间，他趴在收容所内的马桶上完成了毕业论文《论威廉·詹姆斯的实用主义哲学》，尽管修学年限不足，但哈佛大学的教授委员会还是同意授予他毕业文凭。

从日美开战时起，鹤见就认为正义在美国一侧，日本必败。尽管如此，他还是选择回国，理由是"想在日本人当中迎接战败"。1942年8月，他乘坐日美交换船返回日本，并随即接受了征兵体检。因患有肺结核，他每天都长跑，希望通过咯血来免除兵役，但未成功。迫不得已，他主动选择从事海军文职工作。1943年2月，鹤见被送到南方战线，进入爪哇雅加达的海军武官府，负责监听盟军的英语短波电台。他的上司是一个叫前田精的大佐。他认为，这个前田是个"即使战败也相信大东亚解放理念的人"。[2]1944年

---

1 [日]小熊英二：《「民主」と「愛国」》，新曜社，2002年，第717—718页。
2 [日]鹤见俊辅、上野千鹤子、小熊英二：《战争留下了什么——战后一代的鹤见俊辅访谈》，邱静译，北京大学出版社，2015年，第25页。

12月，因胸部骨疡恶化，他被遣返回国内修养，最终迎来了日本的战败。

在近两年的军队生活中，鹤见对日本军国主义有了透彻的观察。在爪哇前线，他看到的是日军从事毒品交易、吸食鸦片、出入慰安所、残杀俘虏等罪恶、堕落、残酷的行为。由于确信日本必然战败，他一方面紧张地掩饰这种内心的真实想法，另一方面因"不想跟敌人战斗、不想杀人"，他一点一点地偷取鸦片私藏起来，随时准备自杀。

尽管如此，一起杀害平民俘虏的事件，还是让他恐惧不已。当时"第二十水雷战队"在印度洋扣押了一艘澳大利亚货船，借口船上的人看到了他们的秘密，所以不能留有活口。被扣押的平民俘虏中，一个来自果阿的黑人生了病，于是，军方命令一位文职人员携带毒药和手枪将他带到指定地点杀害。那位俘虏以为去看医生，很感谢地跟随而去，并被骗吃下了毒药。"但他没有死。于是就把人活着扔到坑里填上土，他还是没有死，呜呜地呻吟着，说是后来就用手枪乱打，直到土里的呻吟声停止了才回去。"[1]执行杀人命令的文职人员，就住在鹤见的隔壁。

文职人员的另外一项工作是负责组建爪哇的慰安所，并"上街去找能满足要求的女性"。鹤见回忆说，日本军官喜欢白人女性，但因荷兰人都被关进了收容所，只能到街上找白人和当地人的混血儿。被带入慰安所的女性"主要是当地良家女性"，也有从中国

---

[1] [日]鹤见俊辅等、上野千鹤子、小熊英二：《战争留下了什么——战后一代的鹤见俊辅访谈》，邱静译，北京大学出版社，2015年，第31页。

台湾、朝鲜被强制拉来的女性。日本的慰安妇则主要住在面向士兵的慰安所。从佐官到高级别军官，再到文职人员，都是这一场所的常客。鹤见出于对自己"不良少年的骄傲"，并未同流合污，为此而屡遭嘲笑。因为他认为总比杀人好，所以对慰安所的各种杂事也都逆来顺受。[1] 由于这些独特的经历，20世纪90年代初慰安妇问题开始得到日本社会的关注后，鹤见积极推动日本给予相关赔偿，但都以失败告终。

海军文职人员的薪水颇丰，鹤见将每月薪水的三分之二寄回家，余下的三分之一用于购书。据他说，德语版的康德全集、叔本华全集等就购于当地。另外，爪哇有很好的图书馆，这成了一种救赎。他回忆说，他在图书馆里借阅并读完了霭理士（H. H. Ellis）的六卷本《性心理学》，因为他关注的问题正是"国家—性"关系，他"要用自己性的欲望跟国家给准备的慰安所对立"。[2] 这种战时体验，促使他在战后特别重视大众欲望。

显然，鹤见的口述史自身就是战争留给日本的遗产。对于鹤见而言，这种战时经验一方面让他"对日本人很绝望"，另一方面也加深了他对国家、人性与政治的理解。从而，思考这些根本性的战时体验，诚实地面对自己与他人的人生，成为鹤见此后人生的主题。

---

[1] ［日］鹤见俊辅、上野千鹤子、小熊英二：《战争留下了什么——战后一代的鹤见俊辅访谈》，邱静译，北京大学出版社，2015年，第28—39页。

[2] ［日］鹤见俊辅、上野千鹤子、小熊英二：《战争留下了什么——战后一代的鹤见俊辅访谈》，邱静译，北京大学出版社，2015年，第126页。

二、《思想的科学》与"转向"研究

1946年5月，鹤见俊辅与其姐姐鹤见和子（1918—2006）、丸山真男等七人组成"思想的科学研究会"，并创办同人刊物《思想的科学》。创办刊物最直接的动机，源于和子的提议，就是治疗鹤见俊辅的抑郁症。最初的资金是他们自掏腰包。刊物的宗旨是，探索战败的含义、吸取教训等。到1996年3月停刊为止，这个刊物持续了半个世纪，共发行536期，成为战后日本最负盛名的思想杂志。

在创办杂志的过程中，鹤见等人还以杂志为中心组建了各种研究小组和读书会。在卓有成效的小组活动中，涌现出一批后来活跃在日本学术、思想与评论等领域的知识分子，因此这个团队也有"鹤见学校"一说。就人才培养与社会影响力等方面而言，战后日本社会尚无出其右者。

关于刊名，有日本思想史学者推测说，《思想的科学》源于在战后日本思想界发挥巨大作用的马克思主义，尤其是恩格斯"从空想到科学"等说法。但事实上，"科学"二字源于中世纪神学，出自一位研究托马斯·阿奎那经济思想的日本学者。鹤见回忆说，刊名寓意是知识分子要用"根本性的思考的方式"应对战败问题。战前日本知识分子无力进行根本性思考，鹤见认为这是致命的缺陷。

在最初发表的《日本为何冲进了太平洋战争？》一文中，鹤见从语言学的角度提出了"护身符语言"的说法，揭示了一种生成机制。在他看来，弥漫社会的"鬼畜美英""国体""大东亚共荣圈"等说法，一方面给人们提供了护身符，避免触犯当局设定的禁区，但另一方面，这些说法最终将日本国民悉数绕了进去，从而信以为真，最终完全丧失了独立思考的能力。

在思想界崭露头角后，1948年11月，鹤见受聘为京都大学的非正式讲师，翌年4月，正式出任该校人文研究院的副教授。1951年，斯坦福大学聘任他为副教授，但因他参与反核运动，美国领事馆拒发签证。1954年，他转任东京工业大学的副教授，直至1960年。这一期间（1954—1962），鹤见组织了三十余人的研究会，完成了主题为"转向"的研究，最终出版了三卷本《共同研究 转向》。鹤见是一位极其高产的思想家与作家，终其一生，出版七十余册单行本，另有编著、合著近百种。但他自认为，这部共同编辑的《转向》是他的代表作，会留名青史，可见其志向所在。

"转向"一词最初源于20世纪20年代的日本共产党，是"方向转换"（路线变更）的缩略语；在20世纪30年代，这个词逐渐用于指称被捕的日本共产党员的"变节"，成为一种轻蔑的说法。不过，鹤见认为"转向"是一个普遍现象：战前那些为自由、和平摇旗呐喊的大量自由主义者与左翼知识分子，在战争爆发后几乎都摇身一变为狂热的军国主义者；战败后，这些知识分子甚至右翼知识分子又迅速转向拥抱"民主主义"。因此，鹤见认为，"转向"的本质是"在国家的强制下所产生的思想变化"。[1]

这种普遍的"转向"，除了因国家权力的强制，还与近代日本

---

[1] [日]鹤见俊辅：《战争时期日本精神史（1931—1945）》，四川教育出版社，邱振瑞译，2013年，第21页。

知识分子的独特作用有关,他们在其中扮演了关键的角色。鹤见认为,与同时代的英、美、德、俄等国家不同,在以"文明开化"为口号的急速近代化进程中,明治政府高度依赖知识分子,从而造成了他们的特权地位。而国家政策与知识分子的使命感高度重合,进一步造就了他们独特的精英意识。鹤见称之为"优等生意识"。他对此分析道:"基于这种认同而着意大量培养的人才,就形成了这样的结构:通过考试进入那些学校、以第一名的成绩毕业、把欧美知识讲得头头是道、然后登堂入室掌控权力。"[1] 从而,能否成为国家领导者就以能否写出"标准答案"为条件,因此,包括自由主义、共产主义、民主主义、军国主义在内的所有"主义",都一时成为日本知识分子的标准答案。

鹤见认为,这种体制最终确立于日俄战争时期。这期间,日本知识分子从此前明治时期"自己造就自己的知识分子",转变为服从权威的"被造就的知识分子"。这是成败的转换点。这些"被造出来的人",没有独立思考能力,但擅长学习;他们适于和平时期的建设,但却无法应对变局。因此,鹤见要求日本知识分子不能放弃自己的责任。他坦言:"我自己是享受了各种特权的。所以对那些跟我一样享受着特权的人们,我就觉得他们应该多负起点责任来,但对于没有特权的人们我就不会去说同样的话。"[2] 作为一

---

[1] 鹤见俊辅、上野千鹤子、小熊英二:《战争留下了什么——战后一代的鹤见俊辅访谈》,邱静译,北京大学出版社,2015年,第5页。

[2] 本段的引文参见[日]鹤见俊辅、上野千鹤子、小熊英二:《战争留下了什么——战后一代的鹤见俊辅访谈》,第135、第102页。

名真正的知识分子，鹤见时刻进行着自我批判。

不同于其他战后思想家，鹤见并未对大众展开批评。他认为自己不是那种居高临下教导式的启蒙者。除了责任的承担外，鹤见认为知识分子与大众没有本质区别。这也是《思想的科学》不关注作者的身份，并大量刊登关于大众小说、电影、漫画、流行歌曲的分析与评论的原因。鹤见主导的这种对大众的关注与分析，开创了此后日本的大众文化研究。

三、1960年安保斗争与"越平联"

日本战败后，各种社会运动风起云涌。20世纪50年代末，围绕《日美安全保障条约》的修订，日本各界发起反对运动。1960年5月9日，日本国会预定强行表决通过改定的条约。当时的文化团体参加请愿活动，面见首相岸信介，其中就有竹内好。当岸信介在当日夜里强行通过条约后，竹内好立即辞去他在东京都立大学的教职进行抗议。其后，反对运动达到高峰，数万人连日包围国会，成为日本史上最大规模的大众运动。

鹤见在电视上看到竹内好辞职后，随即宣布辞去他在东京工业大学的教职。他回忆说，他当时没有时间思考什么"大义"的问题，但觉得"如果是跟竹内在一起，就算最后吃亏倒霉也没问题"。他自嘲说，支撑他这种行为的准则就是"黑社会道义"。他在访谈中多次提及的这个说法，不仅反映了他豪爽的性格，不拘泥于各种意识形态立场与框架，也展现了他富有行动能力的特征。翌年，他受聘于同志社大学，一所位于京都的著名私立大学。

日美新安保条约生效后，抗议运动继续发酵。1960年6月15日，抗议运动达到巅峰，鹤见俊辅、竹内好等人都加入了冲击国会的游行活动，但遭到了警察的镇压。面对镇压，竹内好发表了题为《四个提案》的演讲，并提出"与其糟糕地胜利，不如漂亮地失败"。鹤见对此极为赞同，在他看来，"败得漂亮的失败是为下一次的浪潮做准备的"。[1]

安保斗争停歇不久，随着越南战争的逐步升级，日本国内掀起了反战运动。组建"越平联"（"还越南和平！市民联合"的简称）正是鹤见迎接新浪潮的行动。1965年4月，他与当时年轻的畅销书作家小田实（1932—2007）发起了这一组织，直至1974年解散。该组织在这一时期的社会运动中发挥了巨大影响，小田实也一跃成为"战后派"知识分子的代表。

在"越平联"展开的诸多活动中，有一项是策动美国士兵叛逃，并为其提供保护。1967年秋，"越平联"迎来了首批来自美军航母"无畏"号上的四名逃兵。鹤见等人随即展开了紧张的救援与宣传活动。鹤见先将逃兵藏匿在父亲家里，随后又藏到自己家中，并最终通过苏联将逃兵送到了瑞典。此后，"越平联"成为美国的眼中钉，鹤见等人遭受了巨大的压力。

从1968年5月起，日本的大学生与管理当局矛盾激化，再次

---

[1] [日]鹤见俊辅、上野千鹤子、小熊英二：《战争留下了什么——战后一代的鹤见俊辅访谈》，邱静译，北京大学出版社，2015年，第197页。

引发了学生运动的高潮。上百所大学组建了以新左翼、无党派学生为主体的"全学共斗会议"（简称"全共斗"），主张以暴力方式与学校对抗，社会运动由此进入武斗时期。其中，尤以日本大学和东京大学的"全共斗"闻名。1969年1月，日本政府出动8500人的警察机动队，试图攻占学生占据的东京大学的学校礼堂，双方为此展开了数日激烈的攻防战。

由于"全共斗"的对象是大学，大学教授自然被学生视为敌人。不过，当学校讨论引入警察机动队驱散学生时，鹤见站到了学生一侧。鹤见回忆说，当时"全共斗"占领了同志社大学的校园，并损毁了教授们的研究室，但只有他自己的研究室完好无损，因为学生知道鹤见支持他们。这件事发生后，他觉得自己无法再与其他教授保持从前的关系，便提出了辞呈。1970年3月，鹤见彻底告别了大学体制。当然，进入体制或"在野"活动，对于鹤见而言无可无不可。

当代日本著名的社会学家上野千鹤子在其悼文中说，"自由主义者这个词就是为他准备的"，可谓恰如其分。

四、护宪运动：鹤见俊辅的挽歌

烈士暮年，壮心不已。2004年，面对日本政治家一再推动的修改宪法潮流，鹤见挺身而出，与大江健三郎、小田实等牵头组织"九条会"，维护现行宪法。这一运动很快得到响应。据统计，2011年各种自称"九条会"的团体达到了7500多个。这是战争留给日本的另外一种形式的遗产。不过,鹤见并不认为开展护宪运动就能维护宪法;在他看来,只有不断回归到宪法的根本精神,才能真正维护宪法。

在修改宪法的呼声中,认为该宪法不是日本自主制定的理由一再被提及。鹤见对此有另外的看法。在1955年发表的一篇题名为《弄假成真》的文章中,鹤见写道:"战后日本公布了新的和平宪法,但这是一个谎言。这部宪法由美国强加给日本,但却佯装是基于日本人的自由意志制定的,因此是个不折不扣的谎言。发布当时是谎言,现在依然是谎言。然而,试图从这个谎言中引导出真实的运动,我却是支持的。"这是鹤见非常独特的宪法论。

鹤见认为,既然宪法不是出自日本国民之手,那么就只能通过重读的方式激活其精神。他对这种"精神"做了如下阐述:"日本宪法打破了国家主权与军事力量难以分开的常识,禁止国家保持军事力量。这意味着,日本以低于国家的准国家身份进入世界,强烈希望自己成为不具有强制力的国家。在努力实现这个宪法所规定的国家的过程中,我们可以展开全体国民规模的国家批判运动;这是一个由宪法保护的运动。"正是在这个意义上,他认为,"我们只能从现在开始制定这部宪法"。[1] 暮年再次出马发起"九条会",正是他基于这一信念的行动。维护和平宪法的行动,是日本国民主体制宪意志的表达。

日本宪法第九条的设计,虽然有着源于美国最初永久解除日

---

[1] [日]小熊英二:《「民主」と「愛国」》,新曜社,2002年,第739、751—752页。

本威胁的政治意图，然而，这部宪法却也超乎当事者的预期，在日本的思想与精神空间中逐步被建构为通向人类永久和平的宪法。半个多世纪以来，这部宪法得以维持至今的原因之一就在于此。2015年7月24日，鹤见殁后第四天，日本万余名民众到国会前集结，抗议最近的修宪活动，而人们手中高举的"维护宪法""不准杀任何人"等标语，实则是鹤见的挽歌。

如果说近代日本精神史的精华凝结于日本宪法，那么，鹤见俊辅则是这一精神的化身。

第七章

明治维新

东亚世界史的精神秘密

对近代日本精神史的重新叙述，形式上已经完成于上一章：日本宪法所呈现的普遍主义与世界主义精神，正是近代日本精神演进的结果。在结束本书的历史叙事之前，我们有必要再次回到近代日本史上最初的高光事件——"明治维新"。

既然我们在前面已经领略近代日本历史的全貌，洞悉了它内心深处涌动的激情，看到它爆发出来的巨大能量，为什么此刻要返回这一历史的开端？关键在于对"开端"的理解。如果将明治维新作为东亚世界史的"开端"，我们对历史的认知也只能说是刚刚开始。

事实上，我们对近代日本的重新解释，就源于对东亚世界历史命运的关注。在以儒学为核心的东亚古典语境中，我们发现了近代日本精神的萌芽和孕育它的土壤。其中，最重要的是儒学固有的普遍主义为近代日本提供了独特的文明与世界视野，而且在

19世纪西方到来之前，一种郁郁葱葱的力量已经准备停当，学问、神话、信仰、科学与理性，在看似宁静的日本列岛已经熔铸成一体。这就是近代日本"精神帝国"的生成。

我之所以说它是"精神帝国"，是因为它无远弗届，它就是儒学的世界主义精神；我之所以说它是"帝国"，因为这种精神有一个可视的代表历史和永恒的形象，那就是天皇。这种精神帝国，是一种特殊与普遍、历史与永恒的结合。由于它的这种矛盾的体质以及包含内在张力的身体特性，它拥有了无法息止的动力。20世纪40年代的"超克"话语曾经被视为虚妄，但现在我们知道了，它就是这个精神帝国的宿命。

因此，这不是简单的返回，而是一种新的开始。

在我们的历史叙事中，19世纪早期形成的水户学是近代日本觉醒的催化剂。在水户学"尊王攘夷"的导引下，日本确立了以天皇制的王权为核心的国家体制。而这四个字正是"精神帝国"的内在原理。尊王者，固然是尊有形的天皇，但更是尊天意与天道，尊秩序与文明；而攘夷者，固然是与殖民帝国主义者进行对抗，保种保国，但它同时也是对野蛮力量的抗拒。这种观念形成的力量，因其历史依据而雄厚，因其现状认知而锐利。日本正是带着这样一种自我意识投身于19世纪的世界巨变中。

"尊王攘夷"是一种内在于传统东亚政治思想中的王权观念，更是一种传统的文明理论。在明治日本崛起的进程中，它必然将自身表达为"政治帝国"的自我实现，将自身的精神以及（更重要的）力量，进一步投向亚洲与世界。人们常说的"民族主义"，只是这种王权最明显的一面，而"世界主义"才是它最不容易识别的另一面。在近代日本的精神演进中，东亚王权、民族国家与世界主义之间有着内在关联。

如果我们把日本精神史的演进比作一棵树的生长，那么在明治维新的年代，这棵树的种子已经破土而出，并具备了我们此后见到的全部形态。在当时，它与传统东亚世界有着明晰的关联，而后则逐渐变得隐微。但我们穿过历史的迷雾，还是可以看到它演化的脉络，或隐伏，或跃如，但无论如何呈现，都进一步唤醒了沉睡于自身的力量。

因此，回望明治维新，关键在于凝视它与东亚传统世界的关联。这种关联，主要体现在明治维新的担纲者身上。明治维新尽管是一场统治集团内部尤其是下层武士推动的自我变革运动，但迄今为止，人们大都把焦点集中在政治以及经济变革上，反而对变革主体——"武士集团"的角色并没有恰切的认知与评价。这批人物何以造就而成？人们常说"时势造英雄"，但"时势"又何尝不是"英雄"造就而成的呢！

武士集团的精神属性就是日本国家的属性。武士集团虽然创造了近代日本崛起的奇迹，却也在制度和精神两个层面为近代日本的军国主义奠定了基础。当然，我们不宜仅仅据此就将武士集团简单视为历史的恶者。日本以及人类社会的悲剧在于，这种武士型军国主义与人类进入全球性殖民帝国的时代发生了重合，而日本最终未能跨越这个人类文明演进过程中的危险区。事实上，它对亚洲的殖民侵略更是同时造就了这个危险区，最终又通过摧毁西方殖民帝国在亚洲的统治，加速了这个危险时代的落幕。

这里，我们暂时做一个切割，将明治维新从随后人类的帝国主义时代中抽离出来，看看人类政治生活究竟具有怎样的本质，或者说具有怎样近于永恒的属性。

一

明治维新的真相与意义

在一般的历史叙述中，明治维新被广泛地视为近代日本的开端，是日本转向西方和吸收近代西方文明的标志性事件。而且，它因一再被人们以各种方式谈论与再现，实际上与今日的距离并不遥远。人们对它的每一次再现与讨论，都构成当下人们精神活动的一部分。在这个意义上，对明治维新的讨论，实际上是当下自我与历史意识的表达，并通过复杂的社会过程，再作用于历史进程。那么，从精神史的角度，明治维新究竟具有怎样的属性，以至于它持续成为人们探讨自我与世界认知的主题？为什么明治维新看似遥远，却又近在身边，这种矛盾究竟意味着什么？

作为历史事件，"明治维新"有狭义和广义两种用法。狭义上，一般是指1867年11月幕府将军德川庆喜（1837—1913）向朝廷上表"大政奉还"、1月讨幕派发布"王政复古"号令、建立新政府以来前后数年间的政治变革。作为代表性的政治事件，它还包括1868年2月8日新政府向欧美国家使团宣布天皇亲政，4月6日天皇、公家（朝廷贵族）与诸侯（大名）共同在神祇面前发布《五条誓言》缔结盟约，9月天皇颁诏改江户为东京并决定行幸东京，10月宣布改元"明治"等政治行动，以及在这一期间新旧政府间爆发的一系列战争，即所谓的"戊辰战争"。

广义上，明治维新还包括幕末时期，标志性的起点可上溯至1853年美国海军准将马休·佩里率军舰造访东京的所谓"黑船来航"事件，其终点则向下延续到19世纪90年代近代国家体制的最终确立，以《大日本帝国宪法》的正式实施为象征。在这个广义的维新时期，日本完成了近代立宪国家的转型，赶超式的近代化政策初见成效，为随后在世界舞台的登场准备了必要条件。人们通常用"富国强兵"这样的字眼概括这次变革。

那么，这场每每被冠以"伟大"的明治维新究竟是如何办成的？迄今为止，关于这一时期政治史的叙述还都只是一种全景式的明治维新如何走向成功的历史叙事。而一般思想史的叙述，则专注某种特定的观念，比如近代的"自由""民权"等，在传播和落实过程中，思想家与知识分子扮演了怎样关键的角色。

而我们的着眼点，首先是这一事件的命名。其实，单就这场变革近乎专有的表记方式——"维新"二字来看，人们就有足够的理由关注它。与当下人们熟悉的"革命""改革"或"革新"相比，"维新"究竟意味着什么？当事者自称的"王政复古"又意味着什么？更重要的是，这场变革运动的结果意味着什么？对此，美国日本史专家马里乌斯·B.詹森曾经自问道："这个从19世纪的传统中摆脱出来的国家如此急剧地从议会立宪主义转向军国主义，接着又转向和平主义，从通过战争追求国力强盛转向通过贸易追求民富国强,凡是有责任感的历史学家都会追问:这到底是为什么?"[1]

对于中国读者而言,理解邻国史上的这一事件更为重要,几乎对理解自身历史不可或缺,因为在很多人眼中依然亦敌亦友、难以定位的日本正是明治维新的产物。

如同"维新"二字给我们带来的语义上的困惑一样,今天的人们不容易想象,幕末时期东西交涉的一个显见的障碍正是语言自身。比如,佩里将军率舰队于1853年及翌年造访东京时,要借助多名译员在日语、英语、汉语和荷兰语之间复杂转换,才能完成交流,其中包括著名的美国在华传教士卫三畏(Samuel Wells Williams, 1812—1884)以及广东人罗森。[2] 这种障碍有时会引发灾难。事实上,开始于1856年的第二次鸦片战争,就与中英《南京条约》两种语言间的重大歧义有直接关联。[3] 历史现场中出现的这些分歧、摩擦与纷争,容易被我们看到的是"殖民主义者"的"压迫与侵略"的面相,但穿透当下历史意识的浓雾回到历史现场,我们会发现,真相往往并非仅是如此。

上述关于语言的事例绝非无关紧要,而是反映了遮蔽以及揭示历史真相的机制自身:人们每一次为理解历史而造就的概念与观念,在揭示一部分历史真相的同时,也创造另外一种新的"事实"。

---

[1] [美]詹森主编:《剑桥日本史(第5卷):19世纪》,王翔译,浙江大学出版社,2014年,第38页。

[2] [日]三谷博:《黑船来航》,张宪生等译,社会科学文献出版社,2013年,第91页。

[3] 茅海建:《近代的尺度:两次鸦片战争军事与外交》,生活·读书·新知三联书店,2011年,第113—115页。

事实上,"文明""阶级""封建""帝国""民族""现代化"等人们熟知的用语,都曾扮演了同样的角色。人们从各自的视角出发,利用这些术语来解释明治维新的"本质",而往往忽视了对这些术语自身包含的历史意识的审视。

就此而言,人们之所以将英国历史学家威廉·G.比斯利撰写的《明治维新》誉为典范,原因正在于作者在使用这些词语时展现了高度的审慎和克制。不过,当作者比较中日两国应对变局的模式时,其结论的"迷人"程度却也与它遮蔽真相的程度不相上下,因为他对历史"意义"的渴望导致了他对历史事实的某种盲目。

举一个例子。在这部著作的结尾,他自问道:"考虑到两个国家都有着悠久的政治和文化统一的传统,为什么日本在一代人的时间内就形成了民族主义,而民族主义在中国的出现则要慢得多,效果也更弱?"比利斯能找到的答案和原因,我们耳熟能详,诸如两国地域大小的不同、中国作为"天朝"的自负、官僚体制、日本的武士阶级统治的特殊性等。[1] 在我们当下的历史意识和一般观念中,这些原因也很容易得到我们的理解与认可。然而,从历史发生的角度,这些说法却又是一种现代历史意识下的问题和答案。

因此,在今天重新认识和解释明治维新,有必要首先依据"维新"在当时的语义亦即今日被称为古典的语义来理解。人们通常将"维新"二字的根源追溯至《诗经·大雅·文王》篇中的"周虽旧邦,其命维新",并大体上用其指称"变法"。不过,无论是"维新"

---

[1] [英]比利斯:《明治维新》,张光等译,江苏人民出版社,2012年,第408—410页。

还是"变法",其语义首先依赖于儒家经典中古老而恒常的"天命"观念,而非纯然法律或行政上基于人类有限理性的"革命"与"变革",二者分属不同的意义世界。倒幕派树立的新政府将自己发布的号令称为"王政复古",其用意正在于为政权赋予一种天命的正当性,而这种正当性首先来源于历史。

其实,现代日本不但对于中国而言是一个难解的存在,对于其自身也无法简单获得清晰的理解。这其中的主要原因,正是这种语义的断裂,以及语义断裂背后更为根本的文明意识的断裂:1945年战败以后重新崛起的现代日本,已经与传统东亚世界的精神渐行渐远。

与此相对,在明治时代,二者精神世界的底层有着共同的儒学(日本通称"儒教")体验。[1] 如同哲学家井上哲次郎(1855—1944)指出的,"凡精神诸要质熔铸陶冶日本民族之性格者,以儒教之势力为最大"[2]。事实上,近代日本最著名的启蒙思想家福泽谕吉,根据他自己的说法,在少年时代即广泛阅读《论语》《孟子》《诗经》《尚书》《左传》《老子》《庄子》等古典著作,尤其以阅读儒学经典《左传》有心得,前后大约读了十一遍。[3] 虽然在其开始启蒙活动后,福泽谕吉对儒学持极其严厉的批评态度,但这种态度自身,同样来自儒学观念世界中的文明意识。进一步说,如果不

---

1 参见 [日] 渡辺和靖:《明治思想史》,ぺりかん社,1978年。
2 [日] 井上哲次郎:《儒教》,载大隈重信编《日本开国五十年史》下册,上海社会科学院出版社,2007年,第698页。
3 [日] 福泽谕吉:《福泽谕吉自传》,杨永良译,文汇出版社,2012年,第6—7页。

理解这种时代共有的儒学体验,《大日本帝国宪法》的精神就不容易得到理解。[1]

要注意的是,我们在上面有关语义断裂的论述,不意味着任何意义上的不可知论。对历史真相的渴望,对历史意义的渴望,都是一种人类的事实,我们需要坦然面对,并原谅曾经主导人们精神世界的那些宏大观念的浮浅与虚妄。曾经规定了人们近代历史意识的各种物质主义与进步主义观念,如同历史的风,已渐消停,尘埃渐至落定,所以,现在我们有必要透过这些观念尚未湮灭的遗迹,探寻人类生活中更为恒久不变、更可传诸久远的事物,因为它们是秩序生发的根源所在。

二
英雄、时势与历史的本质

在众多的明治维新史著作中,佐佐木克的《从幕末到明治:1853—1890》是一部接近于拂去了近代历史观念尘埃的著作。[2] 或者,与其说是历史著作,不如说是古典的历史剧本。当然,用"剧本"来比喻并不是说它是虚构的,而是它有一种让读者身临其境的真实感。它所呈现的画面之所以有一种不染纤尘的洁净感,是因为作者克制了解释的欲望。这种纯然的历史叙述,如同古典戏剧通常具有的伟大的教育作用一般,会给读者提供另外一种基于

---

[1] 参见拙著:《友邦还是敌国?——战后中日关系与世界秩序》,上海人民出版社,2018年,第三章。

[2] [日]佐佐木克:《从幕末到明治:1853—1890》,孙晓宁译,北京联合出版公司,2016年。

真相与意义的精神教育。

简单地说，这本书之所以精彩纷呈，原因正在于作者让历史人物在历史舞台上各自表达，公正地对待所有人，而未将自己的判断强加于历史人物的身上。比如，在这部书中，不仅出身于中下级武士阶层的吉田松阴、高杉晋作、坂本龙马、西乡隆盛、木户孝允、大久保利通等数十位维新英杰人物悉数出场，被视为上层统治阶层及贵族的人物，比如朝廷方面的孝明天皇、鹰司政通、九条尚忠、三条实美、岩仓具视，幕府方面的将军德川家定、家茂、庆喜与大老井伊直弼，地方强藩的有力大名诸如松平春岳、岛津久光等人在政治舞台上的活跃角色均得到了恰如其分的再现，共同上演着合作、背叛、权谋、斗争、生死的经典人类故事。

值得留意的是，这一舞台还有一类重要的角色，即英美国家的驻日公使、临时造访的官员等。在促成日本政治变革的过程中，这些人也发挥了不可欠缺的作用。比如，作者对1865年出任英国驻日公使的巴夏礼（Harry Parks, 1818—1885）的几句描绘，就将当时西方公使在日本的形象与角色再现了出来。1867年，长崎发生了一起英国海军士兵被杀事件，巴夏礼率军舰驶进土佐藩的高知讨要说法。谈判中，巴夏礼对于时任土佐藩参政、维新后声名鹊起的后藤象二郎（1838—1897）的处置方式十分不满，"在谈判中猛拍桌子……以傲慢姿态威吓后藤及其同行者"[1]。与外国公使打交道的类似经历显然会影响后藤对事务的判断。

1　[日]佐佐木克：《从幕末到明治：1853—1890》，孙晓宁译，北京联合出版公司，第15页。

作者对巴夏礼的简单描绘，与中国人熟识的形象并无二致。已故历史学家蒋孟引在其名作《第二次鸦片战争》中，便将他列为"三个促使战争爆发的人"之一，认为他是"英国侵略者的标本，凶恶、狡猾、顽强"，是"中国最痛恨的恶棍"。[1]英国学者蓝诗玲（Julia Lovell）在新作《鸦片战争》中则将其描述为一个"肆无忌惮地、非法地鼓吹对华战争"的"英国超男"。[2]詹森在叙述巴夏礼在幕末政治中的角色时，则称他是"一个精力最为旺盛、性格最为暴躁，曾在中国海岸施行炮舰外交的行家"。[3]这样的人物往往具有巨大能量，会引发异乎寻常的结果。咸丰皇帝就对他恼恨异常，在中英谈判期间曾谕令羁留此人，间接引发了后来的圆明园悲剧。

从幕末最富有动员力的口号"尊王攘夷"来看，这类公使扮演的角色为日本的精英提供了西方人作为"夷贼""丑夷"的真实"标本"。"尊王攘夷"并非后世批评者所想定的一种单纯源于民族主义的排外观念。

作者在开篇处看似轻描淡写的几句话，已对上述人物共同演出的剧情做了"剧透"。作者写道："幕末时期，日本面对动荡而云谲波诡的国际局势，尽管内心备感屈辱，它却不得不在艰难中挺身前进，未曾心灰意冷、意志消沉。为了重新崛起，怀揣着摆脱屈辱的强大决心，日本积极地应对复杂的国际形势，以求正面

---

[1] 蒋孟引：《第二次鸦片战争》，生活·读书·新知三联书店，2009年。
[2] ［英］蓝诗玲：《鸦片战争》，刘悦斌译，新星出版社，2015年。
[3] ［美］詹森主编：《剑桥日本史（第5卷）：19世纪》，王翔译，浙江大学出版社，2014年，第316页。

解决自身问题。"[1] 屈辱与忧国，构成了维新戏剧的精神主调，尤其刻写在前面提到的中下级武士的身上。这些风云际会的人物，除了人们常说的"中下级武士"之外，还有另外一个名字：志士。我们在下文中马上就会看到，"志士"这个身份标签才是历史认知的关键。

我在本章开始的引言部分，特别论及了"尊王攘夷"观念在推动近代日本历史进程中所发挥的巨大作用。其实，这种精神所召唤并造就的主体，正是这里所要谈论的"志士"。明治维新的历史，实则由作为志士的英雄，甚至包括不同视角下的"恶棍"，与时势相互激荡、共同造就而成。

三
维新志士与东亚世界的古典传统

"志士"二字，望文生义，其意义似不难理解，但实则不然。在明治维新史的叙述中，鲜有内容像这两个字让人感到如此隔膜。许多研究明治维新的历史学家对此也满腹狐疑。

比如，在一部较早刊行，由加拿大历史学家诺曼·赫伯特撰写的《日本维新史》中，作者仅仅用"下级武士""最热诚的斗士""疯狂的恐怖主义者"等说法指涉这一群体。[2] 美国历史学家安德鲁·戈登在叙述明治维新时则使用了"下级武士""体制内精英"等说法，

---

1 [日]佐佐木克：《从幕末到明治：1853—1890》，孙晓宁译，北京联合出版公司，序言，第1页。
2 [加]赫伯特：《日本维新史》，姚曾廙译，吉林出版集团有限责任公司，2008年。

认为他们是维新的主导力量。他对此分析道："这群出身于中下阶层的武士一方面雄心勃勃，另一方面却又郁郁不得志，极缺乏安全感……这种不平之气是明治维新之原动力，亦触发各种影响深远的改革计划。故明治维新实际是个不得志的下层精英革命。"[1] 这种说法触及了革命的心理机制，注意到了明治维新的"原动力"，是一种对历史的洞察。不过，遗憾的是，戈登在关键的地方还是看走了眼："志士"远非不得志的精英，相反，他们最初就是一群志气满满、精神昂扬的年轻人。

前面提到的比斯利略微不同，他最初就注意到"志士"（men of spirit）是"更有能力、更活跃的武士"，其角色"决不能被轻易忽视"。然而对于其中的原委，比斯利则多有遁词。他在叙事中写道："他们的所作所为很多都是负面消极的……他们只知道破坏，不懂建设；他们对待生命，包括自己的性命毫无顾忌，不懂得创建政府……然而，他们所带来的变革也十分重要，而且最终证明是不可逆转的。"对于这个能量超凡的群体，他极不情愿地称呼他们是"尊皇主义者""激进分子"或"恐怖分子"。[2] 显然，这些称呼并不符合历史的真实情境，"志士"不仅是明治政府的主要创建者，还是文明开化的推动者。

詹森虽然对这个群体也着墨不多，不过如下的几句话却是点睛之笔："'尊攘'派，对于同龄人来说，对于历史来说，他们都

---

[1] [美] 戈登：《日本的起起落落：从德川幕府到现代》，李朝津译，广西师范大学出版社，2008年，第92页。

[2] [英] 比利斯：《明治维新》，张光等译，江苏人民出版社，2012年，第217页。

被称为'志士',即具有崇高理想和节操的人。这些志士成为地方和国家事务中的一种爆炸性因素,最后作为一种理想道德楷模服务于现代天皇国家的意识形态,同时也在随后的动荡岁月成为年轻激进分子的榜样。"[1]这个说法比较接近历史真相,是我们进一步认识历史的关键所在:只有理解了这种当事者自我规定的"志士"意识与角色,才能看到维新舞台所呈现的真相与意义。

兹举一例。与高杉晋作、木户孝允等被视为英雄的"尊王攘夷"派志士不同,幕府也获得了"尊王佐幕"派志士的支持。当时,京都地区尊攘派志士针对幕府官员与外国人展开了一系列袭击、暗杀等暴力活动。1863年,幕府组建了由剑术高手组成的治安维稳力量,这就是有名的"新选组"(意思是"全新选出的组织"),由"天然理心流"道场第四代传人近藤勇(1834—1868)出任局长。在近藤的领导下,尊攘派志士的暴力活动得到了抑制,京都地区的秩序得以恢复。明治元年(1868),近藤勇向新政府军投降,随后被处以斩刑,是幕末明治初期众多殒命的志士中的一员。[2]近藤留下的两首辞世诗,将志士的精神世界呈现了出来:

孤军援绝作囚俘,顾念君恩泪更流。
一片丹衷能殉节,睢阳千古是吾侪。

---

[1] [美]詹森主编:《剑桥日本史(第5卷):19世纪》,王翔译,浙江大学出版社,2014年,第300页。

[2] [日]胜部真长主编:《明治维新逸史》,张永译,吉林出版集团有限责任公司,2014年,第60—62页。

> 靡他今日复何言，取义舍生吾所尊。
> 快受电光三尺剑，只将一死报君恩。

当代日本学者斋藤希史注意到了这两首汉诗所流露的慷慨正气，提出了这样一种说法：幕末时期的志士如果没有学习当时广泛流行的"汉文"（东亚世界的古典汉语），就无从形成自己作为士人的历史意识与自我意识。[1] 这种说法触及了幕末时期日本的意义世界。明治维新是一场"武士革命"，而且是"一场伟大的近代化革命"[2]，但也只有在这个特定的意义所建构的现实空间中，我们才能理解"武士"慷慨激昂的内心世界，以及他们何以被称为"志士"。幕末时期的志士之所以举止卓异，正源于古典儒学传统与武士阶层性格的融合。当然，我们也可说它是"武士道"的表现。

提到武士道，近代日本著名思想家、教育家新渡户稻造（1862—1933）有一个说法："严格意义上的道德教义，孔子的教诲就是武士道最丰富的渊源。"日本的武士在王阳明"知行合一"的观念上找到了与其武士品性达成最高匹配的思想形态。在面对西方读者时，新渡户稻造甚至将阳明学比作基督教的《新约圣经》，特别强调了它在塑造日本年轻人信仰上所扮演的角色：

> 西方的读者会很容易发现王阳明的著作与《新约圣经》

---

1 ［日］斋藤希史：《漢文脈の中の近代》，日本放送出版協会，2007年，第38页。
2 ［日］坂野润治：《未完的明治维新》，宋晓煜译，社会科学文献出版社，2018年，第188—191页。

有许多类似之处。只要允许特殊用词上的差别的话,那么像"你们先要去寻求上帝的王国和上帝的正义,如果那样的话,所有一切东西都会归于你们"的说法,就是可以在王阳明的几乎每一页书上都可以看到的思想。[1]

事实上,"志士"这个说法自身就是源于古典儒学文本,当它成为幕府末期下级武士自我认同、自我定义的语言时,他们已然将自己纳入了一个更宏阔的精神传统中。"志士不忘在沟壑,勇士不忘丧其元",幕府末期被志士们反复诵读的《孟子》中的这句话,不知激发了多少青年的热情、勇气与智慧。实际上,因谋划刺杀幕府老中[2]而在随后的"安政大狱"[3]中被处以极刑的吉田松阴,就因率先提倡"草莽崛起论"而成为这一传统的强力推动者。

受鸦片战争中国败北的冲击,与当时多数热血青年一样,吉田松阴最初热衷兵学。在随后的江户游学中,他逐渐认识到文人儒师追逐"文采"与武士流于"粗野"的弊端,立志成为"志""气"兼备的"俊杰之士"。这与他对王阳明追求学问与事功合一的激赏

---

[1] [日]新渡户稻造:《武士道》,张俊彦译,商务印书馆,2006年,第21页;另外,关于阳明学在近代日本的影响的简要介绍,可参见[日]沟口雄三:《李卓吾・两种阳明学》,孙军悦等译,三联书店,2014年,第244—263页。

[2] 老中是江户幕府的最高官员,直属于将军,管理整个幕府政务。一般有4—5人,从2万5千石俸禄以上的谱代大名中选出。职位大致和镰仓幕府的连署、室町幕府的管领相当。

[3] 大老井伊直弼主导的在安正五年(1858)开始的对倒幕派的镇压。

有直接关系。[1]在其短暂的生涯中，他留下了诸如《孙子评注》《史记前后汉书明伦抄》《左氏兵战抄》《拟明史列传抄》《东坡策评》等十余种著作，《讲孟札记》更是他的得意之作。在《跋文》中，他写道："余之在狱，囚徒胥居……时乃把《孟子》讲之，非精其训诂，非喜其文字，惟其一忧一乐一喜一怒，尽寓诸《孟子》焉耳。"吉田松阴甚重此书，据说卒后其弟子高杉晋作等以此书与王阳明《传习录》教人。吉田松阴在一首题为《肖像自赞》的诗中，表明了自己人格的完成：

> 三分出庐兮，诸葛已矣夫；一身入洛兮，贾彪安在哉。心师贯高兮，而无素立名；志仰鲁连兮，遂乏释难才；读书无巧兮，朴学三十年；灭贼失计兮，猛气廿一回；人讥狂顽兮，党众不容；身许家国兮，死生吾久齐；至诚不动兮，自古未之有；人宜立志兮，圣贤敢追陪。[2]

历史学家佐佐木克对吉田松阴的殒命尤其心动，在叙事中特意抄录了两句他的辞世诗："肉躯纵曝五藏野，白骨犹唱大和魂。"

同声相应，同气相求。吉田松阴主导的"松下村塾"很快成为培育志士的摇篮。虽然因"灭贼失计"而过早丧命，但他仍被誉为明治政府的理论导师，缘由正在其门生们"善继人之志"。高

---

1 [日]山田洸：《幕末維新の思想家たち》，青木書店，1983年，第50—54页。
2 转引自朱谦之编著：《日本的古学及阳明学》，人民出版社，2000年，第377—379页。

杉晋作在长州藩创建"奇兵队"在幕末政治中发挥了关键的作用，事实上是"武装倒幕"的策划者。与高杉晋作并称"松门双璧"的长州藩士九坂玄瑞（1840—1864），则是京都攘夷运动的主要发起者，被誉为有总理大臣之才，可惜同样因失计而被迫自杀，时年25岁。[1] 据统计，前后有多达37位出身松下村塾者得到明治政府的授勋加爵。伊藤博文对此有诗赞曰："如今廊庙栋梁器，多是松门受教人。"[2] 在这些出身松门的国家栋梁中，伊藤博文自不待言，木户孝允、山县有朋等更是人中龙凤、国之干城。

英雄与时际会，明治建国大业一举成功。明治维新时期英杰人物辈出，或许无法简单还原为江户时代高度发达的古典儒学的教育，但"志士"意识与古典儒学教育所孕育的精神在特定语境中发挥的关键作用，则不言而喻。一种观念或思想只有在与其匹配的政治、社会结构中才能发挥它固有的作用。我们之所以将这种观念或思想在具体历史语境中的存在方式称为"精神"，目的正是要探索主体在历史进程中所扮演的角色及生成机制。当我们说"精神就是力量"时，就已经触碰到了历史与文明演进的真正机制。真正的力量只能源于精神，因为它有着通向生命意识深处的隐秘路径。这一点无论对个体还是群体而言，均是如此。

---

1 这里的"失计"指1864年长州藩出兵京都但最终战败的"禁门之变"。
2 冯天瑜：《"千岁丸"上海行》，商务印书馆，2001年，第66页。

四
作为古典精神事件的明治维新

换一个角度说,历史认识与历史叙事的不同之处在于,前者的主旨在于理解历史的精神。这种精神当然首先体现在主体身上,体现在这种精神向现实转化的历史进程中。然而,在现代历史意识当中,"精神"自身已经成了稀缺的视角,人们更容易关注那些可视的物质以及制度的力量。我们重新审视的明治维新就是这样的历史事件,关于它的叙述和分析汗牛充栋,但其精神侧面并未得到充分的关注和分析。

明治维新最显著的时代特征,是事件当事者所呈现的那种整体性的精神气质,一种强烈的创造新世界和创造历史的意识。

1877年开始出任驻日参赞的黄遵宪(1848—1905),在他撰写的《日本杂事诗》中有一首《爱国志士》,堪称中国最早的明治维新论:"叩阍哀告九天神,几个孤忠草莽臣;断尽臣头臣笔在,尊王终赖读书人。"在随后的注释中,他写道:"自德川氏崇儒术,读书明大义者,始知权门专柄之非";"亲藩源光国作《大日本史》……世始知尊王之义。后源松苗作《日本史略》,赖襄作《日本外史》,益主张其说。及西人劫盟,幕府主和,诸藩主战,于是议尊王以攘夷……而有志之士,前仆后起,踵趾相接,视死如归……卒以成中兴之业。维新之功,可谓盛矣!"[1]

这一见解同样见诸《日本国志》中。在这部划时代的著作中,

---

[1] 钟叔河主编:《走向世界丛书》第1辑3,岳麓出版社,2012年,第669—670页。

出于借鉴、适用的目的,黄遵宪自述"详今略古,详近略远;凡牵涉西法,尤加详备",对明治日本革故鼎新的精神极为推崇。正因如此,他同时洞察到了这种精神的历史起源。他写道:"逮外舶事起,始主攘夷,继主尊王以攘夷,终主尊王。皆假借《春秋》论旨,以成明治中兴之功,斯亦崇汉学之效也。"[1]

这是东亚近代史上古典精神相逢的特殊时刻。身处历史现场的黄遵宪敏锐地感受到了这场巨变的深层思想与精神根源。当然,从后世的角度,我们容易指出黄遵宪所未注意到的日本"读书人"尚武精神的一面、对王阳明"知行合一"学说的醉心以及"尊王"论中的日本传统的神话观念等,是这些因素的共同作用使得那些"志士"展现出卓越的品性。但这一点并不重要,因为这是我们后世的理性分析。精神的本质在于,它是一种理性、信仰与欲望的混合物,其存在目的不是接受理性的分析,而是激发主体行动的热情。

事实上,1895 年甲午战争惨败之后,中国士大夫们才注意到明治日本爆发的巨大力量。黄遵宪的《日本国志》开始广泛地进入人们的精神空间中,源于个体的古典精神的相逢,开始转化为东亚国家间的现象,最终在随后中国的"变法"过程中展现出了它的政治意义——1898 年的戊戌变法,正是天命维新的精神在中国这一历史主体身上的发动。[2] 历史学家都会说戊戌变法以失败告终,这种说法固然不能说错,但它并未注意到的是,"戊戌六君子"

---

[1] 黄遵宪:《日本国志》,岳麓书社,2016 年,下册,第 1076 页。
[2] 关于这一问题的具体讨论,请参阅本章的附论。

的热血不知鼓舞了此后多少青年的行动。谭嗣同（1865—1898）留下的绝命诗中的"我自横刀向天笑，去留肝胆两昆仑"，完全就是孟子的"志士不忘在沟壑，勇士不忘丧其元"所表达的志士精神。

我们再回到前面的话题。幕末时期日本精英阶层之所以爆发出如此巨大的能量、活力与创造性，从精神史的角度，秘密正隐藏在主导江户时代的意识形态与学问样式的传统儒学中。对此，斋藤希史有如下评论：

> 儒家议论的终极主旨在于论述天下国家。掌握了议论文体的日本士族获得了类似的思考与感觉，即经世之志，可以说是自然的结果……思考的问题与文体的问题紧密相连，无法分开来谈论。只有汉文才是论述天下国家最为恰当的文体。如果没有汉文，人们就无法获得谈论天下国家的框架结构本身。[1]

这个说法非常精彩，事实上指出了东亚古典世界的政治思想与主体品性之间的本质关联。不过，"文体"仅仅是"汉文"的一个侧面，如同"文以载道"所表明的，"文"（包括"文体""文献"等）是"道"在文章上的表达方式，而不仅仅是"道"表达自身的工具。"道"有其自身行事的逻辑，借助文体，"道"创造了它所呼唤的主体，进而创造了世界。在这个意义上，我们也可以说，文体就是道。

因此，黄遵宪对明治维新的评断因古典心智结构的类似性而

---

[1] ［日］斋藤希史：《漢文脈の中の近代》，日本放送出版协会，2007年，第34页。

把握了维新的第一要义：明治维新本质上是东亚古典精神的自我实现。幕末时期志士慷慨激昂，为建立新的国家体制而奔走，这种行动能力与精神气质的成因不能简单归结为"阶级利益"或者"民族主义"观念，而是需要我们在古典话语体系建构的事实与意义空间中去寻找这种主体的生成机制。这里所说的"事实"，当然是与古典思想匹配的制度，而"意义"则是超越了"事实"的历史性格而指向了永恒。

日本思想史学者岛田英明在讨论幕府末期文人志士的历史意识转变时，正是从这种"永恒"的角度，揭示了"志士"登上历史舞台中央的秘密：

> 志士们将自身投射到历史上的英雄豪杰身上，投身于政治实践当中。他们是否真的心忧天下国家并为此甘于自我牺牲，这一点并不清楚。为了国家或为了主人这样的说法，往往是自我肯定或发泄胸中郁愤的权宜办法。可是，尽管如此，倡导政治功业优越的话语的泛滥，非但迫使文人的技艺，甚至连文章创作自身都带上了否定的形象。这一事实非常重要。……结果，对于"永恒性"的展望变得更为朴素了。历史并不是"描写"，而是"创造"。作为政治英雄建立功名，在历史当中被讲述并传诸后世！这是幕府末期知识分子"大剧场"的开端。[1]

---

[1] [日]岛田英明：《歴史と永遠：江戸末期の思想水脈》，岩波書店，2018年，第146—147页。

这一说法关注的是"志士"内心深处追求超越历史的"永恒性"的冲动，最终演变为"创造"历史的意志。值得注意的是，这种创造历史的主体意识同样孕育于古典文献编制的话语空间中。东亚古典世界中的英雄豪杰，从夏商时期的伊尹、傅说，到宋朝的岳飞、文天祥，他们所体现的"永恒性"构成了一种更高维度的意义。在传统东亚世界秩序与近代西方世界相接而开始震荡的时刻，这种意义最终取得了支配地位。这正是"志士"得以诞生的历史世界与意义世界。

大风起于青萍之末。为创制长治久安的政治秩序，德川幕府积极导入了儒学观念体系。这种政治行为的结果自然造就了基于儒学意识形态的主体。始于水户藩二代藩主的《大日本史》编纂事业自身就是儒学观念的产物——通过模仿《史记》的撰写体例而吸收了《史记》的儒学观念。如同黄遵宪注意到的，水户儒学中孕育的"尊王"思想成为此后引发大变革的种子。

实际上，黄遵宪提及的另一部史书，即由赖山阳（1780—1832）所撰《日本外史》（黄遵宪书中为"赖襄"），在幕末传播"尊王"思想上所发挥的作用更是无出其右。这部书完成于1826年，在作者殁后四年，活字本得以刊行。在幕末明治时期，据说总共出售达四十万部。作者曾吟诗一首，自述心事："千载将诛老奸骨，九原欲慰大冤魂。莫言铅椠无权力，公议终当纸上论。"对于读书人而言，公议就是权力，以今日眼光观之，这更是不刊之论。

历史学家周一良（1913—2001）在评述《大日本史》时，同样注意到了这部史书所发挥的巨大思想力量："此种思潮传播既广，培植既深，幕府之倒遂成必然之势矣。抑尤有进者，只由志士之奔走，诸藩之顺从，天皇之英明，苟将军抗不奉命者，维新之事业亦不能若是之易。而当时将军德川庆喜之所以慨然奉还大政者，因庆喜乃水户烈公齐昭之子，以藩侯入将军"；"庆喜亲告伊藤博文，自谓遵家教以奉还大政，是水户学之影响殆普及于成就维新大业之各因素中也。"[1] 在佐佐木克的维新史叙述中，志士的奔走与孝明天皇的英明皆跃然纸上。然而，若不明白上述思想背景，德川庆喜的奉还决断——"撂挑子"的行为就不容易被理解。实际上，除了人们常言的形势所迫之外，这一决断还有着深刻的观念上的根源。

其实，思想观念的固有功能之一就是造就自我实现的行动主体。在危机时刻，思想观念往往发挥巨大的作用，因为危机触发了主体的行动机制——主体不是存在于人们的观念中，而是存在于历史实践中。之所以说明治维新是一个精神事件，原因也在这里。这是一个创造了英杰人物，并因为这种创造而取得了非凡成功的事件。

比如，对幕末日本知识分子观念带来巨大影响的赖山阳的精神世界正是儒学论述的产物。赖山阳五岁时即跟随叔父学习儒家经典《大学》，两年后入藩校，遍读经书。这种教育与自我教育活动的结果体现在他在束发之年前后撰写的一篇题名为《立志论》的文章中：

---

[1] 周一良：《〈大日本史〉之史学》，载《日本史记（一）》，安徽人民出版社，2013年，第49页。

男儿不学则已，学则当超群矣。今日之天下，犹古昔之民也。天下与民，古不异今，而所以治之，今不及古者何也？国异势乎？人异情乎？无有志之人也。庸俗之人，溺于情势而不自知，无上下一也。此不足深议焉。独吾党非传夫古帝王治天下民之术者乎？……古之贤圣豪杰，如伊傅如周召者，亦一男儿耳。吾虽生于东海千载之下，生幸为男儿矣，又为儒生矣。安可不奋发立志，以报国恩，以显父母哉。[1]

赖山阳将自己定位为伊尹、傅说、周公、召公等圣贤，这正是"圣人百世之师也""圣人与我同类者""人皆可以为尧舜"（《孟子》）等儒学古典观念内化为自身精神世界结构的结果。就此而言，幕末时期广泛活跃于日本政治舞台的志士英杰共有同样的精神世界。志士对古典世界的参与，并非表面的"文体"或"文脉"所能解释，文体所表达的"道"或者说思想体系的实质内容才是理解志士精神世界的关键。在这个意义上，吉田松阴私淑孟子、王阳明，近藤勇引唐时名将"睢阳"（张巡）、宋末名臣文天祥以为同俦，皆因他们自我铸就了与这些卓越人物同样的内在精神气质与心智结构。

如上所述，古典世界中的人们有着共同的精神世界，并通过共同或类似的语言将其表达了出来。在各种基于现代意识的明治

---

[1] 转引自［日］斋藤希史：《漢文脈の中の近代》，日本放送出版协会，2007年，第50—51页；另参见［日］岛田英明：《歴史と永遠：江戸末期の思想水脈》，第107—108页。

维新史解释日显苍白、贫乏之际，东亚古典思想所孕育的事实与意义空间的重要性就愈加凸显。当然，这里所说的"重要性"有着经验基础，本身就建立在近代日本的迅速崛起以及（某种程度上）对近代世界的"超克"的历史事实基础之上。

如何理解这种近代日本的历史进程，实则关系如何理解东亚世界在未来普遍世界中的位置。其实，在重述近代日本精神史的过程中，我们已经多次与东亚世界的古典精神相遇。在近代以来急剧转换的东亚政治与社会空间中，人们的精神活动往往会引发推动历史变迁的巨大能量。今天，我们有必要从这个角度重新审视近代东亚史上的关键事件，以避免曲解那些自然而永恒的事物，因为它们是孕育文明的真正的源泉活水。

在古典精神日益远离的今天，本书重述近代日本精神史的意义也正在于此。在最终的意义上，这是我们走向普遍世界史的开端。

[附论]

日本转向

东亚古典精神的相逢与终结

一、1895年和约的冲击与影响

1895年4月17日,中日两国全权代表在日本马关春帆楼签订讲和条约,经5月8日烟台换约后,条约生效,这就是中国近代史上著名的《马关条约》。说它著名,一是因为,条约规定的中国割地(辽东半岛及台澎列岛)与赔款(二亿两白银)数量之巨,震惊世界;同时,中华帝国之虚弱,由此一览于世界而无遗。二是在现代中国的历史叙述中,该条约的缔结乃为"国耻",在"百年屈辱"的历史观念中居于独特的地位。关于这一条约给中国带来的物理与心理上的巨大影响,学者多有论述,其中具有代表性的说法是,该条约的签订意味着"洋务运动的彻底失败",引发了"帝国主义瓜分中国的狂潮",成为"中国近代史的分水岭"。

上述说法固然不错，并有其特定的历史意义，但如果仅仅止步于此，也会妨碍我们对它的全面认识与理解。1895年的这一事件影响至深至巨，仍有值得我们今日思索探寻之处，比如，中国究竟为何如此关注一个世纪前的这场战争及战后条约？这种关注仅仅是因为"民族主义"思潮的兴起吗？或者说，这种关注是"国耻"叙述有意或无意的自我建构？如果我们不满足于诸如此类流行的观察与结论，那么我们就必须再次面对如下真切的问题：中日甲午战争及其后的条约，究竟怎样影响了此后中国以及东亚世界的历史进程？

如果坦然承认我们问题意识的当下属性，那么上述问题就可以得到另外一种表达：当下我们的自我和世界意识与甲午战争后的世界秩序变迁具有怎样的内在关联？这种关联，我们暂且仍可从上述条约另一尚未被充分注意的"著名"之处来谈，那就是，从内外两种秩序变迁的角度，此条约彻底将中国置于世界史展开的巨幅画面的中央，多元的历史主体围绕"中国问题"的角逐成为此后世界秩序发生急剧转换的重要因素。日本对中国大陆"特殊利益"的一再要求，是它与中国以及其他殖民帝国发生最终对决的根本原因。

在这个意义上，1895年这一事件的意义首先在于世界自身，中国不仅以其特定的存在方式影响了世界史的进程。为理解"中国"以及"中国—世界"关系的建构属性，我们有必要再次探讨1895年后的历史进程。

下面，我将具体以1895年到1905年大约十年间的中日交涉为对象，重新审视作为现代世界秩序转换具体环节的现代中国起源。对于此间中日关系的特征，美国学者任达（Douglas R. Reynolds）的"黄金十年"具有高度的概括力。[1]这个说法揭示了此间二者并非一般的"蜜月关系"所能表达的状态，因为它意味着一种珍贵的可能性。事实上，无论从中国变法的制度设计、人才培育、观念塑造，还是从反政府革命家从事具体活动的场所的角度，这一时期的日本实质上充当了中国现代化的另一个现场与策源地。[2]对于他们中的绝大多数人而言，日本不仅是他们感受近代文明的第一站，而且还在日本的身上看到了中国的影子。这一时期正是中日两国古典精神相逢的时刻。这一时刻此前不曾有，此后则因双方渐行渐远，再也未曾出现。

那么，这种中日关系的形成机理究竟为何？这个问题迄今并未得到有效的讨论。这首先是因为，1895年之后十余年间的"中日关系"本质上不同于今日这个说法所具有的含义。在1895年以后的中国，我们用以打量日本的完全是另外一种眼光，有着另外一种精神格局。于是，一种可称之为"日本转向"的局面出现了：战败的中国试图向日本学习。这是中华帝国为进行自我革新而迈

---

1 [美] 任达：《新政革命与日本：中国，1898—1912》，李仲贤译，江苏人民出版社，2006年。
2 关于中国留日学生的介绍，参见 [日] 实藤惠秀：《中国人留学日本史》，谭汝谦、林启彦译，北京大学出版社，2012年；其中，关于中国留日学生在国际法导入中的角色以及政法科留日学生的教育情况，分别参见林学忠：《从万国公法到公法外交：晚清国际法的传入、诠释与应用》，上海古籍出版社，2009年，第83—122页与第173—189页。

出的第一步。因此，重新认识中华帝国末期呈现出的自我意识、世界意识与文明意识以及国家原理，成为我们理解其后中国历史进程的一个有效参照体系。

二、帝国的世界认识：从"日本例外"到"日本转向"

早在第一次中英战争结束不久后的1844年，扬州秀才黄钧宰提出，西方人的到来对于中国而言是一大"变局"。这是中国士人首次试图在原理上把握"天下大势"的变迁，并且在1860年第二次中英战争后成为中国的主流认识——中国正面临着史无前例的"变局"，又称"变动""变端""创事"或"创局"。[1]在中国的历史上，"夷人"第一次深深地卷入到中国自身的政治轨道中。当时中国的政治精英们仅仅因为生命的长度有限而未见到的是，对于中国而言，这是世界政治的诞生时刻。

因为史无前例，所以面对世界的到来，他们在调整、探索、重构自身的思想与行动——我在这里称其为"世界战略"——之际，既要根据过去的知识，又不能完全依据过去的知识。这正是清末中国的世界战略难题的根本所在。简单地责难当时士人的观念保守、墨守陈规或为传统所束缚，完全无益于我们对如下问题的探讨：晚清士人是如何努力带领国家走出困境的？

---

[1] 参见［美］费正清、刘广京编：《剑桥中国晚清史》（下卷），中国社会科学出版社，2007年，第154—155页。

当然，处于当时历史情境中的中国士人并无这样的从容去反思自己的境遇。因此这样的反思必然属于当下：既然世界新时代的黎明已经到来，那么，从事后的角度看，他们制定世界战略的理论基础与实践方法为何？中国世界战略草创期的经历，最终沉淀为后世中国怎样的世界认识与行动的思想要素？历史学家已然注意到，1861年初基于儒学思想的"自强"成为中国面对新世界的自觉理论。[1]此后三十余年间的"洋务运动"，正是在"自强"这一不可动摇的认识基础上展开的。

"自强"原理之所以能够经受住后世的批评，在于其与世界变迁及世界文明演进之大势保持了基本的一致。因未能注意或重视这一点，后世的各种批评不得不诉诸各种种族的、民族的、阶级的与文化的观念。不过，这些批评皆因急功近利而不得要领。批评者并未看到世界史与世界文明演进的普遍性驱动力量。

正是要为"自强"创造有利的条件，在对外关系上，"保和"成为居于弱势地位的中国的首要目标。要注意的是，这绝非仅仅是因为清朝的"软弱"，其中也有对新世界政治原理的自觉。经历了1860年京城陷落后的"半亡国体验"，中国士人突然发现此番经历"与前代之事稍异"，此时的"夷人"（英国人与法国人）"并不利我土地人民"。待此次战争的主要目的换约达成之后，英法联军飘然而去，全城无恙。这彻底震惊了中国的士大夫。自此，保

---

[1] 参见［美］费正清、刘广京编：《剑桥中国晚清史》（上卷），中国社会科学出版社，2007年，第481页。

证条约条款得到尊重与执行，成为清末中国政治家"保和"的最重要手段。中国终于对新世界秩序的基本原理有了基本认知，帝国的士大夫们也借此完成了最重要的世界观转换。

19世纪60年代世界政治格局的变迁为中国平稳进入世界提供了良机。其中，英国的合作态度至关重要。1867年8月，英国外交大臣斯丹立勋爵说："我们决不要对中国人——无论是中国政府或是中国人民——抱这样的信念，以为他们会和我们用同样的眼光看待事物……我们必须引导中国人，而不是迫使中国人采用优越的制度。"1868年12月，英国外交大臣克拉林敦向到访的中国首位外交全权大臣蒲安臣（Anson Burlingame，1820—1870）表示，英国"既不愿也不打算不友好地对中国施加压力去促使它的政府加速发展它和外国的关系，倒是愿意促使它持续稳妥地发展，并且在发展时英国愿意适当而且合情合理地尊重该国臣民的情绪"。[1]

值得注意的是，"保和"的基本手段是与大国协调以及尊重条约与国际法。这一目标之所以能得到其他大国一定的尊重，在于除了世界的商业利益或者世界贸易得到了中国的保证以外，19世纪60年代中国的"新文明"正在致力于分享西方大国的共有规范——"作为我们基督教文明的国际法"（丁韪良语）。在当时西方流行的"文明"秩序中，被划归为"半文明"的中国，正以开

---

[1] 参见［美］费正清、刘广京编：《剑桥中国晚清史》（下卷），中国社会科学出版社，2007年，第72—73页。

放的姿态谋求进入世界新秩序，而对"文明"的某种程度的共有，使得"保和"成为积极目标与手段。

事实上，在这期间，曾引发严重对外危机的事件，比如1870年的"天津教案"和1875年的"马嘉里事件"，在外交上都得到了比较完满的处理。1881年2月24日，中俄最终签订《圣彼得堡条约》，一波三折的伊犁问题得到完善的解决，被普遍视为中国外交的胜利。也正是在这一期间，西礼觐见、向外国派遣公使等有关"天朝定制"的"国体"的至上难题逐一得到了克服。中国与世界进入相对有序的互动时期，而互动的规则就是当时正在生成中的近代国际法体系。

但在这个过程中，出现了致命的例外，那就是日本。在重新考察帝政末期的中日关系之前，我们首先要指出如下事实：1895年《马关条约》的冲击之所以巨大，并非仅仅因为割地之广、赔款之巨，还因一种普遍的心理状态强化了战败的意义：此前中国对日本的轻视、漠视以及作为这种认识结果的误认，导致主政者以及士大夫们在面临惨败时出现了巨大的心理错位。我们讨论1895年之后的中日关系，必须以重新审视当时中国对日本的认知为出发点。

从比较的视角看，我们容易看到这一时期中国的日本认识的特殊性格。如上文所述，在经历了此前两次鸦片战争后，中国对英法等西方国家的属性的认识逐渐加深，一方面表现在主政者对新兴的国家行为规范、时称"万国公法"的国际法所体现出的"理"的认知上，另一方面，主政者对英法等国的商业动机与行为也表现出了一定的理解。[1] 晚清中国的主政者，似乎找到了传统中华文明与近代西方文明结合的方法。

然而，几乎与此同时出现在中国面前的明治日本，却呈现出一种可称之为"日本例外"的状况。在当时主政者的眼中，日本或被视为"臣服朝贡之国"，或被视为"明之倭寇"，而非西洋诸国的一员。换言之，当时中国并未将日本视为"万国"之一员，只是出于地缘政治的考量，才勉强将日本纳入与西方类似的平行国家的行列。显然，这是中国对日本的误认。中国的主政者未意识到，此时到来的日本，不但熟识东亚传统政治的原理与实践，更是西欧近代世界政治的出色模仿者。

日本这一未知力量的陡然出现，成为此时中国与世界关系中的一种致命因素。在此时中国的世界认识中，一个维度是中华世界体系自身的朝贡—册封关系，中国为核心；另一维度则是中国与西方国家的关系，双方经历此前的冲突和战争之后，正努力建立基于市场与贸易的稳定联系。然而，日本却无法简单纳入这两种类别中。

当然，中国的主政者也不完全缺乏危机意识。比如，早在1864年，李鸿章就指出："夫今之日本，即明之倭寇也……我无以自立，则将效尤于彼（西欧），分西人之利数。"1867年，江苏

---

[1] 此点可分别见于张斯桂与董恂为汉译本《万国公法》所撰写的两种序言，参见［美］惠顿：《万国公法》，何勤华点校，中国政法大学出版社，2003年。另外参见林学忠：《从万国公法到公法外交：晚清国际法的传入、诠释与应用》，上海古籍出版社，2009年，第二章。

布政使丁日昌亦指出："夫今日本即明之倭寇，阴柔远谋。"[1]尽管如此，日本在双方交涉甫一开始就展现出的凌厉的外交与军事手段，仍然让帝国的主政者错愕不已。他们未意识到，明治日本的国家理性最初就指向了中国自身。[2]这种混合着军事、外交上的逼迫与心理认知上的错愕，随着甲午战争的失败戛然而止，中国的士大夫集团开始认真打量起这个陌生的邻人。

由此，中日之间在近代的第一场战争转化为一个心理事件，极大地激发了当时中国士大夫的精神能量。以1895年为分界点，一种可称之为"日本发现"的运动进入高潮。具体表现为此前"天朝上国"观察日本的差序视角转换为以康有为（1858—1927）为代表的"我朝变法，但采鉴日本，一切已足"的主流认识。日本非但不是此前中华世界体系内的"蕞尔小邦"，也不仅被视为中国的平行之国，更被视为变法维新的先进。

只是，这种日本认识的突然转换，同样是一种误认，当时的中国并未真正意识到"日本问题"的重大性。这是因为，日本以尖锐的形式将新世界秩序中最强权政治而非法律秩序的一面展现在了帝国士大夫的面前。日本的这种富有进攻性、压迫性的大陆政策，逐渐激化了中国内部的矛盾，革命的力量逐渐得到了蓄积。

1870年9月30日，以柳原前光为首的明治政府代表团抵达天津，谋求签订通商条约。双方代表经过反复讨论后，于翌年9

---

1 转引自［日］西里喜行：《清末中琉日关系史研究》（上册），胡连成等译，社会科学文献出版社，2010年，第268页。

2 关于此间日本的世界认识，请参照本书第二章及其附论。

月签订了《清日修好条规》十八条及附属《通商章程》三十三款与《海关税则》。值得注意的是，日方最初出示的条约草案蓝本是1861年9月2日签署、1863年1月14日在上海批准的《中德通商条约》。这个中德条约的特殊之处在于，因为德国属于西方国家当中的后来者，该约成为1842年《南京条约》以来列强在中国所获特殊权益的集大成。日本的目的是谋求继承这些特权，并进一步攫取新特权。

这个条约草案当然遭到了中国的拒绝。由于未获得与欧美诸国同样的特权，亦即未获得国际法上针对中国的优势地位，9月19日归国的日本代表团被指为"软弱外交"而遭到批判。日本这种急功近利的外交手段与世界观，虽然让人感到惊讶，但却是日本国家精神与欲望的典型呈现。

中国的主政者虽然拒绝了日本意图过于明显的要求，但还是未认识到明治日本的国家理性以及基于此种理性的真正动机——通过谋求与西方大国同样的海外扩张与殖民的方式，实现富国强兵。不过，此时中国在内忧外患中虽然已经变得极其虚弱，但仍然是东亚世界秩序的核心。因此，如何破除基于朝贡—册封体制的"名分论"成为日本的当务之急。事实上，日本此前在推动朝鲜政策时，朝鲜王国正是以日本与作为"上国"的中国的关系非对等为借口，拒绝了日本的要求。因此，如何达成与中国的对等地位，构成日本外交行动虽然隐蔽但却至关重要的一环。

由于《清日修好条规》未满足日本在中国谋求特权的要求，日本旋即派代表来中国要求进行修订。当然，这也遭到了中国的拒绝。尽管有此波折，双方还是于1873年4月互换条约，外交关系正式确立。但对日本而言，所谓的条约"修好"精神形同虚设。事实上，1874年5月，日本就以琉球王国"属民"被害为借口，悍然出兵台湾。面对最敏感的军事行动，清朝总理衙门并未对此表达强硬态度，反而暧昧地询问道："此次，突闻贵国兴兵赴台一事……若贵国真有此举，何不先与我方商议？"诸王公大臣试图在《条规》范围内解决问题，这也与当时的世界战略相一致。同年9月，双方签署善后条约《中日北京专条》，帝国主政者为息事宁人，以让当时西方观察者感到惊诧的方式了事：向日本支付赔款。

由于理与力俱在中国一侧，中国处置的失当引起了西方国家的注意。驻日英国公使巴夏礼曾讽刺说，中国心甘情愿地为其受到的侵犯付出报酬。可以说此后形势的发展都是这种"报酬"的一部分。其实，明治政府在准备出兵台湾的过程中，早在1872年10月即设置了琉球藩。1875年7月，日本向琉球下达命令，禁止向清国朝贡。1879年4月4日，明治政府公布"废琉置县"的决定。

问题不仅在赔款上，真正的要害在于，由于《中日北京专条》中明确加入了"台湾生番""妄图加害""日本国属民"等字样，明治政府隐瞒了出兵台湾的真实意图——日本试图据此获得侵占琉球王国的国际法依据。[1]此后中日关于琉球归属问题的交涉（1878—1885年）、朝鲜甲申事变（1884年）及事后安排的《中日

---

[1] 参见［日］西里喜行：《清末中琉日关系史研究》（上册），胡连成等译，社会科学文献出版社，2010年，第276—277页。

天津会议专条》(1885年),日方的外交与军事行动均指向了同一目标:破除中华世界秩序中的宗主权观念与中华帝国的实际控制能力。

从宗主权到主权的转换,是对东亚传统的中华世界秩序——亦被不恰当地表述为"华夷秩序"——的颠覆。可以说,甲午战争前二十余年间的中日关系,主要就是中日两国围绕宗主权之争展开的。不同的是,中国出于传统的政治认识与政治本能,试图通过维护这一体制来确保自身的安全;与此相对,日本则依据新兴的近代西方国家的主权原理,试图通过帝国扩张与殖民的方式来实现自身的安全保障与现代化。当然,从国家欲望的角度而言,取代"中国"成为东亚世界秩序的核心,是此时日本帝国精神最终指向的目标。这种双方所依据的世界秩序原理性格的迥异,凸显了日本对于中华世界秩序而言的特殊性。

值得注意的是,这个邻人的陌生性的另外一种面相在1895年后的中日关系中得到呈现。中日两国在此时的冲突,一方面可视为东西两种世界秩序与文明观念的冲突,另一方面又是传统中华世界内部各政权为争夺"天下"而发生的冲突。此时的中华帝国对于这两种冲突,尤其是后者,并未形成明晰的认知。在当时中国的世界认识中,日本必然处于一种例外状态。

1895年《马关条约》签订后,虽然上文所言的"日本例外"依然存在,但却以另外一种极端呈现在中华帝国面前。日本不再是旧秩序下的"明之倭寇",而是新世界中的一个变法自强的范例,因而被视为中国走出困局的榜样,它的方法则是终南捷径。从

1896年向日本派遣13名留学生并主动要求日本派遣专家（史称"日本教习"）开始，到1905—1906年间近万人的中国学生赴日留学，再到数百名日本专家在从幼稚园到大学、从具体农林技术到司法改革等全方位领域的活跃，中华帝国对外关系史上出现了"日本转向"的现象。

其实，早在《马关条约》签署生效的两天后，即5月10日，光绪皇帝即下发朱谕，说明签约主旨，实则为下罪己诏，其中有这样的说法："自去岁仓猝开衅，征兵调饷，不遗余力；而将非宿选，兵非宿练，纷纷召集，不殊乌合，以致水路交绥，战无一胜……嗣后我君臣上下惟期坚苦一心，痛除积弊。于练兵筹饷两大端，实力研求，亟筹兴革……以收自强之效，于内外诸臣实有厚望焉！"[1] 措辞与语调堪称诚挚。同年7月，光绪帝下发谕旨，要求各地督抚等臣工"保荐人才"，而人才的标准是要"精于天文、地舆、算法、格致、制造诸学"。[2] 尽管并非后世所期待的励精图治，但变法意图却得到了持续的凝聚与增强，康有为最终进入变法体制核心，正是这一过程的结果。

1897年11月1日，两名德国传教士在山东巨野遭到杀害，史称"巨野教案"。德国见猎心喜，随即强占觊觎已久的胶州湾。清廷对此束手无策。康有为抓住时机，驰赴上京，再次上书极陈事变之急与变法之迫，从而开启了帝国"日本转向"历史进程的

---

[1] 王芸生编：《六十年来中国与日本》，生活·读书·新知三联书店，2005年，第二卷，第334—335页。

[2] 参见茅海建：《戊戌变法史事考二集》，生活·读书·新知三联书店，2011年，第三章。

帷幕。康有为明确主张："日本地势近我，政俗同我，成效最速，条理尤详，取而用之，尤易措手。"在翌年进呈光绪帝的《日本变政考》中，他同样强调："变法开新……其效最速，其文最备，与我最近者，莫如日本。"[1] 由于康有为的论述理势沛然，光绪帝最终决断，于6月11日下诏明定国是变法。此后十年间中国内政的变革与中日关系的演进，均与这一现代化过程中的"日本转向"息息相关。

如果从康有为1898年上清帝书中力主"开制度局而定宪法"算起，中国的立宪步伐非但不缓慢，且有操之过急之嫌。这种立宪政治虽因其后的革命而被记录为失败的尝试，但中华帝国最后十年间在司法、教育、军警、思想等领域，已经发生了实质性的变化。注意到此间尤其是1901年新政改革上谕发布后，"中国在思想和体制方面，把长期形成的典范变为不同质的外来典范"，以及中国统治精英"方向转变得如此激烈和持久"，美国学者任达将这一过程定性为"革命"或"从传统到现代"的转变，不可不谓恰如其分。[2]

显然，这种急剧转变并不是自然演化的结果，而是源于人为的推动。因此，我们还要进一步思考的问题是，推动这种转换的国家理性究竟是什么？在清王朝最后的十余年间，除了战败以及应对时局等现实逼迫外，当时中国的主政者们又是基于怎样的自我与世界认识而最终对变法进行了自我正当化？我们可以合理推

---

[1] 康有为：《日本变政考（外二种）》，中国人民大学出版社，2011年，第3页。
[2] [美] 任达：《新政革命与日本：中国，1898—1912》，李仲贤译，江苏人民出版社，2006年，第15—16页。

测的是，中华帝国的主政者们之所以最终发动了极具革命性的变法活动，应该有着更为深刻的精神动力。

三、帝国精神的转换与世界秩序

儒家思想是中华帝国的主导意识形态，以它为基础的文教体系，自然首当其冲，成为新政的首要领域。要强调指出的是，这种变法的精神启动力虽然源于甲午战争惨败的冲击，但倘若欠缺日本的参与，师法日本的维新可能同样无法顺利实现。事实上，在主政者重构中华帝国宪制的过程中，当时的中日关系作为既定的条件得到了有效的认知与利用，甚至有意的发明与创造。中日两国"同俗""同文""同种"的观念，正是这种发明与创造的结果。

这些观念的重要性在于，它们构成了双方共有的精神氛围和意义空间，从而强烈地影响了此间中日两国互动的特定内容与形式。在这种共同性的建构中，我们可以看到东亚世界内古典精神的相逢。当然，双方虽然共有这些观念，但各有侧重，在各自的国家理性建构中扮演着不同的角色。事后看来，这是一次东亚古典世界秩序及其精神在近代世界体系中的自我拯救，尽管最终以失败告终。

一般认为，1895年后十余年间日本的政治精英呼吁与中国合作，完全出于民族利益的考量。这种看法固然不错，但也包含着某种特定的误解：此时的"中日关系"，并不是今天人们所理解的、基于民族国家利益与历史记忆的关系。无论是此时的中国还是日本，其国家形态皆为帝国，皆有着追求普遍的精神与意志。

在1895年之后中华帝国的"日本转向"过程中，"变法自强"成为主旋律。在这一过程中，两种普遍主义的观念——君主立宪制所代表的近代政治文明观念和中国传统儒家文明观念——逐渐演变为变法的基础，并最终成为精神指导原则。对日本"同俗""同文"乃至"同种"的认识，为这种理性的正当化提供了经验明证。

如前文提及的，这种帝国理性的重构源自明治日本的维新事业。这正是康有为在《日本变政考》中反复强调师法日本的深层认识。他这样论述道："若中国变法，取而鉴之，守旧之政俗俱同，开新之条理不异"；"彼与我同俗，则考其变政之次第，鉴其行事之得失，取其精华，在一转移间；而欧美之新法，日法之良规，悉发现于我神州大陆矣"；"且我数千年文明之旧，亦自有应保全者……但藉其同文，因其变迹，规模易举，条理易详。"[1] 帝国主政者对新旧两种文明的疑惑，因"同俗""同文"而得到了消解，或者说，新旧两种文明的对立是表面现象，帝国的理性在于对二者的适当安排与调和。

在随后的立宪运动中，同样的认识一再出现。比如，署理陕西提学使刘廷琛在1907年1月奏称："接见彼都人士，或谆谆以为言，谓其国欧化盛行时不免弊害，赖以道德救之。其推崇我孔孟甚至，斯其进步之良者也……政术与时变迁，必广求知能于世

---

[1] 康有为:《日本变政考（外二种）》，中国人民大学出版社，2011年，第4—6页。康有为的"世界化"与普遍主义，参见萧公权:《近代中国与新世界：康有为变法与大同思想研究》，汪荣祖译，江苏人民出版社，2007年，第十章。

界，斯理万世不易，必当奉为圣道为依归。盖风教略殊，凡纲常名教之大经，我自有立国之道；而规模灿著，彼设备训练之陈迹，实足为前事之师。"驻日公使杨枢在1905年1月9日的奏折中称："考其立宪政体，虽取法于英、德等国，然于中国先圣之道，仍遵守而弗坠，是以国本不摇，有利无弊。盖日本所变法者，治法而非常经，与圣训正相符合。"[1] 翰林院侍讲朱福诜则言："与我国政体为最近，堪为前事之师，即法后王之意。"[2] 显然，在这种日本认知图景中，明治日本被认为西方文明与中国文明融合的典范。

另一方面，日本主动卷入此间中国的变革，有力地推动了后者的"日本转向"。1898年8月，日本文部省专门学务局长兼东京帝国大学教授上田万年发表长文《关于清朝留学生》，其中写道：

> 中国这个衰老帝国，过去昏昏欲睡，奄奄一息，自从甲午一役以来……渐知排外守旧主义之非，朝野上下，奋发图强，广设学校，大办报纸杂志，改革制度，登用人材，欲以此早日完成中兴大业……清朝于四五年前，仍对我轻侮厌恶，今一朝反省，则对我敬礼有加，且以其人材委托我国教育，我国应如何觉悟反省一己之重任？

---

[1] 转引自［美］任达：《新政革命与日本：中国，1898—1912》，李仲贤译，江苏人民出版社，2006年，第57页、第143页。
[2] 夏新华等整理：《近代中国宪政历程：史料荟萃》，中国政法大学出版社，2004年，第71页。

中国派遣文武学生到昔日"轻侮厌恶"之国学习，日本政治精英对中国"有司之大度宏量"表示赞佩的同时，开始认真思考自己在中国人材培养与教育现代化领域中的作用。[1]事实上，上田在文中呼吁道，"务以我帝国全国之力，谋求协助彼等获得成效的方法"，"日本帝国必须不惜金钱为清国留学生建立完备设施，以避免破坏彼国委托人之大事业"。[2]这种看法虽非孤立，但当它由政府官员说出时，我们由此看到了日本支持中国变法的热情。

无须为此罗列更多的材料，因为上面的引述已清楚表明，包括语言文字、政治体制、意识形态等在内的传统文明的共有或共享，成为此时中国所描绘的日本图景的本质特征。这种基于东亚传统文明的意识形态共享，成为中华帝国自我维新的精神动力与心理安全的保障。当然，日本支持中国变法还有策略上的考量，其对"同文同种"的强调将这种热情背后的理性呈现了出来。

简单地说，日本在上述中华帝国自我维新之际形成的认知图景，与当时世界秩序的变动有着直接的关联。从世界史的角度看，19世纪末20世纪初正是欧洲帝国主义形成并展开全球角逐的时期。甲午战争中中国的战败，将帝国的虚弱暴露在列强的眼前。山东巨野教案发生后，德国强占胶州湾的做法将欧洲帝国主义的

---

[1] 关于中国留学生以及政府的留学政策，日本官学两界的讨论与对应，参见〔日〕实藤惠秀：《中国人留学日本史》，谭汝谦、林启彦译，北京大学出版社，2012年，第一章及第二章；上面的引文，见第2页。
[2] 转引自〔美〕任达：《新政革命与日本：中国，1898—1912》，李仲贤译，江苏人民出版社，2006年，第31—32页、第132页。

竞争迅速引向了东亚世界。1898年3月16日中德订约，德国租借胶州湾99年。随后，3月27日，俄国获得旅顺大连25年的租借权；4月2日，英国获得威海卫25年租借权；4月10日，法国取得广州湾99年租借权；4月24日，英国再次获得九龙99年的租借权。

日本首先感到了危机。欧洲列强瓜分中国的局面，非但对日本谋求大陆扩张、实现自明治维新以来的"大陆政策"不利，对其自身的安全也构成了挑战。尤其是它觊觎已久的朝鲜控制权，开始直接面临来自俄国的挑战。在这里，我们再次看到了在世界史变局中东亚世界作为整体的命运。

于是，对世界秩序的权力变化异常敏感的日本，率先提出了"清国保全论"的外交策略。这是它的"大陆政策"的一种调适。日本对中国通过变法自强来平衡其他帝国的力量充满了期待。此时，作为新兴的帝国，日本羽翼尚未丰满。事实上，在中日两国签订《马关条约》之际，俄德法三国的联合干涉行动让日本感受到了巨大的压力与耻辱；随后《中俄密约》的签订，进一步增加了日本的压力。因此，早在1897年10月，日本参谋本部就主动接触中国，并邀请中国军事观察团参观军事演习。日本此时的头号假想敌，正是俄国。

与这种世界秩序的变迁相辅相成，近代西方世界体系自身携带的种族主义思想与政治实践开始大行其道。受这种观念的刺激，日本的思想家与政治家们从1898年开始宣扬种族战争。结果，这为日本的大陆政策提供了另外一种"正当性"说明：日本要联合中国对抗西方。在这种情况下，中日两国"同文同种"论成为日本强化对华交往的一种话语战略。我们这里举两个例子。

1901年7月25日，日本发表了一篇题名《清国教育问题》的未署名文章，里面有这样的说法："（在教育方面）清国只能依靠外国专家。这样，我们作为日本人必须尽一切努力，为了彼此两国，利用我们较之欧美人更为有利的、同文同种、唇齿辅车的各种关系，同意清国政府及民间增加雇请日本人或为顾问，或为教师。"[1]这个说法和我们在前面引述的上田万年的说法类似，但增加了"同文同种"的根据。再比如，东京高等师范学校校长嘉纳治五郎与中国管学大臣张百熙及恭亲王奕䜣会面时这样论述道："贵国与敝国乃同文之国，敝国教民以忠君爱国为本；远奉孔圣相达今日之域。今贵国以派学生为急务，迟一日则国运之进步，亦迟一日也。"[2]这个说法强调的是"同文"，即文字文化相同。

虽然日本所言的"同种"为"同为黄种人"之意，并不同于中国主政的士大夫观念中的"同种"，但因双方各取所需，这使得此后的中日关系呈现出某种准联盟的性格。[3]对于中国士大夫而言，这种与日本的"共同性"有利于解除他们对变法的疑虑和抵触。

---

[1] 转引自［美］任达：《新政革命与日本：中国，1898—1912》，李仲贤译，江苏人民出版社，2006年，第132页。

[2] 转引自汪向荣：《日本教习》，商务印书馆，2014年，第66页。

[3] 此间中国关于日本"同种"的认识，主要源于史书中徐福东渡的记载，与下文论及的日本的"同种"观念，内容并不相同。参见黄遵宪：《日本杂事诗（广注）》，收录于钟叔河编：《走向世界丛书》第1辑3，岳麓出版社，2012年，第585—586页。

另一方面，同日本政治家的感受一样，当时帝国主政的士大夫们同样因为来自西方势力的压迫而对"同文同种"论产生共鸣。庚子事变后，俄国借口强占东三省，进一步强化了这种共鸣。因此，日本在日俄战争中的胜利，不仅使中国在形式上保住了东三省的主权，对中国而言更是一个新的激励。"立宪战胜了专制""黄种人战胜了白种人"这些说法迅速主导了中国士大夫的世界与日本认识。如果说此前的"同俗""同文""同种"还停留在意识形态的论述层面上，那么日俄战争的结果则为这些认识提供了最直观的佐证。这也正是帝国的立宪活动急速高涨的原因，而中华帝国的"日本转向"迅速达到巅峰。

因此，中华帝国的世界认知与东亚世界秩序的变迁，共同决定了此一时期中日关系的性格。在上述过程中，"国耻"与"民族主义"并未成为变法维新的心理驱动力。毋宁说，晚清中国变法的心理能量源于中日两国古典精神的相逢。"同俗""同文""同种"话语广泛流行的背后，正是一种双方共有的东亚世界的古典精神。这种非屈辱性的世界认知最终表现为变法者对普遍主义文明的接纳与吸收；其中最主要的表达，就是国内秩序的法律化。立宪政治是走向文明的关键一步，在这种认知的形成过程中，如上面指出的，日本在十年间先后战胜中国和俄国的事实，对于中国的士大夫而言是最有力的根据。

在此期间，中日双方基于共同的利益认知，创造出了堪称古典精神相逢的特殊关系。这当然主要得益于中国对日本的重新认识，但日本也扮演了重要角色。比如，在晚清中国走向现代法治国家进程中出现的《新刑律》《大清民律草案总则》等法律的编纂、起草或修订，多出自日本法学专家之手。尽管这些新法遭到了守旧派的辩难，但却与革新派的精神一致。[1] 无论如何，中国士大夫直接感受到了这些"日本教习"身上的古典精神。这当然是一条隐秘的认知过程，它只存在于当事者的心性中。

不过，随着清王朝的终结以及日本大陆政策的日趋激进，这种古典精神的相逢也仿佛昙花一现，遂淡出了东亚精神史的舞台。1914年第一次世界大战爆发后，日本趁机扩大在华势力，直接导致现代中国民族主义的兴起。两国从此走向日渐激烈的对抗当中。

四、东亚现代民族国家的起源及其课题

我们在上文中对《马关条约》签订以后十余年间中日关系的简要回顾与分析表明，晚清中国自我变革的背后，有着对新旧两种普遍文明的认知。在明治日本的身上，主政中国的士大夫们看到了这两种文明的调和形态，促使他们开始寻求国家转型之路。这种中华帝国急剧的"日本转向"，不仅意味着日本为中国提供了一种新的文明标准参照，而且标志着近代立宪政治原理对中国传统政治体制改造的展开。

问题在于，日本此后在中国长达半个世纪的压迫性存在，使得它自身成为左右中国现代化进程与历史走向的巨大力量，而且

---

[1] 参见杨鸿烈：《中国法律思想史》，中国政法大学出版社，2004年，第286—295页。

是一个否定性的力量。从更根本的意义上来说，近代世界秩序的巨大变迁促发了现代中国民族主义的生成，但日本在这个过程中扮演了重要的角色，也是事实。

一方面，来自日本的持续压迫，强化了中国对"帝国主义"的憎恶，以及"帝国主义"这一认知近代世界秩序的视角。另一方面，作为传统东亚国家现代转型的先行者和优等生，日本又持续为中国变革提供了某种特别的精神能量。尽管传统的"天朝上国""同文同种"等观念是一种误认，却构成某种正向激励。在这两种因素的共同作用下，中国开启了艰难而缓慢的由传统帝国到现代民族国家的转型。这一转型，同样是东亚乃至世界秩序重构的过程。

在这个意义上，日本自身所具有的东亚传统文明的属性，实际上强化了中国面临的压力。换言之，后世人们所说的东方文明与西方文明的冲突，之所以在中国的国家转型过程中表现出更为强烈的色彩，原因就在于日本在东亚世界内部所扮演的双重角色——它既是先行者，又是挑战者。

如果不拘囿于民族国家的视角，而是从世界秩序变迁的角度来看，当中国在1949年最终宣告"中华民族站起来了"的时候，这个全新的国际法上的主体的诞生，不仅意味着近代民族国家运动的深入展开，而且表征着传统殖民帝国秩序的最终没落。其根本原因在于，这是一个由传统的帝国与文明体转化而成的现代民族国家，因它所继承的普遍主义文明的历史性格，必然对现实的世界秩序构成巨大影响。我们说东亚世界史的展开仍正在显示它的活力，原因正在于此。

值得留意的是，本文讨论的早期中日关系蕴含了另外一种世界秩序的可能。对于日本而言，明治维新以来的现代国家转型所面临的最大挑战，是克服其自身的"难关"，这个"难关"被表述为东洋与西洋、传统与现代等价值上的对立。但从事后的角度看，现代化与帝国主义时代的重合，才是日本面临的真正难题。日本选择了以殖民扩张和对外侵略的方式实现现代化，这是造成它后来悲剧的根本原因。不过，1895年后十余年间的中日准同盟关系表明，日本当时其实有着其他的选择来取代其后大肆展开的扩张与侵略政策。然而，日本在推动人类文明进步的正道面前停下了脚步。

从精神史的角度来看，既然日本的另外一种可能出现在东亚古典精神相逢的时刻，我们同样可以说，这种可能性同样消失于东亚古典精神终结的时刻。如同我在上面指出的，随着1912年清帝逊位以及中华民国的创建，日本加速了对中国的控制。1914年第一次世界大战爆发后，日本趁欧洲列强无暇东顾的契机，试图一举控制中国，这正是1915年1月18日日本政府向中国提出"二十一条"的原因。两国由此开始了全面的对抗。

晚清以来中国现代化面临的主要问题是帝国——文明体制与民族主义之间的不适应问题。前者是中国的国体，后者是近代世界的主流意识形态。尽管在随后压倒性的救亡运动中，民族主义最终胜出，但这一问题，亦即国体与精神相互匹配的问题，迄今并未得到完全有效的解决。

回望历史，我们看到了东亚古典精神的演化现象。虽然中华帝国在新政改革时期表现出的传统与现代两种普遍主义的融合并不清晰，但却是为自身寻找进入现代世界秩序的尝试。它所呈现的精神能量，在后世的历史记忆中，虽因被记录为失败而遭到了屏蔽，但却警醒着我们必须克服时代对历史想象力的束缚。

1895年以后东亚世界史上出现的可能，很快屈从于世界范围内的殖民帝国秩序的压力。对于中国而言，一种特定的、强调特殊性的民族主义最终得以形成，实现了它在近现代政治中独有的解放作用，创建了作为近代世界秩序重要节点的民族国家，但另一方面也因此造成了某种与自身政治意识和历史意识的断裂。正是在后一意义上，我们今日依然可以感受到这种深刻的精神创伤。

显然，只有达成与自身及世界的最终和解，我们才能克服这种创伤。在这种克服创伤的过程中，重新审视晚清国家理性的重建机制和原理，重新看待我们与世界曾经的关联，是一个重要的手段。

结语

青春东亚
近代日本精神史的再省察

这本书讲述的不是日本帝国"崛起"与"覆灭"的故事,而是近代日本在东西文明冲突加剧、列国竞逐全面展开的19世纪中叶后一个多世纪的成长历史。这同样是一个19世纪中后期的东亚世界在人类文明史进程中的故事;因为文明和地理上的关系,东亚各国从来就是在一起的。

1900年,梁启超撰写了《少年中国说》。在这篇脍炙人口的名篇结尾,有这样一段对"中国少年"的著名描述:"红日初升,其道大光。河出伏流,一泻汪洋。潜龙腾渊,鳞爪飞扬。乳虎啸谷,百兽震惶……"[1]我们今天读来依然会感到迎面扑来的青春气息。热情洋溢、气势磅礴、气象万千,催发着人们向上、进取、奋斗的激情与意志。这位大思想家的主旨,表面上看是驳斥日本人和

---

[1] 梁启超:《饮冰室合集》(文集第二册),中华书局,2015年,第396页。

"欧西人"将当时的中国描述为一副老态龙钟的"老大帝国"形象，实际上却是对中国的一种精神启蒙。此后在东亚大陆上演的革命，正是"少年中国"冲决罗网、旧邦新造的过程。

27岁的梁启超，何以突然发出这种感慨，展开对未来中国的炽烈想象？戊戌变法失败后，梁启超在日本驻华公使及日本外务省的救助下，于1898年9月20日深夜抵达东京，开始了亡命日本的生涯。"东方古称君子国，种族文教咸我同。……大陆山河若破碎，覆巢完卵难为功。我来欲作秦廷七日哭，大邦犹幸非宋聋。"[1]这是英雄去国流亡之际的心事吐露，作者引"秦廷之哭"的典故，希望从日本获得救国的力量。——不错，《少年中国说》这篇雄文正是诞生于明治日本！幕末以来日本呈现出的奋力进取、蒸蒸日上的精神、意志、活力，不正是一种"少年日本"、青春日本特有的精神品性吗？梁启超对于"少年中国"的憧憬与礼赞，谁又能说未受到明治日本全国上下所洋溢的热情进取的精神所启发与鼓舞呢？

在日本，梁启超看到了另外一个中国。在东亚世界史与近代世界文明演进的视野内，这种精神的前生后世已昭然可见。

无独有偶，1916年9月1日出版的《新青年》（第2卷第1号）刊登了一篇题为《青春》的文章。这同样是中国近代史上的一篇雄文，作者从"青春之我"开始，以郁郁勃勃的激情接连讴歌了"青春国家""青春民族""青春人类"，直至"青春地球"与"青春

---

[1] 梁启超：《饮冰室合集》（文集第十六册），第4510页。

宇宙"。[1]这是一篇与梁启超"少年中国说"并列的"青春中华说"。作者是李大钊,撰写此文时正在日本,已经留学两年有余,这一年也是 27 岁。

就这样,近代日本显现的昂扬精神与热情,通过梁启超及其同时代留学、游学日本的中国青年,源源不断地输入正在挣扎、试图振起的中国身上。在这个意义上,可以说明治以降的近代日本正在东亚大陆上造就它的一个分身。而这个过程之所以可能,原因就在于彼此有着精神上的家族类似性。

所以,在东亚世界史和东亚文明进程的意义上,本书既不是胜者的历史叙事,也不是败者的历史叙事,而是一部关于人类文明进程的叙事。当然,这里面充满了让人遗憾、震惊以及无法忍受的悲惨事件。但今天回望过去,我们还是看到了一种坚忍不拔的面向文明的意志与热情,而人类最终还是艰难地越过了那个时代,向文明迈出了关键一步。这种人类自身固有的秉赋和能量,让我们重新确认了东亚文明在迄今为止的世界文明进程中的位置,以及它在未来的世界文明进程中所担当的角色。

一

重述近代日本精神史的意义

在本书中,我对近代日本精神史的重新叙述,开始于对东亚世界秩序尤其是日本与传统中华世界关系的反思。这种主题的设

---

[1] 李大钊:《李大钊全集》(第一卷),人民出版社,2006 年,第 182—192 页。

定，源于困扰我们的一系列问题：为什么日本在东亚世界近代史上扮演了极为重要的角色？为什么"日本"对于现代中国而言是一个特殊的存在？现代中国在精神层面上有着怎样独特的属性？在今后的世界文明演进中，东亚世界可能扮演怎样的角色？在这些问题的驱动之下，我从精神演变的角度对日本的近代历程所做的重述，实际上是一种对近代日本的重新解释。

其实，如果稍稍拓宽一下历史视野，我们就会发现，这种做法其实并不是我个人的创造。在第二次世界大战结束后，德国著名历史学家弗里德里希·迈内克以83岁的高龄撰写了一部题为《德国的浩劫》的著作。在这部短小精悍的著作中，迈内克从两个世纪以来的德国思想史和精神史着手，探讨了德国走向纳粹主义并最终造成自我毁灭的原因。他一直追问的问题是，"领导着我们并影响着德国的世界政策的那个阶级，以及他们的精神结构和心理状态，都代表着什么意愿和能力呢？"[1]

我无意再现迈内克勾勒的精神史脉络，这里的重点是他的那种更为根本的问题意识。在开篇处，他即明确告诉读者，他探讨的是德国浩劫的问题，但这个问题"却同时扩展为一个超乎德国之外的普遍西方命运的问题"。[2] 德国的崛起与覆灭不是德国一国的问题，而是古典普遍的世界主义理想与民族国家的权力意志在18世纪以后冲突的结果。在更深远的意义上，我们从德国的历史

---

[1] [德]迈内克：《德国的浩劫》，何兆武译，商务印书馆，2012年，第27页。
[2] [德]迈内克：《德国的浩劫》，何兆武译，商务印书馆，2012年，第4页。

经验中看到的是人类事务演化的路径和逻辑，以及内在其中的陷阱。

因此，我们将近代日本纳入东亚世界来重新探讨它的崛起与覆灭的历史经验，最终要导向的目标其实是东亚世界在近代世界史中的命运问题。

这个问题的直接生成机制，当然是19世纪全球殖民帝国的兴起。在19世纪中后期以来西方势力的冲击下，日本的民族精神获得了普遍的觉醒，全身心地投入时代洪流与诸民族的竞争中。明治日本的近代化道路之所以能够顺风满帆地展开，这种民族精神的自我觉醒扮演了至关重要的角色。在追踪这种精神展开的过程中，我们的焦点时刻锁定在这样一个特征上：因长期受东亚古典文明的熏陶，近代日本的民族精神有着强烈的世界主义内涵；它不仅有成为世界帝国的野心，而且内含创造世界文明的志向，从而加速了世界秩序的转换。正是在近代世界秩序转换的历史过程中，我们看到了近代日本相对清晰的精神演化脉络。

因此，无论从精神史演进的脉络，还是从当下的现实状况来看，探寻近代以来东亚民族国家与世界主义的关系，有着事关东亚命运的意义。我之所以重述近代日本精神史，不仅是为了展现东亚民族主义与世界主义之间相生相克、此消彼长的历史，更是为了据此揭示东亚世界的历史意识，它关乎人类的过去、现在与未来的文明及其秩序。

作为本书精神史叙事的总结，这里我要着重指出如下三点认知。

第一，从文明演进的角度来看，近代日本处于传统东亚文明与近代西方文明的交汇地带；这种边缘的境况对日本的自我意识与世界意识有着巨大的影响。其中最重要的一点是，与东亚大陆上的其他国家不同，这种处境使得日本对东西两种文明各自的长短保持着高度敏感，并因此获得了一种独特且强烈的自我意识。本书精神史叙述的起点是江户时代的日本。在这个时代，宋代形成的朱子学被确立为主流的意识形态。在儒学的普遍主义精神与话语空间中，经过二百余年的发展，日本最终建构了它的普遍主义文明意识与指向世界的国家理性。我在书中将这个过程描述为"精神帝国"的生成。

这种精神帝国的根基在于东亚世界秩序，但它毕竟不是这一秩序及其原理自身。面对19世纪中后期西方文明的大举到来，日本展现了让人惊讶的应对方式：它将"文明"的标准由传统的东亚世界切换到了近代西欧世界，并试图形成基于日本自身的标准。对于日本而言，这可以说是一种精神上的自我"革命"，它要克服自身的东洋（亦即"中国"）属性。在这一过程中，日本爆发出了惊人的能量。在思考近代日本的精神现象时，这一文明论给我们提供了丰富的视角和启示，因为它涉及东亚世界国家深层的历史意识。

第二，由于近代日本为自身准备的普遍主义文明意识，它的精神展开与政治实践从一开始就指向了世界面临的普遍问题。在"世界""文明""东洋""西洋""近代"等话语建构的自我意识中，一种普遍主义的精神格局同时得以确立。这种高度的自我意识与世界认识，源于日本对传统东亚普遍文明与近代西欧普遍文明的吸收与融合。当19世纪突飞猛进的工业革命与资本主义文明体系给日本带来巨大的物质生产能力后，由东亚世界秩序造就的精神帝国开始试图自我实现，也就是将自身转化为现实的"政治帝国"。日本的国家精神开始展现，它想要"君临天下"，创造一个新世界，换句话说，它欲图成为东亚乃至世界的中心。

以儒学的"尊王攘夷"观念和日本古典神话为基础建构的天皇制，以及作为其意识形态的"国体"，正是这种精神自我表达以及自我实现的工具。近代日本立国之初就把握了时代大势，确立了普遍的文明视野与志向；这正是明治日本很快成为世界性大国的精神基础。当然，这个"政治帝国"在关键的地方误解了文明的本质，其惊人的欲望与野心将它引向了文明进程的反面，最终在第二次世界大战中埋葬了自身。

第三，近代日本自身同时是它所参与创造的近代世界的产物，这一点因其不正自明的属性，往往为人们所忽视。我在本书中已经指出，无论是作为日本近代开端的明治维新，还是作为近代完成形态的《日本国宪法》，皆全面呈现了它所处的世界的面貌。本书之所以最终以"世界主义"概括这一近代日本精神的内核及其完成形态，意在表明，第二次世界大战以后形成的世界新秩序的本质精神就是世界主义。我们重新论述日本的目的，根本是要确认东亚文明在人类走向世界主义进程中的角色。

当然，在现代世界秩序的创成进程中，日本的这种世界主义精神必然会呈现一种否定的形态。这是因为，日本自身的世界意识使得它时时刻刻以殖民帝国旧秩序（近代西方"世界"秩序）的挑战者和革命者的身份而参与其中。换言之，近代日本以强烈的主体变革意识，试图改变一个文明和野蛮以尖锐的形式共存的世界。然而，由于日本对传统中华文明与近代西洋文明的理解误入歧途，未能真正把握普遍主义文明的真谛，虽然创造了大国崛起的"奇迹"，但也将巨大的苦难带给了人类。它不仅引发了第二次世界大战，而且也因它的战败而加速了新秩序与新文明的诞生。本书试图呈现的正是这一变革主体的精神世界的结构及演变过程。

第二次世界大战后，这个新生的文明应当以怎样的方式参与到世界文明的发展与创造中，在某种程度上，可以说被束之高阁。这里面固然有"二战"后"美日同盟"的约束，但日本国民尤其是精英失去了明治维新后的那种普遍主义的精神格局和气魄，则可说是主要原因。古典普遍主义精神与历史意识的遗忘与丧失，最终使得日本成为一个普通的民族国家。在现代意识之下，古典精神具有的可贵品性已经被屏蔽了，政治共同体丧失了自我提升的重要的观念机制和能量源泉。

那么，日本对自己在当下人类文明进程中的位置有自觉吗？日本对新文明、对后民族国家时代文明探求的热情是否能被再次激活？如果有这种可能，对世界的未来而言，究竟是福还是祸？以史为鉴，以现实为鉴，这些问题绝非杞人忧天。值得一提的是，早在日本取得初步复兴的20世纪60年代，一些有远见的政治家就意识到了这个问题。在当时的语境中，这个问题被表述为日本在国际社会中承担的"责任"问题。"责任"如果内化为信念，自然成为"使命"。战后日本的著名政治家吉田茂在个人回忆录中留下了这样的表述：

如果今天的日本人看上去好像还没有恢复使命感，那也是因为日本人在实现了国家自力更生的目标以后拥有了安宁的心态，同时，也是对盲目的使命感产生了怀疑的一种健全表现。在当今世界中，正确地认识自己的使命所在，并正确地付诸执行，不是那么容易的。尽管日本人遭到了失败，但是回顾过去的百年中日本在整体上获得的辉煌成就，然后再放眼世界的话，日本人应该会慢慢地醒悟什么才是自己应该做的事情。……对于今天的日本而言，最重要的事情是，拥有梦想，并到广阔的世界中去寻求舞台。[1]

作为第二次世界大战时期东条英机内阁的部长，作为战后日本国策制定的主要当事者，吉田茂的上述说法堪称是一种对国民的政治教育。这是他的远见。他警告日本国民："现在的日本人如果逃避应该承担的责任，拥有卓越的能力却没有目标的话，就会存在同样的危险。"所谓"同样的危险"，就是指日本在日俄战争后失去了目标而误入歧途。

当然，吉田茂并未进一步指出，包括日本国民在内的所有人，首先需要直面自己过去的经验与教训。这不单单意味着日本要承认并承担第二次世界大战期间所犯下的罪行及责任，更有必要将近代日本的经验与教训展现给谋求和平、共存、发展、繁荣的新世界。

---

[1] [日]吉田茂：《激荡的百年史》，袁雅琼译，上海人民出版社，2018年，第93页。

经历第二次世界大战的考验后，日本似乎率先迈进了这个新世界。日本的"历史终结"命题，有着它特定的现实根据。这里的"历史终结"具有多重含义。在以民族国家为节点的世界秩序下，国民主权制度的确立是最重要的指标，它首先意味着国家内部的权力斗争在形式上终结于制度化的民主主义。从世界政治的现实而言，国家间的权力斗争也正在得到控制，世界社会进入快速的民主化与法律化过程。这个过程因国际法与国际组织机构的发达而变得尤为明显。这是世界层面上"历史终结"的开端，一种普遍的法的精神、法的秩序，开始取代诸民族的欲望进行统治，人类正在走向普遍的文明状态。

但对于日本而言，它的"历史终结"不仅意味着第二次世界大战后它所享受的和平与繁荣，以及与此同时从世界政治舞台上的退场，还意味着一种构想更为公平的世界秩序的理想、激情以及能力的日渐消失。当日本以及其他国家将近代日本的全部经验，尤其以日本宪法所表达的世界认识与理念，封存于作为民族国家的日本内部时，世界自身也正在面临损失，会错失一种借以推进文明进程的主体经验与教训。

二

方法论的省察：我们的困难与采用的方法

本书重述近代日本精神史的演进过程，目的是为了重新揭示日本与东亚世界在近代世界中的遭遇，而这正是近代人类文明演化自身的问题。由此，我们可以获得一种重新审视近代日本的经验与教训的崭新视角。不过，这种探索性工作最初就面临着一系列的困难。

在我们所面临的困难中，当下历史意识的约束无疑是最重要的原因。这个历史意识源于我们的存在自身，因此，在理解历史时，我们倾向于将当下的存在状况视为不证自明的前提条件。所以，为了使我们的工作有意义，首先必须对当下置身其中的历史意识保持恰当的反思与批判。

一般而言，在回顾历史时，人们不难发现某个事件发生时所处的复杂境况，而通过客观的、实证主义的历史研究，人们会从各个角度接近历史的真实情境，并在这一过程中建立一种有意义的历史解释。这种有意义的历史解释与当下的历史意识以及现实处境又有着内在的关联。正是在这里，我们看到了认知的困难之处。我们对于当下情境的任何一次感知与认知活动，都等同于当下自我意识与世界意识的一次建构。这是一种世界认识与世界建构的一体化结构，它也导致了当下的这个"世界"自身不容易进入人们的反思领域。这是一种涉及意义生成与解体的过程。

进一步而言，反思既存历史意识和约束我们的时代境况，并进而形成新的历史意识，是一种逆自然的过程，它要求主体逆势克服各种妨碍认知的自然的或者说给定的全部条件。因此，真正的历史认知需要主体具有高度的精神能力，历史认知的深浅取决于精神能力的高低。

为了客观地把握我们当下的处境，提高我们的历史理解能力，本书的历史叙事采用了两种视角，这里我再作一些总结性的说明。

为克服当下历史意识给我们造成的认识上的遮蔽，本书首先采用了一种可称为"生成主义"的视角。这种视角的要点在于，我们尝试顺着历史生成的轨迹，来观察它所抵达的每一个"现在"，并确定它在文明史上的位置。这是单纯的近代进步主义——它必然视过去为落后的历史遗迹——信仰失效之后，我们有效思考过去、当下与未来的视角。否则，当下的历史意识与各种观念会遮蔽历史中"现在"的真实属性，以及历史进程中的各种问题，进而阻断我们对它们的思考。在历史的现场，每一个人思考的都是对于他而言最为重要的真实问题。

这个生成主义的视角在理论上同样坚持历史的进步，但这个进步并不必然指向未来，还可能指向过去，一种面向过去的进步！过去的历史经验可能更多地保存了人类文明的理想以及人们对自身的理解，因而我们的认知只有回到历史现场，并进入当时人们的精神世界中，才能找到对历史进程而言真正重要的问题。

对于精神史研究而言，则是要重建这种关于"现在"的历史学与考古学。单纯从后世历史意识的角度看，历史上的许多问题与事件可能显得荒谬不堪，第二次世界大战前和大战时期日本出现的"近代超克"就是这样一个事例。然而，这种判断无论如何都是后世的视角。后世观察者所占据的优越位置，并不能给他们提供充分的理由，以至于忽视乃至蔑视历史上关于当时的"现在"的思考。后世观察者所占据的历史位置自身，正是他们可能藐视的前人的思想与行动的具体结果。换言之，人们所意识到的"现在"，正是他们所低估甚至忽视的"过去"的创造。除了如此思考外，人们有什么理由确信他们当下的思考更有意义呢？

从生成主义的角度来看，现代日本所到达的位置，与其说是战败后不得不接受的结果，毋宁说是近代日本自我选择的最终"成就"。与其他民族相比，因其自我意识的高度发达，近代日本的主体性更强烈地表达为欲望、思想、知识与行动的复合体，从而近代日本就是它的"精神史"的自我展开。它的自我意识与世界认识的生成，它的政治行动的发动及特征，只有在这个复合体的演变，亦即精神史的展开中才能得到恰切的认识与解释。

我们的讨论也一再表明，近代日本乃至近代世界的文明化进程，正是在它自身与世界关系的调整、对立与冲突中得到了实质性的推进。当日本历史上曾共享的文明亦即东亚儒学文明在当下仍然被讨论，甚至被寄予某种期待时，如何判断日本的经验，更是值得我们深入思考的切实问题。

近代日本的历史经验，也为后世保留了一种理解历史与永恒的能力。比如，这种生成主义让我们看到了导致中日彼此误认的另外一种要因：在东亚世界的大变局中，二者的同时代性是一种假象，因为这正好掩饰了它们在同一时刻却分属于不同精神世界的实质。当19世纪后期的中国依然在以世界主义的方式行事时，日本已经意识到了民族主义的力量，并将这种力量导向了殖民帝国的建构；当20世纪初中国民族主义兴起后，日本竟然表现出一种完全的不理解，一再指责并以军事力量对抗中国的"排日""侮日""抗日"思想与运动。此时在它的意识深处，它要成为亚洲的霸主，重建历史上的"中华"世界秩序。结果，民族国家与世界主义这两种世界认知方式与精神属性，在东亚世界最初就以相互交织、相生相克的方式呈现出来。

或者我们也可以这样表达：由于对东亚古典世界秩序与文明的继承，近代以来中日两国呈现出某种同型的精神机制。然而，由于双方在时间上的相继出现与转变，也即精神运动的相位的不同，使得双方的国家理性呈现出相反的特征。但在起源上，双方共同分享了东亚古典的世界主义。

第二次世界大战后，日本放弃了帝国意识与帝国政治，真正开始了民族国家的建设。但在这个民族国家的框架内，它无法恰当认识并解释自己的历史行为，无法实现与自身及世界的真正和解。而这正是今日日本国内精神分裂的根源。它只有将自身置于人类文明史的视野中，置身于普遍世界史的进程中——这一普遍世界史的展开表现为暴力的使用以及对暴力的驯化——日本当下历史认识的分裂状况以及与其伴随的精神症候才能得到弥合与克服。

对日本的精神分析，某种意义上也是对东亚世界的精神分析。中国在1895年甲午战争中的失败，意味着传统中华世界秩序的解体，中国被迫克服自身作为一个文明体同时作为东亚世界秩序自身的本质属性。所谓"旧邦新造"，就是要用民族国家的精神来重造国家的存在样式。经过半个世纪的战乱之后，中国在第二次世界大战后终于在形式上创建了现代民族国家。但问题并未就此终结。我们是否对自身的世界属性与文明意识还有记忆，甚至自觉？是否有与自身历史的演进相应的世界主义精神的觉醒？民族国家是源于近代世界体系的一件紧身衣，随着中国与世界的成长，它提供的意义体系正在发生转换。本书对日本精神史的重述，也在于揭示此种东亚民族国家与世界主义的关系。

在从传统走向现代的过程中，从一个相对封闭的生活共同体进入普遍联系的世界史的过程中，近代日本以极端的方式将人类文明进程中所必然面对的问题展现了出来。传统与现代，民族与世界，东洋与西洋，战争与和平，自尊与屈辱，精神与物质，这些二元对立的观念主导了近代东亚世界的自我认知与世界认知。但这并不是值得哀叹的现象，相反，在这些紧张与矛盾中，我们看到了东亚文明的活力。东亚文明为世界文明保留了自我更新与升级的精神机制。它对源于西方的现代世界文明，既不是盲目地排斥，也不是无保留地吸纳，而是在自身的历史与永恒观念的引导下，试图参与其中，并创造一个更高维度的普遍主义文明。

我们在现代日本身上似乎看到了这样的结局。那些曾强烈左右历史进程的日本知识分子的观念，在战后日本的现代化进程中最终风化解体，在这个意义上，"近代超克"最终得以实现。与东洋还是西洋无关，第二次世界大战后人们享受的物质与精神生活，正在展现其普遍性的内涵与可能，因而正在克服"东亚"与"西洋"自身的历史性内容。在这个过程中，人类为此付出了巨大的代价。日本完成了自身的"近代超克"，但世界仍然在这个"超克"的进程中。

此外，我在本书中还采用了一种新的世界主义的视角，试图在世界的框架下，重构此前被视为民族国家的近代日本的具体精神与实践过程。这是一个与民族主义相对立的视角。民族主义虽然依旧左右着人们当下的观念，但它无法有效解释过去的历史，因而也无法有效地为人类的未来描绘蓝图。新世界主义视角的采用，目的是要为东亚世界的民主主义提供一种重新认知自我的工具，唤醒人们意识深处对普遍文明与普遍世界的欲望和理想。

世界主义是一个看待近代东亚世界史的新坐标；在这个新坐标内，近现代日本的历史经验也是东亚世界自身的历史经验，为我们思考置身其中的时代境况提供了共时性与历时性的视点。事实上，本书讨论的近代日本精神史上的主题，诸如古典儒学、亚洲主义、近代超克、马克思主义、民主主义以及和平主义等，同样是近代以来中国所经历或正在面对的课题。近代日本爆发的巨大的精神能量与物质生产能力，正因为这种精神上持续的发力、自我格斗以及惨烈的失败与最终的拯救，才成为一种启示性的存在。这种存在的整全意义，只有在世界主义的框架内，并在这种精神的关照下，才能得到揭示。

在世界主义的认知框架中，作为近代日本精神史遗留的现代日本的历史认识问题，不仅仅是日本一国的问题，它也是东亚传统儒学的世界主义在近代必然面临的问题。当这个普遍主义遭遇另外一种普遍主义即近代西方文明时，双方的互动必然表现为特定的历史主体充满矛盾的思考及行为模式。从政治行为来看，近代以来的中国和日本均扮演了抵抗西方势力及其文明的角色。第二次世界大战后，这种抵抗转移到了中国的身上。时至今日，中国依然在寻求另一种现代与文明的可能。因此，如何将这种热情及其具有的现实影响力导向普遍文明的生成，正是时代赋予我们的课题。我在本书开篇和这里阐述的新世界主义的目的，正是试图在理论与经验上对这一课题做出回答。

当然，普遍的世界文明仍在建构与自我实现的过程中。按照对人类的本性以及过去经验的理解，这个过程必然会存在波折，甚至倒退。因此，对于更为公正、良善的世界秩序的创建而言，任何一种民族精神以及宗教和哲学传统，并不具有不证自明的正当性与优越性。相反，这些精神事物只有在与经验现实共同建构的秩序自身当中加以重新审视，它们在人类文明史上的价值与作用才会得到认识、激发与承认，从而最终得以实现。

这正是"东亚""中国"以及"日本"这些话语自身的魅力所在，同时也是困难所在，因为它们自身包含了丰富的世界主义与民族主义的含义。从经验上看，人们曾经并依然在赋予这些词汇以特别的含义。

今天，质疑这些话语究竟是意识形态标签，还是具有实质价值内涵的概念，并不是恰当的提问方式。意识形态同样是建构主体的实际装置，是主体形成精神与意志时必不可少的工具、方法与实质内容。当这些被建构的主体再次进入历史演进的现场时，思想与行动的相互生成结构就得到了确立与展开。因此，真正的问题在于，如何激活或重新赋予这些话语以世界主义的意义。

既然人类文明的普遍价值与秩序仍是我们努力实现的理想目标，那么，现在已经到了认真思考这些价值的时刻。

三

新世界主义与世界史叙事

基于上面的总结和讨论，最后我们有必要对本书所言的新世界主义展开进一步的思考。显然，基于对近代东亚历史与现实的观察、反思而建构的新世界主义，仅仅是一种历史认识的"导游图"，虽然能给我们提供基于长时段、大格局的文明与秩序视野，但现实的行动依然要依赖于主体的努力。这个实践的主体，同样是为当下历史意识所约束的主体。这意味着，人们只有先将理论与真实的处境加以对照，才能进一步展开思考与行动。

在本书中，我正是借助新世界主义的视角，重构了日本近代以来的经验、观念、欲望以及行动变迁的历史，亦即近代日本的精神史。如果对上面的说法加以进一步的总结，那么，这种工作的主旨可归纳为以下两点：第一，探寻一种新的历史认识方式，借以理解并克服目前东亚世界中人们关于历史认识的分裂状况；第二，重新呈现近代日本精神的独特历程，为重新认知并表述近代以来东亚世界的精神史提供一种参照。本书对日本精神史的重述，既是一种新世界主义视角与理论的建构过程，也是基于这种视角的世界认知与历史解释的一种实践。

我在这里要强调的是，当下世界的现实正在呼唤一种新的世界主义的出场。20世纪后半叶中国的新生，尤其是冷战结束后中国快速的全球化战略，使得中国迅速成长为一个具有全球竞争力的大国。这一兼具文明古国、发展中国家、潜在的超级大国等性格于一体的超大规模的政治共同体，无疑是影响人类文明进程的重要因素。这是今日世界面临的真实处境，它时刻将我们导向对世界主义的思考。

在近代民族主义运动的狂飙影响下，东亚世界的普遍主义意识遭到了遮蔽。如同近代日本的历史所揭示的，这种追求普遍世界和普遍文明的世界主义，曾经构成了历史的推进力量。近代日本的崛起与失败，有着异常深刻的历史教训。新世界主义首先要求我们对"世界"进行思考。

我们在认识自我与世界时面临的困难，同样为整个世界所共有，因为我们所有意识的出发点都源于近代西方开创的全球性的工业化、全球贸易、殖民帝国以及相伴其中的局部战争与世界战争这些历史经验。人们习惯用"殖民史"这一说法来涵盖上述进程。在当下人们的认识中，"殖民史"中的暴力、西方列强的傲慢与掠夺占据了主导的地位。它常常会在原殖民地的宗主国的人们心中引发某种愧疚，而在被殖民者中则引发某种屈辱感。这是事实。然而，这些感觉却也恰如其分地表明了文明的进步，因为人们开始反思人类自身在此前数个世纪内的行为方式。新世界主义正是试图以普遍的文明史来替代殖民史的历史叙述。

近代东亚世界的遭遇，源于传统与现代、民族与世界、东方与西方两种文明的接触与冲突，它们构成近代日本精神史的主题。因此，如果仅将近代日本知识分子的努力视为失败，这种看法只能说是当下历史意识自身的镜像，而无法为我们提供有效的知识与认知的增量。

因此，我们无法止步于迄今为止对近代世界史的一般性认知，有必要重新审视"文明史"这一最终赋予人类生活以意义的历史叙述。那么，我们当下对历史与生活意义的渴求，在怎样的程度上能够改变我们对历史进程的叙述？这种反思迫使我们重新思考习以为常的"殖民主义"与"帝国主义"观念。

从历史经验来说，发源于近代西欧的殖民政策从属于一种人类普遍的经济活动，即全球性贸易活动的展开，是全球化进程的一个方面。不同于我们当下对世界的认知，对于数个世纪前的人们而言，世界自身就是有待探索的未知领域，里面充满了无知、偏见、傲慢与形形色色的暴力。在各种意义上，那都是一个人类史上的冒险与危险并存的时代。也因为冒险的勇气与战胜危险的智慧，人类文明迎来了新局面。但无论如何，人们必须跨越这个由欧洲殖民者开创的时代。

在普遍的贸易活动与基督教文明观念的引导下，欧洲殖民者在实践中采用的殖民地经营与统治技术，逐渐成为时代处境下的通行原则。事实上，在19世纪末的中国语境中，"殖民"正是在类似的意义上得到了使用，并不单有后来的负面含义与色彩。我们只能在具体的分别的意义上谈论殖民实践，才能将这种历史与赋予我们意义的文明史结合起来，形成一个统一而非分裂的历史认识。事实上，不同的殖民主体、不同的帝国所实施的政策并不一致。我们有必要将"殖民史"之"恶"置于具体的历史情境中，确认其具体性格，并揭示其真实来源与生成机制，而不是以简单的善恶二元论来审判历史。对欧洲殖民者以"文明"的名义展开的这段历史，有必要谨慎地认清其中属于真正"文明"的一面，因为只有理解了它在文明进程上的含义，才能对它所造成的恶有更深刻的理解。

从文明史的角度来看，当明治日本同样以"文明"的大义名分在亚洲实施殖民活动时，其暴力与虚伪的具体尺度与性格以及为实施统治而采取的政策，显然不同于大英帝国在印度或其他地区的殖民政策。近代日本面临的难题在于，殖民者在东亚不得不面对具有高度文明与主体意识的民族，它在后者中引发的冲突与反抗的强度，与欧洲殖民者在各自殖民地遭遇的抵抗又迥然有异。在传统儒学的和平主义与文明意识中，近代日本的国家行为呈现出高度的野蛮特征。[1]在这个意义上，日本所面临的彻底地反省自身历史行为的责任，远远大于其他近代殖民帝国。在当下日本的历史认识中，保守主义者一再将自身的行为与其他殖民帝国并列，正是他们的历史与文明认知的盲点。

近代日本自身有着被迫开国的屈辱历史，这是理解日本的一个要点。进入19世纪以来，日本所面临的来自俄国、英国、美国等西方国家的压力以及被迫签署的一系列开国条约，构成了它部分但却影响深远的屈辱体验,成为近代日本精神史上的创伤记忆。那么，

---

[1] 英国著名的政治学家大卫·哈维论述说，在19世纪后期，由于致力于保护个人主义的理念、对狭隘种族主义的克服、内部充足的扩张空间等要素，美国的帝国主义呈现出与众不同的模式；而比利时和日本基于相反的理由，可能是当时"最为凶恶的帝国主义国家"。参见［英］哈维：《新帝国主义》，初立忠等译，社会科学文献出版社，2009年，第38—40页。

如何理解日本对来自西方国家的殖民压力所进行的积极反抗？

如果将"殖民史"视为人类文明进程中的一段自然史，那么从日本对它的抵抗、屈从到积极参与其中，并未完全逸出历史的轨道。这么说绝非意味着正当化任何国家的"殖民史"，因为近代日本的最终失败并不仅仅是一个国家的失败，也是近代殖民统治模式和西欧近代性的失败。在这个意义上，"近代超克"不是日本精神史上独有的断章，而是人类文明史的必然。

近代西方世界秩序是一个文明与野蛮合体的怪兽。日本从文明中看到的是尊贵，从野蛮中看到的是力量。但可悲的是它选择了力量，并得以野蛮成长。这种力量不止于自身的崛起，其强力的溢出效果同时改变了世界。如同法国思想家雷蒙·阿隆指出的，欧洲人在亚洲维持了四个世纪的海洋霸权，"在日本帝国的狂轰滥炸下覆灭"，日本帝国的殖民战争加速了欧洲优越性、白人统治时代的终结。[1]然而，这种对力量的选择同样是一个自我腐败的过程，并最终在战争罪行上显示出这种野蛮所能达到的骇人听闻的堕落程度。当然，文明最终压制住了野蛮，力量受到了文明的约束，日本被拔出了毒牙。

19世纪西方势力的到来，惊醒了这个位于世界尽头的国家，它带着全身心的热情投入世界民族大竞争的时代大潮中。然而，一个世纪后，它终于告别了躁动不安的青春时代，再次恢复宁静。

---

[1] [法]雷蒙·阿隆：《历史意识的维度》，董子云译，华东师范大学出版社，2017年，第227页。

当然，此时世界自身也变得温顺、友好起来。

此刻，我们进一步接近了历史的真实：以20世纪两次世界大战为代表的西欧近代性的最终失败，同时也意味着人类自身"近代超克"的开始。正是从第一次世界大战后世界整体性的"失败"出发，第二次世界大战后的人类才开启了新的基于平等、自由和法律的世界秩序的建构。这是文明的巨大进步，或者说是新文明秩序的诞生。日本近代精神史的悲剧在于，它在呼吁创造人类新文明与新秩序的激情中，采用了源于旧世界的殖民统治与暴力行为模式。无论是在传统的东亚文明视野中，还是在第二次世界大战后的新文明中，日本都无法对自己进行辩护。

迄今为止，我们对殖民史与文明史叙述方式的某种校正，首先意味着，文明诞生与成长的真实情境无法简单地用后世确立的"文明"标准加以判断，文明只能生成于某种具体的历史过程当中。历史当事者的人性弱点、有限的理性，现实形势的逼迫，构成了文明生成的真实土壤。因此，如果说新世界主义的理论关怀在于全球正义的实现，那么，这种世界观与方法论必然要求我们将"正义"纳入一个具体的社会历史进程中予以思考。与抽象的理念相比，重新思考正义实现的社会过程对人们而言更有意义，因为现实的条件约束更直接影响着人们的生活。对这种约束的自觉与非自觉，往往是人们行动的第一动力。

关于文明的事实还不仅仅止于此。迄今为止的历史表明，正义的自我实现过程是一个充满艰辛、曲折，并每每伴随暴力的过程。这种真实的处境之所以可堪忍受，在于作为结果的每一次进步，总是在恰当的程度与意义上给予人们不断前行的智慧、勇气与信心，从而缓解人们的苦难感受，让人们获得来自命运的温暖。因此，与苦难这一事实相比，人们从苦难中获取的意义更有着性命攸关的作用。古老的"天命观"或"神义论"之所以至今依然保持着影响人心的力量，就在于它们提供了一种超越历史的永恒观念，为人类往往为偶然力量以及意识不到的必然力量所驱使的行为提供了稳定的意义体系。

我在本书中尝试建构的以世界主义为精神内核的历史叙述，其主旨之一就是为人们提供精神慰藉与动力，提供一种追求文明时的意义体系。当然，这个意义体系的根基是人类迄今为止的经验与理性思考，不再是天意的必然。

在近代以来的东亚世界秩序转换的进程中，因为在古典精神上的关联性，中国与日本曾经有着相似的位置。中国当下所面临的世界，同样不是源于"近代西方"的世界，而是自己参与创造的世界。或者说，这是中国自己的世界。无论是战后日本的复兴与发展，还是中国自1949年以来所获得的发展，都分享了这个由自己参与创建的战后新世界秩序与新文明的红利。这种结果并不是源于特定国家与民族的恩赐，不是源于特定人物的善意，而是源于世界秩序的文明属性，源于包括中国自身在内的世界诸民族自身的努力。

但我们不要忘记，这个世界秩序仍不完美，人的自由与尊严在世界的多数地方尚未摆脱它们幼年时期的脆弱属性，随时可能并事实上还在遭受着摧残。人类还在驯服权力的进程中不断努力前行。与民族国家在它的内部实现正义不同,世界主义要在世界范围实现属于人的正义。世界主义者相信,没有人不配享有自由与尊严。

当然,这种对世界秩序原理的认知与表述,并不要求它的理念即刻兑现;它要在解释历史的过程中,建构未来的秩序。因此,重述日本近代以来的自我认识与世界认识,也是为我们自身提供不可替代的经验与教训,借此对我们自身的观念予以分析与重塑。我们所经历的近现代的世界史进程,已然为我们提供了充分的材料。

新世界主义的历史叙事是一种超越意识形态之争的世界史认识。这种认知与理解,最终将"我们"的问题呈现了出来:作为历史上巨大的文明体,作为未来某种潜在的世界中心,在人类走向普遍世界秩序的新时代,我们应该怎样表述自身的历史意识与文明意识?这里面没有终南捷径可循,文明体自我成长与精神秩序重建过程中面临的困惑与困难,只有在与世界的协同演进过程中,才能逐渐得到克服。

在人们的日常感觉中,"中华民族"总是与它"最危险的时刻"——日本帝国主义发动的全面侵华战争有关。这个总体性的感知,以及在这个过程中的革命经历,使得我们的理想、精神和欲望未能得到逐步呈现的余裕。这个与"建国"有着强烈关联的"日本"在当下仍会以各种形式得以呈现。我在本书中之所以使用"分身"作为主题,就是提醒我们从东亚世界史的过去经验中,探寻有意义的精神资源,以安然跨越这个既让我们感到兴奋,又让我们感到困惑甚至不安的时代。

当然,"分身"只是一个比喻。虽然近代日本的历史经验可以为中国提供独特的精神参照对象,但对于中国而言,日本既是一个自我的镜像,又是一个异质的他者。在世界文明与世界秩序演化的视野中,日本构成了东亚传统文明与近代西方文明相互冲突与调适的全息缩影,我们从中可以解读出东亚世界的人们在过去、当下和未来文明进程中的各种欲望、意志以及理想。正因如此,我在本书中尝试将日本国民的知性与热情相互交错的精神史,从现代"日本"这一民族国家的框架中相对独立地刻画出来,从而使它构成一幅东亚世界史潜在的"自画像"。

写到这里,我不由想到了伟大的哲学家康德关于"普遍历史观念"的说法。他对这个哲学话题的思考,源于他这样的一个观察:

> 当我们看到人类在世界的大舞台上表现出来的所作所为,我们就无法抑制自己的某种厌恶之情;而且尽管在个别人的身上随处都闪烁着智慧,可是我们却发现,就其全体而论,一切归根到底是由愚蠢、幼稚的虚荣、甚至还往往是由幼稚的罪恶和毁灭欲所交织成的;从而我们始终也弄不明白,对于我们这个如此之以优越而自诩的物种,我们自己究竟应该形成什么样的一种概念。

这是康德在1784年的欧洲发出的感叹。在前一年,美国独立战争刚刚结束,"山巅之城"还在为向全人类传播自由和正义而积蓄力量，而集人类光荣与恐怖于一身的法国大革命，将于五年后爆发。但不管怎样，新世界的光芒已经照亮了欧洲的地平线。在地球的另外一侧，这一年的清朝中国是乾隆四十九年，德川日本为天明四年，东亚世界河清海晏，时和岁丰。东西两个世界的交流已经展开，但距离英国马戛尔尼访华使团抵达北京，觐见中国皇帝，尚有九年；东西两个世界的撞击，还未拉开帷幕。但是，此时的康德已经洞悉了新世界的命运，"愚蠢、幼稚的虚荣"甚至"幼稚的罪恶"即将上演。而我们不幸看到了随后两个多世纪的历史，尤其是20世纪前半期发生的两次世界大战，无法不对康德的观察和感慨产生深深的共鸣。

在接下来的文章中，康德从一个最基本的命题或者说是公理——人类注定要将其全部自然秉赋发展出来——出发，演绎出人类必然抵达"各民族的联盟"，完成"国家共同体"的建构这一终极归宿。在另外一处，康德还有这样的讲法："从世界主义的角度来看，下述的论断也就始终是可爱的：凡是根据理性的理由对于理论是有效的，对于实践也就是有效的。"我们今日再来看下述论断，我们收获的只能是确信：

> 尽管这一国家共同体目前还只是处在很粗糙的轮廓里，可是每个成员却好像都已经受到一种感觉的震动，即他们每一个都依存于整体的保全；这就使人可以希望，在经过许多次改造性的革命之后，大自然以之为最高目标的东西，——那就是作为一个基地而使人类物种的全部原始秉赋都将在它

那里面得到发展的一种普遍的世界公民状态,——终将有朝一日会成为现实。

康德当年发出的声音仿佛穿透了历史,在我们的耳畔回响。这是康德为人类找到的一条有意义的"历史线索"。我们现在已经看到了它的意义,正如康德当年曾经预言的,面对过去的历史,未来几百年的人们"仅仅是从使他们感兴趣的那种观点出发,也就是说是从各个民族和各个政体在世界公民的观点之下所已经成就的或已经失败的都是些什么的那种观点出发,来进行评价的"。[1]面对近代以来东亚世界以及世界自身的巨大变化,难道我们不应该接着康德的问题继续思考吗?

在这个意义上,近代东亚的世界史,就是一部从民族国家走向世界主义的历史;只是,这个历史的画卷还刚刚显现出它的一部分。

也因此,本书是一部关于青春东亚的序曲。

---

[1] 这里的三处引文,分别参见[德]康德:《历史理性批判文集》,何兆武译,商务印书馆,2010年,第2、18—19、22页。

尾声

为什么日本的故事说不完

一

在欧洲读者的眼中，近现代日本无疑是一个极具故事性的国家。这种故事性，首先源于它的陌生性和异质性。在《创造日本：1853—1964》中，荷兰历史学家伊恩·布鲁玛以流畅的笔法和短小的篇幅，再次展现了近代日本既时时令人惊心动魄，又每每让人咬牙切齿的历史，将日本的故事性演绎得淋漓尽致。[1] 布鲁玛叙事的成功，首先得益于他对日本的故事性以及故事的陌生性和异质性的一再呈现。这么说，人们可能会问：布鲁玛撰写这本书，究竟是讲一个奇幻的故事，还是正襟危坐、一本正经地进行历史探讨？

---

1 [荷]布鲁玛：《创造日本：1853—1964》，倪韬译，四川人民出版社，2018年。

英国当代历史学家艾伦·麦克法兰曾经使用"奇境""仙境"等源于家喻户晓的小说《爱丽丝漫游奇境》中的说法来呈现他的惊异。让我们略微感到"惊异"的,麦克法兰的这本书可是出版于 2007 年。按道理,以富于文化素养而闻名于世的英国读者,对现代日本的来龙去脉以及它的思想、文化与艺术都应该有相当充分的认知和理解,作者大可不必以梦幻般的心境表达自己的"懵懂"和"文化震撼",甚至赞叹"日本是地球上最最艺术的一个文明"。[1]这种行文到底有什么蹊跷?如果我们只是把麦克法兰的这种叙述视为他个人的趣味和对修辞的偏好,实际上就回避了日本自身的故事性。布鲁玛的日本史叙事之所以让我们感到错位,甚至感到某种轻微的颠覆,根本原因还在于近代乃至现代日本的这种殊异的属性。

我这里无意探究这种"错位"出现的原因,而只是想指出,近代以来日本的"故事"——其实就是它的历史经历——自身以及必然内在于故事中的寓意,还有待人们继续去讲述和揭示。

近现代日本的故事性对于欧洲读者如此,对于我们同样如此。

二

在布鲁玛的讲述中,日本的故事起源于 1853 年 7 月 8 日,这一天,美国海军准将佩里率领四艘全副武装的军舰驶入江户湾,

---

[1] [英]麦克法兰:《日本镜中行》,管可秾译,上海三联书店,2010 年,第 31 页。

目的是"逼迫日本对美国舰船开放港口"。这就是近代日本历史叙述中极为有名的"佩里来航",因铁甲、蒸汽动力的军舰冒着燃煤的黑烟,又被称为"黑船来航"。此前因风闻中英鸦片战争而焦虑不安的日本,如同一叶扁舟,被抛入了历史巨浪中。

对于身处历史现场的人们而言,这一世界巨变究竟意味着什么?日本此后"激荡的百年史"所展现的进取与固执、勇气与疯狂、悲壮与自怜,在多大意义上是源于人们的明智以及相反意义上的不智?当然,我们今天之所以会提出这样的问题,当然源于我们当下的"优势"。现时的我们会说,当时日本面临的是开始于15世纪末人类大航海时代与殖民时代最新的画卷;欧洲势力的到来,既是这种历史展开的必然,又是人类文明发展的必然;如果当时日本的政治精英认清了这一世界大势,日本随后的历史或许会有更为幸福的结局。

但让我们深感失望的是,历史,尤其是历史解释,并非可以如此简化。我们无疑都期待历史叙事具有真实性,以便获得启示和意义。但问题在于,我们在历史认识上源于后见之明的所谓"优势",很可能是一种不可靠的错觉。实际上我们读史时面临的困境,首先源于"我们"当下的观念,而这往往是傲慢与偏见的渊薮。

这种令我们感到不愉快的事实,让我不由得想起了14世纪突尼斯的历史学家伊本·赫勒敦(Ibn Khaldun)在《历史绪论》中的一个说法:"一些缺乏知识的普通人,认为阅读历史很容易,吸收它和研究它也很简单,干脆冒充内行也编写起历史来。这样一来,丰盛的牧场和荒凉的沙漠混在一起了,果仁和果壳混在一起了……"这种说法很不客气，不知会冒犯多少人，因为"我们"就是普通人。无论对于历史学家，还是对于历史写作者而言，"他需要了解各种知识，他需要有眼光和原则……"这其实也是对读者的要求。[1]

因此，近代日本的历史之所以呈现出一种故事性，其实源于"我们"的一种无知。

三

布鲁玛"创造日本"（Inventing Japan）的另外一层含义是"发明日本"。"创造"或"发明"的主语是谁？谁在创造或发明日本？布鲁玛对此并未言明。那么，这是否意味着，这个主语就天然是"日本人"？这种说法无法让人满足，"日本人创造了日本"，那么，日本人是谁？这也是让麦克法兰感到不安的问题。有意思的是，麦克法兰索性终结了这种循环式的追问，他这样写道："世上没有'日本'，只有反射之反射。"

这当然不是麦克法兰随意下的断言。其实，这句话的意思是说，讲故事、听故事的主角是"我们"；而故事的当事者，同样是"我们"，是我们自身视线与观念在"日本"身上的投射。这是否意味着我们获得了理解日本的一种方法？

---

[1] 两处引文，分别参见［突尼斯］赫勒敦：《历史绪论》，李振中译，宁夏人民出版社，2015年，上册，第39页和第11页。

我们暂且先看一下布鲁玛为读者选取的两个小故事。1964年10月10日,东京奥运会开幕,"让这一年的秋天成了日本隆重庆祝其和平改造和战后民主复兴的绝佳契机"。开幕式点燃火炬的是一名来自广岛的青年,他出生于原子弹爆炸的当天,即1945年8月6日;而两位日本运动员马拉松选手圆谷幸吉和跨栏选手依田郁子因为未取得理想成绩,自认辜负了国民的期待,相继自杀。从历史书写技法上看,这两个小事件的选取,用意匪浅。这也体现在作者的几句评论上。比如,对于第一个事实,他认为火炬手的选择在于表达"日本的和平意愿","还可以反映出日本的苦难历程,当中夹杂着一丝自怜"。而第二个事实,他是这么评论的:"日本人素来很在意自己民族在世界上的地位,对于他们而言,竞技场上的胜利可以抚慰战败的记忆。"[1]

这几句评论看似轻描淡写,实则有深意存焉。布鲁玛其实是在告诉读者,他选取的故事并非出于猎奇,这些故事背后的因素,"过分自信、狂热心理、深深的自卑感以及时而执念于民族地位的想法——所有这些因素对日本现代史都产生过影响……"如此,布鲁玛的历史叙述就立刻变得复杂起来,因为对这些因素的认知和理解程度,正是对日本故事、日本近现代历史的认知和理解。在这些地方,我们看到了历史学家的一些"眼光和原则",而其投向特定历史事实的锐利一瞥,是带领我们完成从历史叙事到历史

---

[1] [荷]布鲁玛:《创造日本:1853—1964》,倪韬译,四川人民出版社,2018年,第2—6页。

认知的关键一跃。在叙述昭和史上的一件大事时，我们再次看到了他的眼光。

1936年2月26日，日本"皇道派"青年将校以"清君侧"的名义发动兵变，试图杀害以首相冈田启介为首的多名政要，并占领皇宫。结果，财政大臣、教育总监等人遇害，而冈田侥幸生还，极具戏剧性。随后，裕仁天皇下令镇压，首谋者被处死，事件得以平息。这场近代日本最大的叛乱事件，加速了日本法西斯主义化的进程，政府内的文官势力进一步被削弱，军部事实上掌控了日本的政治。这一年，日本与德国签订《反共产国际协定》，组成政治同盟。这些政治大变局，自然是国民关注的焦点。不过，布鲁玛随即讲了另一个小故事："一位名叫阿部定的卑微艺妓在情欲大发之际勒死了自己的情郎。她被人发现在东京街头徘徊，包里装着情郎的阳具。"[1] 这则故事使得历史叙述的画风突变，堪称神来之笔。在插入这一则故事前，布鲁玛评论说，这桩奇闻"将日本人的关注点从军政大事上转移开来"。在当时的舆论氛围中，各种国家级乃至世界级的大事，竟然比不上一桩"奇闻"或者干脆就说一桩"破事"更引人注目，这究竟意味着什么？

这是布鲁玛在暗示历史的无意义吗？我们完全可以给出不同的回答。因此，读者或者说"我们"对故事的认知和理解，其实是对日本自身的认知和理解。"我们"才是问题。

---

[1] [荷] 布鲁玛：《创造日本：1853—1964》，倪韬译，四川人民出版社，2018年，第89页。

四

其实,"世上没有'日本',只有反射之反射"并不仅仅适用于日本,它适用于在人类普遍交往景况下的所有国家。比如,"黑船来航"时的美国,也不是我们当下认知中无所不在的美国,而是一个正处于高速成长且因废奴问题即将爆发内战的新兴国家,还说不上有什么羽翼和牙齿。如果说当时日本人的行为"创造"了日本,那么他们同时也"创造"了美国。这已为此后的历史所证实:1941年12月8日,日本对美国珍珠港的袭击,不仅创造了日本史上的一个新事实,而且从根本上改变了美国对世界秩序以及世界战争的立场,并直接决定了日本战败后国家的存在样式。

起初,日本在应对19世纪中后期美国等西方势力时,进退有据,可谓既有历史的眼光,也有原则。让人遗憾的是,日本精英的那种"眼光和原则"随后逐渐消失,最终投入与世界为敌的战争中。

日本自身的行为不仅塑造着世界秩序,更反过来再次"创造"了日本。在20世纪20年代,第一次世界大战结束后的数年间,日本采取了与英美秩序进行协调与合作的外交政策。近卫文麿曾在政治论辩中说,虽然"以英美为主的和平主义"带有欺骗性,但试图以日本为主的"东亚新秩序"取而代之,从国际上看更缺乏正统性。[1]

---

[1] 参见本书第二章附论,这句话出自[日]五百头旗真主编:《战后日本外交史:1945—2010》,吴万虹译,世界知识出版社,2013年,第5页。

进入20世纪60年代后，日本国民的观念因日美关系以及美国的世界政策而出现了严重的分裂和冲突，尤其在80年代日本成为世界第二大经济体，以及日美两国爆发经济摩擦后。不过，日本在政府层面上追随美国的政策，却一以贯之。这并非仅仅源于两国安保条约的束缚。1964年出任首相的佐藤荣作的一段话，表明了日本的一种认知。佐藤说："每每日本与美国背道而驰，国家就会蒙难；每每两国通力协作，日本就会昌盛。因此，我的方针就是与美国充分合作，确保世界和平。"布鲁玛捕捉到了这一说法的某种奇特性，并认为他是在最敏感的问题上"打太极"。[1]真是这样吗？

在《创造日本：1853—1964》的结尾，布鲁玛告诉读者，在2002年早春他还在伏案写稿时，"日本人曾屡次一本正经地告诉我，他们希望黑船再杀回来，打破封闭的政治体制"。不过，布鲁玛的期待却是，日本人解放自我，真正和黑船告别。这是作者的原则还是外交辞令？如果像麦克法兰说的那样，世上本来就没有"日本"呢？[2]

在写下这一故事之前，布鲁玛对于当时日本民族主义死灰复燃的原因做了评论："一方面，日本的思想文化处于左右两派教条的夹缝之中，有些发育不良；另一方面，当权派执拗地将眼光局限于经济增长，有意扼杀政治辩论；除此之外，还要算上日本对

---

[1] ［荷］布鲁玛：《创造日本：1853—1964》，倪韬译，四川人民出版社，2018年，第151页。
[2] 以上两段引文引自［荷］布鲁玛：《创造日本：1853—1964》，倪韬译，四川人民出版社，2018年，第160页。

美国婴儿般的依赖。在这些问题得到解决之前,战后时期是不会终结的。"

日本的故事似乎又回到了原点,也即1853年日本面临的"美国问题"。布鲁玛的日本叙事让人感到阵阵纠结,这不仅是故事讲述者故意引而不发,更是考验故事听众的"眼光和原则"。

说到这里我们就明白了,"日本"富有故事性的根本原因在于,在它的身上凝结着迄今为止人类文明的绝大多数经验;而它的地理与文明的特性,让它的历史成为一个人类文明的博物馆。我们在这座博物馆中能看到什么,最终取决于我们的"眼光和原则"。

阅读日本,其实就是发现自我的过程。如果从黄遵宪撰写于19世纪末的《日本国志》开始算起,对于今天的中国读者而言,这个过程已经超过了一个世纪。不过,今天我们对日本关注的热情表明,我们依然处在发现日本、"创造"日本的历史进程中。

对于整个世界而言,难道不也是同样如此吗?

参考文献

(一) 中文文献

[美] 阿伦特:《极权主义的起源》,林骧华译,生活·读书·新知三联书店,2015 年。

[美] 阿伦特:《艾希曼在耶路撒冷:一份关于平庸的恶的报告》,安尼译,译林出版社,2017 年。

[美] 阿皮亚:《世界主义:陌生人世界里的道德规范》,苗华健译,中央编译出版社,2012 年。

[英] 埃里克·贾菲:《逃脱东京审判》,黄缇萦译,中国友谊出版公司,2016 年。

[日] 安冈昭男:《明治前期日中关系史研究》,胡连成译,福建人民出版社,2007 年。

[日] 安丸良夫:《近代天皇观的形成》,刘金才等译,北京大学出版社,2010 年。

[法] 奥弗莱:《亚历山大·科耶夫:哲学、国家与历史的终结》,张尧均译,商务印书馆,2013 年。

[俄] 别尔嘉耶夫:《俄罗斯的命运》,汪剑钊译,译林出版社,2011 年。

[美] 贝尔加米尼:《天皇与日本国命:裕仁天皇引领的日本军国之路》,王纪卿译,民主与建设出版社,2016 年。

[美] 贝里:《丰臣秀吉:为现代日本奠定政治基础的人》,赵坚、张珠江译,

江苏人民出版社，2017年。

［日］坂野润治：《近代日本的国家构想：1871—1936》，崔世广等译，社会科学文献出版社，2014年。

［日］坂野润治：《未完的明治维新》，宋晓煜译，社会科学文献出版社，2018年。

［英］鲍曼：《现代性与大屠杀》，杨渝东等译，译林出版社，2011年。

［英］比利斯：《明治维新》，张光等译，江苏人民出版社，2012年。

［美］布拉克曼：《另一个纽伦堡：东京审判未曾述说的故事》，梅小侃等译，上海交通大学出版社，2017年。

［英］布兰德：《李鸿章传》，王纪卿译，湖南文艺出版社，2011年。

［法］布罗代尔：《论历史》，刘北成等译，北京大学出版社，2008年。

［荷］布鲁玛：《创造日本：1853—1964》，倪韬译，四川人民出版社，2018年。

［日］长谷川如是闲：《现代日本史》，彭信威译，河南人民出版社，2017年。

陈道英：《"解禁集体自卫权"与"超越"宪法解释》，载《法学评论》，2014年。

陈恭禄：《日本全史》，岳麓书社，2013年。

［日］川田稔：《日本陆军的轨迹（1931—1945）：永田铁山的构想及其轨迹》，韦平和译，社会科学文献出版社，2015年。

［美］大贯惠美子：《神风特攻队、樱花与民族主义：日本历史上美学的军国主义化》，石峰译，商务印书馆，2016年。

戴季陶：《日本论》，九州出版社，2005年。

［美］戴维斯、［美］温：《进攻日本：日军暴行及美军投掷原子弹的真相》，臧英年译，广西师范大学出版社，2014年。

［美］道尔：《拥抱战败：第二次世界大战后的日本》，胡博译，生活·读书·新知三联书店，2008年。

［日］东史郎：《东史郎日记》，王奕红等译，江苏凤凰教育出版社，2014年。

［日］渡边浩：《东亚的王权与思想》，区建英译，上海古籍出版社，2016年。

［日］渡边信一郎：《中国古代的王权与天下秩序：从日中比较史的视角出发》，徐冲译，中华书局，2008年。

［日］渡边洋三：《日本国宪法的精神》，魏晓阳译，译林出版社，2009年。

［美］费正清编：《中国的世界秩序：传统中国的对外关系》，杜继东译，中国社会科学出版社，2010年。

［美］费正清、刘广京编：《剑桥中国晚清史》，中国社会科学出版社，2007年。

冯天瑜：《"千岁丸"上海行》，商务印书馆，2001年。

［意］弗拉基米尔：《甲午战争：一个意大利人的记述》，孔祥文译，商务印书馆，2018年。

［英］菲尔德：《在垂死皇帝的王国：世纪末的日本》，曾霞译，江苏人民出版社，2011年。

［日］福泽谕吉：《文明论概略》，商务印书馆，2011年。

［日］福泽谕吉：《福泽谕吉自传》，杨永良译，文汇出版社，2012年。

［日］冈本隆司：《属国与自主之间：近代中朝关系与东亚的命运》，黄荣光译，生活·读书·新知三联书店，2012年。

［日］冈仓天心：《理想之书》，刘仲敬译，四川文艺出版社，2017年。

［美］戈登：《日本的起起落落：从德川幕府到现代》，李朝津译，广西师范大学出版社，2008年。

［日］沟口雄三：《作为方法的中国》，孙军悦译，生活·读书·新知三联书店，2011年。

［日］沟口雄三：《李卓吾·两种阳明学》，孙军悦等译，生活·读书·新知三联书店，2014年。

郭刚：《中国早期马克思主义的传播：梁启超与西学东渐》，人民出版社，2010年。

郭丽：《近代日本的对外认识：以幕末遣欧美使节为中心》，北京大学出版社，2011年。

［英］哈维：《新帝国主义》，初立忠等译，社会科学文献出版社，2009年。

郝祥满：《朝贡体系的建构与解构：另眼相看中日关系史》，湖北人民出版社，2007年。

［加］赫伯特：《日本维新史》，姚曾廙译，吉林出版集团有限责任公司，2008年。

［突尼斯］赫勒敦：《历史绪论》，李振中译，宁夏人民出版社，2015年。

［日］鹤见俊辅：《战争时期日本精神史（1931—1945）》，邱振瑞译，四川教育出版社，2013年。

［日］鹤见俊辅、上野千鹤子、小熊英二：《战争留下了什么——战后一代的鹤见俊辅访谈》，邱静译，北京大学出版社，2015年。

［德］黑格尔：《精神现象学》，贺麟等译，上海人民出版社，2013年。

［美］亨金：《国际法：政治与价值》，中国政法大学，2005年。

［日］户部良一：《日本陆军与中国："支那通"折射的梦想和挫折》，金昌吉等译，社会科学文献出版社，2015年。

黄遵宪：《日本国志》，岳麓书社，2016年。

黄遵宪：《日本杂事诗（广注）》，载钟叔河编《走向世界丛书》第1辑3，岳麓出版社，2012年。

［美］惠顿：《万国公法》，何勤华点校，中国政法大学出版社，2003年。

［美］惠特尼：《麦克阿瑟》，王泳生编译，京华出版社，2008年。

［美］霍布斯鲍母：《帝国的年代1875—1914》，贾士蘅译，中信出版社，2014年。

［日］吉田茂：《激荡的百年史》，袁雅琼译，上海人民出版社，2018年。

［日］吉田孝：《日本的诞生》，周萍萍译，新星出版社，2019年。

［日］堀幸雄：《战前日本国家主义运动史》，熊达云译，社会科学文献出版社，2010年。

金观涛、刘青峰：《观念史研究：中国现代重要政治术语的形成》，法律出版社，2009年。

［日］江口圭一：《日本十五年侵略战争史（1931—1945）》，杨栋梁译，江苏人民出版社，2016年。

蒋孟引：《第二次鸦片战争》，生活·读书·新知三联书店，2009年。

［日］纐纈厚：《近代日本政军关系研究：日本发动侵华战争的历史渊源》，顾令仪等译，社会科学文献出版社，2012年。

［日］纐纈厚：《"圣断"的虚构与昭和天皇》，毕克寒译，辽宁教育出版社，2015年。

［日］纐纈厚：《田中义一：日本总体战体制的始作俑者》，顾令仪译，社会科学文献出版社，2017年。

［德］康德：《历史理性批判文集》，何兆武译，商务印书馆，2010年。

康有为：《日本变政考（外二种）》，中国人民大学出版社，2011年。

［美］康灿雄：《西方之前的东亚：朝贡贸易五百年》，陈昌煦译，社会科学文献出版社，2016年。

［奥］凯尔森：《法与国家的一般理论》，沈宗灵译，商务印书馆，2013年。

［英］卡尔：《历史是什么？》，陈恒译，商务印书馆，2017年。

［英］卡尔：《两次世界大战之间的国际关系：1919—1939》，徐蓝译，商务印书馆，

2010年。
［美］柯文：《在中国发现历史——中国中心观在美国的兴起》，林同奇译，中华书局，2002年。
［法］科耶夫：《法权现象学纲要》，邱立波译，华东师范大学出版社，2011年。
［英］蓝诗玲：《鸦片战争》，刘悦斌译，新星出版社，2015年。
［法］雷蒙·阿隆：《历史意识的维度》，董子云译，华东师范大学出版社，2017年。
李永晶：《马克斯·韦伯与中国社会科学》，华东师范大学出版社，2015年。
李永晶：《正眼看世界：历史、国家与文明新论》，广西师范大学出版社，2015年。
李永晶：《从"天下"到"世界"：东亚儒学秩序原理的过去与未来》，载《新天下主义》（"知识分子论丛"第13辑），上海人民出版社，2016年。
李永晶：《新世界主义：破解民族精神的时代困境》，载《探索与争鸣》，2016年第2期。
李永晶：《友邦还是敌国？——战后中日关系与世界秩序》，上海人民出版社，2018年。
李大钊：《李大钊全集》，人民出版社，2006年。
梁启超：《饮冰室合集》（文集第二册），中华书局，2015年。
林学忠：《从万国公法到公法外交：晚清国际法的传入、诠释与应用》，上海古籍出版社，2009年。
刘正：《京都学派汉学史稿》，学苑出版社，2011年。
刘岳兵：《日本近现代思想史》，世界知识出版社，2010年。
［日］陆奥宗光：《蹇蹇录》，伊舍石译，商务印书馆，1963年。
［日］马场公彦：《战后日本人的中国观：从日本战败到中日复交》，苑崇利等译，社会科学文献出版社，2015年。
马克思、恩格斯：《马克思恩格斯选集》（第一卷），人民出版社，2012年。
［英］麦克法兰：《日本镜中行》，管可秾译，上海三联书店，2010年。
［德］迈内克：《德国的浩劫》，何兆武译，商务印书馆，2012年。
［英］迈克尔·曼：《民主的阴暗面：解释种族清洗》，严春松译，中央编译出版社，2015年。
［美］曼彻斯特：《美国的恺撒大帝：麦克阿瑟》，黄瑶译，中信出版集团，2017年。
茅海建：《戊戌变法史事考二集》，生活·读书·新知三联书店，2011年。

茅海建:《近代的尺度:两次鸦片战争军事与外交》,生活·读书·新知三联书店,2011年。

[澳]麦考马克、[日]乘松聪子:《冲绳之怒:美日同盟下的抗争》,董亮译,社会科学文献出版社,2015年。

[日]南博:《日本人的心理 日本的自我》,刘延州译,社会科学文献出版社,2014年。

[美]纳吉塔:《当代日本政治的思想基础》,贺雷译,江苏人民出版社,2013年。

[日]鸟海靖编:《近代日本的机运》,欧文东、李群译,社会科学文献出版社,2014年。

聂莉莉:《伤痕:中国常德民众的细菌战记忆》,中国社会科学出版社,2015年。

钮先铭:《佛门避难记》,南京师范大学出版社,2005年。

[法]佩雷法特:《停滞的帝国:两个世界的撞击》,王国卿等译,生活·读书·新知三联书店,2008年。

[美]皮茨:《转向帝国:英法帝国自由主义的兴起》,金毅、许鸿艳译,江苏人民出版社,2012年。

戚其章:《走进甲午》,天津古籍出版社,2006年。

[日]桥本海关:《清日战争实记》,吉辰校注,山东画报出版社,2017年。

邱静:《战后日本的知识分子护宪运动与护宪思想》,社会科学文献出版社,2012年。

[日]千叶真等编:《日本宪法与公共哲学》,白巴根等译,法律出版社,2009年。

[美]任达:《新政革命与日本:中国,1898—1912》,李仲贤译,江苏人民出版社,2006年。

[美]入江昭:《第二次世界大战在亚洲及太平洋的起源》,李响译,社会科学文献出版社,2016年。

桑兵:《交流与对抗:近代中日关系史论》,广西师范大学出版社,2015年。

[美]萨义德:《东方学》,王宇根译,生活·读书·新知三联书店,1999年。

[日]三古博:《黑船来航:对长期危机的预测摸索与美国使节的到来》,张宪生、谢跃译,社会科学文献出版社,2013年。

[美]涩泽尚子:《美国的艺伎盟友:重新想象敌国日本》,油小丽等译,江苏人民出版社,2011年。

［日］森村诚一：《恶魔的饱食：日本731细菌战部队揭秘》，骆为龙等译，学苑出版社，2007年。

施展：《枢纽：3000年的中国》，广西师范大学出版社，2018年。

［日］实藤惠秀：《中国人留学日本史》，谭汝谦、林启彦译，北京大学出版社，2012年。

［日］胜部真长主编：《明治维新逸史》，张永译，吉林出版集团有限责任公司，2014年。

［加］斯特里特等编：《帝国与自主性：全球化进程中的重大时刻》，陈家刚等译，社会科学文献出版社，2010年。

孙歌：《主体弥散的空间：亚洲论述之两难》，江西出版社，2002年。

［日］孙崎享：《日美同盟真相》，郭一娜译，新华出版社，2014年。

孙艮工编：《沦陷区惨状记：日军侵华暴行实录》，中国文史出版社，2016年。

［以色列］塔米尔：《自由主义的民族主义》，陶东风译，上海社会科学院出版社，2017年。

［日］藤田省三：《精神史的考察》，庄娜译，四川教育出版社，2015年。

［日］藤田正胜：《日本文化关键词》，李濯凡译，新星出版社，2019年。

［日］田古治子、［美］西奥多·F.库克：《日本人口述"二战"史：一部日本平民亲历者的战争反思录》，小小冰人、潘丽君等译，重庆出版社，2018年。

［日］田中利幸、［澳］麦科马克、［英］辛普森编：《超越胜者之正义：东京战罪审判再检讨》，梅小侃译，上海交通大学出版社，2014年。

［日］丸山真男：《日本政治思想史研究》，王中江译，生活·读书·新知三联书店，2000年。

［日］丸山真男：《日本近代思想家福泽谕吉》，区建英译，世界知识出版社，1997年。

汪向荣：《日本教习》，商务印书馆，2014年。

王屏：《近代日本的亚细亚主义》，商务印书馆，2004年。

王芸生编：《六十年来中国与日本》，生活·读书·新知三联书店，2005年。

［德］韦伯：《儒教与道教》，王容芬译，商务印书馆，1995年。

吴震：《当中国儒学遭遇"日本"》，华东师范大学出版社，2015年。

[日]五百头旗真主编：《战后日本外交史：1945-2010》，吴万虹译，世界知识出版社，2013年。

[日]五来欣造：《儒教政治哲学》，胡朴安等译，山西人民出版社，2015年。

[日]西里扶甬子：《在刺刀和藩篱下：日本731部队的秘密》，王铁军等译，沈阳出版社，2017年。

[日]西里喜行：《清末中琉日关系史研究》，胡连成等译，社会科学文献出版社，2010年。

[日]狭间直树：《日本早期的亚洲主义》，张雯译，北京大学出版社，2017年。

夏东元：《洋务运动史》，华东师范大学出版社，2010年。

夏新华等整理：《近代中国宪政历程：史料荟萃》，中国政法大学出版社，2004年。

萧公权：《近代中国与新世界：康有为变法与大同思想研究》，汪祖荣译，江苏人民出版社，2007年。

[日]小代有希子：《躁动的日本：危险而不为人知的日本战略史观》，张志清等译，广东人民出版社，2015年。

[日]小森阳一：《天皇的玉音放送》，陈多友译，生活·读书·新知三联书店，2004年。

[日]小森阳一、高桥哲哉编：《超越民族与历史》，赵仲明等译，南京大学出版社，2017年。

[日]小泉八云：《神国日本》，曹晔译，吉林出版集团有限公司，2008年。

[日]新渡户稻造：《武士道》，张俊彦译，商务印书馆，2006年。

[日]幸德秋水：《社会主义神髓》，马采译，商务印书馆，2012年。

[美]徐中约：《中国进入国际大家庭：1858—1880年间的外交》，屈文生译，商务印书馆，2018年。

谢世诚：《李鸿章评传》，南京大学出版社，2006年。

杨栋梁：《近代以来日本的中国观》(第一卷 总论)，江苏人民出版社，2012年。

杨鸿烈：《中国法律思想史》，中国政法大学出版社，2004年。

[日]伊香俊哉：《战争的记忆：日中两国的共鸣和争执》，韩毅飞译，社会科学文献出版社，2016年。

[日]永原庆二：《20世纪日本历史学》，王新生等译，北京大学出版社，2014年。

[日]与那霸润：《中国化的日本》，何晓毅译，广西师范大学出版社，2013年。

［美］扎列茨基：《灵魂的秘密：精神分析的社会史和文化史》，季广茂译，金城出版社，2013年。

［美］詹森主编：《剑桥日本史（第5卷）：19世纪》，王翔译，浙江大学出版社，2014年。

赵立新：《21世纪日本修宪运动研究》，知识产权出版社，2015年。

赵京华：《福泽谕吉"文明论"的等级结构及其源流》，载刘禾编《世界秩序与文明等级：全球史研究的新路径》，生活·读书·新知三联书店，2016年。

郑曦原编：《帝国的回忆》（修订本），当代中国出版社，2007年。

［日］增田涉：《西学东渐与中国事情》，由其民等译，江苏人民出版社，2010年。

朱谦之：《日本的朱子学》，人民出版社，2000年。

朱谦之编著：《日本的古学及阳明学》，人民出版社，2000年。

［日］竹村民郎：《大正文化：帝国日本的乌托邦时代》，欧阳晓译，上海三联书店，2015年。

周一良：《〈大日本史〉之史学》，载《日本史记（一）》，安徽人民出版社，2013年。

钟叔河主编：《走向世界丛书》第1辑3，岳麓出版社，2012年。

宗泽亚：《清日战争》，世界图书出版公司，2012年。

［日］佐佐木克：《从幕末到明治：1853—1890》，孙晓宁译，北京联合出版公司，2016年。

［日］子安宣邦：《东亚论：日本现代思想批判》，赵京华编译，吉林人民出版社，2004年。

［日］子安宣邦：《日本现代思想批判》，赵京华译，上海译文出版社，2017年。

［日］子安宣邦：《何谓"现代的超克"》，董炳月译，生活·读书·新知三联书店，2018年。

（二）日文文献

アラン—マルク・リウー：《未完の国—近代を超克できない日本》，久保田亮訳，水声社，2013年。

坂本多加雄：《日本はみずからの来歴を語りうるか：「世界史の哲学」という遺産》，載酒井哲哉編《リーディングス　戦後日本の思想水脈　第1巻　平和国家のアイデンティティ》，岩波書店，2016 年。

半藤一利：《昭和史　戦後編 1945—1989》，平凡社，2009 年。

A.E. Barshay: *The Social Sciences in Modern Japan: The Marxian and Modernist Traditions* , The University of California Press, 2004；(日译本)《近代日本の社会科学：丸山眞男と宇野弘蔵の射程》，山田锐夫译，NTT 出版，2007 年。

北一輝：《北一輝著作集 第 1 巻 国体論及び純粋社会主義》，みすず書房，1959 年。

北一輝：《日本改造法案大綱》，載《現代史資料（5）》，みすず書房，1964 年。

波多野澄雄等：《決定版 日中戦争》，新潮社，2018 年。

成瀬治：《世界史の意識と理論》，岩波書店，1977 年。

河上暁弘：《日本国憲法第 9 条成立の思想的淵源の研究》，専修大学出版局，2006 年。

萩原稔：《北一輝の「革命」と「アジア」》，ミネルヴァ書房，2011 年。

大江志乃夫：《東アジア史としての日清戦争》，立風書房，1998 年。

大橋良介編：《京都学派の思想：種々の像と思想のポテンシャル》，人文書院，2004 年。

島田英明：《歴史と永遠：江戸後期の思想水脈》，岩波書店，2018 年。

東アジア近代史学会編：《日清戦争とアジア世界の変容》，ゆまに書房，1997 年。

渡辺和靖：《明治思想史：儒教的伝統と近代認識論》，ぺりかん社，1978 年。

芳賀徹等編：《講座比較文学 5　西洋の衝撃と日本》，東京大学出版会，1973 年。

岡義武：《国民的独立と国家理性》，載伊藤整等編《近代日本思想史講座 第 8 》，筑摩書房，1961 年。

岡本幸治編：《近代日本のアジア観》，ミネルヴァ書房，1998 年。

岡本幸治：《北一輝：転換期の思想構造》，ミネルヴァ書房，1996 年。

高橋哲哉：《戦後責任論》，講談社，1999 年。

古田光等編：《近代日本思想史大系 1 近代日本社会思想史 1》，有斐閣，1968 年。

古田光等編：《近代日本思想史大系 2 近代日本社会思想史 2》，有斐閣，1971 年。

関嘉彦：《戦後日本の国際政治論》，一藝社，2000 年。

桂島宣弘：《自他認識の思想史：日本ナショナリズムの生成と東アジア》，有志舎，2008年。

絓秀実：《革命的な、あまりに革命的な：「1968年の革命」史論》，作品社，2003年。

宮村治雄：《戦後天皇制論の諸相》，載中村正則等編《戦後思想と社会意識(戦後日本 占領と戦後改革3)》，岩波書店，2005年。

宮崎滔天：《宮崎滔天全集》(第1巻)，平凡社，1971年。

廣松渉：《「近代の超克」論—昭和思想史への一視角》，講談社，1989年。

Harry Harootunian, *Overcome by Modernity*, 2000；(日译本)《近代による超克：戦間期日本の歴史・文化・共同体》(上・下)，梅森直之译，岩波書店，2007年。

河上徹太郎、竹内好等：《近代の超克》，富山房，1979年。

吉本貞昭：《知られざる日本国憲法の正体：マッカーサーはなぜ「帝国憲法」を改正したのか》，ハート出版，2014年。

吉田俊純：《水戸学と明治維新》，吉川弘文館，2003年。

吉田裕：《日本人の戦争観：戦後史のなかの変容》，岩波書店，2005年。

吉野作造：《日本の名著48 吉野作造》，中央公論社，1972年。

菅原潤：《「近代の超克」再考》，晃洋書房，2011年。

今井宇三郎等校注：《日本思想大系53 水戸学》，岩波書店，1973年。

津田道夫：《昭和思想史における神山茂夫—天皇制とスターリニズム批判》，社会評論社，1983年。

降旗節雄：《「昭和」マルクス理論・軌跡と弁証》，社会理論社，1989年。

井上哲次郎：《儒教》，載大隈重信編《日本开国五十年史》，上海社会科学院出版社，2007年。

酒井直樹：《東亜共同体論と普遍性をめぐって》，載酒井直樹、磯前順一編《「近代の超克」と京都学派：近代性・帝国・普遍性》，以文社，2010年。

酒井直樹、磯前順一編《「近代の超克」と京都学派：近代性・帝国・普遍性》，以文社，2010年。

林房雄：《大東亜戦争肯定論 普及版》，夏目書房，2006年。

米原謙：《日本政治思想史》，ミネルヴァ書房，2007年。

内藤湖南：《内藤湖南全集》(第1巻)，筑摩書房，1970年。

片山杜秀：《近代日本の右翼思想》，講談社，2007年。

平子友長：《戦前日本マルク主義哲学の到達点》，載山室信一編《「帝国」日本の学知（第8巻）空間形成と世界認識》，岩波書店，2006年。

平石直昭：《理念としての近代西洋》，載中村正則等編《戦後思想と社会意識》，岩波書店，2005年。

橋川文三：《増補 日本浪漫派批判序説》，未来社，1995年。

橋川文三：《ナショナリズム：その神話と論理》，紀伊国屋書店，2005年。

橋川文三等編：《近代日本思想史大系4 近代日本政治思想史2》，有斐閣，1970年。

清水教好：《華夷思想と19世紀—「蘭学者」の儒学思想と世界認識の転回》，載《江戸の思想 第7号 思想史の19世紀》，ぺりかん社，1997年。

日高六郎編：《戦後日本思想大系1 戦後思想の出発》，筑摩書房，1968年。

森哲郎編：《世界史の理論》，燈影社，2000年。

山下範久：《近世地域システムから見た日本の自—他関係の言説の変容》，載《江戸の思想 第9号 空間の表象》，ぺりかん社，1997年。

山田洸：《幕末維新の思想家たち》，青木書店，1983年。

山田賢：《「中国」という畏怖：近現代日本の中国認識をめぐって》，載《歴史と真実》，筑摩書房，1997年。

山田智・黒川みどり編：《内藤湖南とアジア認識：日本近代思想からみる》，勉誠出版，2013年。

升味準之輔：《戦後史の起源と位相》，載中村正則等編《占領と改革》，岩波書店，2005年。

水林彪：《原型（古層）論と古代政治思想論》，載大隅和雄、平石直昭編《思想史家 丸山真男論》，ぺりかん社，2002年。

司馬遼太郎：《昭和という国家》，日本放送協会，1999年。

松本健一：《竹内好「日本のアジア主義」精読》，岩波書店，2000年。

松本健一：《評伝 北一輝II 明治国体論に抗して》，岩波書店，2004年。

松本三之介：《近代日本の中国認識》，以文社，2011年。

松本三之介：《吉野作造》，東京大学出版会，2008年。

松下圭一：《大衆天皇制論》，載宇野重規編《リーディングス戦後日本の思想

水脈 3　民主主義と市民社会》，岩波書店，2016 年。
三木清：《三木清全集》（第 13 卷），岩波書店，1967 年。
三宅雪嶺：《近代日本思想大系 5　三宅雪嶺集》，筑摩書房，1975 年。
深谷博治：《日清戦争と陸奥外交》，放送出版協会，1939 年。
守屋典郎：《日本マルクス主義の歴史と反省》，合同出版，1980 年。
藤村道生：《日清戦争前後のアジア政策》，岩波書店，1995 年。
藤原彰：《昭和の歴史 第 5 卷　日中全面戦争》，小学館，1982 年。
田中正明：《東京裁判とは何か》，日本工業新聞社，1983 年。
テツオ・ナジタ等編：《戦後日本の精神史：その再検討》，岩波書店，1988 年。
丸山真男：《丸山真男集》（第八卷），岩波書店，1996 年。
丸山真男：《丸山真男集》（第十卷），岩波書店，1996 年。
丸山真男：《増補版　現代政治の思想と行動　追記・付記》，載《丸山真男集》（第九卷），岩波書店，1996 年。
丸山真男：《原型・古層・執拗低音》，載《丸山真男集》（第十二卷），岩波書店，1996 年。
丸山真男：《普遍の意識欠く日本の思想》，載《丸山真男集》（第十六卷），岩波書店，1996 年。
尾藤正英：《水戸学の特質》，載《日本思想大系 53　水戸学》，岩波書店，1973 年。
尾藤正英：《日本の国家主義：「国体」思想の形成》，岩波書店，2014 年。
尾崎秀実：《尾崎秀実著作集》（第 2 卷），勁草書房，1977 年。
文藝春秋編：《戦後 50 年　日本人の発言》（上），文藝春秋，1995 年。
西嶋定生：《日本歴史の国際環境》，東京大学出版会，1985 年。
西田幾多郎：《西田幾多郎全集》（第 12 卷），岩波書店，2005 年。
小熊英二：《「民主」と「愛国」》，新曜社，2002 年。
星山京子：《徳川後期の攘夷思想と「西洋」》，風間書房，2003 年。
野坂参三：《天皇と天皇制》，載日高六郎編《戦後日本思想大系 1　戦後思想の出発》，筑摩書房，1968 年。
原田敬一：《日清戦争》，吉川弘文館，2008 年。
源了圓：《徳川時代における「近代思想」の形成》，載《近代日本政治思想史大系 第 1 》，有斐閣，1968 年。

斎藤希史:《漢文脈と日本近代》, 日本放送出版協会, 2007 年。
芝原拓自等編:《日本近代思想大系 12 対外観》, 岩波書店, 1988 年。
中村正則:《明治維新と戦後改革:近現代史論》, 校倉書房, 1999 年。
中島岳志:《アジア主義:その先の近代へ》, 潮出版社, 2014 年。
中島岳志:《八紘一宇と平和憲法:下中彌三郎の超国家主義》, 載三浦信孝編
　《戦後思想の光と影》, 風行社, 2016 年。
中江兆民:《中江兆民全集》(第 10 巻), 岩波書店, 1983 年。
竹前栄治:《占領戦後史》, 岩波書店, 1992 年。
竹内好:《竹内好全集》(第 14 巻), 筑摩書房, 1981 年。
竹越三叉:《民友社思想文学叢書 第 4 巻　竹越三叉集》, 三一書房, 1985 年。
佐伯啓思:《日本の愛国心:序説的考察》, NTT 出版, 2008 年。
佐久間正:《徳川日本の思想形成と儒教》, ぺりかん社, 2007 年。
佐藤昌介等編:《日本思想大系 55 渡辺崋山・高野長英・佐久間象山・横井小
　楠・橋本佐内》, 岩波書店, 1971 年。
佐藤誠三郎:《「死の跳躍」を越えて:西洋の衝撃と日本》, 千倉書房, 2009 年。
庄司興吉:《現代日本社会科学史序説》, 法政大学出版局, 1975 年。

后 记

一

本书的最初构想，源于上海世界观察研究院组织的"大观"学术小组的系列研究活动。2013年夏天，"大观"小组决定召开一次关于日本的主题学术会议，并指定我撰写一篇报告，主题由我自己拟定。我责无旁贷，自然接受了任务。不过，当时在我的内心第一次出现了不安，甚至茫然。当然，事出有因。

2009年2月，我从东京直接飞抵广州，随后转乘火车抵达位于粤东的汕头，开始了回国任教的历程。时空的陡然转换，让当时的我平添了几分书生意气，很快全力投入教学工作中。就在这一年3月，我参加了"大观"小组的第一届学术会议，主题是讨论法国思想家科耶夫的新拉丁帝国理论。那是我第一次参加全程中文的学术会议，第一次听到完全用中文呈现的思想交锋。

当时我未曾想到，这竟然是我随后数年间学术活动的开始。这种结果当然不是偶然。在随后参与"大观"小组的学术活动的过程中，我逐渐感受到"大观"组织者与成员们对于思想、学术、实践的睿智与热情，以及更为重要的，对于国家、民族与世界的使命感。重建中国与世界的知识图景，探讨中国的成长与世界秩序变革的内在关系，这种学术理想足以激发我的热情。在接下来几年的学术活动中，我依稀感到自己正在与一种时代精神相往来。

对2013年夏天这一任务的犹疑、逡巡，正是由于我对"大观"小组学术精神的理解与认同。如何才能撰写一篇与这种精神相匹配的研究报告？由于宿疾复发，我当时感觉精力和气力急剧减退。另外，社会生活的额外负担与精神困扰，更加重了我时时出现的倦怠感。

二

2014年春，我有幸申请到了"财团法人日本学术振兴会"资助的为期三个月的日本访学活动。7月8日，时隔五年半，我再次来到东京大学本乡校区的图书馆。故地重游，百感交集。在这个图书馆中生活的无数片段，仿佛幻灯片，一幅幅展现在眼前。我徜徉于图书馆四周的道路上，重新打量着每一处景物。这座建成于1928年的图书馆，弥漫着独特的历史与现实的气息。接下来的几天，我也每天来到校园，在图书馆前面徘徊良久，但终究未能进去，内心深处似乎仍有一丝抵抗的情绪。

这样的日子大概持续了四五天。某日在食堂吃完午饭后，我走到图书馆大门前，斜靠在椅子上，校园一如既往地宁静，不时有学生在我面前走过。我似乎恢复了对静谧、洁净、光明的感受，杂乱的思绪开始平稳下来，不知不觉间就睡了过去。不知过了多久，耳畔忽然传来阵阵呱呱叫声，我下意识地睁开双眼，发现在身边两三米处的围墙上站着一只乌鸦，正在用充满疑惑和警惕的目光打量着我。据说乌鸦是一种智商很高的鸟类，在图书馆周边的古树上，至少生活着几十只。之后，我起身走进了图书馆。

在接下来数日的阅读中，我的思绪安静了下来，气力也逐渐得到了恢复。阅读是治愈的过程。于是，我再次过上了此前十年的生活，围绕近代日本对自身与世界的思考，开始查找、借阅资料，然后浏览、细读、摘抄、复印……每日都过着同样的生活。

但这种研究工作到底不是旧日重现，因为有一个习惯与此前的留学时代不同。读书之外，我开始了对日本社会的细致观察。这或许是因为自己从此前日本社会的生活者（学生）到此次的旅行者（短期访学）身份转换的缘故。对于一个生活共同体进行观察而不介入，这是后者的特权。当然，此前国内几年的工作与生活经历，更是让我获得了观察日本社会的新视角。在此期间，我也做了几次旅行，仙台、广岛、京都、金泽、松本、镰仓……旅途中目力所及的事物与景致，都会让我陷入或长或短的思考。我感到了一丝诧异，这些看上去平凡的事物与光景，似乎有着某种灵性，都在传达着某种气息。

那是一种精神的流溢！

某日，当我埋头在东京街头行走时，这句话突然闪现在我的脑海中。不错，这些周遭事物所传达的，不正是它们背后的人的精神与意志吗？秩序的意志，审美的意志，清净的意志，平和的意志，安全的意志，生活的意志……或者说是精神。我此时意识到，作为现代社会的日本之所以显得与众不同，正因为它将自己从属于一种精神，一种无时无刻不在引导人们的精神的缘故。奇怪的是，这种精神似乎还并不让我感到陌生。

那么，近代以来日本社会的历程，是否也是从属于某种精神？那种精神究竟为何物？我感到，让自己不安、苦恼、思索了近一年的问题，隐隐约约地出现了答案。不错，日本首先是一种精神现象。事物惟因其流溢的精神而与众不同。我要做的工作，不正是对这些事物进行精神解码与分析吗？一个民族，归根到底需要一种精神。在新获得的问题意识的激励下，我最终完成了一篇研究报告和一篇论文。

三

2014年11月1日，"大观"小组的学术会议（第19届）在苏州独墅湖畔举行，我做了题为《新世界主义与民族精神：日本的经验与教训》的主题报告。这篇报告事实上构成了本书的框架和雏形（第一至第六章）。在两天的会议上，与会的"大观"小组成员于向东、刘擎、邱立波、泮伟江、施展、周林刚、昝涛以及李筠等先生在各自书面评议的基础上展开了多方位的讨论。他们极富学识和洞见的评议，让我对本书的主题有了更宽阔的视角和更深入的理解。在这里，我要向他们再次表达谢意。

在接下来的两年多的时间里，我曾数次试图推进这项研究，但都因各种原因而被迫中断。尽管如此，对报告内容的每一次阅读和重写，都依然让我感受到当时的某种精神能量。最终在2017年8月，这项工作的主要部分得以完成。我再次感受到了精神的安宁。

这里还要提及的是，在写下上面的一席话之后，我才突然忆起，早在2010年1月"大观"举办的第4届会议上，我在提交的论文题目（《近代日本普遍主义的结构：明治青年的精神史》）中就使用了"精神史"一词。我惊讶于自己的健忘，但更让我惊讶的是，"精神"二字与近代日本的关系，竟然一直潜藏在我的意识深处，直到数年后我重新回到东京大学的校园时，这个词才再次浮现，成为我理解并重构近代以来东亚世界史的一根轴线。

当然，此时我已经获得了新的认知。如果说2010年的论文主旨在于确认近代日本"民族主义"所具有的普遍主义一面，那么，四年半后我撰写的研究报告的主旨，则是要揭示这种"普遍主义"在历史进程中的形成机制与表达形式，因为它关乎我们所有人都置身其中的世界。这一问题意识也与"大观"在2013年提出的"新世界主义"命题有关，那几年我正热衷于阅读晚清民初的历史，因而这个命题将我引向了对近代中国知识分子心性结构的探索。

我最终确信，"世界主义"正是传统东亚世界在近代获得新生后的自我意识。在我们的历史意识深处，存在着源远流长的世界主义精神传统。这种精神至大无外，奉行天下一家、四海之内皆兄弟的理念。我在书中曾提到，日本对于中国而言是一种情结，我自身亦概莫能外。"新世界主义"的研究主题与方法论，在某种程度上让我获得了精神的自由。

上面的说法并非无足轻重，对我个体而言，本书的写作本身就是一个精神事件，但书写的目的却并非止于个体。一个民族，终归需要一种精神。如同个体在获致其精神时往往要历经曲折甚至艰辛，民族精神也绝非安然可得。一个民族获致其精神的过程，也是民族历史意识觉醒的过程。这种历史意识既源于民族自身久远甚至不可忆及的往昔，又源于这个民族的特定成员在当下的精神活动。由于力所不逮，我无法在本书中展现关于东亚世界的精神全景，但倘若幸有一二君子能于其中的只言片语心有戚戚，并进而思考、反观我们的这个时代和我们自身的生活，我会感到无可替代的欣慰。

《诗》曰："嘤其鸣矣，求其友声。"对所有的作者而言，书写的目的最终都在于一种公共性的建构，我自然也不例外。

四

本书原题是《近代日本精神史》，但它的目的并非止于历史叙述，而在于提供一种新的日本认知。因此，在最终形成书稿时，我拟定了如今的书名。另外，在成稿的过程中，我将最近数年间撰写的部分文章也编入其中，这些文章都共有我在2014年夏天形成的问题意识，构成这一主题研究的内在组成部分。为保持体例上的一致，在编入本书时，我对这些文章做了少许修订和增补。

在东京大学访学期间，在佐藤健二先生主持的"历史社会学研究会"上，我曾就这一研究的最初构想做过报告，除了佐藤先生，与会者还有赤川学、出口刚司、祐成保志、野上元和佐藤雅浩五位先生。这里，我要对他们提供的宝贵见解和建议表达谢意。

我还要对日本学术振兴会以及协助我申请的佐藤健二先生表达谢意。上海世界观察研究院为我购买资料提供了部分资金，也特此感谢。另外，我还要对东京大学文学部国际交流室的安田京子致以特别的谢意，由于她主动致电并致函日本驻上海领事馆，我拿到了加急发行的签证。

最后，我要对本书的出版人范新先生表示特别的感谢。在2016年9月中旬得知我这一研究的大致状况时，他即慷慨允诺策划出版一事，并约定了交稿时间。但事与愿违，我未能履约。若非范新先生对出版事业的使命感与热忱在无形中对我的激励和鞭策，书稿可能至今也无法完成。再次感谢所有人的服务精神。

2017年12月28日夜，于江苏省昆山市花桥镇寓所

2019年3月23日夜定稿

一页 folio

始于一页，抵达世界
Humanities · History · Literature · Arts

出品人　范新　柳漾
特约编辑　黄旭东
版权总监　吴攀君
印制总监　刘玲玲
装帧设计　UNLOOK · @广岛Alvin
内文制作　燕红

Folio (Beijing) Culture & Media Co., Ltd.
Bldg. 16-B, Jingyuan Art Center,
Chaoyang, Beijing, China 100124

官方微博：@一页 folio ｜ 官方豆瓣：一页 folio ｜ 联系我们：rights@foliobook.com.cn

一页 folio
微信公众号

图书在版编目（CIP）数据

分身：新日本论 / 李永晶著 . -- 北京：北京联合出版公司, 2020.1
ISBN 978-7-5596-3782-6

Ⅰ . ①分… Ⅱ . ①李… Ⅲ . ①民族性－研究－日本
Ⅳ . ① C955.313

中国版本图书馆 CIP 数据核字 (2019) 第 241183 号

分身：新日本论

作　　者：李永晶
责任编辑：张　萌
特约编辑：黄旭东
封面设计：UNLOOK·@ 广岛 Alvin
内文制作：燕　红

北京联合出版公司出版
（北京市西城区德外大街 83 号楼 9 层　100088）
北京联合天畅文化传播公司发行
北京华联印刷有限公司印刷　新华书店经销
字数 350 千字　880 毫米 ×1240 毫米　1/32　17 印张
2020 年 1 月第 1 版　2020 年 1 月第 1 次印刷
ISBN 978-7-5596-3782-6
定价：78.00 元

版权所有，侵权必究
未经许可，不得以任何方式复制或抄袭本书部分或全部内容
本书若有质量问题，请与本公司图书销售中心联系调换。电话：（010）64258472-800